U0013616

Batavia's Graveyard

The True Story of the Mad Heretic Who Led History's Bloodiest Mutiny

巴達維亞號之死

・禍不單行的荷蘭東印度公司，以及航向亞洲的代價・

Mike Dash

麥克・戴許 ———著　黃中憲 ———譯

獻給彭妮，我的克蕾謝

目錄

推薦序 如小說般的海洋史書寫—陳國棟（中研院史語所）……7
推薦序 那些在巴達維亞號上望見的—朱和之（作家）……13
序……21
前言 晨礁……27
1 異端分子……47
2 十七紳士……79
3 大洋的客棧……105
4 未知的南方大陸……143
5 虎……169

6 大艇……223
7 「誰想被捅死？」……247
8 判刑……277
9 「打斷骨頭再架在車輪上」……301
結語　南方大陸的海岸上……341
誌謝……373
注釋……一
參考書目……九一
荷語發音指南……一〇一

推薦序

如小說般的海洋史書寫

陳國棟（中研院史語所）

荷蘭東印度公司於一六二四—一六六二年間占領臺灣部分地方，在這裡從事與中國及日本的貿易。公司的船舶往來或者路過臺灣的不在少數。其中，一六五三年載送第十一任長官卡撒爾（Cornelis Caesar，一六五三—一六五六）到臺灣任職的「雀鷹號」卻在後續被派往日本的航程中失事，漂流到韓國的濟州島。這個事件深受荷、韓兩國人民的重視，也有許多報導與專著在講這件事情。

十七世紀時，荷蘭人在造船、航海的各個方面都傲視天下，但是荷蘭船舶還是免不了時而淪為大自然的犧牲品。一六二九年，一艘從荷蘭直航爪哇的大型帆船「巴達維亞號」就於六月間在澳洲西部海岸外的一處島礁水域擱淺、破損，無法脫困。大部分的船員與搭客都暫棲於一座離開失事點不遠的小島，而那些人就把那座小島叫作「巴達維亞號之墓」。直到最終獲救之前，在這座小島與鄰近的島礁之上，發生了一系列的驚悚事件。海難只奪走數十條人命，但是卻有超過一百人喪魂於曾是同船共難者的手上。至於作為加害者的那一夥人，在接續的審判之後，下場也都很淒慘。

《巴達維亞號之死》這本書就講這個故事。它不是最早寫這個故事的書、但應該是最嚴謹、最翔實的一本。「巴達維亞號」的指揮官出於職責與自我辯護，即時向他的長官提供了各種說明與證據。他和其他生還者的證詞，在脫困後不久也被加油添醋，在荷蘭母國四處流傳，幾年之後就有一本名為《巴達維亞號前往東印度的不幸之旅》（*Ongeluckige Voyagie van't s Ship Batavia nae de Oost-indien*）的小書出版，配上銅板畫插圖，刷印多次，顯然擁有可觀的讀者群。

船隻失事當下，以及再過四、五個月救援到達當時，都曾打撈船上的金銀財寶與值錢商品。不過，大砲、瓶罐、雜項物品與船殼本身都「下去」（went down）了。光陰荏苒，又過了沉寂的兩百餘年。直到接近十九世紀中葉時，才又有人想要尋找這艘沉沒船的殘跡與遺物。當中包括曾經搭載過達爾文前往加拉巴哥群島的「小獵犬號」。那艘船在一八四〇年時嘗試過，可惜徒勞無功。歲月如梭，又再過了百餘年，這回在澳洲興起一股探詢的熱潮。經過二、三十年的努力，最後找到正確位置，並且將所有的遺物打撈上岸。這個尋訪、打撈的經歷終究促成了澳洲政府的水下考古立法，而出水文物也讓西澳的佛里曼特爾（Fremantle）與傑拉爾頓（Geraldton）兩座小鎮的海事博物館成為觀光客必到的熱點。更特別的一點是：「巴達維亞號」殘骸的重見天日也打動荷蘭本國的人心。人們下決心打造一艘照它樣子建築的仿古船。在一一解決設計、工法、資金……等問題之後，最終的結果是荷蘭人因此找回製造古船的工藝技術，也使造船廠所在地「萊利斯塔德」（Lelystad）由荒煙蔓草發展成為人聲鼎沸的城鎮。在《巴達維亞號之死》中，作者不只述說船難與屠殺的恐怖故事，也把我們剛剛提到的搜尋、打撈與文化衝擊的實況仔細加以說明。

不過，重點當然是船難及拯救的歷程。這艘船的故事，對荷蘭人或澳洲人來說，都深具意義，自然有許多人關心。從東印度船「巴達維亞號」失事後，相關的報導與傳說也一直再被散播。既然不只有一本書（主要於二十世紀成功打撈前後出版）講這個故事，那麼為什麼《巴達維亞號之死》特別值得我們注意呢？還有，對臺灣的讀者而言，麥克．戴許的《巴達維亞號之死》為什麼值得推薦給大家來閱讀呢？

作者在敘事上看似走平舖直敘的歷史學家路線，但也使用文學家式的手法——比如說先埋伏筆、製造懸疑，好讓讀者心生疑問，然後在繼續閱讀的過程中豁然開朗，心領神會。我初看第五章的標題只有〈虎〉一個字，沒有特別說明。後來讀到第八章時，看到首惡耶羅尼穆斯．科內里斯遭受判決的文字，就說他「變成老虎一般……」，講他的凶狠與好殺。第五章和第七章正是安排來縷述發生在「巴達維亞號之墓」上一件又一件的血腥暴力事件。

本書的文字相當生動，頗有文藝作品的問道。例如前言〈晨礁〉，劈頭描寫夜航的帆船身影，既浪漫又寫實。我們看看這樣的文字：「那個只見其形的東西往上竄，順著那道變化不定的水牆一路往上猛爬，直到迎面撞上下一道長浪為止。在這過程中，它曾有片刻騰空，身影被月光定格，啪的一聲落回水裡，在船身兩側揚起漫天的白色浪花。」

不過，麥克．戴許認為他的書是不折不扣的歷史書。歷史書和小說都可以拿來講故事，都適合多數人閱讀。可是，歷史書不同於小說，因為講的故事必須是真的。作者也特別在〈序〉

中強調：「本書所述無一處虛構」，強調其言之有據。

小說的鋪排可以依靠推理來佈局，但對歷史學家來說，只走到這步是不夠的，因為基本的內容已經被既往的史實限定。他需要盡量蒐羅史料、提示證據，用證據來充實他的細節、證明並且鞏固他的推理。因果律的一個問題是：不同的原因會造成相同或難以辨識的相似結果，因此用結果逆推原因會陷入嚴重的邏輯缺陷，從而無法確知實際上真正發生作用的原因。結局人人知曉，但是要找出一個合理的根由，依然得從源頭找證據。

然而，不會所有的事情都會留下證據（學者的「史料」），而原本存在過的證據也會受到時間的摧殘。麥克．戴許在竭盡所能地爬梳史料重建史實之外，也做了兩件事：（一）是某些背景性、制度性的訊息。他用同時代的其他資料來重構同時代或相近時代的概況，讓讀者方便回到故事的背景時空；（二）是他也明明白白地把他用推理方式重構的事實與解釋敘述出來，幫忙讀者解惑。他所完成的故事因此並不支離破碎，而又能不脫離事實。

作者的文筆好，因此雖然不是小說，但是讀者卻依然得到閱讀小說的樂趣。還有，他謹守歷史學的規矩來寫作，於是讀者還可以藉此認識歷史事實。麥克．戴許隨時把他的敘事置回當時荷蘭的社會、經濟、哲學與宗教背景。他不只是講一個悲慘的故事、一些人物和他們的遭遇，他也提供讀者十七世紀初年荷蘭歷史的簡易描述。他的書反映了荷蘭社會與航海生活。

在「巴達維亞號之墓」恣意屠戮同難者的一夥人被稱作「叛變者」，因為他們嚴重違背了雇主荷蘭東印度公司的行事準則。不過，如果說「叛變者」兇殘，其實荷蘭東印度公司的司法審辦與懲罰手段也不相上下。例如說刑求取供，還有帶有報復性質的刑罰，也都同樣鮮血淋漓。本書第九章就指出：「公開處決犯人盛行於歐洲，觀看處決的民眾愛看垂死者猛踢雙腳掙扎的情景。有幸搶到絞刑架近旁位置的民眾，也能目睹慢慢絞死的難堪效應：屎尿失禁，以及在某些死刑犯身上，死時陽具不自主勃起。」當然，這是近代初期的情況。經過幾百年，我們走到現代，大部分的國家與社會已經不再嗜殺、嗜血。撫今思昔，只能慶幸歷史在時間過程中常能往前進步。

作者詳細提供文獻出處，摘錄必要的資料重點，讀者真要按圖索驥也就不無可能。其實，作者力圖貼近歷史原貌的努力也見諸他所提供的「荷蘭語發音指南」上，而譯者也在中文譯本上相當忠實地加以表現。術語、外來語雖然很多，但都有充分的說明與解釋，因此閱讀上並不困難。而同一時間，讀者還可順便獲得一些有趣的知識。例如在一條底註中，作者說：「罷工的原文strike（「擊打」），源於航海；指的是擊打船帆。造反的水手為申明船已歸他們掌握，其所做的第一件事，通常就是擊打船帆。」具體說明了strike被用來指稱罷工的詞彙起源。

臺灣雖然有一段被荷蘭人經營統治的歷史，但是時間、空間和語言的障礙，讓人難以去仔細認識那個時代。很多人用想像去揣度，確實也無妨。不過，認真地從歷史知識的取得去加以認知，也值得嚐試，但是為此而去學荷蘭文或讀外文書，又未免過於辛苦。

《巴達維亞號之死》無論在行文、底註還是尾註，都帶進豐富的歷史知識。雖然我們不用一一枚舉，不過再提一件或許也能呈現給讀者部分的側面。第四章〈未知的南方大陸〉用意在鋪陳並且解釋：為何「巴達維亞號」的失事所在會是緊鄰澳洲大陸西岸的島礁水域。閱讀此章，我們就可獲悉，荷蘭人在一六一〇年時發現從歐洲南下，到達南非好望角後，可以先東行一段時間，然後再北轉上行，直到抵達爪哇與蘇門答臘之間的巽他海峽之後，離終點的巴達維亞就在咫尺之間。這條航路不必經過葡萄牙人經常出沒的馬六甲海峽，故可以避免不必要的衝突；而且航程較短、航行所需時間更少，大大減低必要的費用。荷蘭東印度公司主管當局在一六一六年以後，就規定該航線為指定路線。因此之故，一六二九年時，「巴達維亞號」貼近西澳外海航行，也就不算異常。異常的是為何船隻撞破已經夠慘，一時獲救慶生，本應相互扶持，尋求拯救，卻出現慘絕人寰的屠戮事件。這需要一套合理的說法。這個不容易重建的故事現在已經依據可靠的資料完成，並且透過很好的翻譯讓我們輕鬆批覽，我們就享受這份福氣吧！

推薦序

那些在巴達維亞號上望見的

朱和之（作家）

喝！傲慢的海洋，就算你的固執可以被征服，我的厄運卻永恆不滅……多少次我滿懷渴望地跳下大海的深淵，但是啊，我求死不得。我曾驅船全速撞上礁石，那船隻的可怕墓地，但是啊，連墓地都不接納我。無處尋覓墓地，無處召喚死亡，這是那詛咒最恐怖的判決。

——華格納《漂泊的荷蘭人》

自從十五世紀海權時代展開，西歐國家紛紛習得高超航海能力，積極向遠洋探險、貿易，也使得歐洲經濟重心從地中海移到大西洋岸。而在十七世紀橫空出世的荷蘭，其航海技術又使一干老牌海權國家瞠目結舌。

在那個前往東印度（以印尼為基準）單程平均超過十個月的年代，卻有幾位荷蘭船長迭創紀錄，從一百八十天、一百三十八天乃至不到一百天。如此神速超過人們理解，紛紛說這必是與魔鬼交易的結果，最後附會成了「漂泊的荷蘭人」傳說——某位荷蘭船長輸了與魔鬼的賭注，被詛咒永世不得上岸，只能在在海上無盡漂泊。

這個傳說被改編成無數文學戲劇作品，最著名的莫過於華格納所寫的歌劇，其中荷蘭船長的主導動機狂暴而充滿悲劇性，在一片陰磣中伴隨呼嘯不止的風聲。

為了追逐遠方財富賭上靈魂，最後只落得無盡漂泊，永世不得超生，這就是人們對遠洋航行以及荷蘭人的某種印象，而這種印象大致上並沒有錯。

當時海上航行備極艱辛。沒有導航、定位、氣象觀測工具以及精確的海圖，只能靠航海家的經驗與勇氣。由於高度依賴風力航行，船員最大的噩夢是駛入無風帶，比如幾內亞灣，還有印度洋中心，在燠熱而無一點飄動的空氣中陷入絕望的停頓，食物飲水慢慢耗盡，疾病悄然蔓延，最後將人逼瘋逼死。

因此VOC（荷蘭聯合東印度公司）航路和我們今日的直覺想像很不一樣。船隻從歐洲出發，循西非外海通過赤道之後，得先順風向西南方的巴西航行一段距離再折回東南。在非洲南端的好望角停補後，並非朝著東北直奔印尼，反而得更往南行，借助咆哮西風推送，快速涼爽地掠過印度洋南方，然後北轉，沿著澳洲西岸而上。

聽起來很美好，問題是船長該在什麼時候轉動船舵？轉得太早便會一頭闖進地獄般的無風帶，太晚則可能撞上澳洲西岸的礁石。神奇的是，兩百年間將近五千個航次裡只有四艘荷蘭船隻在此觸礁沉沒——其中最著名的就是本書主角巴達維亞號。

•
•
•

VOC船隻從荷蘭到印尼巴達維亞（今日的雅加達），平均一趟航程費時八個月，成員死亡十分之一。抵達東印度之後還須面對熱病、戰爭和天災，三分之二的人終其一生不曾再回到歐洲。以如此嚴峻的代價，依然阻止不了兩個世紀間百萬人前仆後繼航向東方，不外乎兩個原因，一是追逐不可思議的巨大利益，二是走投無路下的孤注一擲。

荷蘭土地狹小貧瘠，又從一五八一年開始和歐洲霸主西班牙打起延續八十年的獨立戰爭，非常依賴越洋航海的巨大利益來支撐。共和國議會特許VOC在好望角以東行使國家權力，包括貿易、外交、鑄幣、殖民、開戰與媾和，因此當時遠洋航行具有國力與軍備競逐的意味。以巴達維亞號為例，她一六二八年出航時載運的銀貨總值相當於今日新台幣十億元左右，預期獲利是二點五倍，而當年VOC總共派出十八艘大小船隻前往亞洲。

隔年巴達維亞號在西澳洲外海觸礁沉沒，漂流到荒島上的倖存者甚至發動喋血叛變，很快成為轟動歐洲的大新聞。這個事件融合了對遠方冒險故事的浪漫想像，以及宗教異端的詭魅元素，與班德固（Willem Ijsbrantsz. Bontekoe）船長的《東印度航海日誌》同為荷蘭家喻戶曉的兩大航海傳奇。

本書作者麥克．戴許以犯罪鑑定般的細心、耐性與推理，從千頭萬緒的資料中重建了巴達維亞號的航程，以及叛變過程的諸般細節。

戴許告訴我們，會登上這樣一艘船的人通常沒有什麼選擇，他們多半是流浪漢或者歐洲三十年戰爭造成的孤兒，甚至某些高階管理人也是惹上麻煩才被迫遠走高飛。

三百多個亡命之徒挨擠在一艘帆船上航行近一年，原本就已經是一種高度擠壓的異常狀態。何況當船隻觸礁沉沒，正商務員與船長駕駛小艇前往兩千五百公里外的巴達維亞求援，被遺留在荒島上的乘員四望都是無盡汪洋，自覺生還希望渺茫，又處於信仰、律法與權力的真空狀態，人性頓時急速扭曲並且肆無忌憚起來。

書中詳述了叛變首謀科內里斯的生命史，並以大篇幅描寫其恐怖統治，從一開始為奪權而殺人，到後來變成為了娛樂或者某種變態心理而殺人。作者用當代精神醫學眼光檢視其一路偏斜的心理軌跡，而非一味從道德角度加以批判。

同時戴許堅持把所有罹難者的名字和遇害過程一一寫出，純粹從敘事角度來看，他們的死對情節無足輕重，但戴許認為許多犯罪主題的書寫過度強調乃至美化罪犯，但當代史學關注的重點早已從權勢人物轉移到平凡小民的遭遇，他正是透過留下每個小人物的名字來表達尊重之意。

於是我們可以理解，他對越洋大帆船上一切運作細節的描寫絕非出於獵奇，而是真心關注當時身在那艘船上的每一個時代中的不幸者，也深刻地探求這樁悲劇背後的精神因素。

• • •

對臺灣讀者而言，在有如真實版《蒼蠅王》的傳奇故事之外，我們還能從這本書清楚窺見荷蘭的歷史脈絡，並且認識到VOC前來亞洲經營的鋩鋩角角，進而對其在臺灣的活動形成參照。

首先我們看到荷蘭人在東方的亡命求生性質，便不難理解他們若干蠻橫的手段。ＶＯＣ為了控制香料產地，毫不手軟地屠滅班達島原住民和安汶島上的英國競爭者。他們在閩南沿海擄掠一千四百名中國人，強迫興築澎湖風櫃尾城堡，最後幾乎全數死亡。在臺灣，他們用武力征服原住民村社，更將小琉球滅村。

其次也可以看到ＶＯＣ商業利益至上的作風，只要能達成貿易，什麼仇恨或原則都可以擱置。譬如他們與鄭芝龍、鄭成功父子交手，幾度開火血戰之後又能立刻坐下來談生意，其務實與彈性可見一斑。

此外，本書第六章提到一個細節：東印度總督顧恩為了打開對中國的貿易，在一六二一年派出艦隊攻打澳門失敗，遭遇生涯中少有的重大挫折。在此稍作補充，那支艦隊逃離澳門後，轉而在隔年占領澎湖，又兩年後被明朝都司沈有容率兵逼退，才轉往福爾摩沙，在大員島（今台南安平）上建立商館，展開為期三十八年的貿易與殖民事業。

當一六二九年巴達維亞號在西澳洲外海觸礁沉沒時，ＶＯＣ的亞洲總部巴達維亞城遭到當地蘇丹率領萬人圍城，一度被迫自己燒毀城區退守要塞，最後艱險地贏得勝利；在臺灣，大員商館遭遇西拉雅人的強烈反抗，又因濱田彌兵衛事件與日本衝突（ＶＯＣ經營的特殊形態與對日本的挫敗，可參考亞當・克拉克的《公司與幕府》），幾乎站不住陣腳，經過數年折衝才重新確立經營基礎。

可以說，一九二九年前後是VOC在亞洲經營轉危為安的關鍵時刻，巴達維亞號船難與叛變事件令局勢雪上加霜。儘管如此，荷蘭人依舊以武力、謀略與狠勁克服阻礙，在亞洲建立了龐大的貿易體系，以及長達兩百年的荷蘭黃金盛世。

• • •

一九六三年，一名澳洲龍蝦漁夫潛水時發現了巴達維亞號的殘骸，在荷蘭掀起一波巴達維亞熱。後來一名木匠威廉·佛斯（Willem Vos）以十年時間打造了一艘複製船，包括索具、滑輪、絞盤、帆布和大砲都如實製作，最大幅度重現了這艘十七世紀「東印度人歸國海船」。

二〇〇五年夏天，我前往荷蘭萊利斯塔德（Lelystad），登上停泊在港邊的巴達維亞號複製船。和其他拙劣的仿造品不同，這是神魂俱足的真玩意兒。我在船上整整待了三個小時，試圖揣摩船員們遠離家鄉、航向未知的心境。

下到幽暗封閉的底艙時，艙壁上不斷傳來水波輕撫船身的溫柔騷音，讓人意識到自己已然身在水面下，與海水只有一道艙板之隔。我好奇著當大船在汪洋中行駛時，會發出什麼樣的聲音？

我不無浪漫地開始想像眼前裝滿各種香料、瓷器和絲綢的光景，而空氣中氤氳著胡椒、丁香和肉豆蔻交纏的熱帶撩人氣息，角落裡更不時閃現出黃金盛世的熠熠光輝。後來才知道，大船朝東方啟航時，底艙裡瀰漫的是混合了海水腥臊、汗酸與糞便臭味，並在長時間悶滯下產生種種病菌的惡氣。而當船隻遭遇暴風，幽閉在底艙的船員，會在全然黑暗中被劇烈地拋擲甩盪，並且受到死神敲門般不斷重擊船身的巨浪聲響所驚悸。

那次我前往荷蘭，是為了對臺灣歷史進行延伸考察，我想知道荷蘭人為什麼不遠萬里來到臺灣？然而出乎意料的是，今日荷蘭關於黃金時代，以及VOC的餘緒出乎意料地少，少數保留下來的老建築也多維持實用功能，而非作為讓人遙想感懷的歷史紀念物。

因而登上巴達維亞號複製船，沉浸於時代氛圍，成了此行最大的收穫之一。同時，我也在台夫特的書店買到幾本介紹相關歷史的好書，其中就包括這本《Batavia's Graveyard》，在裡面首次讀到關於十七世紀越洋航行的諸般細節。將書上所述與登船經驗兩相印證，對當時前來東方的歐洲人有了生動具體的概念，更對那時臺灣可能的樣貌開始有了很不一樣的想像。

如今打開這本書的中文譯本，一時喚起多年前追尋歷史的心情，耳際似乎還能聽見那沙沙的潮聲。隨著內容開展，也再次被敘事細節所吸引，不由得想，無論是復刻一艘歷史古船、書寫一本非虛構的歷史故事，還是創作虛實相參的歷史小說，高度的考據與擬真絕對是其精魂所在。於此同時，創作者也必須把歷史的斷裂與縫隙悄無痕跡地填補完整，在深刻理解的基礎上，用高明的推論與想像力抹平、上色，使之看似渾然天成，無從察覺修補的痕跡，進而使整段歷史重新鮮活起來。

《巴達維亞號之死》就是這樣一本高明的歷史書寫，充滿閱讀趣味，也帶給我們豐富的啟發。

序

本書所述無一處虛構，完全以當時的資料為本，直接引用的字句都取自那些文獻。書中少數幾處，我自行推斷了巴達維亞號乘客與船員的想法和作為，並在注釋中說明這一點。

耶羅尼穆斯·科內里斯（Jeronimus Cornelisz）和其同伴出航時，聯省共和國境內仍少有人使用姓，而且同一文獻裡同一人的名字以數種方式拼寫應很常見。我正好利用這一現象來避免混淆名字相似之人，前提是當時已有人認可這樣的用法。於是，叛變者Daniel Cornelisz，在本書中一律稱作Cornelissen，以免和Jeronimus Cornelisz混淆；船上兩位Allert Jansz，有一人成了Allert Janssen。

要把聯省共和國黃金時期的價格和今日的價格作出精確對照，根本不可能，但粗估的話，一六二九年一枚荷蘭盾（guilder）折合二〇〇一年的五十英鎊。

地名拼法以十七世紀時的拼法為準，於是萊頓拼成Leyden，而非Leiden，薩爾丹拼成Sardam，而非Zaandam。

麥克·戴許，倫敦，二〇〇一年六月

荷蘭，約一六二八年
埃姆登
阿默蘭島
泰爾斯海靈島
赫歐尼恩省
弗利蘭島
呂伐登
貝赫姆
赫歐尼恩
溫斯霍滕
菲仕蘭省
泰塞爾島
德倫特省
西菲仕蘭省
須德海
恩克赫伊增
霍恩
上艾瑟爾省
莫尼肯丹
薩爾丹
阿森戴夫特
迪爾赫丹
哈爾德韋克
哈倫
阿姆斯特丹
利瑟
萊頓
烏特勒支
海爾德蘭省
荷蘭省
武爾登
海牙
豪達
烏特勒支省
台夫特
鹿特丹
登韋德
博默爾
奈梅亨
亨博斯
多德雷赫特
萊茵河
馬斯河
米德堡
布拉班特省
澤蘭省
安特衛普
斯海爾德河
馬斯垂克
南尼德蘭
0 英哩 25

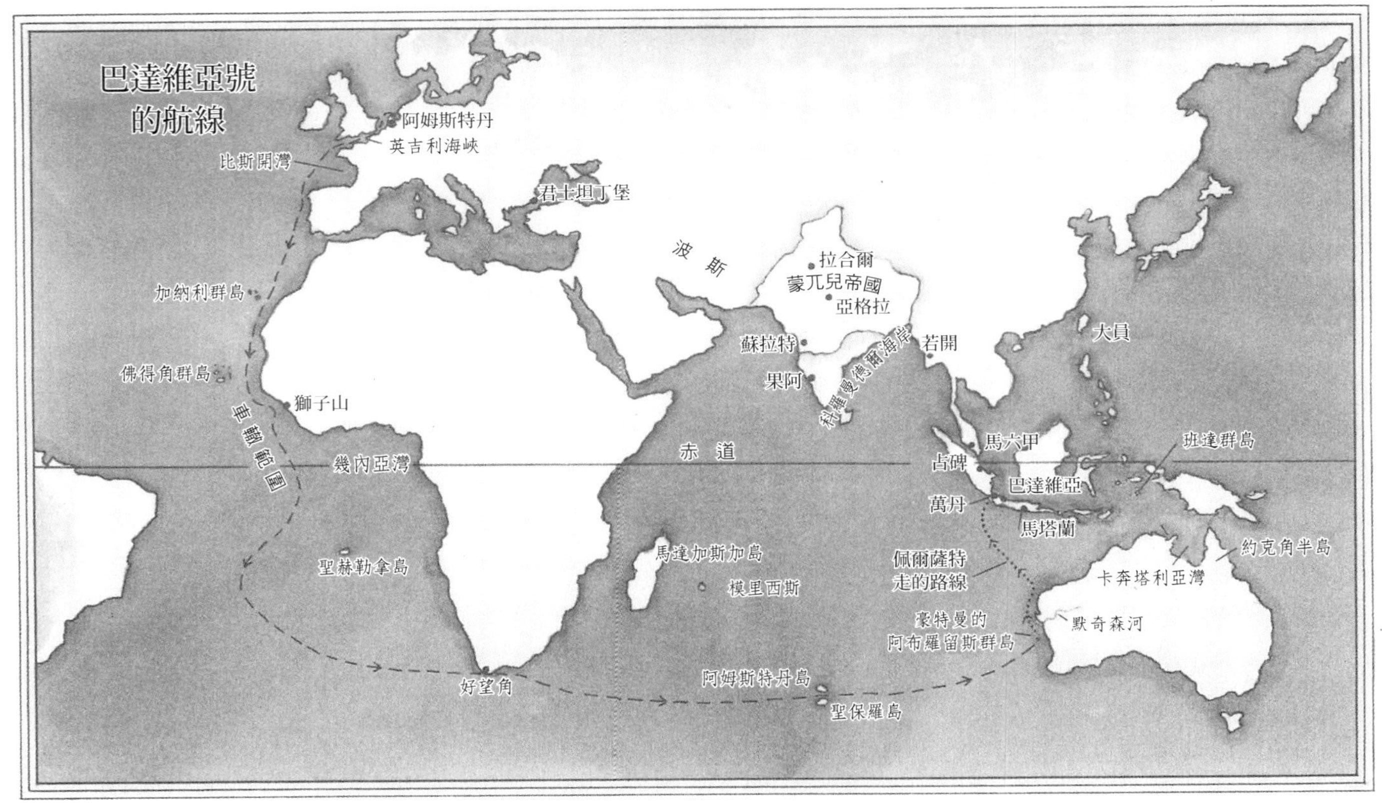

巴達維亞號
的航線
阿姆斯特丹
英吉利海峽
比斯開灣
君士坦丁堡
波斯
拉合爾
蒙兀兒帝國
亞格拉
加納利群島
蘇拉特
若開
大員
佛得角群島
果阿
科羅曼德爾海岸
獅子山
車轍範圍
馬六甲
班達群島
幾內亞灣
赤道
占碑
巴達維亞
萬丹
馬塔蘭
馬達加斯加島
約克角半島
聖赫勒拿島
佩爾薩特
走的路線
模里西斯
卡奔塔利亞灣
豪特曼的
阿布羅留斯群島
默奇森河
阿姆斯特丹島
好望角
聖保羅島

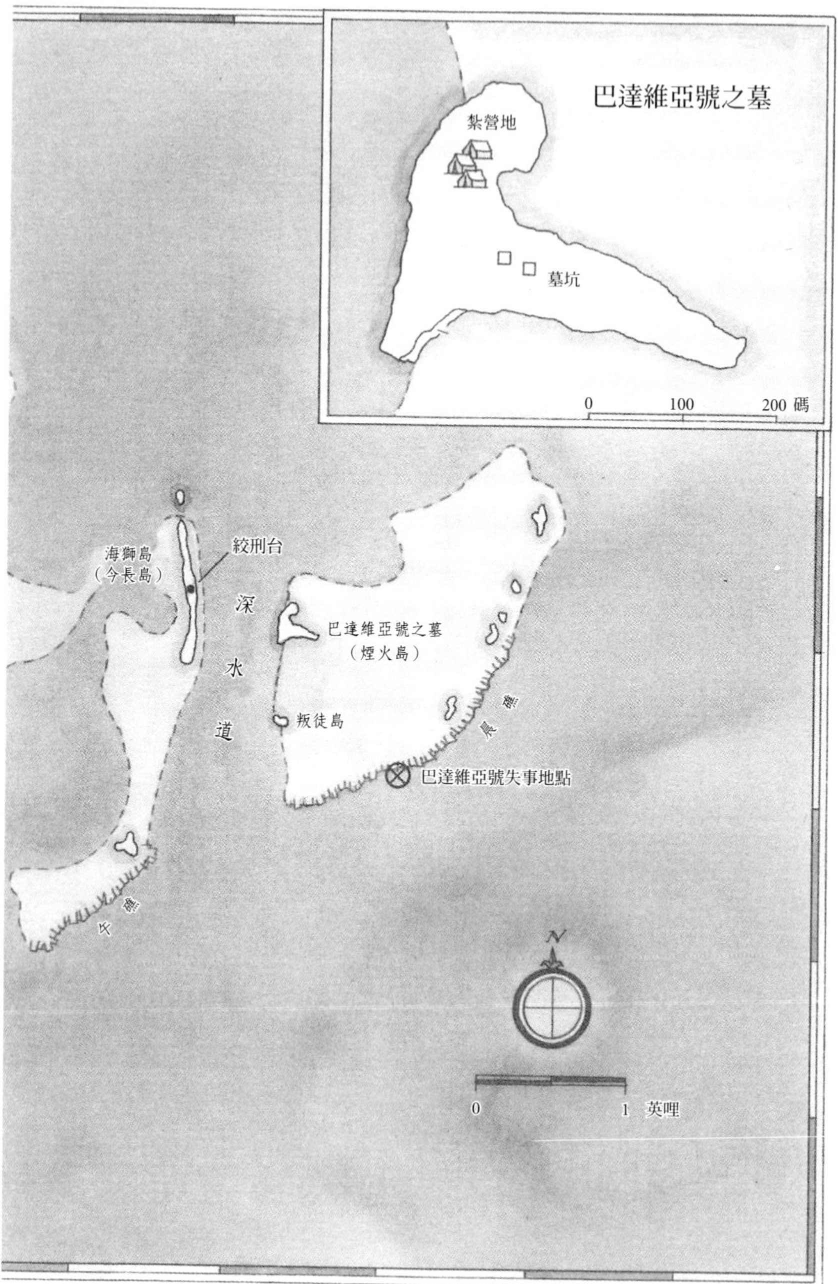
巴達維亞號之墓
紮營地
墓坑
0
100
200 碼
海獅島
（今長島）
絞刑台
深
水
道
巴達維亞號之墓
（煙火島）
叛徒島
晨礁
巴達維亞號失事地點
午礁
N
0
1 英哩

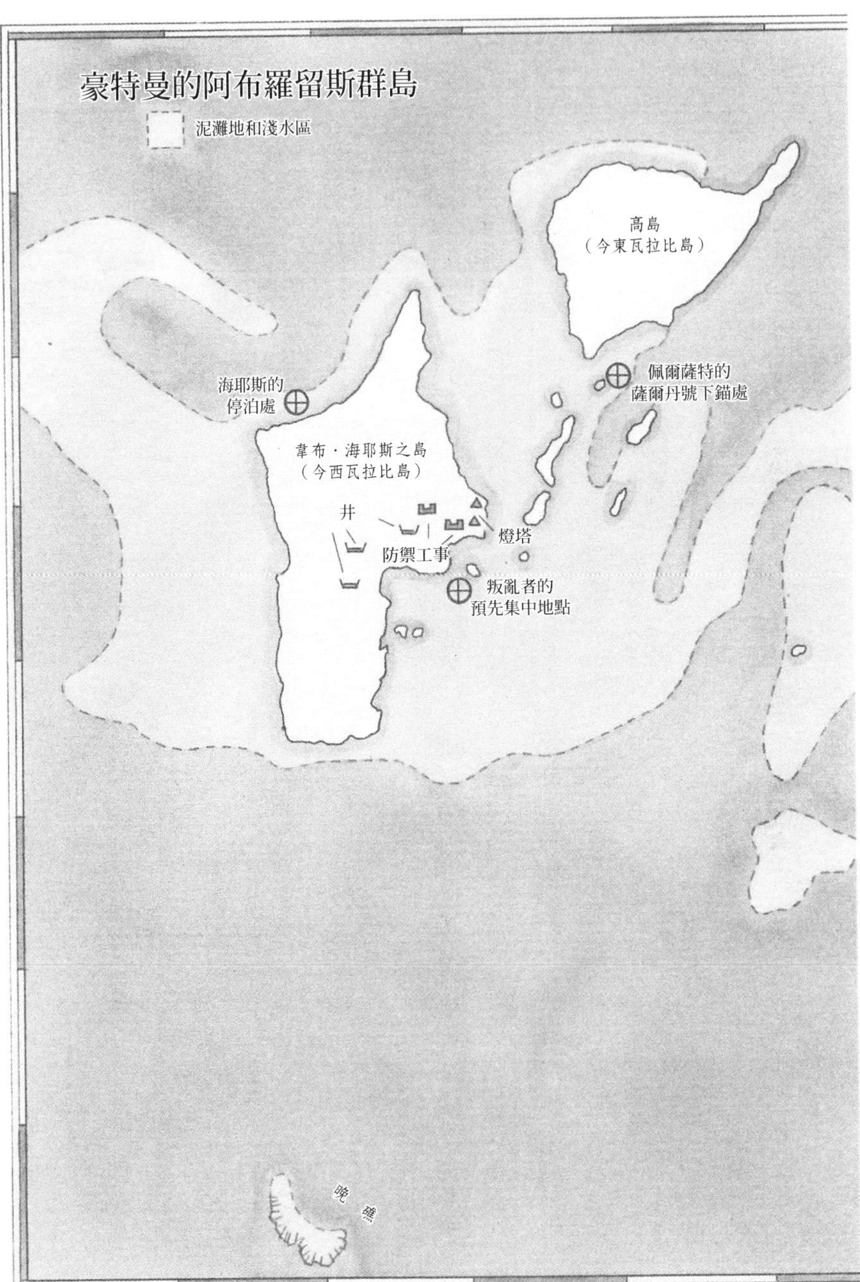
豪特曼的阿布羅留斯群島
泥灘地和淺水區
高島
（今東瓦拉比島）
海耶斯的
停泊處
佩爾薩特的
薩爾丹號下錨處
韋布・海耶斯之島
（今西瓦拉比島）
井
燈塔
防禦工事
叛亂者的
預先集中地點
晚礁

前言　晨礁

「種種災難合在一塊，一股腦落在我頭上。」

——佛朗西斯科·佩爾薩特

一六二九年六月三日傍晚，天色快要全暗下來，月亮升起，灑下一道道柔和的灰色光線，掠過東印度洋上的萬頃波濤。各道光束飛掠過一座座波峰，在空蕩無垠的海上一路競馳，最後，有那麼一瞬間，碰上某個東西，襯出那東西的黑色輪廓。那東西黑沉沉一大塊，在波谷裡顛簸前行。

又一瞬間，那個只見其形的東西往上竄，順著那道變化不定的水牆一路往上猛爬，直到迎面撞上下一道長浪為止。在這過程中，它會有片刻騰空，身影被月光定格，啪的一聲落回水裡，在船身兩側揚起漫天的白色浪花。

就著南半球冬天昏暗的天光，這個黑沉沉的東西其實是艘頗大的船，在凜冽寒風吹送下往北行駛。她採歐洲式工法建成，船身矮而寬，橫帆，看去不平衡，往前傾得頗厲害。她船頭的鉤狀嘴緊貼海面，不時被深色海水的泡沫打濕，但從鉤狀嘴起，她的甲板以大角度往上隆起，猶如一把巨大的木質短彎刀，由於隆起的角度極大，她船尾處高出水面將近四十呎（十二公尺）。船繼續前行期間，月色變得更明亮，照出船體上某些較大的細部：船首像（一尊往上躍起的木獅）、糾結在一塊的索具、上下顛倒繫縛在船身兩側的巨大鐵錨。她的船頭是鈍的，從船寬和吃水到滿來看，她是艘商船。

那天晚上，月色頗亮，但還未亮到讓人得以看清她全部三根桅杆上扭動、飄飛的旗子，也就無法據此認出是哪來的船，而且甲板上沒什麼活動跡象。炮眼已全關閉，就連透過船艙縫隙閃現的一兩盞燈光，都看不出裡面有人在活動。但船尾上方吊著一只五呎（一．五公尺）高的大燈籠，燈籠黃光照亮下方裝飾繁複的木構件，亮度剛好足以讓眼力敏銳之人看清楚畫上去的細部，從而看出這艘大船的船名和她的船籍港。

她是「東印度船」巴達維亞號（Batavia），從阿姆斯特丹踏上處女航已七個月，距目的地，位於爪哇島的荷蘭貿易殖民地，還有約三十天的航程。這時她已航行一萬三千英哩（約兩萬公里），前面還有一千八百英哩（約三千公里）的路。前路要穿越未知的海域範圍，一六三〇年代底，只有幾艘歐洲船曾航越過。從東印度群島的已知水域往南綿延的遼闊未知水域，在地平線的另一頭，英格蘭、尼德蘭、西班牙的地理學界，除了眾多傳言和猜測，只掌握少許資訊，而且毫無確切的瞭解。巴達維亞號所要航越的這片未知水域，只有寥寥海圖可參考，而且這些海圖極不完整，要拿來幫忙導航，幾乎不管用。於是，她根本是瞎著眼航進愈來愈濃的夜色裡，隨著沙漏流逝，來到午夜，隨著值班換班[1]，只能倚賴上帝和船長佑其平安。

這艘船離開尼德蘭時非常新，這時卻已是飽嘗風霜。她水線以上的建築原本漆成淺綠色且以紅色、金色美化，但這時船身已被撞出缺口，受海鹽侵蝕。她原本平滑、乾淨的底部，這時被許多藤壺和海草上身，以致拖慢她北行的速度。她的船體雖以橡木打造，但經受過種種可以想見的極端氣溫，這時在海湧中顛簸時，已會劇烈顫動。巴達維亞號於去年十月下旬離開阿姆斯特丹，當時北半球海域寒冷且多風暴，因此，最初，她的木材在北半球冬天氣候裡下水。然後，隨著船沿著充斥熱病的非洲海岸航行，轉西行，經獅子山，越過赤道，往巴西前進，木材被太陽曬得皺縮。在南美洲外海，她終於轉向東行，乘著一道洋流到好望角，再乘著猛烈的東風穿過咆哮西風帶和南大洋，而在南大洋，又碰上冬天，狂吹不斷的大風猛力推她前進，穿過聖保羅島（St. Paul）和阿姆斯特丹島這兩座荒涼小島之間的海域，進入未知的東邊水域。

至少這時氣候較暖和，已在海上七個多月的巴達維亞號往北行時，暴風雨已沒有先前那麼猛烈。但遠航期間無窮無盡的不適加劇，相形之下，天候的緩緩改善就不是那麼重要。新鮮食物老早就吃完，水裡有許多蟲在蠕動，船體內，尿味、未洗過澡的人身、不通風，導致臭氣薰天。最糟糕的，是海上生活沒完沒了，單調乏味，使乘客心情低落，使船員做起事沒那麼帶勁。

十二點，換班。新的一班，午夜班，向來公認最辛苦、最危險的值班時段。工作環境最糟，不能指望船員總是警醒盡責。因此，夜裡，船長一向親自坐鎮主甲板。隨著最後幾粒沙子流過玻璃瓶，上甲板（最上一層的全通甲板）上面的一個小門被打開，他走了上來。

荷蘭「東印度船」的船長，在其小王國裡擁有幾乎不受限的權力。他掌管的船，造價數萬荷蘭盾，船上的貨物比船本身還值錢，價值是前者的兩倍。他要將船安全駛抵目的地，確保他底下數百人的性命安全。但在巴達維亞號上，一如在其他任何荷蘭「東印度船」上，船長也聽命於一位一般來講沒有出海經驗且對船務所知不多的高級船員。

這個人就是正商務員（upper-merchant），又稱押運員（supercargo）。顧名思義，他是商行的代表，負責確保此次航行能讓其上司獲利，其主子就是擁有此船的荷蘭東印度公司（Verenigde Oost-indische Compagnie）的諸位董事。十七世紀上半葉，荷蘭東印度公司不只是尼德蘭聯省共和國（即荷蘭共和國）境內最重要的組織，最大的雇主之一，還是世上最有錢、勢力最大的公司。它把貿易和獲利擺在第一位，從而有錢有勢。於是，押貨員和其副手副商務員（under-merchant）有權命令船長揚帆啟航，或命令其停靠在某個蒼蠅滿天飛的港口，直到貨艙裝滿貨物為止，即使有船員死亡、病倒亦然。

因此，荷蘭「東印度船」的船長處境很特別。他被認為既該擁有商船船長一向該具備的航海本事和領導才能，還該具有某種程度的圓融處世能力，乃至在海上打滾多年者不易擁有的順服性格。他的確每天掌管他的船，但可能隨時接到一道要他遵守的命令。他能決定航向，但無權決定他的船要去哪裡。在港口，他的權力少之又少。

巴達維亞號的船長是個很能吃苦的老水手，東印度群島貿易的經驗頗豐，名叫阿里安・雅各布斯（Ariaen Jacobsz）*2，來自阿姆斯特丹東北邊僅一或兩英哩處的漁村迪爾赫丹（Durgerdam），他已為荷蘭東印度公司效力至少二十年[3]。正商務員佛朗西斯科．佩爾薩特（Francisco Pelsaert），在許多方面與雅各布斯完全相反——不只在財富和教育方面如此（當時被認為就該如此），在出身上亦然。比如，佩爾薩特不是荷蘭共和國人；他來自南尼德蘭的安特衛普，即阿姆斯特丹的主要對手城市。此外，他生於天主教家庭，儘管當時荷蘭東印度公司要求其高級職員必須是新教徒；他沒有阿里安．雅各布斯那種領導才能；雖然在東印度群島服務甚久，他的優柔寡斷和船長的自信篤定分處兩極。而且這兩個人不是朋友。

至於阿里安．雅各布斯，遠航過東方數次，這方面經驗豐富，年紀大概四十五歲上下，從而使他成為該船上年紀最大的人之一。他航海技術高超，這點毋庸置疑；此前他擔任同公司另一艘大商船的船長時，表現不俗，而東印度公司通常不會把旗下最新的船交給平庸之輩掌管。但從他的服務紀錄來看，雅各布斯也暴躁易怒，容不下對他的任何冒犯；有時飲酒過度；他是個好色之徒，敢於色瞇瞇盯著他船上的女乘客。

一六二九年六月四日凌晨，就是這些人負責確保巴達維亞號安全。船長覺得航行順利，不大擔心會出事[4]。畢竟在海上兩百一十一天以來，值班人員一班換過一班，幾乎未發生值得一

＊十七世紀初期，在聯省共和國，姓相對來講仍很少見。大部分人以源於父系的名來自稱——Adriaen Jacobsz就會是名叫Jacob之男子的兒子。完整拼出源自父系的名（以Jacobsz來說，完整名稱是Jacobszoon）很累贅，因此書寫時略去zoon（「兒子」）的oon，把dochter（「女兒」）縮減為dr，藉此予以簡化，也很常見。但口語時，會發出全名的音。

提的事故。這天夜裡情況很好；風一陣陣從西南方吹來，沒有要發生暴風雨的跡象，簡直是最理想的航行天候。船本身堅實，根據阿里安．雅各布斯前一天算出的正午位置，巴達維亞號離任何已知的陸地都有六百英哩（約一千公里）遠。值班人員似乎沒必要特別警戒，而由於沒什麼事或根本沒事要做，有些人至少能談話、休息。雅各布斯本人站在上甲板的制高點遠望海面。有個瞭望員在他旁邊盯著海上動靜，舵手就在船長所在位置下方。

就在凌晨三點後某時，船員最鬆懈的時刻，瞭望員漢斯．博斯席特（Hans Bosschieter）頭一個懷疑情況可能有異。從位於船尾的高處，這個水手注意到正前方似乎出現白水。博斯席特盯著漆黑的夜色，自認看出一團浪花，好似有激浪打在看不見的礁石上碎掉[5]。他徵詢船長意見，雅各布斯不認同，堅決認為水平線上那道細細的白線只是海浪上湧動的月光。船長相信自己的判斷，要巴達維亞號維持既有的航向，張滿帆，繼續前行。

因此，觸礁時，船全速撞上礁石[6]。

巴達維亞號轟然一撞，船身卡在她前進路線上半沒於水中的礁石上。撞擊的第一秒，水面下十五呎處一個珊瑚露頭[7]把舵扯掉一半；片刻之後，船首撞上礁石的主體。巴達維亞號雖然船身巨大，往前的勢頭還是使她衝出水面，船身前部滑擦過障礙物最前面幾呎的表面，岩石粉碎、木頭碎裂，聲音巨大。珊瑚碎片在船身兩側劃出長長口子，整艘船淒厲號叫，船體從下方開始抖動。

船撞上礁石時，主甲板上的雅各布斯、博斯席特和午夜班的其他人被甩到左邊[8]，搖搖晃晃撞上巴達維亞號的舷側和欄杆。主甲板下方，陰暗、擁擠的生活空間，船上其他乘客和船員，總共兩百七十人[9]，從吊床和睡墊上摔下來。原固定住的燈和桶、陶器和繩子被撞飛，紛紛落在他們頭上，井然有序、沉睡中的一艘船，一瞬間變成漆黑、亂哄哄一片。

才一或兩秒，巴達維亞號就從顫動中猛然停住。船從礁石扯下珊瑚床，接著船尾沒入水裡，使船體扭曲得很不自然。最初的撞擊聲消逝於黑暗裡，取而代之者是海浪拍打船體的浪花聲和從下方傳來的驚慌喊叫聲。

正商務員頭一個來到主甲板上。佩爾薩特原在船尾他的房艙裡躺著，半睡半醒，距雅各布斯和博斯席特原站立的位置只有數呎。船撞上礁石，把他甩下床。從艙室地板爬起來，他急忙跑上主甲板，以瞭解怎麼回事，身上仍穿著睡衣。

他發現船上一團亂。巴達維亞號已向左傾側，木構造在海浪一再拍打下不斷顫動，海浪從船尾下方往上推，使船底刮著珊瑚，發出不妙的刺耳摩擦聲。海浪拍打船體，激起大片冷冷的水花，團團包圍住船，風把泡沫猛力吹過甲板，打在這時開始從下面經艙口成群上來的半裸男女的臉上。他們從艙口出來時，全身濕透，只能隱約看出周遭事物。

佩爾薩特奮力擠到主桅後方高起的後甲板[10]。船長仍在那裡，用吼的向船員下命令。就連對海所知不多的正商務員都能立刻看出情況危急。隔著到處的嘈雜聲，他高聲問雅各布斯，「你是怎麼搞的，這麼不小心，要我們丟掉性命？」[11]

巴達維亞號的處境的確非常危險。不只船牢牢卡在礁石上這問題；她的十面大帆迎風鼓脹，仍在帆桁上飄動，把她更為牢牢卡在珊瑚上。船首的木材已撞碎，雖然下方尚未嚴重漏水，從船體的痛苦呻吟聲研判，她的裂縫似乎隨時會綳開。最糟的，是他們不知自己身在何方。巴達維亞號距任何已知的沙洲或海岸都非常遠，至少雅各布斯這麼認為。其他高級船員全都沒理由不相信船長對所在位置的研判。於是沒有人知道自己身在何處、撞上什麼、或他們所貿然闖進去的淺水區的性質與範圍。

呼嘯的西南風猛颳他們周遭的海面，月亮已幾乎全落下，但他們決心想辦法救船。當下的第一急務乃是減輕船體所受的壓力。船員被派去爬上船桅收起巴達維亞號廣達八千九百平方英呎的帆。在炮列甲板（gun deck）上，水手長*和他的部下來回跑，督促其他船員把能搬動的東西幾乎全丟進海裡，以減輕船重。他們帶著塗了焦油的「催活」繩，看到有人混水摸魚，就往那人背上來一鞭，但很少需要派上用場。船上每個水手都知道，不這麼搶救，這輩子可能再也看不到陽光。

巴達維亞號的炮手拿起斧頭，朝著把加農炮拴在甲板上的纜繩揮去。巨大的銅炮、鐵炮（每一門重兩千兩百磅左右）一鬆開，即被人推出左舷，掉入海裡，船隨之減輕高達三十噸。跟著有箱子、繩子等器具，從主甲板上丟入海裡。與此同時，另一組水手拿起巴達維亞號八個錨裡最小的一個[12]，把它牢牢繫在一條長纜繩上。天亮時，水手會把這個錨從船尾放進更深的水裡，把纜繩綁在絞繩上，冀望藉此將船往後拖離礁石。

這時候，天已快亮。風颳甲板愈來愈猛，而且開始下起傾盆大雨。在艉樓，佩爾薩特要人拿來測深鉛錘[13]，那是個細長的金屬圓柱體，繫在一條長繩上，用來測定船周邊的水深。測深員以最快速度測了船周邊的水深，發現船首周邊水深只有十二呎（約四公尺），船尾處最深為十八呎（約六公尺），比「東印度船」的正常吃水深度十六又二分之一呎（約五公尺），只多了一點點。

這個發現叫人心驚。他們最大的指望乃是船僥倖於低水位時觸礁。若然，隨著漲潮，巴達維亞號或許會再度浮起。但如果在高潮時觸礁，船下的水就不夠，一旦退潮，她會擱淺，無法靠捲動以錨為支點的絞盤來讓船脫身。若在這情況下捲動絞盤，會增加船體所受壓力，甚至說不定使龍骨應聲折斷。

替船減重完成，他們等待，心裡想著眼下會不會是高潮時。早上五、六點之間，答案終於揭曉，他們擔心的事成真：船體下方的水未上漲，反倒下降。他們擱淺其上的礁石，其嶙峋的頂端開始慢慢浮出波濤，不久，船上眾人發現他們三面是洶湧的波浪和爪狀的珊瑚。隨著水位下降，巴達維亞號開始在礁石上劇烈震動，要在甲板上站立或走動，變得不可能；搶救船隻之事不得不中斷，乘客和船員除了一臉哀戚擠在一塊坐著，聽可怕的船體摩擦聲，簡直束手無策。

荷蘭「東印度船」造得極牢固[14]。這類船的木材比其他商船的木材粗了一倍，但未設計來承受住擱淺於珊瑚礁的情況，尤其是它們的底部在製造時未設想到在無外力支撐下承受粗大主

＊負責每日管理全體船員的高級船員。

船桅的全部重量。這根船桅用斯堪的納維亞松木製成，長一百八十呎（約五十五公尺），加上其上的所有船帆、帆桁、索具，重超過十五噸，穿過四層甲板直接壓在龍骨上。這時，隨著整艘船幾乎完全離開水面，洶湧的波濤每分鐘把巴達維亞號撞離礁石六或七次，然後海浪迅速退去，讓船體回撞珊瑚。主船桅已變成一具巨大的打樁機，一再往下撞擊龍骨，就要穿透船底。

沒了主船桅，巴達維亞號幾乎無法航行。但有它，她肯定會沉沒在礁區。減輕船體所受壓力勢在必行，而要保住船隻，只有一個辦法。天亮後不久，雅各布斯下令砍倒主桅。

在靠風力航行的時代，砍倒主桅，非同小可，因此通常由船長用斧頭親自砍下第一斧，藉此表明此舉的後果由他承擔。雅各布斯掄起斧頭，其他幾人跟進，砍向主桅與主甲板處相接處。但他們急於辦成此事，未考慮到主桅倒時候的方向。巨大的主桅未往外倒入海裡，反倒連同其圓材、索具，轟然倒在巴達維亞號身上，壓碎器具和欄杆，與留在甲板上的設備整個纏在一塊，造成很大損害。

好在沒人遇害，甚至無人受傷，但船員檢視受損情況，大為驚駭。主桅無法移動，要保住巴達維亞號顯然已無望。對船上的人來說，唯一的指望乃是希望附近至少有陸地不會在正午水位最高時沒入水裡。

正商務員爬到船尾他所能爬上的最高處，往北望。這時太陽已出現，潮水已開始退，因此他能看出船撞上一座彎月狀巨礁的最南端。一線浪花往東綿延兩英哩，另有兩線浪花往北往西綿延一英哩。但佩爾薩特看到遠處有島嶼[15]。

最大的島[16]以及寥寥幾座不算小的島，在他看來，距離將近六英哩（約一公里）。但有數塊烙餅狀的崎嶇珊瑚，離他們更近許多——三塊位在西北邊，至少還有一塊位在東邊。東邊那塊，四周淨是白色浪花，看來無法駕船登上。但正商務員看出，他們所在位置西方半英哩處，礁石消失，轉變為一道清澈的深水道，深水道通往這神秘群島的中心處。只要稍加小心，駕著船上附載的小船，或許能穿過礁區，查明哪座小島能提供棲身之處。

巴達維亞號載了兩艘小船，其中較小的一艘為船載小艇（yawl），天未亮時，水手就把這艘小艇下了水，這時在旁邊隨波飄盪。它很適合執行此任務，早上約七點，船長和他親自挑選的一批船員操槳離開，前去勘察諸島。九點他們返回，帶來令人振奮的消息。雅各布斯說，他們去了幾座較小的珊瑚島，似乎每一座都不會被潮水淹沒。

雅各布斯的發現，意味著巴達維亞號的乘客和船員頗有可能得救。但佩爾薩特仍面臨一個兩難。他知道荷蘭東印度公司向來不會善待因運氣不佳或能力不好而失去公司財產的員工。身為受雇之人，他的職責肯定是先保住船貨，只在值錢物安全無虞時，才關心乘客、船員的死活。但他覺得這恐怕不可行。即使他能牢牢掌控水手，船上慌亂的士兵和平民似乎也不大可能乖乖看著小船把一箱箱貨物和白銀載到島上。於是，正商務員妥協。他記載道，「由於船上女人、小孩、病人、大喊自己可憐的男人大聲哭訴[17]，我們決定把大部分人先送上陸地，同時把錢和大部分值錢物備好在甲板上。」

這決定正確。早上十點，第一批上了小船的倖存者還未被送走，不斷拍打的海浪終於終結了飽受折磨的巴達維亞號船體的抵抗。船在水線以下爆開，數噸冒著泡沫的來自礁區的水開始湧進貨艙。破口非常大，眼看艙裡水位上升非常快，捻船縫工人和木工不得不逃離。船上許多必需品泡湯，費了好一番工夫，才從儲藏所搶救出一些食物和水。

看到一捆捆貨物在淹水的貨艙裡載浮載沉，大部分乘客和船員決心棄船，不久，主甲板上就擠滿男女，他們爭搶擠在船邊位置。在這情況下，撤離通常沒有秩序可言[18]，這次也不例外。最強壯者強行擠上小船，把女人、小孩和年紀較大的荷蘭東印度公司職員棄於不顧。另有十餘人跳進海裡，想游到岸上，結果全溺死於波濤裡[19]。

阿里安．雅各布斯和其水手忙活了一整天，但巴達維亞號的兩艘小船滿載也只能容納六十人，而且情況非常糟糕。把驚恐萬分的人從上下顛簸的甲板轉移到左右搖晃且偏到一邊的小船很危險，絕不能急；片刻的不留神或一丁點計算錯誤，就可能使脆弱的小船撞上巴達維亞號，碎成數塊。上了小船後，得在深水道划上超過半英哩，才能把倖存者送上岸。

小船的船員把他們送到當天更早時船長勘察過的諸島裡最近的那座島。那是個很小的島，由碎珊瑚組成，呈蘑菇狀，寬只一百七十五碼（一六〇公尺），毫無遮蔽物擋住刺骨寒風。下午期間，又有四個船次的倖存者抵達。他們竭盡所能讓自己舒服點，但這座小島堅硬、平坦又寸草不生，不只沒有食物和水，連供人躺下、休息的沙子都沒有。沒有遮風避雨處。總而言之，它實在不甚理想。

天黑時，救人任務完成將近一半，已有約一百八十人在陸地上。但父母和孩子分開，丈夫和妻子分開，而由於必須往小船塞愈多人愈好，島上不幸的倖存者赫然發現幾乎沒有生活必需品。雅各布斯和他的手下已克服萬難，將約一百五十品脫的劣質飲用水、十二大桶乾硬的麵包送上陸地[20]，並在正商務員堅持下，把一小箱最值錢的貨物送上陸地，箱裡塞滿寶石、加工過的金子和首飾，若在東印度群島，可賣到六萬荷蘭盾*[21]。這麼多值錢的東西，在礁區一文不值；值幾荷蘭盾的帆布和毯子，用處會更大。

日落時，雅各布斯再度回到巴達維亞號，示意佩爾薩特到一旁密談，堅決要他上島。這位船長說，「我們搶救了水和麵包根本無濟於事，因為岸上的人個個猛喝水。除非你下令不准這麼做，但這根本禁不了。」[22]

十二箱荷蘭東印度公司的白銀仍在主甲板上等著運走，但正商務員知道還能取得的食物或水已不多。他和雅各布斯跳下船載小艇，打算上那個小島，施行某種配給，然後回巴達維亞號拿錢。但他們的小船一離開，就刮起一陣暴風雨，小船不得不盡快駛往礁區裡以策安全。強風掀起波浪，飽受打擊的巴達維亞號再度幾乎完全消失於激浪與浪花之中。天亮之前想再度登上巴達維亞號已顯然無望，費了一番工夫，這艘小船終於回到小島。他們來到倖存者身邊時，那些人已平靜下來，要度過一個不舒服的夜晚。小島上環境惡劣透頂，他們疲累不堪，掙扎了一番才睡著，時時有堅硬的珊瑚頂著他們的背。

* 相當於今日三百萬英鎊。

在巴達維亞號，其他乘客與船員的處境一樣慘。約一百二十人暫時留在逐漸沉沒的船上。對那些待在甲板上的人來說，風和雨可能使他們凍死。與此同時，在主甲板下方，由於正商務員和船長都不在，情況已急劇惡化。船體破掉時，並非每個船員都選擇往上逃到主甲板。許多人——或許認定自己劫數難逃——反倒闖進炮列甲板的儲藏所，在烈酒酒桶之間喝到不醒人事。有個叫阿萊特・揚森（Allert Janssen）的人，來自荷蘭省北區（North Quarter）的阿森戴夫特（Assendelft），是個炮手。他想辦法來到船尾的儲酒室，那裡有高級船員所存放的專屬葡萄酒、烈酒。結果在那裡被管事的助手盧卡斯・黑赫茨（Lucas Gerritsz）擋住去路。揚森違反規定來到如此靠近高級船員住艙區的地方，在平日會招來一頓鞭笞；但這時，情況不同。這名炮手抽出一把小刀，往黑赫茨背部劃了過去，大叫道：「滾開，下流東西，你當老大已經夠久，現在換我來當老大。」黑赫茨逃走保命，儲酒室自此無人看守，不久，揚森的幾個同事也過來品嘗裡面的美酒。這些人大半年無緣暢快喝酒，很快就醉到危險程度。

另一群違法亂紀者，在一名年輕的荷蘭東印度公司軍官候補生帶領下，開始砸開炮列甲板上的水手櫃。此人叫萊內爾特・范歐斯（Lenert van Os），這時完全不擔心受罰，大膽開搶。他們一路往船後走，洗劫每個所到之處，最後來到船尾的高級船員居住區。沒人想阻止他們，然後他們喝了酒，加上未來無望，豁了出去，打破佩爾薩特房艙的門。幾個人搶先闖進去，喝醉的年輕水手，綽號「豆子」（Bean）的科內利斯・揚森（Cornelis Janssen）是其中之一。他一身酒氣，身上佩戴了不少小刀。其中一把插在他的帽子上，另外幾把從他馬褲的皺褶處伸出。碰上這個海盜般的人，這房艙裡剩下的僕人逃之夭夭，正商務員的家當隨之任由這批暴民處置。他們洗劫他的房艙，來自菲士蘭省的水手里克特・瓦烏特斯（Ryckert Woutersz）打破佩爾薩特的水手櫃，為了找到值錢物，把裡面的東西攪落一地。不久他看到正商務員個人收藏的大獎章，把它們分給鬧事者當戰利品。

在主甲板上，遭棄置的荷蘭東印度公司錢箱，對每個敢於冒著呼嘯的風，以及呼號的激浪上來的人或魯莽到這麼做的人，都是無法抗拒的誘惑。有個來自德意志海德堡的老軍人，名叫讓・蒂里翁（Jean Thirion），比其他人都大膽，用短柄小斧砍開其中一個箱子。幾個忠於公司的水手看到，把他趕走，叫來一個木工釘上一塊長條板子，蓋住破口。但這時候，整個失事船上，紀律已幾乎蕩然無存。到了早上，忠於公司者已四散，一票尋寶者再度圍著這個受損的箱子。他們撬開木工釘上的板子，把裡面的東西倒在甲板上。數千個荷蘭盾落下來，在鋪板上彈起再落下，這筆錢足以讓一個人數輩子不愁吃穿，但巴達維亞號岌岌可危，因此就連蒂里翁和其喝醉的友人，都覺得擁有它們沒什麼意義，反倒把這些錢幣拿來玩，抓起一大把朝別人的頭擲去取樂[23]。

差不多就在這時，仍配戴一身小刀的科內利斯・揚森，帶著他所分到的正商務員的財物（包括一只鑲嵌於瑪瑙裡的金質大獎章），從「大房艙」現身。他走到船邊，把獎章連同其他值錢東西塞進他帽子，丟進海裡。醉醺醺的「豆子」高聲說道，「這個垃圾，儘管值好幾千。」

• • •

在彎月狀珊瑚礁裡，怒號的海浪因奔過礁石而平靜下來，此處的救援工作於天亮前一小時再度啟動。第一要務是把大部分倖存者移到更大的島。把兩艘小船塞滿共六十人後，水手駕船往深水道另一端行去，繞到一更大島的北邊。這個島呈子宮狀，距巴達維亞號一英哩（一．六公里），長約三百五十碼（三二 五公尺），最西端處的寬度幾乎和長度一樣，但此島往東南方急劇收窄，因此全島大部分地方只有五十碼（四十五公尺）寬。一如他們過夜的那座蘑菇狀岩石，它也沒什麼遮風避雨之處，沒有淡水，但至少有個小沙灘可供小船上岸，島上空間足以容納巴達維亞號的所有乘客和船員。到了下午，已有約一百八十名男女小孩被送到那裡，還運去一部分的麵包和水，量都不多。佩爾薩特，連同四十名最優秀的水手和幾個受到特別照顧的乘客，還在那個小島上，船長特意把幾乎所有的水和許多食物保留在那裡[24]。

礁外的情況仍然險峻。憑藉過人的膽識，又一艘船從巴達維亞號出發，把另一批倖存者運到安全的珊瑚礁裡，但那之後，天候再度變差，不利搶救，到了下午，船長已不敢再讓救援小船靠近巴達維亞號旁邊。巴達維亞號上還有七十名男子，其中大部分人前一晚喝酒鬧事，渾然不知情勢險峻，但這時已夠清醒，知道巴達維亞號不久後就會禁不住海浪的拍打而解體。有幾個小時期間，佩爾薩特一直讓救援船留在巴達維亞號附近，既希望救人，也希望救回錢箱。他祈求惡劣天候暫時平息，但天不從人願。薄暮時，正商務員退回到礁區避難，臨去前，向甲板上的人喊道，造一些筏子保命。

第二天天黑時，失事處的情況比先前更糟。困在礁區裡的倖存者分處兩島，而從巴達維亞號又救出一船的人，意味著這時多了六十張嘴要餵飽。但生活必需品已少到危險程度。雖嘗試配給，但水已幾乎用完。如果一兩天內未另外找到水，他們會全部渴死。

在那個較小的小島上，佩爾薩特和雅各布斯爭辯接下來該怎麼辦。失事地點位在一珊瑚群島裡，船長據此認為他們大概置身於一個幾乎無人知道之列島的某處。約十三年前，正商務員佛雷德里克·德·豪特曼（Frederick Houtman）差點在某個列島觸礁，於是荷蘭人以他的名字將該列島叫作豪特曼的阿布羅留斯（Houtman's Abrolhos）*[25]。這些島嶼完全未有人探查過，不清楚其中哪座島有淡水。但已知這個列島位在巴達維亞號最後一次研判的所在位置東邊數百英哩處，該列島距離東印度群島南邊不到兩千英哩（三千二百公里）處。如果此船真的位在阿布羅留斯群島，部分倖存者乘著小船抵達爪哇，或許不無可能。

但首要之務是找到水。佩爾薩特仍想從失事船艙搶救出公司的錢箱，但研判如果他不盡快採取果斷作為，反叛者恐怕會搶走小船，自行搜尋附近島嶼——事態很可能如此演變。他知道如果小艇和巴達維亞號附載的那艘較大的大艇不歸他掌控，後果不堪設想，不只會使他對此刻散居三處的失事船難民本就不穩的管轄權更加薄弱，還會危及他自己的性命。水的供應的確已

* 一般認為Abrolhos是來自葡萄牙語的外來詞，為水手之警告語abri vossos olhos（睜大眼睛）的變形。巴西外海有個類似的群島，也叫阿布羅留斯。

開始吃緊。於是正商務員同意搜索群島，六月六日早上出發。他也決定把一桶淡水運到北邊那座更大的島上，供其上的人飲用。

阿里安．雅各布斯和高級船員同意尋找淡水，但嚴峻的現實使他們對佩爾薩特決意救助子宮狀島嶼上的人一事，既訝異且驚恐。那座島——從擱淺在礁區的失事船上可看到它的身影——這時已被人稱作「巴達維亞號之墓」[26]。該島上一百八十人困在一塊無水的珊瑚上，沒有小船或筏子可供逃離；船長推斷，他們大概已用光生活必需品。正商務員若帶著一小桶水去到那裡，不會讓他們安心多少，他們奪走小船的可能性更高許多。

雅各布斯把這想法告訴佛朗西斯科．佩爾薩特，還勸佩爾薩特不要再以為手下會服從他的每道命令。在眼前的情況下，有本事自保者都會自保——如有必要，不惜犧牲他人。若以為荷蘭東印度公司那些粗魯的水手會是例外，就太不切實際，只要北邊那些同伴有可能損壞其中一艘小船，這些水手就不可能志願前去解救他們。「他們會把你留在那裡，你會為此後悔，」船長向佩爾薩特如此示警。「其次，沒有人會願意與你一起過去。」

令眾水手驚訝的，正商務員不為所動，最後，水手長揚．埃佛茨（Jan Evertsz）和六名水手被他說服，同意駕船載小艇帶他到那座較大的島。但這些水手仍不放心，堅決表示如果佩爾薩特上了岸，被扣留在那裡，他們會把船划走。但沒有扣留之事發生：他們靠近巴達維亞號之墓時，看到一大群人聚集在海灘上，令埃佛茨大為憂心。正商務員似乎要抱著水桶跳進淺水處時，水手長把他拉回小船，眾水手迅速把船划離，耳邊仍迴蕩著被他們棄之不顧者的喊叫聲。

這件不愉快的事使佩爾薩特變得優柔寡斷。隔天早上，他未再度嘗試補給該島，而是和某些水手一起乘著船載小艇，去群島裡的其他地方找水。這一次他們往北航行數英哩，來到正商務員從失事船上頭一個注意到的兩座大島。他們在數個地方找水，但除了在海岸邊的窪地找到一些微鹹的水，一無所獲。對佩爾薩特和雅各布斯來說，最後的希望破滅了。這時似乎可以確定附近沒有淡水。此外，失事那晚令他們苦不堪言的暴風雨已消失無蹤，而且沒有要再下雨的跡象。

隔天早上，他們開始強化大艇的舷側，以便出大海遠航。他們忙著時，被佩爾薩特派去失事船那兒的船載小艇，出現在水平線上。船上有十一名男子，為首者是名叫希利斯・佛朗斯（Gillis Fransz）的高級船員，但大艇比船載小艇結實許多，能容納四十人，而且擠這麼多人還不致太不舒服。佛朗斯和其手下的航海本事一流，他們要求加入大艇的行列，得到慨然接受。

巴達維亞號觸礁四天後，佩爾薩特和雅各布斯啟航離開，把巴達維亞號之墓上將近兩百個發狂、口渴的人和困在失事船上另外七十個人棄於不顧。若是較勇敢的指揮官，較優秀的領導人，可能會堅決認為他應與大部分倖存者同在。據佩爾薩特本人的記述，他的確希望留下來，解救那些此時已被他拋棄的人，寫道：「與其懷著深沉的悲痛活著[27]，如果我們找不到水而和他們一起死去，會比較好，比較可取。」但眾水手決意離開這個群島，正商務員最終選擇自保。六月八日早上，他和眾水手、受特別照顧的乘客一起搭上巴達維亞號的大艇。他們共四十八人，包括兩個女人和一個抱在懷裡的嬰兒，拖著船載小艇啟航，緩緩北行。

出發時，佛朗西斯科．佩爾薩特回望了標出礁區所在的彎月狀白水，還有原歸他指揮的那艘遍體鱗傷的大船。那艘大船上有數十名從阿姆斯特丹來的最凶殘之人和喝得醉醺醺的人，還有荷蘭東印度公司的一名高級船員。他就是副商務員，在船上的地位僅次於佩爾薩特。他叫耶羅尼穆斯．科內里斯（Jeronimus Cornelisz）。

CHAPTER 1 異端分子

「他的壞，比他變成一隻虎還有過之。」

——佛朗西斯科・佩爾薩特

耶羅尼穆斯・科內里斯原本沒有出海之意。他並非以經商為業，沒有家人在東方，本身對東方也沒興趣。他其實是個受過教育、有教養的人，悠游於聯省共和國的上流人士圈子。在尼德蘭家鄉，他的社會地位比巴達維亞號上的任何男女都高；甚至比他在船上的上司佛朗西斯科・佩爾薩特還高。事實上，副商務員這輩子（前往爪哇時他三十歲），大概沒理由和荷蘭人口中的赫奧人（grauw）人為伍——赫奧人為社會最底層的庶民，有作姦犯科之徒，有窮人。但此時，他與那些在失事船上安然自得的惡棍和酒徒，至少有一共通之處：都走投無路。

十七世紀，自願上船去東方者不多。印度尼西亞群島的香料，的確能讓人發大財，叫人無法想像的大財。但靠著與東印度群島貿易賺大錢的人，乃是待在阿姆斯特丹、米德堡（Middleburg）、台夫特（Delft）、霍恩（Hoorn）、恩克赫伊增（Enkhuizen）諸地家鄉、富裕程度驚人的商人，而非那些真的在船上當水手、冒生命危險遠航的人。對一般商人和荷蘭東印度公司的水手來說，替該公司賣命的確讓人有機會從香料貿易獲利，但也因此可能陷入匱乏、染病、早死的境地。剛抵達東印度群島的商務員，其平均餘命只有三年[1]，而在荷蘭東印度公司存在期間為該公司出海的百萬左右的人，有幸活著返鄉者不到三分之一。

這百萬人裡，在東印度群島落腳並存活者，占少數，但在該公司的海外貿易基地死亡者，大部分死於氣候和環境因素。致命的痢疾——血痢（bloody flux）——是主要凶手，但數種瘟疫和熱病也奪走人命。有些人死於海上事故或與當地人交戰，許多人死於荷蘭當局之手，荷蘭當局的統治相當嚴厲。簡而言之，像耶羅尼穆斯·科內里斯這樣職位的男人，在爪哇之類地方喪命的機率，比發財的機率高了許多。

因此，整個荷蘭東印度公司存在期間內，搭「東印度船」出海的男子被說成社會最底層的人，也就不足為奇。在一般人的看法裡，該公司是「所有被寵壞的小孩、破產者、出納員、掮客、佃農、法庭執行員、告密者之類浪蕩子的主要避難所」（當時某人的看法）[2]；該公司的士兵和水手若非粗暴、無能，就是沒人肯雇用；該公司的商務員，若非受唾棄的欠債之人，就是沒能出師的學徒，只要有機會翻身，不惜冒任何險。

耶羅尼穆斯·科內里斯就是這樣的商務員：出於不可抗拒的自身理由，賭命遠航東印度群島，冀望一舉翻身。離開聯省共和國時，他幾乎破產，既是個失去至親的父親，也是個危險且可能遭通緝的異端分子。這些不幸全是他自己所造成。

• • •

科內里斯原籍菲仕蘭省（Friesland）[3]，那是聯省共和國最孤立、最北邊的地區之一。它自成一體，大部分地方為鄉村，有泥炭沼、湖泊、濕地構成的濃密屏障嚴密守護其邊界，其中的濕地，只有最鍥而不捨的旅人敢闖進去。結果，有人真的闖進去，走上幾乎無法通行、通往內部的泥巴小徑，最後赫然發現所穿越的地方，不盡然都住著荷蘭人。

佛里西亞人（譯按：住在佛里西亞的族群，而菲仕蘭古時又稱佛里西亞）的確自認和荷蘭人不同族類。他們自認祖先發祥於古羅馬人時代，自稱是原住在德意志邊界沿線之古老部落的後裔。他們的城市同樣悠久。許多佛里西亞人不喜歡荷蘭人，認為他們是外來闖入者，認為他們的發祥年代未早於西元一〇〇〇年，認為他們篡奪了原是黑暗時代佛里西亞王國（半神話之王國）之一部分的土地。即使到了一六二〇年代，荷蘭的崛起老早就使這個省淪為北邊落後地區，使該省諸城居民不得不與南邊較富裕的兄弟民族一起工作、貿易之時，該地區大部分居民仍不會講荷語。鄉間的語言是佛里西亞語，那是與英語有某些類似之處的語言。來自南邊諸省的人，得費很大工夫才能聽懂[4]。

耶羅尼穆斯·科內里斯大概於一五九八年生在這樣的環境裡。他父親是名叫科內里斯·耶魯恩斯（Cornelis Jeroensz）的藥劑師，其實是荷蘭人；耶魯恩斯在瓦特蘭（Waterland）的朗茨梅爾（Landsmeer）村長大，一五九五年娶佛里西亞族姑娘為妻時，住在阿姆斯特丹，婚後與她住在省城呂伐登（Leeuwarden），當時該城有人口約一萬一千人。耶羅尼穆斯．科內里斯出生後不久，耶魯恩斯隨自己家族搬到北邊數英哩處的多克姆（Dokkum）。耶羅尼穆斯．科內里斯似乎在該地長大，一六二六年時還是這個小城的市民。因此，他眼中的家鄉很可能是多克姆[5]。

年幼的科內里斯大概六歲時就開始上學。十七世紀初年，荷蘭的教育制度在歐洲最為先進；所有城鎮和大部分村子有小學，學費受政府補助[6]。因此，就連較下層人家的小孩都至少受過一般教育，來過此國的外人常因發現荷蘭僕人識字而吃驚不已。

這些學校為了一個理由而存在。聯省共和國不久前才改信基督新教，有些荷蘭家庭仍信古老的天主教。政府廣設小學，主要為了培育出新一代的喀爾文宗信徒；因此，基本的教學內容侷限在閱讀和聖經研讀。與官方教會相抗衡的教會，出於同樣原因，保有自己的教育機構。學童在小學學讀聖經，但並非所有小學生在學校學過書寫，想要自家小孩學這類技能的父母得另付學費。算術被認為太高深，不適合放在小學教。

許多男童和大部分女童八或十歲時結束學業，但科內里斯，一如有錢人家的子弟，大概繼續升學，他就讀著名的多克姆拉丁學校[7]。這些拉丁學校招收剛念完小學的十歲男孩，給予他們徹頭徹尾的古典學教育，荷蘭共和國的每個大城擁有並經營一所拉丁學校。拉丁學校教拉丁語、希臘語，也替男學生在書法、自然哲學、修辭學方面打下基礎。但它們遠不只是學習知識的地方，因為拉丁學校的校長自豪於培育出年輕的人文主義者——眼光超越令人窒息的宗教桎梏，擁抱古羅馬的長處和價值觀。於是，荷蘭的基礎教育制度係為了把嚴格死板的喀爾文宗教義灌輸給學童而存在，但那些繼續升學而念完拉丁學校的男孩，卻被鼓勵揚棄固定不變的信仰模式，以自己為思考重點。菲仕蘭、赫歐尼恩（Groningen）兩省的學校，以這方面的自由主義作風而特別出名。

身為佛里西亞人，以及身為北部拉丁學校的畢業生，科內里斯年輕時受到的薰陶，大概是聯省共和國裡，與狹隘嚴苛的正統荷蘭喀爾文宗教義差異最大的東西。但他大概也準備好從事聯省共和國裡最崇高的行業。許多拉丁學校學生畢業後成為牧師或醫生，另有些人攻讀法律或接受官員養成教育。其他的拉丁學校畢業生，若非缺乏作學問的資質，或是欠缺要在大學裡占一席之地所不可或缺的身家、社會地位，不然，一般來講他們會投入較合紳士身分的職業，從學徒開始做起。

耶羅尼穆斯．科內里斯克紹箕裘，當起藥劑師學徒。近世時期，中世紀的行會制在聯省共和國全境仍很穩固。有心從事打鐵、開雜貨店、當外科醫生和裁縫者，都得拜師習藝三至七年。師傅供徒弟吃住，傳授技藝，徒弟則在習藝期間提供勞力。

約定的習藝期結束時，學徒（這時已是年輕男子）得拿出至少一件代表作，表明其已掌握該行的技藝。師傅將這些代表作提交給相關行會的行政人員審核，如果學徒被判定已充分掌握其行業的技藝，即獲准加入行會。這代表一項重大的承諾，即成為行會會員，必須盡某些義務，尤其必須定期且慷慨捐資給行會基金。許多已出師的男子，始終付不起這些費用，終其一生只能當個受雇於人的「熟手」（journeyman）。

科內里斯大概習藝於一六一五至一六二〇年之間某時。藥劑師學徒的身分眾人艷羨。在近世歐洲，合格的藥劑師壟斷藥物的調製和供給，因此大體來講不缺客源。他們的秘方複雜且索價不斐，許多藥劑師憑著供應秘方致富。原籍法蘭西的吉迪恩・德洛訥（Gideon DeLaune），在英格蘭宮廷執業當藥劑師，死時留下十萬英鎊，比他所治療過的大部分貴族有錢[8]。荷蘭的藥劑師，沒這麼有錢，但一般來講生活寬裕。

需要他們治療的疾病多不勝數。十七世紀期間頻發的重大傳染病是瘟疫（在某些地方病人致死率達六成至八成）、麻瘋、斑疹傷寒。痢疾（染病者四分之一喪命）、梅毒、結核、傷寒也很常見。有幸躲過這些疾病摩掌的人，往往死於惡性流感——被稱作「出汗病」（the sweats）——天花或瘧疾。癌症相對來講較少見；壽命能長到長出惡性腫瘤的人不多。

今日，我們能頗為精確地斷定在疾病充斥的十七世紀，這些病有多常見，有多普及。例如，在天主教的天堂裡，有多達一百二十三個聖徒，可供染上熱病者請求代其向神禱告——專門處理病痛的聖徒裡，就屬處理熱病的聖徒最多。另有八十五個聖徒忙於應付為各種兒童病心急求助的父母發出的祈求。還有五十三個聖徒處理各種瘟疫，二十三個聖徒只關注痛風問題。天主教徒甚至有個痔瘡患者的主保聖人：聖費亞克（St. Fiacre），他是七世紀時終身禁欲苦行的愛爾蘭籍教士[9]。

當藥劑師學徒時，年輕的科內里斯大概花了至少三年[10]學習調製各種藥水、藥膏、泥罨劑、灌腸劑——這些是十七世紀藥劑師必備的藥品。他的師傅身分不詳，但不無可能是黑赫特・埃佛茨（Gerrit Evertsz）[11]。此人是藥劑師和穀物商人，從十七世紀初到一六四五年後某日去世為止，在呂伐登經商有成。埃佛茨顯然是科內里斯的近親，因為科內里斯最後請埃佛茨掌管他在菲仕蘭的合法事業。如果埃佛茨真是這個年輕人的師傅，科內里斯就找到一個很有力的靠山。埃佛茨是菲仕蘭首府最顯赫的市民之一，除了從事藥劑師行業，還擔任該城孤兒的監護人和官派的破產管理人。

藥劑師學徒通常未滿二十五歲不得出師，這意味著科內里斯在約一六二三年提交他的代表作——大概會是論某疾病之正確療法的文章，或者是論某毒物之調製的文章。他的代表作顯然很出色，令審核者讚賞，通過檢定成為合格藥劑師，隨之成為內科醫師、藥劑師、外科醫師行會的會員[12]。近世歐洲的醫界核心，就由這三類人組成[13]。

內科醫師是大學畢業生，在這三類人裡最高傲、最受尊崇。他們苦讀數年以掌握當時的醫學理論，整個社會裡就只有他們有權利開處方箋和發布診斷結論。他們是極傲慢、高不可攀的人物，索費甚高，穿長袍，戴學士帽，有別於一般專業人士，看病時必定戴手套，以免醫病間有實際接觸。只有最有錢的人付得起他們的服務；就連在最大城市裡，每五萬人擁有的內科醫師，都很少超過十二人[14]。

在某些極少見的病例裡，必須做某種外科手術，這時就會請來外科醫師（由於當時不懂麻醉和消毒，手術始終是萬不得已而為之）。在這個三合一行會裡，外科醫師的地位低於內科醫師和藥劑師，他們的職責是使骨頭復位、在顱骨鑿孔、用柳葉刀切開癤，以及處理當時猖獗且較惹人厭、傳染性較高的病。以含汞藥水治療性病，為外科醫師的職責。治療瘟疫患者，也屬他們的職責，因為內科醫師通常不願處治最惡性的流行病。

但找內科醫師問診後轉診給藥劑師治療之事，遠更常見。當時醫界認為幾乎所有病痛都可歸因於（據認存在於）人體內之四種體液的失衡，或歸因於六種能維持身體健康或引發疾病的「非天然物」（unnatural）受到不當管理。藥劑師的職責，乃是擬出旨在導正這類失衡和管好非天然物的療法。如果他們稱職，病人必然可完全康復——至少理論上這麼認為。

在昏暗的藥劑師店鋪深處，擺著數以百計的罐子和藥丸盒——藥劑師配製出當時人眼中複雜到不可思議之藥物所需的數百種原料，就放在這些罐盒裡。大部分藥物用數種植物的某個部位配製出來，始終摻了動物性產品，有時還摻了數種金屬的混合物。根部和藥草是主要原料，但藥劑師也必須熟悉另外許多奇怪的原料。獨角獸的角被視為珍品，藥劑師無不想入手。糞便用途甚廣——鴿糞被拿來治癲癇，馬糞治胸膜炎有效——野生動物的性器官被認為藥效特別強。例如野豬鞭被認為能化痰。

藥劑師店鋪裡最奇特的原料是「木乃伊粉」，至少在今人看來是如此。那是用人肉磨成的粉，人肉則直接取自遭洗劫的古埃及墓（至少理論上這麼說）。它是很受喜愛的萬靈藥，據稱能治從頭痛到鼠疫的幾乎各種病痛。最優質的木乃伊粉，「表面猶如樹脂、硬化、黑亮」，味苦，帶香氣。從埃及取得不易時（通常取得不易），可能拿歐洲人的屍體充代，但重點是拿來取肉的屍體非病死。最優質的木乃伊粉據稱來自在撒哈拉沙塵暴裡遭悶死之男子的遺體，但主要來源卻是遭處死之罪犯的遺體。

藥劑師所需要的其他原料，相較來講較易取得。動物製產品能從屠夫或專門的巡迴推銷員那兒取得。藥劑師通常靠己力取得植物，闢園種植藥用植物或在鄉村遊走，尋找罕有的植物根。最重要的是原料必須新鮮；幾乎每個藥膏和飲劑[15]都必須在需要用到的當天特別配製，藥劑師這一行的主要工具是研缽和杵。

有種藥，藥劑師未親自配製，那就是解毒糖劑（theriac）*[16]——各種動物毒的主要解藥。人們拿它來治蛇咬和狂犬病，把它當成解毒藥，但最常見的用途是替流過血、出過汗、清過腸、身體愈來愈虛的病人補元氣。解毒糖劑（市面上有數種）是特別複雜且強效的藥，製作極為不易，只有最大城市的資深藥劑師所配製的，才讓人信得過。這種藥含有多達七十種成份，因其最重要的成份來自動物——蝰蛇肉——而顯得特別。最好的解毒糖劑來自威尼斯，被稱作「威尼斯解毒劑」（Venice treacle）。威尼斯的藥劑師自己養蝰蛇，每年一次調製大量的解毒糖劑。這個義大利城邦國家把此製劑出口到歐洲其他地方，因此當時大概沒有藥劑師未備有此藥。

但藥物不是荷蘭藥劑師的唯一收入來源。他們是聖尼古拉行會（St. Nicholas Guild）的會員，而一如同為該行會會員的雜貨店主和香料商，他們有權利賣水果派和薑蛋糕。許多較不愛惜羽毛的藥劑師在店裡存放啤酒，有時偷偷將它賣給顧客，免繳政府對酒課徵的重稅。所有藥劑師

* 此詞來自希臘語的theriake，是英語treacle的字根。

都以砷為基底製作毒物，毒物則被拿來抑制肆虐每個城鎮的大量害蟲。藥劑師這方面的工作受當地政務委員會嚴格管制，但即使如此，他們的形象還是因此受損[17]。城裡有人突然死亡時，藥劑師往往會被竊竊私語，毒劑是在某個陰暗的藥房後房間調製而成。在他們凌亂的店裡，身披黑斗篷的藥劑師臉上只是掛著微笑。

• • •

耶羅尼穆斯・科內里斯在哈倫（Haarlem）開店，時間大概在一六二七年某時。他為何落腳於荷蘭省，而非菲仕蘭省，原因仍然不明，但比起多克姆或呂伐登，哈倫更大，更國際性。它是聯省共和國裡最富裕、最重要之省份的第二大城，人口四萬，在當時，想必是有利的開業地點。

哈倫是典型的荷蘭城鎮：喧鬧、繁忙，但講究整齊乾淨到了吹毛求疵的地步。它位於阿姆斯特丹西邊數英哩處，不時暴風雨大作的幽暗內陸海哈倫湖（Haarlemmermeer）的正北邊。全城為一道護城河和一道城牆所圍繞，流動甚緩的斯帕恩河（River Spaarne），入海途中穿過哈倫，把該城切成一大一小的兩半。船隻走此河過來，提供了該城所需的許多貨物。城牆內，紅頂房屋大部分為磚造，各大街道在十七世紀初期時都已是鋪面道路，而且每天會有人清除大街上的垃圾和從樓上窗戶傾瀉而下的糞便——在尼德蘭之外未曾聽過的市容淨化措施。總之，哈倫是個宜人、繁忙的地方，比起英格蘭、義大利、法蘭西的大城，較不隨便，較不亂，較不危險。

這個城市以八大街為中心發展起來，每條大街都通往大市場廣場（Great Market）。大市場廣場是城市生活的中心，聯省共和國境內最大的市集之一，白天都非常熱鬧。大市場廣場最引人注目的地方是聖巴佛教堂（Grote Kerk of St. Bavo），它是荷蘭境內最大的教堂，某些旅人眼中荷蘭最美的教堂，但在此作禮拜卻不夠寧靜。有頂棚能遮風避雨的大漁市場，緊貼著此教堂北側，整整長達六十碼，而且不到十碼外，此廣場的西邊，座落著身形龐然的新屠宰場（New Meat-Hall），星期一至星期五，信眾沉思時會被牛遭宰殺時駭人的慘叫聲打擾。

這個城市並非處處都氣派堂皇。大街之外有密密麻麻的小通道和巷弄，小通道裡的房子較小（只有一或兩間房間），居民窮得多。哈倫城有一個區，全區都是廉價住宅，住著數千名在漂白工廠工作的女人。她們用脫脂乳池把亞麻染白，哈倫因此而馳名遠近。附近還有一些較窮的區域，擠滿新教徒，他們因為反宗教改革運動的壓迫而移居此地。哈倫雖然擁擠，卻是相對來講較富裕的地方，住在通往大市場廣場那些街道上的人，最富有。

科內里斯在大木頭街（Grote Houtstraat）租了一間房子[18]。大木頭街是哈倫八大街之一，從大市場廣場往南延伸，穿過城區，越過護城河，進入林木茂盛、沿著哈倫湖邊綿延的公園。這個年輕的佛里西亞人在一樓開了間藥房，住店鋪樓上。他有個女僕，有隻鱷魚填充玩偶（吊在櫃檯上方，是這家藥房的主要象徵），他在街坊人緣很好[19]，也得到哈倫城接受，在不輕易授予人正式市民（poorter）身分的年代，成為哈倫的正式市民，隨之享有許多特權，包括投票權[20]。

科內里斯在荷蘭省雖是新住民，這時卻似乎就要飛黃騰達。他已在藥劑師這一行出師，而藥劑師是聯省共和國最受尊崇的職業之一。他自己開店，店的所在位置似乎極佳，上門的客人是此共和國非常富裕城鎮的市民。正常情況下，他本可指望一輩子發達富裕，得到他市民同胞的尊敬，甚至指望從政，參與城市治理，最終當上市政會委員。但實際情況大大偏離常態。對耶羅尼穆斯．科內里斯來說，未來就只有疾病、丟臉、死亡。

第一個打擊降臨於一六二七年冬，即這位藥劑師娶妻約二十個月後。貝萊特亨．雅各布斯德．范德爾克納斯（Belijtgen Jacobsdr van der Knas）[21]的生平，我們所知甚少，只知她來自西菲仕蘭的大港霍恩，在哈倫城的檔案資料裡，她以耶羅尼穆斯．科內里斯的「合法家庭主婦」身分出現。她大概比丈夫年輕好幾歲，而且一如丈夫，出身好家庭，但還算不上是尼德蘭最上流社會出身。她不無可能是某藥劑師的女兒，因為藥劑師的妻子往往來自同業人家，而她肯定幫她丈夫照顧藥房[22]。如果她是當時典型的荷蘭中產階級女人，那她就會是精明、受過些許教育、很能幹的女人，而且並非事事受丈夫擺布。來過聯省共和國的外國人，通常稱讚該國女人極漂亮，當時人以肌膚紅潤、體型豐滿的年輕妻子為美，有個荷蘭人以欣賞口吻寫到「臀部能塞滿一個桶子、雙乳能塞滿木盆」的女孩。上述特色，科內里斯的妻子很可能都具備。但到了一六二七年十二月，她已病重。

十一月某日，貝萊特亨生下一男嬰。懷孕並不順利，貝萊特亨產前數星期一直下不了床。懷孕第八個月時，她病到自認活不了，甚至把律師請到病榻旁，以口授方式立下遺囑，在遺囑中指定科內里斯為她的「全權繼承人」。但最終她產下足歲的男嬰，母子平安。數個鄰居說男嬰活力十足，沒有胎記，沒有病。

但產後，貝萊特亨吃足苦頭。她找來的接生婆是阿姆斯特丹人，名叫卡塔萊茵特亨・范韋門（Cathalijntgen van Wijmen）[23]。用了之後才發現她這個人粗野、精神錯亂、無能到壞事。卡塔萊茵特亨待在哈倫期間，不由自主地唱起歌跳起舞，坦承受苦於「她腦子裡讓人痛苦的東西」，睡覺時床邊擺著一把斧頭。貝萊特亨分娩時，她把部份胎盤留在母體的子宮裡。受到腐敗的胞衣感染，科內里斯的妻子因此得了產褥熱。

這病非同小可。十七世紀，產褥熱上身，往往要人命，貝萊特亨因此無法照顧兒子。當時，在荷蘭，不管是哪個階級的嬰兒，通常吃母乳，那是公認確保嬰兒健康成長的最佳作法，在聯省共和國很少雇用乳母，除非母親分泌不出乳汁[24]。貝萊特亨沒這問題；產前至少一個月，她丈夫就遵照當時慣例，花錢請了一個名叫邁克・范登布魯克（Majcke van den Broecke）的老婦吸他妻子的奶來催乳。*但貝萊特亨因產褥熱病倒在床上，無法替小孩哺乳，科內里斯不得不找來乳母海爾特亨・揚斯德（Heyltgen Jansdr）。她住哈倫城北區聖揚斯街（St. Jansstraat）的一條小巷裡。

科內里斯和其妻子似乎特別沒有識人之明。他們找來的接生婆是個精神錯亂的女人，而在海爾特亨・揚斯德身上，他們找到同樣讓人不敢領教的德性。揚斯德的鄰居和熟人裡再怎麼不愛打探他人隱私者，都會說她是個脾氣暴烈、品行低劣的人，她對丈夫不忠之事已為人所知，

* 范登布魯克顯然很自豪於她的工作，後來在律師面前證稱，經她努力後，分泌出的乳汁味道很好。

本身還苦於某種慢性怪病。但不管出於什麼原因，這位藥劑師未費心查明那是什麼病。

識人不明招來要命的後果。把男嬰交給海爾特亨才幾星期，男嬰就病得非常重；才幾個月就一命嗚呼。一六二八年二月二十七日，即搭巴達維亞號出海之前八個月，耶羅尼穆斯．科內里斯把他的幼子葬在哈倫的聖安娜教堂[25]。

這位藥劑師身心交瘁。當時，聯省共和國境內出生的小孩，一半活不到青春期，因此，幼嬰去世之事稀鬆平常。但科內里斯之子的死，很不尋常。這個男嬰並非死於發燒或抽搐、或其他奪走嬰兒性命的常見病因，而是死於梅毒[26]。

他幼子死前的苦楚，大概會讓他們夫妻兩人不忍卒睹。染上梅毒的嬰兒，死於嘴巴、肛門出血，死前也大大受苦於瘡口和疹子，因此，死狀甚慘，有時被稱作像是「被蟲蛀過」。但對科內里斯和貝萊特亨來說，接下來要面對的恥辱，同樣難以承受。他們的親人和鄰居可能會以為男嬰經由母體感染梅毒，而那就意味著父母之中有一人出軌。對出身良好且住在城中高尚區域的夫妻來說，這事非同小可[27]。同時，他們的顧客會擔心，會不會從藥劑師那兒染上梅毒。就剛開始的事業來說，這是要命的一擊。

科內里斯的藥房，很可能在他兒子去世之前就財務吃緊。經過十二年太平歲月，一六二一年荷蘭人再度對西班牙開戰，導致軍事開支暴增，財政左支右絀。那一年，西班牙人禁止與聯省共和國的一切通商，封鎖海岸，荷蘭所受到的壓力因此更大，使荷蘭與西班牙、葡萄牙、地中海的貿易幾乎完全停擺。西班牙人在萊茵河、馬斯河（Mass）、瓦爾河（Waal）、斯海爾德河

（Schelde）沿線的駐軍，打斷了尼德蘭與德意志之間的河運，荷蘭因此陷入嚴重經濟衰退。此經濟衰退在一六二〇年代的大半期間未消，成為十七世紀期間最嚴重的衰退。荷蘭幾乎各行各業都受波及，就連老字號商行要維持償付能力都不易[28]。

科內里斯的事業當然不是老字號。他的藥房初創未久，他本人年輕，剛成為合格藥劑師。許多哈倫人想必較喜歡光顧他那些較老字號對手的店，甚至在他兒子不光彩死去，在大木頭街引發議論之前就是如此。因此，到了一六二八年中期，科內里斯的財務已陷入大麻煩。他債務纏身，而且債有增無減，債主已開始沒耐心。有個人，名叫洛特·佛赫爾（Loth Vogel）的商人，催他還錢催得特別急。這個藥劑師手頭吃緊，還不了錢，於是儼然就要走上破產之路，而在十七世紀的聯省共和國，破產是死罪[29]。

壓力大到叫人喘不過氣的一六二八年夏天期間，商人佛赫爾[30]追著這個藥劑師還錢，這個藥劑師則追著他的乳母討公道。這時科內里斯已知道，他要恢復名譽——以及，或許，救回他的事業——唯一的指望，就是證明他的孩子是經由海爾特亨·揚斯德染上梅毒。他六、七、八月的作為，間接表明他在為打官司作準備。科內里斯要貝萊特亨留在他位於大木頭街的藥房，照料他快垮掉的事業，他則鑽進聖揚斯街旁迷宮般的小巷，尋找認識這個乳母的人。他聆聽他們的說法，說服他們在宣誓證詞裡寫下他們對這女人的疑慮。

科內里斯找到多達九個他認識的熟人證稱貝萊特亨身上沒有梅毒所引發的瘡口和潰瘍，另外找了來自北哈倫的六個人證實乳母已病重至少兩年。據說海爾特亨曾在某個晚上出門狂歡喝酒，把他兒子丟在家裡，任其嚎哭、無人照顧；乳母的數個鄰居談到每當她生病時她床上散發出的氣味特別難聞；有個叫埃爾斯肯・亞當斯德（Elsken Adamsdr）的女人，在其宣誓證詞裡描述了她因為怕染病而不願替海爾特亨換被單[31]。乳母的數個鄰居也證稱她對婚姻不忠，和當地鰥夫阿爾特・迪爾克松（Aert Dircxsz）[32]上過幾次床。迪爾克松綽號「絲絨長褲」（Velvet Trousers），可能是梅毒患者。他們的證詞都不夠確鑿，但把證詞擺在一塊，已足以讓人覺得喪子的科內里斯夫婦是清白的。

海爾特亨・揚斯德激烈回應科內里斯的蒐證[33]。她公開指稱貝萊特亨的性病嚴重到使她頭髮掉光，使她的頭皮遍布潰瘍。她蒐集到為她辯護的證詞非常少，而且扭曲那些證詞，以使其更能取信於人[34]。她甚至再度現身於大木頭街[35]，放聲咒罵，雙拳互擊，高聲罵貝萊特亨是個婊子，說如果可以的話要把她的雙眼挖出來，科內里斯的藥房外因此聚集民眾。

雖有這種令其不斷擔心人身安危的事，最終把科內里斯擊垮的，不是海爾特亨的謊言，而是洛特・佛赫爾和其索賠之事。貿易愈來愈低迷，這個藥劑師的財務更加惡化。九月二十五日，科內里斯在他律師見證下，把他的家當全轉讓給佛赫爾[36]。那不算破產，但很可能和破產差不多。桌椅、被單、毯子，乃至這個藥劑師的新婚床，都被拿去抵債。科內里斯的研缽和杵、藥物和藥水、鱷魚填充玩偶，亦然。

位於大木頭街的藥房停業；科內里斯的藥劑師生涯告終。但佛赫爾肯定有所不知的，一切並未就此結束。異端分子科內里斯仍生龍活虎。

似乎因從小的家庭教養，科內里斯屬再洗禮派（Anabaptist）[37]。再洗禮派是當時尼德蘭境內獲正式認可的小型新教教派，他的家鄉菲仕蘭省則老早就是此教派在聯省共和國境內的最大據點，一六〇〇年科內里斯還小時，呂伐登五分之一居民宣稱自己是再洗禮派教徒[38]。

在菲仕蘭省的省城街上，要認出此派教徒不難，因為即使以當時的標準來看，他們都特別講究衣著要素淡，從頭到腳一身黑，偏愛穿早已褪流行的袋狀馬褲和長上衣。大部分再洗禮派教徒安靜、節儉、認真、勤奮，但即使在呂伐登，他們還是往往叫鄰居反感，他們的宗教觀點叫鄰居幾乎無法忍受。在此共和國的其他地方，他們有時會遭到迫害[39]。

因此，科內里斯早年信奉再洗禮派一事，意義重大，因為十六世紀發生的歷史事件影響著其他荷蘭人的觀感，使眾人碰到再洗禮派時心生猜疑。再洗禮派教徒其實並非一直是模範市民。當科內里斯的祖父母還小時，他們的宗教曾侵撻北歐；該教派的好戰教徒組成軍隊，攻占城市，導致數萬人喪命。這一團體最終遭擊潰，但其暴行，世人未遺忘。最純正的再洗禮派狂熱偏激，十七世紀末時仍吸引了煽動者和反對崇拜聖像者追隨[40]。

這一教派初萌於一五二〇年代，那是空前絕後的宗教巨變時期，馬丁・路德、約翰・喀爾文的新教，也誕生於那時。喀爾文的主張最終在荷蘭定於一尊，相信預選說（每個人的命運在出生前就定下），而與喀爾文不同的再洗禮派，承認自由意志的存在，認為嬰兒受洗沒有意義，因為他們深信只有成人能同意讓自己進入教會。這一教義，對天主教徒和喀爾文宗信徒來說，都是異端邪說，但早期的再洗禮派教徒之所以危險，出於別的原因。他們全是狂熱的千禧年信徒，無一例外——相信不出數月或數年，基督就會復臨，並決意助報仇心切的基督收回他的地上王國，從而引發啟示錄裡所預言的流血事件。在再洗禮派教徒看來，啟示錄絕非寓言故事。他們堅信啟示錄如實預示了一連串事件，那會以新耶路撒冷在地上建成為開始，最終會有大動亂，將把所有未接受這個新信仰的人都吞噬。

最早的再洗禮派教徒堅信建造這個新耶路撒冷是他們的責任，由於抱持這一信念，他們必然與西歐的城市當局起衝突。他們數次圖謀掌控城市未能得手，造成死傷，一五三四年，數千名該派教徒進入西發利亞（Westphalia）的明斯特（Münster）城，把不信該教派者全趕出城，掌控該地達十六個月。報復手段駭人；再洗禮派的「王國」終於遭攻陷時，每個拿得動武器的守城者都遭殺害，另有數百名婦女小孩亦遭同樣命運[41]。另一股四十餘人衝進阿姆斯特丹的市政廳，冀望在該城掀起革命，結果落得類似下場，而在菲仕蘭（已是再洗禮派大本營），另一群激進分子三百人，被圍困在一個古老的西多會大修道院裡，他們替該修院構築了防禦工事，聲稱它是他們的耶路撒冷。城牆遭炮彈徹底轟垮後，倖存的男人遭當場吊死或砍頭，他們的女人則被押去最近的河川溺死[42]。

在再洗禮派教徒遭圍於明斯特和欲拿下阿姆斯特丹未成之前，大部分荷蘭城市容忍自己城裡有該教派存在。在那之後，這個新教派在各處都遭殘酷迫害。再洗禮派教徒已以行動表明他們是危險的革命分子，不管在哪裡遇到世俗當局，都和其唱反調，堅決主張對任何世俗君主都沒有效忠的義務。在明斯特，他們甚至推翻天經地義的習俗，把所有財產改為共有，按照人的需要，把食物和物品分給每個人。在明斯特被圍攻的末期，城中男人大大少於女人，守城領導人甚至推出一夫多妻制。因此，再洗禮派自然而然吸引激進、暴烈、一無所有的男人加入，這些人十足願意用暴力來達成他們的目的。他們對政府的威脅再真實不過。

明斯特遭攻陷後，激進的再洗禮派元氣大傷，就此一蹶不振。該派許多領導人被殺或遭流放，遞補他們職位者都是願意與其他新教徒、乃至天主教徒和平共存者。這些反戰的再洗禮派教徒在此派創立初期就是教徒，始終和革命分子並存於教派內。如今，在菲仕蘭傳道士門諾西蒙斯（Menno Simmons）領導下，他們終於主掌教務[43]。門諾派反對以暴力為手段來達成目的，無意推翻政府。在他們經營下，十六世紀中期的門諾派欣欣向榮，門諾派和再洗禮派已成為同義詞，對該教派的迫害愈來愈少見。的確，即使在呂伐登，門諾派都始終未得到真正的宗教自由，而且他們不得叫他人改信其教或不得擔任公職。但到了科內里斯出生時，在大部分職業裡，此教派的身分已不再是成功的障礙。

但再洗禮派中走革命路線的一支，未因明斯特遭攻陷而徹底消亡。有一群倖存的激進分子，人數頗眾，擁揚．范巴騰堡（Jan van Batenburg）為領袖。范巴騰堡認為搶劫、殺掉不屬他那一派的人毫無不妥。一五三八年他被捉並被處決後，倖存的巴騰堡派成員轉成強盜，侵擾荷蘭與神聖羅馬帝國交界地區又十餘年。那之後，這個支派裂解為數個愈來愈極端且暴力的群體，其中最後一個群體存世到一五八〇年。那年，倖存的激進分子往東逃，落腳於菲仕蘭，隱身於當地的門諾派教徒之間，科內里斯出生之前約十五年，激進派銷聲匿跡[44]。

我們知道科內里斯曾宣稱他從未受洗。哈倫當局的檔案資料顯示，他的妻子貝萊特亨是門諾派教徒。把這兩件事擺在一塊看，間接表明他父母是再洗禮派教徒，他本人在成年初期仍是該教派一員。但說到他相信門諾．西蒙斯的教義，可能性就低了許多。他娶了門諾派的姑娘，因此——從而他的父母——大概的確宣稱自己是門諾派教徒。大部分門諾派教徒於十八至二十三歲之間受洗，但科內里斯三十歲時還未受洗過。這或許表明他已對此教派幻滅，徹底離開了它，但也可以解釋成那代表他和他父母學到的是巴騰堡派的教義。他母親娘家不無可能是最後一批再洗禮派強盜幫垮掉後出逃、落腳於菲仕蘭的諸家族之一，而科內里斯小時候住在該省時，很有可能聽過他人討論激進分子的信念。從日後他的所作所為，可看出他似乎熟悉激進派在正當殺人和財產、女人共有方面的觀念。但這一影響似乎在成年後變弱，為何如此，原因不明，但如果科內里斯真的上過拉丁學校，他會接觸人文主義和上古哲學家的著作，將會被鼓勵多為自己的行動想一想。

科內里斯啟程前往哈倫時，大概已開始受到其他主張和其他思想的影響。來到哈倫後，會很快就發現他的新居地大大不同於多克姆和呂伐登的視野狹隘。在哈倫，「荷蘭改革宗教會」對於有錢人探索宗教和哲學一事，大抵上不聞不問。如果認識對的人，由其居間引介，可認識某些大肆討論激進觀念、乃至公然離經叛道的人士。科內里斯在大木頭街開店，與哈倫城裡一部分最有影響力的人打交道，讓他極易於結識這類人。而實際情況似乎正是如此。

• • •

吉拉爾多・蒂博爾（Giraldo Thibault）在阿姆斯特丹主持的擊劍社[45]，就具有哲學性清談會的典型特點，令科內里斯感興趣。擊劍社位於哈倫城的高級住宅區，其常客大部分是年輕、未婚、非常有錢的哈倫統治階層成員。他們通常每天來找蒂博爾，表面上說是為了精通劍術。但對許多社員來說，擊劍社真正吸引人的地方，在於他們可在此放鬆身心，可以不拘禮節和同輩來往，沒有父母、妻子或教會牧師在旁礙事。這個沙龍是結識有趣新朋友的絕佳地方。蒂博爾認識城裡每個值得認識的人，他的擊劍社很受藝術家、醫師、教授和有錢市民的子弟喜愛。與這位劍術大師時相往來的人，包括科內利斯・范霍赫蘭德（Cornelis van Hogelande）。此人是萊頓大學的哲學教授，也是重要的煉金術士。蒂博爾的姻親吉耶莫・巴托洛蒂（Guillermo Bartolotti）[46]是此共和國的第二大富豪，老早就是荷蘭東印度公司的大投資人。另一個常來擊劍社者是約翰內斯・范德爾貝克（Johannes van der Beeck）。范德爾貝克是最出色的荷蘭畫家之一，在哈倫住過一段時間，以拉丁語名字「托倫齊厄斯」（Torrentius）[47]更為當時人所知（Torrentius是他的姓van der Beeck的拉丁語意譯）。

蒂博爾本人遠不只是個劍士。他許多弟子也因他的哲學修為而尊崇他，據瞭解，他和他友人討論過當時人文主義者深感興趣的許多主題，從煉金術和希臘哲學，到魔法和神話，非常多樣。因此，看來平凡無奇的擊劍社成了讓許多革命性的新觀念得以進入聯省共和國心臟地帶的管道。

科內里斯不可能是蒂博爾的弟子。要加入這類不輕易吸收新會員的社團，得具備頗高的社會地位，而他大概不具有這樣的地位。但他肯定認識某些與這位劍術大師相識的人，透過他們，他開始熟悉某些危險的觀念。他似乎吸納了這些觀念，並將它們與他年幼時習染的激進再洗禮派原則結合，創造出奇怪且獨樹一格的信條——不只擺明離經叛道、而且可能奪人性命的信條。

使科內里斯與吉拉爾多・蒂博爾的圈子搭上關係者是畫家托倫齊厄斯。科內里斯在哈倫認識他，兩人在何處或何時結識，我們無法確定，但兩人的住所相距甚近，這位藥劑師住在大木頭街，這位畫家則住在宰伊街（Zijstraat），相隔只兩百碼（一八〇公尺）。科內里斯和托倫齊厄斯也有幾個共同的熟人[48]：科內里斯向海爾特亨討公道時聘雅各布・斯豪特（Jacob Schoudt）為其律師，而斯豪特與托倫齊厄斯相熟已數年；萊納爾特・萊納爾茨（Lenaert Lenaertsz）是甚受尊敬的當地商人，他與他們兩人都過從甚密[49]。藥劑師販售藝術家創作所需的許多材料（鉛白、松節油、金葉）[50]，因此，托倫齊厄斯從科內里斯那兒取得作畫材料也不無可能。到了一六二〇年代晚期，這兩人已相識甚深，因而有人把科內里斯說成是這位畫家的弟子[51]。

毋庸置疑的，對哈倫城的新住民來說，這一關係可能招來危險，因為托倫齊厄斯在聯省共和國是個爭議性人物。他在天主教家庭長大，甚至在西班牙工作過一段時日；一六一五年，人在家鄉聯省共和國時，他已以活力十足但生活放蕩的形象著稱，砸錢買華服毫不手軟，在聯省共和國許多客棧喧鬧作樂。他和一群朋友在萊頓城雙王冠彩虹（Double-Crowned Rainbow）客棧的開銷，高達令人咋舌的四百八十五荷蘭盾——相當於當時頗有錢之工匠超過十八個月的工資。其中想必至少有一部分開銷花在找女人服務上；這個畫家常說通姦未違反宗教戒律，吹噓荷蘭一半的妓女，他想上就能上。

事實上，荷蘭省有錢的年輕男人，有許多人的行為和他差不多。但托倫齊厄斯愛張揚出了名，他的行動因此特別可能給他惹來麻煩。生活放蕩、與妓女廝混，令教會當局非常反感，很可能招來原本對他很有好感之熟人的指摘。就托倫齊厄斯來說，有許多目擊者看到他的所作所為感到震驚反感，就能證實這位藝術家生活的放浪。他娶了教養良好的年輕姑娘科內莉亞・范坎普（Cornelia van Camp），但這樁婚姻卻讓他顏面掃地：兩人激烈爭吵，最終離異時，托倫齊厄斯寧可去坐牢，也不願付贍養費給妻子[52]。他筆下的裸體像和神話情景也使他受到懷疑，但叫他的家人和朋友特別憂心者，乃是他在荷蘭省各地客棧的後面房間喝醉後的胡言亂語。有次，有人聽到托倫齊厄斯和他的同伴舉杯「祝魔鬼」。又有一次，在哈倫某旅店，他們先是舉杯祝奧蘭治親王（Prince of Orange），然後祝基督，最後祝撒旦。有個叫亨德里克・范史韋滕（Hendrick van Swieten）[53]的萊頓人，當時也下榻於該客棧，據說嚇到擔心這類褻瀆行徑會使客棧下沉到地裡。

這類證據雖足以給他惹來麻煩，比起哈倫城裡有關托倫齊厄斯看來不可思議之藝術創作本事的傳言，卻算不上什麼。當時盛傳這位畫家其實是個巫師，而他自己也坦然承認他的傑作並非出自人手，說他其實只是把顏料擺在空白畫布旁的地板上，然後靜看他的畫作在超自然樂聲影響下神奇地自己畫成。另有些人私下說托倫齊厄斯常獨自一人在哈倫南邊森林裡散步，認為他在那裡與魔鬼交談。他被人看到在市場裡追著黑色母雞與公雞跑時，有人說他需要那些雞獻給別西卜（譯按：聖經中的鬼王）。有人聽到鬼魂說話聲從他的畫室傳出。

這些和其他陳述很可能有誇大之嫌；托倫齊厄斯本人一再表明他許多爭議性的言論其實是玩笑話。但即使如此，就當時的標準來看，他幾可確定是個異端分子。例如，托倫齊厄斯堅稱沒有地獄這種地方，認為那些以為有地獄存在的人太可笑，因為大家都知道地底下只有土，沒別的東西。他告訴友人，聖經只是寓言故事集，只是使老百姓循規蹈矩的有用工具。有人無意中聽到他把聖經說成「蠢人與小丑的書」。他甚至嘲笑基督受難之事。

對那些批評托倫齊厄斯的人來說，這些觀點證實這位畫家不是基督徒。當時許多人相信他照伊比鳩魯[54]的原則生活。伊比鳩魯是古希臘哲學家，在其著作中表示真正的幸福會在對快樂的追求中找到，而托倫齊厄斯在荷蘭客棧裡的活動，的確讓人覺得他懂伊比鳩魯的世界觀。儘管如此，托倫齊厄斯不是無神論者。如果說他是什麼信徒，那應該說他是諾斯底教徒（Gnostic）[55]——而且一如許多信諾斯底教的人，這位畫家認為每個人內在都有靈光（divine spark），靈光被罪惡壓制住，但只要人還在世，就還是能讓靈光重現活力；事實上，他曾向某位與他通信的人暗示，他本人已完成這個類似煉金的行動。

這無疑是極異端的觀念。中世紀期間，數千人因為這類觀念命喪火刑柱，甚至在一六二〇年代的聯省共和國，這類觀念都足以招來死刑。但托倫齊厄斯似乎相信自己關係很好，不致於與教會或市政當局起衝突。於是，不避人耳目，與友人公開討論諾斯底教的哲學。

科內里斯那些異端的想法很可能就是從這位畫家來的。一如托倫齊厄斯，科內里斯不相信有地獄存在，認為伊比鳩魯式生活有其可取之處。但科內里斯在某些方面的看法比這位畫家更有過之，信仰連托倫齊厄斯都無法認同的觀念。他在哪裡接觸到這類觀念，仍不得而知；或許它們在蒂博爾的擊劍社之類的哲學沙龍裡也是討論的主題，但這位藥劑師也可能年幼時在菲仕蘭就聽過。可以確定的是這些觀念使諾斯底教的異端邪說相較之下都顯得無害。

科內里斯似乎認為他的每個作為都是受上帝所直接啟發。他曾向幾個他所信任的熟人解釋，「我就只是把上帝要我做的做出來」。因此，他本人是在蒙天恩眷顧之下過活。這是極具解放性的思想，而且是會讓任何敬畏上帝的喀爾文宗信徒聽了極反感的想法。從字面上來看，那間接表示這位藥劑師不會違反戒律。如果每個想法、每個作為都是上帝所直接啟發，那麼任何想法，任何作為——甚至殺人——都談不上是惡。

科內里斯的怪誕觀念，可能讓任何正統基督徒都覺得是歪曲、流於簡化，但此觀念淵源久遠。它的正確名稱是反律法主義（antinomianism），即認為處於完美狀態下的人，不受道德法則約束。對荷蘭改革宗教會的神職人員來說，沒有哪種宗教比這更讓人驚駭——連猶太教，乃至伊斯蘭教，都比不上它——因為任何觀念對既有體制的威脅，都不如這觀念來得大。

反律法主義至少在十三世紀初期就存在於歐洲，當時有一群人，人稱阿毛里亞人

（Amaurians），開始在巴黎宣講此說，並在其中摻合了伊比鳩魯的學說。一個世紀後，在德意志境內出現類似觀念，有個「自由心靈兄弟會」（Brethren of the Free Spirit）的教派出現於該地，最終遍及整個中歐。這一次，他們存世到進入十六世紀許久以後才消亡。*56

這個兄弟會把人分成兩類：「心靈粗糙者」（crude in spirit）和「心靈精妙者」（subtle in spirit）。未能培養並最終釋出內在的潛在神性者，將始終是心靈粗糙之人，但讓自己與神性合為一體者能成為活神。誠如研究此團體的某位歷史學家所說的：

「每一個衝動都被感受成神的指令；他們能時而坐擁種種世間之物，能時而豪奢過日，也能時而說謊、偷搶、通姦，絲毫不覺良心不安，因為既然內在的靈魂已完全和上帝合為一體，外在的作為就無關緊要……因此，自由心靈團體肯定了對不計後果且沒有條件限制的自由，那樣的自由如同徹底否定任何種約束與限制。」57

此教派主張人說謊、偷搶亦無妨，但其成員並非個個都這麼幹。此團體的開創者告諭信徒，在平靜的沉思中最有可能找到十足的幸福。但事實上，自由心靈兄弟會通常被視為一個法紀蕩然、自吹自擂的團體，甚至此兄弟會裡的得道之人（adept）更是這麼認為。因此，它遭強力迫害，信徒始終不多，即使在其位於德意志的大本營亦然。偶爾天主教會似乎企圖徹底剷除此教派。但反律法主義這理念太有力，不可能被長久壓制住。自由心靈兄弟會雖於一四〇〇年左右銷聲匿跡，他們的觀念卻以「心靈自由」（Spiritual Liberty）為幌子傳進低地國。有個以此為名的教派，一五四四年左右在安特衛普被打垮，倖存的「自由思想者」（Libertine）逃離法蘭德斯。其中有些人現身於圖爾奈（Tournai）和史特拉斯堡，其他人則銷聲匿跡。若說有些人往北進入後來成為聯省共和國的地區，似乎也不無可能。

科內里斯似乎是個「自由思想者」，但算不上很道地的這類人，因為他不看重此信仰較屬靈的層面，反而是追求徹底的行動自由。若非他的這位畫家朋友托倫齊厄斯在一六二五年左右引來荷蘭當局注意，他們兩人很可能會無限期繼續享受他們的哲學辯論。但從那年起，托倫齊厄斯開始為保住自己的自由和性命而戰。他被冠上「異端分子」的大帽子，遭教會和政府迫害，成為吉拉爾多・蒂博爾的圈子裡第一個因個人信念遭迫害的人。與他相識之人的思想和觀點也日益招來當局的側目。

• • •

導致托倫齊厄斯垮台的種子，一六一四年在德意志小鎮卡塞爾（Kassel）悄悄播下。在那裡，一群人數不多的德意志得道之人，發出一份只有內行人看得懂的小冊子。這本小冊子不只催出生數代神秘主義者，還導致（至少間接導致）科內里斯離開哈倫。

* 反律法主義最後一次大放異彩，其實出現在英格蘭內戰後不久的不列顛，當時「喧囂派」（Ranters）倡導非常類似的觀念。

這小冊子是部匿名作品，起源不詳，聲稱是玫瑰十字會（Order of the Rosy Cross）這個強大秘密會社的宣言。它發出二次改革的有力呼籲——這一次的改革對象是科學的諸學科——信誓旦旦表示只要改革完成，將迎來一個黃金時代。但真正令讀者振奮的東西，乃是其潛台詞——關於玫瑰十字會這個神秘組織本身的零星資訊。

小冊子說此會問世於十五世紀，創建者是克里斯蒂安．羅森克羅伊茨（Christian Rosenkreuz）。他在中東遊歷多年，蒐集古代智慧和神秘知識。小冊子說羅森克羅伊茨回到德意志後創建一兄弟會，以使他所發現的知識得以為人所用。玫瑰十字會有八名成員，他們四處遷徙，傳播不為人知的知識，每居一國均入境隨俗採納該國的習俗和衣著，過著隱姓埋名的生活。每個成員都是道行高深的神秘主義者，都必須在年老時找到一名優秀之人繼承其衣缽。小冊子接著寫道，克里斯蒂安．羅森克羅伊茨活到一百零六歲。一四八四年去世時，玫瑰十字會成員把他安葬在神聖羅馬帝國境內不為人知的地下墓穴裡。然後此墓穴封存一百二十年，十七世紀初年被該會某成員重新發現，隨之預示一新時代即將到來。此墓穴的重見天日，表明玫瑰十字會不再躲躲藏藏，終於要普為世人所知。

接下來，一六一五和一六一六年，又出現兩份玫瑰十字會的小冊子，兩者都是匿名發行，又進一步揭露該會的內情。如今不難理解它們為何那麼叫人感興趣。除了表示黃金時代即將到來，這兩份宣言暗示有一秘密兄弟會存在，且此會招收成員極為挑剔，只邀最優秀、最聰明者入會。因此，若受邀加入玫瑰十字會，將是莫大的光榮，而看過此宣言且較自負之人大概會希望自己在受邀之列。此會成員隱姓埋名周遊一事，更加增添他們的危險魅力。如果沒人知道他們是誰或住在哪裡，那就不無可能，有一人或數人住在附近，他們可能在尋找皈依者。

似乎只有少數人懷疑這些小冊所說的事，幾位著名思想家，包括法國哲學家笛卡兒[58]，花了不少心力尋找此會。幾個北歐國家，包括聯省共和國，因此開始擔心碰上危險的新威脅。一六二四年，幾名喀爾文宗牧師聽到玫瑰十字會成員已入境聯省共和國的傳言[59]。隔年，有份法蘭西、荷蘭玫瑰十字會成員簽署的秘密協議書，據稱在哈倫某屋裡被人發現。這一威脅，不管真實與否，都不能坐視，一六二四年一月，荷蘭省法院（荷蘭省最高階司法機構）接到命令，要其調查玫瑰十字會。

這似乎是不可能完成的任務，但法院還是掌握了一些線索。傳言和街談巷議間接表明聯省共和國的玫瑰十字會成員把總部設在哈倫，他們天黑後在富裕的宰伊街某房子聚會[60]。此外，有人告知法官，「應該把一個叫托倫齊厄斯的人看成該教派最重要成員之一」。有這個人名在手，荷蘭省法院展開為期四年的調查。

「托倫齊厄斯」這人不難找，一六二七年夏這個引發爭議的畫家終於在哈倫被捕，距先前第一批不利於他的證詞被記錄下來隔了三年。在這三年期間，市政當局已對托倫齊厄斯、他的交遊圈、他愛在該省客棧裡喝醉酒高談神學之事有不少瞭解。這位畫家被控抱持異端邪說和加入玫瑰十字會，被訊問了多達五次。托倫齊厄斯坦承他曾開玩笑說擁有魔法，但所有不利於他的嚴厲指控，他一概否認。從八月訊問到十二月，未得到能將他送上法庭的罪證。

到了晚秋，哈倫的治安法官已厭煩於托倫齊厄斯的頑固不化，於是請求荷蘭省法院允許其以更粗暴手段來逼問，法院慨然應允[61]。一六二七年聖誕夜，托倫齊厄斯被一個叫黑赫特先生（Master Gerrit）的人訊問。此人是哈倫的劊子手，也是哈倫的首席拷問官。托倫齊厄斯雙腿被繫上重物，兩手腕繫上繩子，四個男子拉繩使他離地，他就這樣懸空接受訊問。後來他被綁上肢刑架，四肢被拉到脫臼。第三次刑求，使他下巴受損，一時無法進食，而且似乎一度作勢要槍斃他。但這些刑求不管用。托倫齊厄斯痛不欲生，還是否認其為玫瑰十字會成員。還押監獄後，此畫家的支持者在「鍍金半月」客棧跟黑赫特先生講話，黑赫特告訴他們，托倫齊厄斯的正直不屈令他佩服。黑赫特說，托倫齊厄斯從頭到尾只開口說了「噢，大人，我的天啊！」

眼看拿不到供詞，哈倫市長不得不祭出非常手段以取得他們想要的司法裁定[62]。一六二八年一月，托倫齊厄斯被帶到法庭，以三十一項「特別」罪名受審，因拷問之故，這時他仍跛著腳。這一鮮少動用的司法程序，意味著他不得提出辯護，不能對此法庭的裁定提出上訴。法官聆聽了許多將他斥為敗壞良俗之異端分子的證人陳述。在這樣的情況下，他肯定會被判定有罪，而在一場程序並不周全的審問後，他果然被判定有罪。檢察官要求將他處以火刑，但哈倫的高級市政官不同意。結果，托倫齊厄斯被判刑二十年，隨即發監執行。

這位畫家在拷問之下仍保持緘默，無疑使他免於落得更悲慘的下場，使治安法官無法以加入玫瑰十字會的罪名將他定罪。他之所以被捕，主要因為被指控身為玫瑰十字會一員，但經此審判，這一指控仍未得到證實。不過，托倫齊厄斯在黑赫特先生刑求下頑強不屈，帶來另一個後果。哈倫當局無法確定他已在城裡將他的異端邪說傳播多廣，儘管他們所蒐集的證據已足以指認他交遊圈裡數十個赫赫有名的人物，他們還是懷疑有漏網之魚。

在空無一物、人去樓空的大木頭街藥房裡，科內里斯當然要慶幸自己的名字未出現於托倫齊厄斯受審期間，但他知道難保此案不會進一步調查，任何行動都很可能波及到他。似乎因為這份憂心，加上他幾乎破產，使他相信離開哈倫或許是最上策。

科內里斯離家的時機，無疑間接證實上述推測。托倫齊厄斯受審後餘波蕩漾，哈倫市長在此期間將此畫家交遊之人全數驅逐出境[63]。這些被疑為異端的人士於一六二八年九月五日被下令出境，留有幾星期緩衝時間供他們料理個人事務。這一寬限期與科內里斯料理好個人事務並將剩下的財物轉移給他的債主洛特·佛赫爾那段時間，正好差不多重疊。一六二八年十月第一個星期末尾，他似乎已逃離哈倫。他拋下妻子和過去的人生，前往阿姆斯特丹。該城的碼頭和廉價旅館充斥著和他一樣漂泊無依的窮人，那些人都居無定所，都要前去東方。

CHAPTER 2 十七紳士

「如果這個淺薄的民族獨占東印度群島的貿易，他們的驕氣和傲慢會讓人無法忍受。」

——亨利・米德頓

照理，原不該有阿姆斯特丹這座城市。在科內里斯第一次走過其城門之前四百年，它幾乎只是須德海南沿濕地上一個沒沒無聞且散發臭味的漁村。它的地理位置無疑不利；氣候讓人望而怯步（冬天寒冷刺骨，其餘時候則冷而濕、大霧籠罩），要出到外海，必得經由迷宮般的狹窄水道，而且這些水道被沙洲遮蔽，本身又極淺，船根本無法滿載靠近。簡而言之，看不出阿姆斯特丹有什麼條件成為舉足輕重的地方。但到了十七世紀初，這個村子已克服這些先天劣勢，成為世上最富裕的城市[1]。

這一驚人的成就建立在貿易上。早在十五世紀，荷蘭人就打造出歐洲規模非常大的航運業，把木材、焦油、鹽之類散裝貨物從波羅的海沿岸運到北海、大西洋沿岸。荷蘭人以效率高、貨運費低、貿易量龐大而著稱，那時其貿易量就令其對手相形見絀。阿姆斯特丹的男人在此一事業裡扮演最重要角色。

單靠運送人、貨賺錢的荷蘭老船東，在西元一五〇〇年左右開始被買賣貨物的商人取代，他們懂得善用北尼德蘭有利的地理位置。最終組成聯省共和國的那七個省，拜有利地理位置之賜，得以從國際貿易獲利，當時的國際貿易中心為義大利、西班牙的港口。這七省位於斯堪的納維亞與伊比利半島之間的中途，位在將大西洋岸與中歐連在一塊的諸海路、河系的交匯處。在荷蘭港口登岸的貨物，能被迅即以低廉成本送到德意志和英格蘭、南尼德蘭與法蘭西[2]。

於是，澤蘭省（Zeeland）、須德海的城鎮人口、財富日增。但有多年期間，最賺錢者依舊是南尼德蘭的商人。安特衛普、布魯日（Bruges）、根特三城人口，比阿姆斯特丹和澤蘭省的米德堡多了許多（米德堡是阿姆斯特丹的主要對手），而且此三城老早就確立其羊毛、棉布貿易中心的地位。它們人口多且有錢，因此也吸引來專門從事香料[3]、糖之類奢侈品買賣的商人。這類貨物當時被公認為「獲利豐沛的生意」，因為其獲利比荷蘭人的散裝貨貿易高了許多。

南尼德蘭的商人位居霸主地位直至十六世紀晚期。一五七〇年代，北尼德蘭諸省的商人才終於開始超越南尼德蘭的商人。這得部分歸因於荷蘭人反西班牙統治的叛亂。叛亂始於一五七二年，止於一六四八年。此戰爭開打前，阿姆斯特丹有城民三萬人。就當時來說，這人口不少，但只有安特衛普人口三分之一，而且也比布魯塞爾、根特、布魯日少。但到了一六〇〇年，阿姆斯特丹城牆裡的居民已多了一倍，到了一六二八年，城民已大增為十一萬人。這時，阿姆斯特丹人口比其位於南尼德蘭的諸對手城市都多，位居歐洲四大城市之列[4]。

在瘟疫與惡性傳染病定期肆虐大城、且可能在不到一年時間裡奪走最多達五分之一人口的年代，這一快速成長的原因只有一個，即人口大量移入。阿姆斯特丹在這期間湧入數萬新住民。有些人，例如科內里斯，來自聯省共和國境內其他地方，但大部分人是不堪西班牙人迫害與反西班牙統治戰爭而從南尼德蘭逃難至此的新教徒。其中許多難民是來自法蘭德斯與瓦隆（Wallonia）兩地區之大城的商人，既有資金，也有經驗。他們協助將阿姆斯特丹打造為當之無愧的貿易強權。隨之出現新銀行、新證券交易所和與商業經濟有關的一應事物，到了一六二〇年，此城已是公認北歐最大的貨物集散地。十七世紀頭三分之一時期，這一大量湧入的現金和專門技能，使其更易於利用新機會、開闢新市場。其中最重要的新商機是香料貿易。

為何是香料？阿姆斯特丹其實建立在腐肉的味道上。一六〇〇年，食物保存學還在初萌階段，全歐各地屠夫所販賣的肉，或吊在貯藏處的肉，大部分都是臭酸的，都是腐敗的。唯一用來掩蓋臭酸味的東西，乃是胡椒之類的香料，胡椒成為當時最奇貨可居的奢侈品。

就當時歐洲的商人來說，貿易的難題來自香料種植於遙遠異地，從印度幾乎綿延到新幾內亞的大片東南亞地區，雖然古羅馬時代歐洲就已有人知道這東西，此前卻從未能大量取得，只有富人用得起。要運到聯省共和國這麼遠的地方，香料得跋涉萬里。一年採收一次的香料，先是用小船和馱獸運到中國、印尼、科羅曼德爾沿海的大貿易港，然後來自亞洲、波斯、阿拉伯半島的商人以高價買下。接著，香料往西往北運，最後止於君士坦丁堡的義大利人區。威尼斯、熱那亞的商船船長從該區將珍貴香料再往西運，最終抵達義大利的市場，然後轉運到法蘭西、西班牙的市場，最後運到聯省共和國的城市。在這些城市，它們被用來替烤肉、燉肉增添風味，成為藥物和珍貴的防腐劑。從亞洲香料樹到歐洲人餐桌這段旅程，整整花掉一年多，直到十五世紀中期為止，西方的商人始終既未掌控香料的供給，也未掌控其價格，而經過這段漫長旅程，香料價可能暴增百倍。

一四九八年，來自葡萄牙的人首度繞航非洲大陸，發現前往印度沿岸的航路，歐洲人才終於得以直接進入東方市場。又再過一個世紀，葡萄牙人和西班牙人探索了從蘇門答臘延伸到菲律賓群島的諸多群島（西班牙人在此的探索付出少於葡萄牙人）。他們辛苦掌握的海路知識秘而不宣，不讓他人染指有利可圖的東印度群島新貿易，來自這些探險行動的獲利流入葡萄牙、西班牙兩國國王的府庫。

但到了科內里斯的時代，來自尼德蘭、英格蘭的激烈競爭，已打掉伊比利半島的獨占地位。荷蘭、英格蘭兩國的東印度公司這時掌控東方大部分市場，把那些市場的貨物運回倫敦和聯省共和國諸海港。每年有數千袋香料，加上數噸貴金屬、瓷器、棉布，卸入這兩家公司的倉庫，脫手後的利潤高到令人難以置信。阿姆斯特丹北邊的近岸錨地非常繁忙，群集於該錨地的船隻，駛到半個地球外，滿載香料回國；受到嚴密守護的倉庫，林立於碼頭，裡面裝滿一袋袋香料；氣派街道沿線的拍賣行和食品雜貨店販售香料，獲利之大令全歐各地的人趨之若鶩，紛紛前來阿姆斯特丹分一杯羹。這個城市不把人的前科當回事，只要該人願意冒險出航遠方就好，而且只要這樣的投機行為來個兩次就能翻身。這令科內里斯心動。

• • •

荷蘭人對東印度群島起心動念，始於一五九〇年代，當時從南尼德蘭移入的商人開始影響阿姆斯特丹的貿易。在這十年裡，鯡、鹽、木材對阿姆斯特丹的重要性，開始不如「獲利豐沛的生意」對該城的重要。船隊配備了出航所需的一應設備，被派往北邊和西邊尋找各種奢侈品。荷蘭商人遠航至莫斯科公國買進毛衣、鯨魚油、魚子醬，遠航至美洲買糖和白銀。但他們很清楚，東方的富裕遠超過上述地方，即使在歷史的早期。

東印度群島貿易這時仍掌握在葡萄牙人、西班牙人手裡，他們對香料產地的支配在一百年前就得到托爾德西里亞斯條約（Treaty of Tordesillas）認可。這一協議，在教皇亞歷山大六世作保下，一四九四年簽署，根據此約，西葡兩國同意將世界瓜分，並以位於佛得角群島西邊數百英哩處的一條子午線為界，此線以西所有尚未發現的土地都歸西班牙，以東的新土地則全歸葡萄牙。於是，西班牙人取得對美洲的正式所有權，葡萄牙人取得利用東印度群島的權力。伊比利半島上這兩個國家聯手壟斷了外界與西方的貿易，而此壟斷並非總是為他們的城民所接受；偉大傳教士聖方濟．沙勿略（St. Francis Xavier）寫到他在東方遇到的葡萄牙籍官員時說：「他們所知的，就只有rapio（偷搶）這個動詞的詞形變化，在此中展現了發明新時態與新分詞的驚人本事。」覬覦香料群島的荷蘭人和英格蘭人，自然而然對此協議更加反感。

但要挑戰伊比利人對東方的支配地位絕非易事。西班牙和葡萄牙把他們掌握的東印度群島資訊保密到家，晚至一五九〇年，不管是荷蘭人，還是其他任何西方強權，都不清楚抵達香料產地的最佳路線、這些最富裕島嶼的所在位置、或與他們敵對之勢力的分布情況[5]。此外，西班牙、葡萄牙嚴密保護其對手最需要的資訊——詳盡的遠東海域航行指南——慎防外流。在精確的地圖和儀器問世之前，所有航海國家都極力保護本國水手積累的航海知識，並且把數十年航海經驗編纂成冊，在其中扼要陳述對某地或某航路的知識。這些航行指南，當時稱作rutter，是政府最嚴防外流的密件之一。伊比利半島的領航員和船長奉命如有失事或被俘之虞，務必將手中副本銷毀，而他們的確謹遵奉行，因此，捕獲西班牙船或葡萄牙船的私掠船，從未在船上找到航行指南。想靠更狡詐的辦法取得，同樣落空；荷蘭人派密探到里斯本，欲買得或偷來航行指南，只是徒勞無功。當時大眾普遍承認，若未掌握指南手冊所載的資訊就遠赴東方，會徒費巨資且失敗收場。

直到一五九二年，才有個叫揚・赫伊亨・范林斯霍滕（Jan Huyghen van Linschoten）[6]的年輕男子，找到辦法解決這個橫亙已久的難題。范林斯霍滕出身恩克赫伊增這個鯡魚港，不久前才結束在東方九年的旅居返鄉。在那期間，他住在臥亞，還在亞述群島待過兩年。他學得流利的葡語，不只結識許多有影響力的人，還結識數個謙遜的航海家和一般水手。因此，范林斯霍滕不只特別瞭解葡萄牙在東方的領地，還特別清楚該國船隻的航路，以及那些船購入香料的所在亞洲港口。這些包羅廣泛的知識被放進一五九五至一五九六年在荷蘭省出版的三本書。荷蘭共和國第一次遠赴東印度群島之行，在這三本書的第一本完成後不久啟航，絕非偶然。

為這支船隊配備航海所需裝備的最有錢商人，自稱「遠距離公司」（Compagnie de Verre）。他們來自阿姆斯特丹，以雷尼爾・帕烏（Renier Pauw）[7]這個有影響力的富商為首。雷尼爾・帕烏靠波羅的海木材買賣致富，這時想投資東印度群島香料。他和他的商界友人共同募集到驚人的二十九萬荷蘭盾資金，用以組建船隊遠赴東印度群島。結果這筆錢不只足以替四艘船配備一應俱全的航海裝備，還足以讓它們帶上大量白銀供買回香料[8]。

這支遠航船隊，被荷蘭人稱作「第一船隊」（Eerste Schipvaart）[9]，經三年多的縝密規畫才出行，並得到政府支持。四艘船都配備大量火炮、最新海圖，火炮由數個聯省共和國城市免費提供，船上的導航員受過完整的導航訓練。最重要的，一五九五年春啟航之前不久，每個船長都拿到一本匆促編就的航行指南（Reysgeschrift），裡面有揚・范林斯霍滕對前往東印度群島的完整航行說明。

該公司董事會唯一的錯誤，乃是找錯人統領這趟遠航。有幾個受命領導此次遠航的商務員，從性格來講，根本不是合適人選。其中一位，黑赫特・范伯尼恩（Gerrit van Beuningen），擔任此船隊旗艦阿姆斯特丹號的正商務員，被控圖謀殺害模里西斯號（Mauritius）的科內利斯・德豪特曼（Cornelis de Houtman）[10]，此遠航大部分期間在監禁中度過。德豪特曼則是個暴躁、愛冒險之人，因為偷了不得外洩的東方海域海圖未遂，已在葡萄牙某監獄蹲過三年牢。船隊抵達爪哇的萬丹（Bantam）港後，德豪特曼就因覺得香料價格高出他預期而發怒，向該城開炮。這支小船隊再次靠港時，爪哇人登上阿姆斯特丹號，砍死船員十餘人。接著德豪特曼沿著海岸再往南走，卻因為馬都拉（Madura）親王對他表現出前所未見的友善而起疑，於是再度開火，殺掉前來迎接他的人。最後，這位正商務員想繼續駛往生產丁香的摩鹿加群島，卻因船員幾乎叛變而未能如願。在這樣的情況下，難怪「第一船隊」的倖存船員[11]經過兩年多遠航返國時，貨艙裡胡椒的價值，只剛好夠支付此次遠航的開銷。

雷尼爾．帕烏和其同僚從「第一船隊」得到深刻教訓。他們把「長距離公司」與來自南尼德蘭的一群商人所創辦的一家對手公司合併，然後替規模更大的第二船隊配備了航海裝備，一五九八年春派該船隊前往東印度群島。不到兩年，第二船隊的八艘船就滿載香料返國。這次遠航花掉超過五十萬荷蘭盾，但獲利一倍。

「獲利豐沛的生意」是如此有利可圖，由此表露無遺。此後，阿姆斯特丹這個聯合企業的最大難題是防止他人搶一杯羹。第二船隊前往東印度群島那年，有四支荷蘭共和國船隊不甘落於人後，也前往該地，其背後金主是來自南尼德蘭與米德堡的商人。一五九九年，又有一個聯合企業「新布拉班特公司」（New Brabant Company），替某船隊裝備了航海裝備，到了一六〇一年，已有多達十四支荷蘭共和國船隊駛往東印度群島[12]，聯省共和國已取代葡萄牙，成為在東方的最大貿易國。但荷蘭共和國數家聯合企業之間的激烈競爭，推高東印度群島境內的香料進價（六年間香料成本增加了一倍），同時拉低在國內的獲利。

這樣的情況不容繼續，一六〇二年，彼此競爭的各家公司派代表商議組成「股份公司」，將各自的股權合併為一家大公司。這一提議的好處，任誰都看得出。這樣一家公司的資本總和，將使該公司在東印度群島擁有龐大影響力；此外，此公司藉由將聯省共和國的香料進口牢牢掌控在手裡，能大體上隨意壟斷價格。聯省共和國的議會（States-General）贊成創立單一公司，準備讓該公司獨占聯省共和國在好望角以東的所有貿易。唯一的反對聲浪來自澤蘭省商人，他們不想成為被阿姆斯特丹的利益團體所支配之公司的一部分。

經過五個月棘手的協商才解決此爭執，（會談最終議定）共和國諸聯合企業於一六〇二年三月二十日合併，組成名叫荷蘭東印度公司（Verenigde Oost-indische Compagnie）的大公司。*[13]該公司由十七個董事——所謂的十七紳士（Heren Zeventien）[14]——管理。這群影響力極大的人每年開會兩或三次，每次為期最多達一個月，掌理該公司的商業策略。但此公司的六個地方會所保有頗大的獨立自主權，各會所任命一董事會來管理各自的事務，建造、裝備自己的船隻，留住自己大部分獲利不上繳。

這些會所所需的資金，來自六個城的商人。要找到急欲投資「獲利豐沛的生意」的人出資不難；阿姆斯特丹會所是最有錢的會所，擁有個別投資人超過千人，其中將近兩百人每人出資超過五千荷蘭盾。此會所的創始人雷尼爾·帕烏，出資超過三萬荷蘭盾，儘管如此，前五大出資額都出自從南尼德蘭移入者之手；最大一筆出資為八萬五千荷蘭盾。

這家新公司一開業就大有斬獲。第一支聯合船隊一六〇二年啟航，獲利甚豐。荷蘭東印度

* 史學界普遍將其稱作「荷蘭東印度公司」，以有別於其對手，英格蘭東印度公司。

公司在打擊葡萄牙人的表現上也成果不凡。葡萄牙人在東方開始受到荷蘭共和國大型船隊的攻擊，荷蘭人處於敵眾我寡之勢，但擁有較好的船和較高的士氣。到了一六〇五年，他們已拿下安汶（Ambon）、蒂多雷（Tidore）、特爾納特（Ternate）這三座位於最重要之香料群島裡的島，供給世界的丁香幾乎全產自此三島[15]。這些成果確立了此公司為聯省共和國裡獲利最大、最有權勢、最重要之私人企業的地位：荷蘭共和國的人民開始將它稱作「揚公司」（Jan Company），以表彰其卓越。*

• • •

到了一六一五年，隨著「揚公司」前途大好，在東方的荷蘭共和國商人變得愈來愈自信且強勢[16]。在萬丹遇到該公司商務員的英格蘭商人亨利・米德頓（Henry Middleton），在其著作裡嚴詞抗議：「這個淺薄民族」[17]愈來愈不像話的傲慢。覺得荷蘭人的行為舉止叫人難以忍受者，不只他一人。

在尼德蘭國內，十七紳士也不遑多讓，動不動就專橫跋扈。他們的勝利靠荷蘭共和國政府供給的大炮贏得，該公司的獨立權既由議會授予，也就能被議會拿走，但該公司諸董事一有機會申明自己的獨立地位，還是毫不遲疑這麼做。他們毫不客氣告訴議會，「已拿下的地方和據點，不該被視為國家攻取的土地，而該被視為民間商人的財產，這些商人有權利想把這些地方賣給誰就賣給誰，即使賣給西班牙國王亦然。」[18]

聯省共和國的諸領導人靠「揚公司」替其在東方水域向葡萄牙、西班牙宣戰，只能容忍這些董事的專橫，別無選擇，但英格蘭東印度公司不想容忍。經過數十年辛苦經營，英格蘭東印度公司對香料貿易的掌控並不穩，而荷蘭人的侵略作為又把該公司的控制力削弱許多。另一個英格蘭商人在一六一八年抱怨道，「這些巨頭鵲鴨發出如此傲慢的嘲笑，如果再任由他們囂張一陣子，他們會宣稱整個東印度群島是他們的，屆時除了他們，沒有人可以貿易，或未經他們同意不得貿易。」[19]他說的沒錯。不到一年，荷蘭人就把他們的對手幾乎全趕出東印度群島；不到三年，他們就平定了班達群島（Banda Islands），把肉豆蔻（最奇貨可居的香料）的世界供應管道全掌握在手裡。這件事確保了「揚公司」未來必有高獲利。到了一六二〇年代中期，二十年前還各行其是且無利可圖的東印度群島貿易，已變成一個組織完善的獨占性事業。荷蘭東印度公司的六個會所居中掌控一個貿易網，利潤之高前所未見。

• • •

這些利潤全直接流入該公司的財庫，再轉流入該公司各大投資人——荷蘭共和國的各大商人，尤其是六個會所的董事——的口袋裡，其獲利和股利都高得嚇人。據記載，某幾次遠航的盈利高達十倍或更高，每年付給股東的股利為一成或兩成，甚至有次高達百分之百。阿姆斯特

* 荷蘭人名Jan，相當於英語裡的John，是當時最常見的荷蘭共和國的男性人名。因此，荷蘭東印度公司的這個外號，反映了它作為聯省共和國之「普通人」公司——使每個公民的生活變得更好或更糟之公司——的地位。

丹、米德堡的某些商業大亨所積累的財富，高過歐洲王族的財富。一六二〇年代荷蘭共和國首富是雅各布．波蓬（Jacob Poppen）[20]，其父親揚是最早投資東印度群島貿易的人士之一。有人估計雅各布的身家達五十萬荷蘭盾，而當時，在阿姆斯特丹，約三百荷蘭盾就能讓一戶人家一年不愁吃住。

這些錢流入那些真正冒生命危險前往東方的商務員、水手之口袋裡者甚少。荷蘭東印度公司的員工，上自正商務員，下至最低階的應募受雇者，個個都只拿到不算高的薪水和受雇期間供吃供住的福利。這樣的安排其實令那些擔任最低階職務的真正窮人非常心動；在老家，他們找到穩定工作的機會不大。但對商務員來說，吸引力就不大，他們的工資──公認──僅勉強夠過活，如果有幸活到退休，也別指望拿到養老金[21]。他們所賺的薪水，有很大一部分被荷蘭東印度公司留住，以便他們最終返國時發還──部分是為了防範他們棄職而去──而且在東方待的時間太久，形同自殺，因此，為該公司到海外工作者，大部分抱著愈快賺到錢愈好的想法。

正商務員佛朗西斯科．佩爾薩特就是其一。他，一如該公司許許多多最受重視的職員，生於安特衛普。佩爾薩特出身天主教家庭，而且由於「揚公司」只雇用新教徒，他為了保住他第一個獲委任的機會，不得不隱瞞他的出身，但從許多方面來看，他是典型的荷蘭東印度公司員工。首先，他沒多少家庭關係可讓他留在尼德蘭──他父親在他五歲時就過世，他母親雖還在世，不久後就改嫁，似乎把這個男孩留給他外公扶養。再者，雖然佩爾薩特的親戚很有錢，他本人財力微薄；他外公過世時，在遺囑裡將地產留給了自己的妻子，沒留下重要東西給他監護的這個小孩[22]。

佩爾薩特（這時已二十歲）不得不自謀生路，一六一五年底經人介紹向荷蘭東印度公司的米德堡會所求職，得到錄用[23]。佩爾薩特受雇為助理，那是最低階的商務員職位，職務內容大部分是單調乏味的文書工作，月薪二十四個荷蘭盾。四個月後，他搭上澤蘭市徽號（Wapen van Zeeland）前往東方。

佩爾薩特在東印度群島的頭三年，我們一無所悉，但想必幹得有聲有色。一六二〇年左右他升上副商務員，被派去公司不久前才在蘇拉特（Surat）設立的基地[24]。蘇拉特位在印度西北沿岸，在那裡，他要幫忙促成公司與蒙兀兒皇帝通商——蒙兀兒王朝的富裕名聞遐邇，該王朝皇帝的名字在英語裡已成為權勢和財富的同義詞。他抵達印度次大陸才幾星期，就被派去位於亞格拉[25]的皇廷買布和靛藍。他的月薪漲到五十五荷蘭盾，一六二四年漲到八十荷蘭盾。這時，這個來自安特衛普的男子已晉升為正商務員，出任該公司派赴蒙兀兒皇廷之代表團的團長。

這一升遷無疑實至名歸，因為佩爾薩特苦幹實幹，表現有目共睹，已是該公司數一數二最有衝勁、最能幹的職員[26]。他在亞格拉時的主要成就，乃是拿下靛藍貿易的控制權（這個稀有的藍色染料當時是市場需求極大的商品），以及藉由將香料貿易的主要地點從科羅曼德爾沿海地區轉移到蘇拉特，以提升獲利。但他也力促董事會正視印度作為貿易基地的龐大潛力。當時英格蘭東印度公司在印度次大陸仍未成氣候；佩爾薩特的建議若在國內得到更認真看待，荷蘭人或許能更強力地挑戰不列顛在印度日益壯大的影響力。

佩爾薩特在東方的成就，很快就得到公司董事會賞識，而他能有此成就，可歸功於數個因素。首先，他精通數種語言，操一口流利的興都斯坦語，對波斯語的掌握足敷工作所需。他不假思索就知道必須擺闊以讓他的東道主刮目相看，他用心準備禮物（或者說賄賂物），源源不斷送給印度官員。他也得到蘇拉特當地最重要的荷蘭商務員的贊助，並與其交好。這個商務員是著名的彼得・范登布魯克（Pieter van den Broecke）[27]，一如佩爾薩特，本籍安特衛普。

但在其他方面，佩爾薩特的作風和荷蘭東印度公司派駐印度的職員大相逕庭。當時，大部分荷蘭商務員盡可能不和東方本地人打交道，他卻對印度尋常百姓的日常生活很感興趣，在發回尼德蘭的報告[28]裡，翔實描述他們艱苦的生活。還他與當地女人過從甚密，從而生出一連串風流韻事。佩爾薩特肆無忌憚與當地女人廝混，最終不只使他的任務陷入險境，甚至還使他本人可能性命不保。

叫女人無法自主迷上，是佩爾薩特整個職業生涯的一大特點，但在印度這些年，這一特點更為顯著。與東方女人盡情廝混，不只他一人；去東印度群島的歐洲女人甚少，那些真的這麼做的女人，大部分丟掉性命，無論如何，當時人普遍認為只有歐亞夫妻生下的混血兒，才有機會在如此不利人體健康的氣候裡存活[29]。但大部分荷蘭男人甘於找僕人當情婦，回尼德蘭老家之後，頭也不回拋棄和她們生下的小孩。佩爾薩特喜歡和女奴調情[30]，這點和他的同事沒有兩樣，但他敢於做出較謹慎的商務員眼中大為不智之事。例如，一六二〇年代初期，他不顧危險，和亞格拉蒙兀兒皇廷某個極有權勢之貴族的妻子搞上，兩人打得火熱，不久就邀這個有夫之婦到他家。這位夫人到他家後，無意中看到一瓶丁香油。那是強力提神物，一般拿來給病危的男人小劑量服用。她誤以為那是西班牙葡萄酒，灌上一大口，很快就倒在佩爾薩特腳邊死去[31]。為免遭懲罰，這個六神無主的商務員不得不把屍體偷偷埋在荷蘭人聚居區裡。無人察覺此事，那個蒙兀兒貴族始終不清楚他妻子的遭遇，但這樁醜事卻給荷蘭東印度公司帶來至少一個久久未消的影響：一個叫梅達里（Medari）的當地掮客，不知怎麼地查出佩爾薩特幹下的事，多年來以此要脅「揚公司」讓他繼續提供原本可有可無的服務。

佩爾薩特的商務員同僚大部分不認同這一荒淫行徑，但若得知他對另一個最愛——錢財——的看重，他們會覺得在這點上英雄所見略同。若知道他的取財之道，也不會特別驚愕。一如他那個時代的大部分人，佛朗西斯科．佩爾薩特想分食「獲利豐沛的生意」的大餅，不想看著董事會諸公財源滾滾，自己卻得靠微薄薪水勉強度日。

荷蘭商務員要在東印度群島發財，最簡單的辦法就是私下買賣香料，但公司不允許這麼做。荷蘭東印度公司的確允許其職員自行買進少量的丁香或胡椒，但惟恐其獨占權受侵犯，公司禁止職員自行做較大規模的買賣。職員的主動積極很少受到公司獎勵。即使是已服務二十年、為公司盡心竭力、把值上數萬荷蘭盾的船貨帶回國的老員工，也別指望公司會發予紅利。結果可想而知。荷蘭東印度公司的商務員薪水太低又接觸到不少誘惑，自然十足腐敗。

當時人對此坦承不諱。「赤道以南沒有十誡」[32]一說時有所聞，在東方很難找到正人君子。個人財物常被搜查，以防職員私下帶進香料，但作假帳司空見慣；把買進的貨低價高報，或高估瑕疵貨的價值，相對來講較簡單。頻頻詐騙老闆者，也不只商務員。荷蘭東印度公司許多低階職員向荷蘭同胞行賄，讓其對他們在香料市場的私人活動視而不見[33]。有些人代表亞洲商人作買賣，但這也在公司禁止之列。「在荷蘭東印度公司，沒有『團體精神』，」[34]有個歷史學家如此指出。「這家公司整個貪婪無度，員工常被其體制化的貪婪敗壞了道德……每個手腳健全之人，上自東印度群島的評議會委員，下至基層軍人，都認為先照顧自己利益絕對必要。」

「揚公司」如果不務實，絕不可能如此成功，於是最終迫於現實，聽任職員私自買賣，偶爾才著手打壓。只有特別貪心或倒楣的商務員才會被逮到；大部分被逮的商務員是因為被眼紅的對手出賣。佩爾薩特在世期間最惡名昭彰的此類職員是赫伊伯特·維斯尼赫（Huybert Visnich）[35]。他在波斯掌理荷蘭東印度公司的貿易站，月薪一百六十荷蘭盾，但等到他因詐騙遭告發時，他靠私人買賣積攢的錢財，據估計已高達二十萬荷蘭盾。維斯尼赫逃到鄂圖曼帝國，一六三〇年終因他的錢財遇害。他的前幾位雇主提到他死亡之事時，以有點滿意的口吻說，那是「上帝所加諸的應得懲罰」。但事實上，維斯尼赫只是比同樣貪腐的其他數百個商務員更善於利用手中機會而已。

佛朗西斯科·佩爾薩特亦非出淤泥而不染之人。在亞格拉時，他利用公司的錢自營放款生意，以一成八的年利率預先發錢給當地的靛藍種植農，把獲利放進自己口袋[36]。這生意有其風險；他幾乎兜不攏所有收據，因此深怕上頭稽核；他的客戶都是農民，而農民有時拖欠借款；遭同事向公司告發的風險始終存在。但他返回蘇拉特時，把接他職位的人也拉進來幹同樣勾當，藉此免於事跡敗露。到了一六三六年他的詐騙行徑終於曝光時，荷蘭東印度公司的損失已高達將近四萬四千盧比。

• • •

在「揚公司」工作會發財之說，不久就傳遍整個聯省共和國，毋庸置疑的，耶羅尼穆斯·科內里斯就打算靠這種私人買賣翻身。不管這位藥劑師是否真受到托倫齊厄斯醜聞連累，他一六二八年秋出現於阿姆斯特丹一事，清楚表明他最大的考量就是在經濟上翻身。對不順從國教的人來說，世上有比阿姆斯特丹更安全的藏身之處，其中大部分位在聯省共和國境外，但它們無一能像阿姆斯特丹那樣既可隱姓埋名，又有翻身機會。

科內里斯走過的這個城鎮，這時還未完全成形。如今仍圍住該城中心區的馬蹄狀運河，這時才剛鑿成，呈同心圓流貫於城牆內，環繞著住宅區街道和商人的倉庫，最後往北流向擁擠的港口。但就在那時，運河邊已林立著荷蘭省重要市民的瘦高住宅，每棟房子的高度約略指出屋主的財富多寡和地位高低。狹窄街道上已是熙熙攘攘趕著去赴約的人，因而街道常被獸拉大車和載客馬車堵住。早在一六一七年，該城中心區已非常壅塞，不得不施行單行道制來紓解[37]，但即使如此，仍然到處是嘈雜喧擾。阿姆斯特丹的商人早上五點半起床，七點開始工作，一天平均幹活十二或十四小時。這樣的生活使他們無暇留意外地人，初來到此城市的人常覺得自己猶如隱形人。此城居民一心賺錢，外來訪客走在繁忙的街道上無人注意。

因此，科內里斯穿過此城擁擠的中心區，然後再穿過古老的海關公秤所（Waag）與中世紀城牆交會處時，不可能有人注意到他或和他講話。城區往外擴張，顯然已超出其舊城區，於是當局下令建造新防禦工事，在更東邊約半英哩處匆匆建起新城牆，新舊城牆之間的區域成為阿姆斯特丹的商業中心之一。此區域離港口甚近，有許多空地可用來蓋倉庫和碼頭。

公秤所另一邊的城區，不那麼狹促擁擠；科內里斯很快就找到他要去的地方。他的目的地是東印度公司大樓，座落在火繩槍稜堡城牆運河（Kloveniersburgwal）邊。這條運河河岸遍植樹木，原是該城護城河，附近就是阿姆斯特丹的「舊大街」（Oude Hoogstraat）。此大樓是三層磚造建築，呈矩形，即使不是特別氣派堂皇，也算得上典雅，一六〇六年建成，中心處為中庭。它是荷蘭東印度公司阿姆斯特丹會所的總部。

揚公司徵人不講條理章法。沒有測驗和考試；不需要推薦信。只有走投無路、窮途潦倒之人上門求職，因此荷蘭東印度公司徵人無法太挑，上層、中層階級出身的求職者尤其不足。需要填補的商務員職缺太多——大部分大船需要至多多達十二名的職員，一般來講，陣容包括一名正商務員、一名副商務員、八或十名助理、幾名簿記員、數名文書——因此唯一挑明的挑人標準，就是應徵者要簽五年約，且本身非破產者、非天主教徒、非「聲名狼籍者」。但就連這些規定都很少落實。

科內里斯在東印度公司大樓見了誰，或他究竟如何與該公司搭上線，這些問題並不清楚[38]。托倫齊厄斯在荷蘭省全境打造的友人、同僚交遊網，包括一個名叫「利瑟的阿德里安・布洛克」(Adriaan Block of Lisse)[39]的人，此人在東方發了財，在該公司裡影響力不少。有可能，他把科內里斯介紹給阿姆斯特丹會所的董事會。同樣可能的，科內里斯透過他自己家族或他妻子娘家，結識了某人，或者在他哈倫倒閉藥房的顧客裡，結識這樣的人。不管實情為何，憑著這位藥劑師的年紀、社會地位、配藥知識(當時配藥的人對香料特性有詳細的瞭解)，似乎足以讓該地會所的董事會認為應勿計較他晚近的落魄和不幸。科內里斯以荷蘭東印度公司正式職員的身分，出現在火繩槍稜堡城牆運河上，身上帶著副商務員[40]委任狀和命令狀，要在一個月內上船前往東印度群島。

出了東印度公司大樓，科內里斯若繼續往東走，很可能來到阿姆斯特丹濱水區。此區有座狹窄木橋跨過水面，橋的另一頭是名叫拉朋堡(Rapenburg)的小島。日後載他去東方的那艘「東印度船」將由阿姆斯特丹會所所建造，將會在此島的城牆下方兩個相連的船塢裡打造而成。這兩個船塢合稱胡椒造船廠(Peperwerf)[41]，還非常新，但已是當時歐洲最大、最有效能的造船廠。東印度公司的十七紳士把旗下船隻的設計和部件標準化，藉此把日後會被稱作「大量生產流程」的許多元素引進他們的造船計畫裡。大量生產流程將「東印度船」的建造時程縮減至只有六個月[42]。這樣的時程短得驚人，儘管時程短，胡椒造船廠出廠的船，設計是非常先進的，因而比英格蘭人、葡萄牙人的船優越許多。在科內里斯那個時代，荷蘭「東印度船」其實是當代最複雜的機器[43]，先進的營造工法使它們易於裝貨，營運成本較低，能載運的貨物比外國貨船多上許多。

東印度公司旗下有數種船，各針對特定用途而設計。最昂貴的船是巴達維亞級的「東印度船」，人稱「來回船」（retourschepen）。這種船專門設計來載貨兼載人，捱得起往返東印度群島的長程遠航。次重要者是佛萊特（fluyt），此為造價低廉的平底船，船尾為圓形，載貨空間占了船身很大比例且易於裝貨。再來是雅赫特（jacht），一般來講船輕、易操縱，用來運送只有五十噸重的貨物[44]。

每種船都按照荷蘭人的「船殼優先」法建造。這是革命性的造船工法，先組裝好船殼外板並釘牢，然後裝上內部肋骨和骨架。這一階段工程完成後，船塢會注水，使半完成的「東印度船」浮起，然後拖到四十或五十碼外的艾河（River IJ）水域裡用木柵欄圍住的一個「籠子」裡，裝配必要的航海裝備。胡椒造船廠的船塢因此得以騰出空間啟建另一艘船。光是十七世紀，荷蘭東印度公司的造船廠就以此方式建成一千五百艘商船。

巴達維亞號不是普通船，而是當時最大的船之一。這艘船以爪哇島的巴達維亞城命名，巴達維亞城則是荷蘭共和國在東印度群島所有領地的首府。此船排水量一千兩百噸，全長一百六十英呎（約五十公尺），這是東印度公司法規所允許的船身長度上限。她有四層甲板、三根船桅、三十門炮[45]，設計師是著名的造船工程師揚．萊克森（Jan Rijksen）。他六十六歲高齡時仍很活躍，精神矍爍，不只給了她強固的雙層船殼（兩層三吋厚的櫟木，中間塞進浸了焦油的馬毛防水），還給了她一層以松木板打造的外皮。這一軟材包板使船殼不致被船蛆咬壞（船蛆很愛在船體各處鑽過軟質船殼外板，攻擊更裡面較硬的櫟木），而且她的外皮被打上密密麻麻的鐵釘，塗上以松脂、硫磺、油、石灰調製成的毒液，以加強防止船蛆的功效。最後，包板本身，沿著整條水線，釘上費力宰殺數百條牛後取得的牛皮，予以保護。由於這些牛皮，未裝貨的巴達維亞號，吃水甚淺地漂浮在艾河水面期間，其船殼的下部看去就像一張污穢的百衲布。它們會牢牢待在船殼上，在此船首次遠航後才會腐爛脫落。

所幸這些牛皮未蓋住巴達維亞號漆得發亮的船體之水上部分（這部分已塗成綠色、金色美化），也未蓋住她裝飾華麗的船尾（一向儉省的十七紳士為了叫東方人刮目相看，難得同意如此鋪張的美化）。但如此講究細節，所費不貲。建成時，不計船上的生活必需品，巴達維亞號會花掉該公司將近十萬荷蘭盾，這是當時很大的一筆錢。

這一可觀的開銷有其必要，因為建成之後，荷蘭東印度公司會讓船隻物盡其用[46]，把它們操到幾乎解體為止。巴達維亞號航向東印度群島途中所承受的壓力和張力，足以毀掉一般的船，即使有三層船殼在身，來回船也很少被指望能來回東印度群島六次以上。為十七紳士效力十餘年後，她會被叫回須德海拆解，為新住屋提供建材。「東印度船」被打回原形，化為一片片木材時，她所載運貨物的獲利將相當於她建造成本的數倍之多，香料貿易的利潤之大，由此可見一斑。

巴達維亞號這樣大小的來回船，剛啟用時能裝載六百噸左右的生活必需品和貨物（新或舊船其堪用程度有差；服役一或兩年後，船殼吸滿海水，最大載貨量將減少兩成）。但「東印度船」返國時，船艙總是滿載香料，船吃水很深，以致於炮眼有時距海面只有兩呎（六十公分）。

在東印度群島，歐洲貨幾乎沒有銷路[47]，從尼德蘭出航的商船，的確載了一箱箱禮拜用的詩篇歌集、手榴彈、烹調用鍋、桶箍，以送去給荷蘭共和國在東方的駐軍，但運到爪哇的笨重船貨只有一樣，那就是供該公司在東方建造商館之用的石頭。東印度群島的荷蘭人當局，每年請公司從母國運來大量蓋屋的磚，這些磚當壓艙石運過來。偶爾，總督的年度補給品訂單（eysch），還會包括較奇怪的東西。一六二八年秋就是如此；在巴達維亞號不通風的底艙裡，揮汗如雨的工人忙著搬上一個高二十五呎（約八公尺）的完整預製城門[48]。這個城門重達三十七噸，用一百三十七塊巨大砂岩製成，要用於巴達維亞城堡。

叫十七紳士慶幸的，有項貨物能讓香料群島的人願意拿丁香和肉豆蔻來換。當地居民或許不大需要荷蘭亞麻布和英格蘭厚布（當時北歐的主要出口品），但對金銀塊，可是永遠不嫌多——尤其特愛銀幣（當時東方的通行貨幣）。於是，來回船前往東方時，載的不是商品，而是一箱箱白銀。

數量龐大的錢幣[49]，裝在大木箱裡，搬上來回船——每艘船最多載了二十五萬荷蘭盾，相當於今日約一千兩百五十萬英鎊。每個箱子裝了八千枚錢幣，重五百磅，一保險箱裡的硬幣共約兩萬荷蘭盾。這麼一大筆錢當然易引來盜心，鑑於偷搶風險甚大，錢箱與其他船貨分別存放。船員起錨前一或兩小時，金銀才送上船，在一名公司董事親自監督下送到定位，並要船長和正商務員簽收。上了船，錢箱不存放在貨艙裡，而是擺在只有最高階商務員能進入的船尾「大房艙」（Great Cabin）裡，一路直到爪哇均有人看守。

• • •

到了一六二六年晚期，佛朗西斯科．佩爾薩特與荷蘭東印度公司的三年約已快期滿。身為該公司在印度最有經驗的職員之一，且其率團赴亞格拉之行，從商業角度看，成果不俗，因此，照常理推斷，這位正商務員會以為公司會再度約聘他並大幅調薪。但這一次，沒有要議訂新約的跡象，佩爾薩特請其上司解決此事，公司卻出乎意料不置可否。

主要障礙似乎和這位安特衛普商務員外交任務失敗有關。佩爾薩特率團出訪的主要目的之一，是讓蒙兀兒皇帝同意荷蘭人常駐其皇廷，以及為公司向皇帝賈汗季（Jahangir）*爭取有利待遇，而他顯然未能達成使命。從當時情勢來看，這的確情有可原；一六二四年，賈汗季已從亞格拉搬到拉合爾，荷蘭人覲見皇上的機會隨之變少。但不久後，人在蘇拉特的彼得．范登布魯克就斷定，這位正商務員的外交贈禮太寒酸，一六二五年他決定另派團赴拉合爾。這一使節團的團長是亨德里克．瓦普爾（Hendrick Vapoer），此人不辱使命，表明他的確具有與蒙兀兒朝廷周旋的本事[50]。為獎勵瓦普爾，董事會把佩爾薩特在亞格拉的職位賞給了他。

這一決定當然令佩爾薩特惱火，當他得知瓦普爾的薪水會是他的兩倍時，更是怒不可遏。但對此，他無力改變，一六二七年三月他約聘期滿，隨之走陸路回蘇拉特。五月他來到沿海地

* 此名意為「掌握世界者」。

區，在那裡與通常很好相處的范登布魯克起了口角。他肯定把瓦普爾的人事異動怪在范登布魯克頭上，而范登布魯克則竭盡所能修補裂痕，懇求其老友留在印度，但佩爾薩特心高氣傲，不願留下，堅持要回尼德蘭[51]。

聖誕節十天前，佩爾薩特在蘇拉特上船，公司對他的處置，他餘恨未消。他以船隊指揮官格萊普（Grijph）之賓客的身分上了老舊的「多德雷赫特號」（Dordrecht），在船上有自己的房艙。等船啟航期間，佩爾薩特與格萊普、同是正商務員的沃勒布蘭德・赫萊因森・德永赫（Wollebrand Geleynssen de Jongh）*[52]，以及晚近當上「多德雷赫特號」船長的阿里安・雅各布斯消磨時間[53]。

在島際貿易領域工作十年後，雅各布斯終於在「多德雷赫特號」上第一次掌管大船。雅各布斯想必希望給佩爾薩特留下好印象，但蘇拉特的高溫和潮濕把他內在最糟糕的東西逼了出來。不管出於什麼原因，後來佩爾薩特激怒了這位船長——或許因為這位正商務員的高傲。沒幾天，兩人關係就嚴重惡化。

這一爭吵日後會在巴達維亞號上引來許多麻煩，但其源頭卻是再尋常不過。在東印度群島叫人無精打采的氣候裡待了十年，使雅各布斯有了危害健康的酒癮，而且在荷蘭東印度公司三位高級職員面前，他不願收斂他的惡習。有天夜裡，在蘇拉特港，這個船長喝醉，當著其他商務員的面大大侮辱了佩爾薩特。隔天，指揮官格萊普不得不斥責他，「說若要平安駛到祖國，不該有那樣的舉止，說他的作風一定得改。」雅各布斯把這一痛斥怪在佩爾薩特頭上。此後，誠如這位船長後來解釋的，他對佩爾薩特始終懷恨在心。

由於有格萊普坐鎮，在前往聯省共和國的路上情況未進一步惡化，一六二八年六月佩爾薩特回到家。七、八月，這個商務員忙著贏回十七紳士的寵信，結果如願以償。他先前就已編寫了兩份特別報告——一份是按時間先後陳述經歷的報告，一份是與印度次大陸的貿易有關的論文（remonstrantie）[54]——以確立自己「印度通」的形象；這時他則另有新議，建議公司想辦法贏得蒙兀兒皇帝的歡心。他指出，賈汗季對西方使團的贈禮始終興趣缺缺，但似乎喜歡寶石和白銀。

照佩爾薩特的計畫，要把大量特殊的銀質餐具送到印度[55]，要特別找人製作這些他稱之為「玩具」的東西，以迎合他在其論文裡所指出的當地人的喜好，蒙兀兒人收到它們後，會對荷蘭東印度公司刮目相看。銀質餐具可當禮物送人，可拿到皇廷賣掉，或拿來換取香料。這些「玩具」會令蒙兀兒人印象深刻，或許還會替荷蘭人贏來好感和新貿易特權。

十七紳士很欣賞佩爾薩特對印度事務的嫻熟，同意找人照這位正商務員的規格製作餐具[56]。他們這麼做其實風險不小，因為運送銀器的成本，最終達到將近六萬荷蘭盾。但荷蘭東印度公司對佩爾薩特重新寄予滿滿的信心，因此他這時不只拿到更好的聘約，還受命隨同他的「玩具」回印度。

* 因為一件事，德永赫與佩爾薩特老早就交惡。話說佩爾薩特派駐亞格拉時，有次去拜訪德永赫的貿易站，拿著荷蘭共和國國旗走在德永赫前面，從而向當地印度人暗示他的職級比德永赫高，但事實上不是如此。為了報復，德永赫說「每個人都認為佩爾薩特說出的話中每三個字就有一個字騙人，說他的嘴巴很少安靜下來。」

於是，夏末時，佩爾薩特已重拾公司的寵信。董事會要他帶著他的銀質餐具，行經東印度群島[57]，航往蘇拉特。秋季船隊的主力預定於一六二八年十月下旬離開本國水域，統領者是「荷蘭迪亞號」（Hollandia）上的雅克・斯北科思（Jacques Specx）[59]。此人是東印度群島評議會（Council of the Indies）一員，荷蘭東印度公司非常資深、非常有經驗的商務員。出航時據認船隊裡會有幾艘最大型的來回船，包括嶄新的「巴達維亞號」。

巴達維亞號還在胡椒造船廠未完成，但船長人選已敲定。阿里安・雅各布斯統領多德雷赫特號安然返航，令「揚公司」的董事會激賞，於是他從該公司諸多水手中脫穎而出，受命統領這艘新船處女航。此船的副商務員，就是沒有經驗、未接受過考驗的耶羅尼穆斯・科內里斯。此船這時還欠缺的，就是一位能幹、閱歷甚廣的正商務員。有個人選似乎特別合適。

就在他們出航前不久，佛朗西斯科・佩爾薩特加入他們的行列。

CHAPTER 3 大洋的客棧

「偶爾有看法奇怪之人到此。」

——雅克・斯北科思

龐大船隊正在泰塞爾島（Texel）附近集結。將近十二艘巨大的「東印度船」停泊於莫斯科路（Moscovian Roads）水面上，它們周遭的海域布滿小船和駁船，小船上滿載水手，駁船上滿是要用來放在船艙的壓艙物。巴達維亞號在其中，另有幾艘大型來回船停泊於近旁——多德雷赫特號[1]、什赫阿文哈赫號（'s Gravenhage）*、新霍恩號（Nieuw Hoorn）、荷蘭迪亞號。一群較小的船（佛萊特平底船和雅赫特艇）已停泊於近岸處。整支船隊忙著為遠航東方準備。

時為一六二八年十月下旬。對荷蘭東印度公司來說，秋季是一年裡最忙的時候[2]；大西洋的天氣狀況有利於在聖誕節前離開尼德蘭的船快速航抵東印度群島，隨著荷蘭省的夏季水手急

* 海牙的荷蘭語名，字面意思「伯爵的樹籬」。

欲覓得工作機會，公司較易招到人上船，船抵達東印度群島時香料剛收成，正好有新鮮香料可進貨。但出發之前，每艘船不只得把貨搬上船和備齊船員，還得把必需品搬上船，讓船得以在最長達一年的航程裡順利運行。巴達維亞號一百六十呎長（約五十公尺）的船身裡，這時得塞進三百四十人和他們的個人物品、好幾噸的裝備、東印度群島駐軍所需的物資。

從駁船搬上數千桶必需品，然後是數百個水手櫃。船上廚房火爐所需的木頭和火炮所需的彈藥，裝載在下層，甲板上掛著一捆捆繩子和纜繩。許多衣著破爛的水手上了船，揚・埃佛茨和其手下嘴裡罵著髒話，手上揮舞打結的長繩，催他們幹活。接下來上船者是軍人——幾個年輕的該公司軍官候補生和士官，以及他們要帶去東印度群島駐守五年之一百名營養不良的男子。最後，人貨上船完畢，耶羅尼穆斯・科內里斯和荷蘭東印度公司的商務員上船。

這位來自菲仕蘭省的藥劑師很可能是第一次踏上像巴達維亞號這麼大的船。一如大部分不諳航海的人，他對「東印度船」的第一印象，很可能是瞠目結舌於她的身形龐然，驚愕於甲板上的狂亂興奮氣氛。驚嘆不已的德意志軍人寫下的記述，見證了裝備齊全的來回船給頭一次置身她身旁的人所留下的驚人印象；她們有時被稱作「不折不扣的城堡」，搭著小船靠近時，她們似乎龐然無比[3]。許多商務員抬頭看著她們靠岸，看到身旁自水面拔起的巨大木牆，直竄天空、高出他們頭將近兩百英呎（約六十公尺）的粗大船桅和帆桁，令他們頓覺自身的渺小。

甲板上的混亂想必叫人更加忐忑——船殼外板掛了許多工具，看起來亂糟糟，不諳航海之人發出的指令自己也不是很懂，卻要衣衫襤褸的水手來回奔跑。這艘停泊的船在翻騰的秋季波濤裡不斷左右搖晃，沒有一刻安穩，叫人很不舒服，但從這番不舒服裡，科內里斯和他的同僚隱隱意識到他們就要遠航，就要承受此遠航的任何後果。

置身這番喧擾混亂之中，令這些新手商務員最感安慰的，肯定會是他們不必和身邊亂哄哄奔忙的粗俗之人住在同一房間。巴達維亞號船尾最豪華的鋪位，始終留給荷蘭東印度公司的商務員，主桅後面的區域會成為此船高級船員、商務員、僕人的專屬活動區。這一安排使他們保有些許隱私，又因為船尾上下顛簸較不劇烈，能減輕海上的不適。在九個月航程期間，這類意料之外的優待，令他們大呼自己命好。

船上最好的房間都分配給最高階的船員。佛朗西斯科・佩爾薩特和阿里安・雅各布斯都擁有使用上甲板「大房艙」[4]的特權。「大房艙」是這艘船上最大的房間，無疑是採光最好的房間，因為只有它裝了花格窗而非舷窗。「大房艙」裡最搶眼的東西是一個能容十五或二十人坐下的長桌，在海上，佩爾薩特和其基層下屬就在這桌子處理日常業務，高級船員和商務員則在這桌子用餐。其他的高級船員房間位在船尾他處。科內里斯和其他六名有地位的乘客，被帶到「大房艙」上面一批緊挨在一塊的小房艙。這裡的房間較小，較簡陋；較低階的高級船員和公司職員，共用位於舵手崗位正下方的一間大統艙。說到房艙空間，荷蘭東印度公司力求節省支出。個人專屬房間不保暖，通風比船上其他地方只稍好一些，寬度不到女人張開雙臂的長度，但至少提供倚壁而設的鋪位而非只有睡覺用的席子而已，空間足夠擺進一套書桌椅，有少年服務員送餐、取走餐盤和清空便壺。

這些房艙的分配按級別、地位高低來決定。最好的房艙會配給副商務員科內里斯，他是船上次高階的「揚公司」代表，地位僅低於佩爾薩特。阿里安・雅各布斯的副手，即正舵手克拉斯・黑赫茨（Claes Gerritsz），也會分到最好的房艙，而在正常情況下，巴達維亞號的兩個副舵手（軍階約略相當於今日的海軍上尉）、糾察長（負責維持船上紀律）、荷蘭東印度公司最高階助理，也可指望分配到專屬房艙。

但這趟航行，巴達維亞號載了兩名高地位的乘客，他們的存在打亂了正常的房艙分配順序。其中一位是喀爾文宗牧師（predikant），名叫海斯伯特・巴斯蒂安斯（Gijsbert Bastiaensz）。此人是古城多德雷赫特的市民，帶著他的妻子、一名女僕、七個小孩同去東印度群島。另一個要人是盧克蕾齊亞・揚斯多赫特（Lucretia Jansdochter），一個美麗絕倫且出身高貴的女人，來自阿姆斯特丹，要去東方與丈夫會合。這兩人大概都會分到靠近科內里斯的房艙。置身只限少數人得以進入的船尾區，這三個人必然會因為碰面而認識。

科內里斯最喜歡和誰在一塊，不難猜出。克蕾謝（Creesje，揚斯多赫特的小名，他人通常如此叫她）[5]不只年輕迷人，她的家族裡有不只一人為商務員，因此她擁有和科內里斯一樣的社會地位。另一方面，海斯伯特・巴斯蒂安斯在許多方面和科內里斯截然不同。他來自荷蘭省最南部；五十二歲；嚴格直率的喀爾文宗信徒，僅受過少許正規教育[6]。他僅存的少許書信[7]，看不出有何高明見識或求知慾；這位副商務員光怪陸離的想法，不見容於他的神學理論，科內里斯若敢於向他說明自己真正的看法，這位牧師肯定會大為驚駭反感。事實上，科內里斯把自己對這主題的看法擺在心裡，選擇博取這位傳道士好感，而非當面與之對抗。

海斯伯特．巴斯蒂安斯後來坦承[8]，他完全未識出科內里斯正派得體的表現背後所隱藏的想法。而這不足為奇。這位牧師是正直老實人，不善於洞悉人心，閱歷較少，直到不久前他的眼界還只侷限於他的天職和教會。多德雷赫特城以單純的正統觀著稱[9]。來自這類城鎮的牧師，大概沒碰過科內里斯之流的人。

巴斯蒂安斯似乎是東印度群島喀爾文宗牧師的典型。改革宗教會缺少傳教熱情（其預選說間接表明了向異教徒傳教使其改信沒什麼意義），因此說服牧師到東方服務並不容易[10]。去那裡的牧師甚少，而且這些人很少是喀爾文宗上層人士，反倒是「沒有文化的遊方傳道士」：宗教觀點往往流於天真、勸導人儉樸和克制、自己卻往往有財務困難。

巴達維亞號的喀爾文宗牧師不只具有上述特點。海斯伯特．巴斯蒂安斯是荷蘭共和國工人階級的一員，靠雙手謀生，有空處理教會事務時就去幫忙。但一如耶羅尼穆斯．科內里斯，他瀕臨破產，因而不得不去東方找翻身機會。

這位牧師早年過得頗愜意。他父親巴斯蒂安．海斯布雷赫茨（Bastiaen Gijsbrechtsz）是磨坊主，海斯伯特克紹箕裘，投入似乎已很穩的家族事業[11]。一六〇四年二月，他娶了多德雷赫特某葡萄酒商的女兒瑪麗亞．史海朋斯（Maria Schepens）[12]，而且一如當時所普見的，兩人生了很多小孩。前後生了八個，四男四女，而其中捱過嬰兒期者多達七個。這麼多孩子活著、還養得起他們，表明巴斯蒂安斯的磨坊生意有賺錢——至少十七世紀頭二十年是如此。

這位磨坊主三十歲時，已是多德雷赫特改革宗教會的長老。一六〇七至一六二九年，海斯伯特．巴斯蒂安斯在該城改革宗教會評議會裡服務了十年共五期。這一傲人資歷表明他是該城最受敬重（且最嚴守正統教義）的神職人員。在卷帙浩繁的多德雷赫特法律檔案裡，可找到更多證據證明此論點。在那些檔案裡，這位牧師以「仲裁者、遺囑執行人、在數場官司裡替人出庭擔保的證人」身分出現。這些都是不容一絲輕忽的職務，只有受公眾信任之人——剛正不阿無懈可擊之人——才能出任。

儘管如此受敬重，這位牧師擁有並經營二十五年的磨坊，規模並不大。他賴以為生的磨坊是馬拉磨坊（rosmolen），而非當時已開始普及尼德蘭的較有效率的風力磨坊。一六二〇年代經濟嚴重衰退期間，馬拉磨坊的主人往往經營得非常辛苦，勉強得以溫飽，而使用風力的磨坊則因爲能以更快、更低成本的方式磨製麵粉，而生意興旺。海斯伯特．巴斯蒂安斯是眾多不敵商場競爭的磨坊主之一。根據該城檔案，一六一八年時，他有自己磨坊，並租了十二英畝地供他的馬吃草，但到了一六二八年，他的經濟已經垮掉。差不多就在科內里斯把他的財物全轉讓給商人佛赫爾時，巴斯蒂安斯把他的住房和磨坊拿去抵債[13]。

好名聲和虔誠信仰這時救不了他，在多德雷赫特沒有教士俸金可領。眼看有八個小孩嗷嗷待哺，這位牧師申請到東印度群島宣道[14]。九月第二個星期，他人已在阿姆斯特丹，十月初他已是荷蘭東印度公司的職員，再幾個星期後他已在巴達維亞號上。他的妻小，原本一直在多德雷赫特生活，這時跟著他遠赴他鄉。長子二十二歲，老么只七歲；年紀這麼小，當然不曉得前途有多凶險，全家人返鄉的機率有多低。

在船尾另一個房艙裡，克蕾謝・揚斯坐在她獲准帶上船的幾件個人物品之間。她二十七歲，嫁給荷蘭東印度公司副商務員鮑德溫・范德爾邁倫（Boudewijn van der Mijlen）[15]將近十年，但她決定隨夫前往東印度群島，則有一番緣由。范德爾邁倫先前單身去過東方，時間似乎是一六二五或一六二六年，而其妻子隨後跟著過去，而且是一個人成行，這點非常罕見。但就克蕾謝・揚斯來說，她家鄉阿姆斯特丹的檔案，可以說明她為何出現在巴達維亞號上。克蕾謝本是孤兒，她的三個幼兒又一個個早夭[16]。到了一六二八年，她已無理由待在聯省共和國。不管鮑德溫人在何處，他是她唯一的親人。

克蕾謝生父是個布商，但她還沒出生時，父親就去世，因此不認得他。她兩歲時，母親史帖法妮（Steffanie）已改嫁，全家隨著她繼父海軍上校迪爾克・克萊嫩（Dirk Krijnen）搬家，先是搬到萊莉街（leliestraat），最後搬到赫倫街（Herenstraat），萊莉街位在有錢人居住的阿姆斯特丹高級住宅區，赫倫街是該城較昂貴、社會地位較高的地段之一（如今亦然）。克蕾謝生母死於一六一三年，當時她才十一歲。這個女孩隨之受孤兒法院監護，同時似乎繼續和繼父、親姊姊莎拉、同母異父妹溫特亨・迪爾克斯（Weijntgen Dircx）住在一塊。但又過了幾年，克萊嫩也過世。繼父的過世，可能是促使克蕾謝早早就嫁給鮑德溫・范德爾邁倫的原因。

她結婚時十八歲[17]。據結婚登記簿，克蕾謝丈夫以打磨鑽石為業，住在阿姆斯特丹，但本籍武爾登（Woerden）。兩夫妻的三個小孩生於一六二二至一六二五年間，兒子叫漢斯，兩女兒分別叫萊絲伯特（Lijsbert）和史帖法尼（Stefani），但都未能活過六歲。這樣的不幸並不常見，因為即使在十七世紀，幼兒死亡率一般來講也只有五成。三個小孩有可能死於某種流行病，但沒有證據證明此說；今人對鮑德溫的生意情況也所知不多。只能說他也很可能在一六二〇年代經濟衰退時受創甚深。范德爾邁倫主動加入荷蘭東印度公司，卻被派到若開[18]（緬甸境內惡臭且疾病叢生的河港）買賣奴隸。這種事肯定不會發生在事業有成的鑽石商人身上。

范德爾邁倫於一六二七年住在巴達維亞時，接到要其搭船去若開的命令，但是從巴達維亞寄信到尼德蘭要花上很長時間（最長達一年），因而克蕾謝肯定不知道她抵達爪哇時丈夫已不會在那裡。若說她提前至少十二個月就計畫有此遠行，說他知道妻子會離開荷蘭共和國，似乎同樣不可能。克蕾謝最後一個孩子的死亡時間，最有可能是在一六二八年，她不勝悲痛，在可說衝動的心情下決定去找她丈夫，或許事先寄了封信過去，及時搞定自己待解決的事情後，在巴達維亞號上弄到一個鋪位，然後只帶了幾件行李和一名貼身女侍同去。一如科內里斯和巴斯蒂安斯，家鄉已沒什麼可讓克蕾謝．揚斯留戀。

•••

以上就是船尾乘客的情況。凡是「東印度船」，其船上人員都因地位不同而有不同居住區，區隔分明，巴達維亞號也不例外。在此船上，愈往船頭走，住房愈簡陋。中間階層者，尤其是「不用值班的船員」（〔idler〕船醫、製帆工、木工、廚子之類不用值班、不用在夜裡工作的專門人士），往往住在下面的炮列甲板，儘管他們也享有住在艏樓或船尾較寬敞之鋪位的特權。另一方面，占了船員三分之二多的水手和士兵，被塞進位於「船桅前方」的空間，除非因為職務需要而去船尾，若他們出現在船尾，可能代表嚴重違規。

這樣嚴格的區隔，有數個用處。首先，這強化了身分階序，突顯船上士兵與水手間、高級船員與普通船員之間的區別。但這也出於現實考量。安排水手和士兵在不同甲板上，因為歷來的經驗顯示，這兩類人處不好，如果住在一塊，很可能會打架。普通水手要待在船桅前方區域，以把叛變的可能性降到最低，船尾高級船員區的入口築有防禦工事，也是出於同樣的考量。

這些安排對士兵最不利。他們的居住區位在往下兩層的「最下層甲板」（orlop），即荷蘭人所謂的「母牛甲板」（cow-deck）。這裡的頂梁低到讓人無法直直站著，而且非常靠近水線，因此既未裝通風口，也未裝舷窗，毫無採光、通風可言。「最下層甲板」其實是貨艙的一部分，返程時這裡成為香料存放處。這裡如此不舒服，士兵卻得整天待在這層陰暗不通風的甲板上，每天只有兩次可在人員陪同下上主甲板吸點新鮮空氣和上廁所，每次三十分鐘。

荷蘭東印度公司的士兵，其組成特別混雜，從北德意志全境、聯省共和國、法蘭西招募而來，招人時幾乎來者不拒，即使根本不是當兵的料也可以通過徵選。巴達維亞號上的士兵，有些人來自蘇格蘭，甚至有個人來自英格蘭——以「揚・品滕」（Jan Pinten）[19]之名出現在此次航行的記錄上。這些士兵大多未受過訓練，而且當時的方言和濃濃的地方腔司空見慣，許多人彼此之間雞同鴨講，更別提聽懂他們長官的命令。

沒有多少證據能證明荷蘭東印度公司的士兵休戚與共，相互扶持；偷竊與逞凶鬥狠時有所聞，把他們團結在一塊的東西，似乎就只是同鄉友誼。朋友會互相幫忙看顧財物，分享食物和水，生病了會互相照顧。找到這樣的同伴很重要。生病時沒有朋友可依靠，可能落得等死的下場；來回船在船首設置了病室[20]，但高級船員和水手享有優先治療權。有人說，典型的荷蘭水手「關心籠子裡一隻雞不見，更甚於關心整團士兵丟掉性命。」[21]

巴達維亞號上的士兵，大部分是德意志人。有些人來自北海的不來梅、埃姆登（Emden）、漢堡諸港，荷蘭東印度公司在那些港設了招兵站，找碼頭區最無賴之人為其賣命。有些士兵正派規矩——並非沒有體面但貧困人家的小兒子進該公司軍隊找發財機會——但整體來講，這些人是一群不滿現狀者，隨時可能惹出事端。

士兵的統領是荷蘭共和國下士加布里爾．雅各布松（Gabriel Jacobszoon）[22]，他的妻子也陪同上船。他的副手是來自阿姆斯特丹的準下士雅各普．彼得斯（Jacop Pietersz）。彼得斯有不只一個綽號——「鑿石工」（steenhouwer）和「窗框」（cosijn）[23]——從這些綽號可看出他力氣頗大，身材魁梧，要鎮住他底下那些凶殘之人，需要彼得斯這樣的人。「鑿石工」和下士則聽命於年輕的荷蘭東印度公司軍官候補生（cadet）。他們是船上僅有的陸軍軍官（military officer），不住在不舒服的「最下層甲板」。

這些年輕人往往是舊貴族家族裡較年幼的子弟，這些家族的土地，按照行之已久的傳統，一代代由父親傳給長子，其他的兒子則得出去自謀生路。巴達維亞號的船員，包括十二個這樣的軍官候補生，其中至少四人似乎自稱為貴族子弟，分別是庫恩拉特・范赫伊森（Coenraat van Huyssen）[24]、萊內爾特・范歐斯（Lenert van Os）、范韋爾德倫（Van Welderen）家的兩兄弟奧利維爾（Olivier）和希斯伯特（Gÿsbert）。

范赫伊森是唯一有不少生平可說的軍官候補生。船上牧師注意到他是個「帥氣的年輕貴族」，來自海爾德蘭省（Gelderland），是家族裡較年幼的子弟。范赫伊森家族擁有登韋德的莊園，該莊園是德意志邊界的某個采邑。范赫伊森家族多年來出了幾個騎士，但他們在登韋德的莊園不大，也不是特別富饒。如果庫恩拉特・范赫伊森真是此家族的子弟，他會想到東方闖蕩，就不足為奇。他或許和幾個人一起投身荷蘭東印度公司的軍隊；范韋爾德倫家兩兄弟來自海爾德蘭省城奈梅亨（Nijmegen）[25]，這三個貴族子弟不無可能原就相識。

如果說巴達維亞號上的士兵日子過得特別艱苦，炮列甲板上的水手處境也只稍好一些[26]。他們的居住區從廚房延伸到船頭，人站在其中，頭不會頂到頂端，炮眼則提供了採光，但一百八十個沒洗澡的男人住在一塊，擠在不到七十呎（約二十一公尺）長的甲板上，加上他們的水手櫃（sea chest）、十二門重炮、數哩長的纜繩，以及其他種種裝備都占去了不少他們的生活空間。炮列甲板冬天時冷得叫人打哆嗦，在熱帶地區則悶熱到叫人受不了。前一個世紀已有船隻使用吊床[27]，但尚未普及，許多水手睡在地墊上，往甲板上所能找到的地方擠去。最糟糕的一點，炮列甲板幾乎時時是濕的，因此，許多沒有充足衣物可替換又在惡劣天氣裡工作的水手，即使下了勤務仍很難捱。

普通水手的出現會令船尾那些舉止品味高雅的商務員驚恐，難怪普通水手被要求離這些乘客愈遠愈好。一般來講，荷蘭水手靠衣著樣式來區別於他人（在男人流行穿長襪和貼身齊膝短褲的時代，寬鬆的襯衫和長褲給了水手所不可或缺的行動靈活），除此之外，他們以特別粗暴、粗俗而著稱（就當時的標準來看，他們的粗暴根本異於常人）。但那些走投無路或一貧如洗而願意冒生命危險上船遠赴東方的人，名聲特別壞，一般商船船長，乃至荷蘭共和國海軍，招募人員時都不會找替荷蘭東印度公司服務過的人。

有個乘客論道，對「『東印度船』船上的水手來說，咒罵、說髒話、嫖妓、縱情聲色、謀殺，根本是小事；這些人始終在圖謀搞什麼壞事，如果高級船員不靠懲罰來迅速鎮住他們，他們的自身性命肯定無一刻安全無虞。」另一個乘客寫道，「必須用鐵棒來管理來回船上的水手，就像管一頭未馴服的野獸，否則任何人都可能遭他沒來由毒打一頓。」

但荷蘭東印度公司的水手群體大體上有內聚力，靠語言和經驗的紐帶連結。他們大部分來自聯省共和國（這點與士兵的組成不同），都使用水手特有的用語。他們所該執行的工作，從起錨到張帆都需要眾人合作才能辦到，從而促進互信互賴，比起士兵，他們一般來講較有紀律，較不出亂子。

上下直貫船體的粗大主桅，代表水手居住區的界限。這裡，位在炮列甲板的一半處，有兩間小房間，一個是船醫的房艙，另一個是廚房。廚房內壁以磚砌成，到處是大銅鍋。廚房是木船上唯一允許有明火的地方，巴達維亞號的眾廚師得在這個小小空間裡每天弄出一千多份餐點。再來是一具起錨絞盤和數台幫浦，再往船尾走，在麵包儲藏室和兵器庫之間，有兩間小房艙，分別供舵工和武器管理員居住。他們的房間就在佩爾薩特「大房艙」的正下方，但對所有住在下方炮列甲板上的人來說，將他們與船尾受優待的船員和乘客隔開的木梁，不只是一道純粹實體性的阻隔物。那些木梁保護商務員，使他們不受侵擾，使高級船員不致遭水手攻擊。在大部分的「東印度船」上，這是必要的預防措施，但在巴達維亞號上，實際情況會證明木梁保護不了誰。

• • •

整個冬季中隊規模浩大，共有十八艘船，董事會原已下令由公司的船隊統督斯北科思統領。佛朗西斯科·佩爾薩特要搭巴達維亞號一起遠航，其職權只及於他所統領的那艘船。但該月月底，斯北科思突然被召回阿姆斯特丹辦事，眼見天氣愈來愈差，荷蘭東印度公司作出將船隊一分為二的不尋常決定。會有十一艘船暫勿出發，等船隊統督可出海時再出發。其他七艘則立即出發，由當下所能找到最有經驗的正商務員統領。

於是，佩爾薩特突然被任命為一支商船隊的指揮官：三艘來回船（巴達維亞號、多德雷赫特號、什赫阿文哈赫號）和另外三艘船，阿森戴夫特號（Assendelft）、薩爾丹號（Sardam）、克萊恩·大衛號（Kleine David）[28]。最後一艘是護衛軍艦布倫號（Buren）。其中的克萊恩·大衛號要駛至印度的科羅曼德爾沿岸裝載紡織品、染料、胡椒。其餘六艘要前往香料群島，順利的話，或許在一六二九年夏抵達目的地。

耶羅尼穆斯・科內里斯和克蕾謝・揚斯大概不清楚此航程所會碰到的危險，但有經驗的商務員清楚狀況，知道不可低估東航的困難。從泰塞爾島到東印度群島，將近一萬五千英哩（約二萬五千公里）[29]，比地球周長的一半還多。這趟遠航是十七世紀一般船隻所會進行的最長航行，其中大半航段環境嚴酷。大部分船隻到爪哇要花八個月，平均航速為時速二・五英哩，有一兩艘最幸運的船航行了一百三十天就抵達目的地[30]，但「東印度船」被風吹離航道，因無風而下錨停泊數星期或有時一停數個月，也不是沒有的事。西菲仕蘭號（Westfriesland）於一六五二年初秋離開尼德蘭，兩年後才拖著受損的船身緩緩回到故土，途中遭遇一連串災難，而且只航至巴西沿海地區[31]。一七一二年出航的南村號（Zuytdorp），因為無風而被迫停泊於非洲外海，然後為了尋找淡水，作出駛入幾內亞灣的要命決定。因為無風，該船在該海灣又被困了五個月，四成船員死於熱病和疾病。此船最後終於繞過好望角，但從離開聯省共和國至此已過了將近一年。

十七紳士一想到這類延擱就惱火，甚至對所有來回船都得為了修整、補給食物和淡水至少靠岸一次，感到無法忍受。荷蘭東印度公司創立初期，船隻都得停靠馬德拉群島和佛得角群島，有時也停靠聖赫勒拿島，航程因此多了幾個星期。到了一六二〇年代，大部分出航船隊只停靠好望角，距荷蘭共和國約一百五十天航程。大部分船隻在那裡逗留約三星期，足夠讓病人養好身子和補給必需品，好望角用處這麼大，因此荷蘭東印度公司於十七世紀中期在那裡築了一座堡壘，安置了拓殖民，以為其船隻提供新鮮食物。好望角也甚受水手喜愛，因為到了那裡就能得到大量補給，水手開始將該地稱作「大洋的客棧」（The Tavern of the Ocean）。但對荷蘭東印度公司的董事來說，好望角再怎麼不可或缺，再怎麼好，還是寧可不要的好，因為獲利盡快到手才是最重要的事，而好望角延遲了獲利的時間。董事會祭出賞金，鼓勵商務員、船長、舵手盡快航抵目的地——六個月航抵目的地就賞六百荷蘭盾，七個月航抵賞三百荷蘭盾，啟航後不到九個月就抵達東印度群島者，賞一百五十荷蘭盾。這類措施似乎效果不大。有些船的確把航程縮到特別短；一六二一年，金獅號（Gouden Leeuw）從尼德蘭到東印度群島只花了一百二十七天，一六三九年，阿姆斯特丹號創下只花了一百一十九天的紀錄。但如此快就航抵目的地的情況很少見。大部分船的船長顯然寧可中途靠岸好望角，過些快活日子，也不想為了口袋裡多些荷蘭盾直驅目的地。

佛朗西斯科．佩爾薩特原本不必為這類事傷腦筋。但這時他額外承擔的職權來得太突然，叫他惶恐。只是，就連最有經驗的船隊指揮官，對旗下船隻的控制權相對來講也不算大；出航船隊的船隻很可能下錨停泊數星期，等有利的風吹起。而真的等到這樣的風時，隨著行動笨拙的來回船在狹蹙的近岸錨地裡調動其笨重的身子，啟航的命令很可能使船隊一團亂。小碰撞司空見慣，而儘管各船都點亮船尾的大燈籠，以在黑暗中掌握彼此的動態，船隊在從英吉利海峽駛往東印度群島途中全程保持在一塊，卻很罕見。

佩爾薩特的船隊甚至在離開須德海時就未一起行動。一六二八年十月二十八日船隊中六艘船先出發，留下巴達維亞號，而這位指揮官的新旗艦隔天才終於上路。耽擱的最可能原因是在把白銀和商品裝上巴達維亞號時碰上麻煩[32]，但不管出於什麼原因，這艘來回船的乘客和船員很快就有理由為這小小的耽擱而後悔。

出海第一天，還在荷蘭共和國外海時，巴達維亞號就碰上格外猛烈的暴風雨。船員還是新手，沒受過考驗，船還未能受到控制，就在險惡的瓦爾赫恩（Walcheren）沙洲上擱淺。在淺水區，很快就有大浪來襲，船在沙洲上動彈不得，任由大浪擊打，乘客和船員自然都開始擔心性命不保。

暴風雨是「東印度船」所可能碰上的最大危險，擱淺則是陷入暴風雨時可能碰上的最嚴重災難。即使在完全看不到陸地的海上，大浪都可能使來回船灌水下沉，或打破她的舷側，或使她左右搖晃，最後船桅浸入水裡，船帆充滿海水，使整艘船側翻。擱淺後，海浪能擊開船的接縫，如果海浪大到使壓艙物移位，火炮、船桅、帆桁的重量也可能使船重心不穩而翻倒。

瓦爾赫恩沙洲是個特別要命的障礙；雖然這沙洲位於荷蘭共和國的領海裡，荷蘭東印度公司在阿姆斯特丹與東印度群島之間海上損失的船，有五分之一葬送在這裡。巴達維亞號處境危險，靠阿里安．雅各布斯高明的航海本事，才讓她在受損不嚴重的情況下脫身。這位船長除了以威嚇加鼓勵的口吻要他的手下縮帆、檢查壓艙物的情況，還讓這艘船安然度過暴風雨。然後他讓巴達維亞號乘著漲潮離開沙洲。仔細檢查發現船體受損不嚴重，十月三十日早上，此船已能繼續上路。

雅各布斯要船往西航，前往比斯開灣和大西洋。在英吉利海峽往南行期間，巴達維亞號遇上佩爾薩特之船隊的其餘船隻。這六艘船同樣碰到那場暴風雨，受創不輕，它們的旗艦差點被暴風雨打沉，體型最小的來回船「什赫阿文哈赫號」受創太重，不得不駛入荷蘭共和國的米德堡港修補，為此會在那裡停留約四個月。因此，巴達維亞號碰到它們時，它們已受過暴風雨摧殘而且少了一艘，然後，它和剩下的五艘一起繼續往西行。

這時已是十一月。北方的寒冬逼近，白天大多短暫、寒冷且下雨。對耶羅尼穆斯・科內里斯之類新手水手來說，這是他們第一次的海上體驗，花上一段時日才習慣不斷晃動的船身，在比斯開灣多暴風雨的水域，尤其需要時間習慣。遠赴東方的航海家所寫下且倖存至今的記述，充斥著各種描述出海頭幾天慘狀的情景。頭幾天，暈船[33]很普遍，就連主甲板上（用以提供鮮肉）的牲畜都未能倖免，豬尤其容易暈船[34]。

海上生活的不適大概會讓科內里斯和其同伴苦惱不已。出海不到一星期，基本的乾淨就成為來回船船員與乘客渴盼的享受。船上沒有淡水可供梳洗，巴達維亞號雖是當時最大的船，但只裝了四個廁所[35]。兩個設在「大房艙」兩側，只供船尾的人使用，其他的船員得排隊使用位於船頭的另外兩個。這兩個船首廁所只是船首斜桁（bowsprit）下方甲板上開的洞。這個地方沒有遮蔽，蹲在上面，會被排隊等上廁所的人看光光。唯一的額外便利設施是一條垂入洞裡沾滿糞便的長繩。繩子已磨散的那端垂入海裡，可拉上來擦屁股。

如此難受的生活，若碰上惡劣天氣，更加苦不堪言。所有炮眼和艙口都得關上，用板條封住，船體內部只有少許新鮮空氣進入。眾人散發汗臭味和大蒜味（大蒜是當時治百病的靈藥）[36]；每樣東西沒有一刻是乾的，這時還去上廁所就很危險。於是，士兵和水手在角落大小便，或蹲在梯子上往下方的貨艙大便*，如果天氣糟到無法動用幫浦，下方沉積的屎尿就會赫然重現在人們眼前。巴達維亞號的幫浦不是把屎尿排入海裡，而是把它們從底艙抽上來（誠如當時某人所說的，底艙「臭氣薰天，奇臭無比」）[37]，排放到炮列甲板上，讓其汩汩流過沉睡的水手周邊，最後經敞開的舷孔和洩水孔排到船外。天氣終於轉好後，眾人會用醋擦洗甲板，在甲板下方燒乳香和木炭除臭，但大半航行時間，巴達維亞號較下層的甲板都臭如糞坑。有幸住在船尾者，不必承受這最難捱的不舒服，但每份東航記述都表明出海頭幾個星期，就連最有身分地位的乘客都吃到他們在家鄉想也想不到的苦頭。

佩爾薩特的船隊終於遠離最惡劣的天氣，往南行駛。隨著船駛入北非沿海的副熱帶無風帶，風變得較輕柔，雖然偶有叫人興奮的事物——頭一次見到海豚（常有海豚在荷蘭船邊嬉游）和水中海草（海草出現表示已接近加納利群島和佛得角群島）——但大體上來講，此航行很快就變得單調乏味[38]。無風時，連水手得做的事都變少，而對船上的士兵、商務員、乘客來說，每天就是在一般的作息中度過，幾乎沒有變化。

在這樣的情況下，巴達維亞號上的人很快就把「吃」看得非常重要。每天供應三次的熱食，成為時間推移的標記：早上八點、正午、下午六點。有時用餐場合很盛大；佩爾薩特和雅各布斯在「大房艙」裡用餐，通常有船上的高級船員和最有身分地位的乘客受邀作陪，包括耶羅尼穆斯．科內里斯和克蕾謝．揚斯在正商務員的餐桌用餐，還有海斯伯特．巴斯蒂安斯和其妻子同桌。正舵手克拉斯．黑赫茨，連同其兩個副手，以及瞭望員雅各布．揚斯．霍萊特（Jacob Jansz Hollert）和希利斯．佛朗斯（Gillis Fransz），大概也會同桌——佛朗斯的綽號有點叫人心慌，叫「半醒」。同桌的另外還有糾察長彼得．揚斯，或許還有幾個較低階的商務員：年輕的荷蘭東印度公司助理，例如佩爾薩特最寵信的文書，在印度就跟過他的阿姆斯特丹的薩洛蒙．德尚（Salomon Deschamps of Amsterdam）。但就連這些地位高人一等的人，都不能把受邀與正商務員一同用餐視為理所當然。在船尾的乘客居住區也開了豐盛的一桌，偶爾上述人員可能會被分配到這裡用餐，牧師的小孩和較不得寵的商務員、高級船員則固定在此用餐。在這裡和在「大房艙」裡都有餐巾和桌巾、白鑞餐具、馬口鐵匙，還有少年服務生負責上菜，管事負責倒酒。另一方面，士兵和水手在他們睡覺處用餐，坐在他們的水手櫃上用木盤、木匙進食。船桅前方的區域，沒有僕人侍候。士兵和水手七或八人一組集體用膳，每組有一人輪值勤務，負責從廚房提來桶裝食物，以及輪流用餐後洗餐盤，每次輪值一星期。廚師和其助手最後用餐，站著看其他船員用完餐才進食。

菜色好壞差異頗大。高級船員吃得比普通船員好，而隨著離鄉愈遠，船上每個人的伙食都愈來愈差。為提供新鮮食物，想了一些法子：除了主甲板上圈養的雞、山羊、豬，船尾最高

＊一九七〇代打撈出巴達維亞號的船尾時，考古學家在船體裡發現許多富含磷酸鹽的黑色物質。分析後發現裡有含有軟骨和穀物外皮，表明這些黑色東西是一層人糞，沉積在原本大概是底艙的地方。

的那間房艙——矮屋頂的小屋，人稱bovenhut——被當作溫室，船上的園丁揚·黑赫茨（Jan Gerritsz）在那裡種了菜。風平浪靜時，有時能捕到魚，但根據進餐傳統，不管是誰把魚釣上來，每天第一條釣上來的魚都得歸船長，接下來的約十二條分給眾商務員和眾高級船員，按地位的高低順序如此往下分發，普通水手和士兵通常吃不到新鮮食物。

普通水手和士兵幾乎全靠桶裝醃肉、豆子、硬餅乾填飽肚子。這種硬餅乾乾到極點，常被稱作hardtack。十七世紀上半葉已能好好保存某些食物，但荷蘭東印度公司儲備食物之設備並不優。在陸上，肉經仔細抹上鹽（脫水）來防腐，或吊著晾上一陣子，然後一再浸泡於滾沸的濃鹽水或醋裡，製成醃肉。這兩種方法都能殺掉細菌，給肉添了風味，如果處理得好，能製成出奇可口的肉。但這類方法花錢又耗時，而揚公司花錢斤斤計較，為了省錢，該公司的供應商採購剛宰殺的豬牛，把軀體整個浸入裝滿海水的沸騰大鍋裡，完全未先排掉血水，等到血水滲出，醃肉隨之酸掉。以此方式保存肉，成本低，但味道極鹹，得先在淡水裡泡過才能拿去烹煮，但在海上，為了保住船上有限的飲用水，醃肉通常放在濃鹽水裡煮，出鍋時，醃肉表面早已覆蓋雪白的鹽粒。上桌時，醃肉放在同樣鹹的肉湯裡，入口後舌頭火辣，口渴不已。

來回船也帶了加工處理過的魚，即未經抹鹽直接曬乾的魚乾。維京人把他們捕到的鱈魚釘在他們附掛之大艇的索具上晾乾；尼德蘭人也把鱈魚晾製成魚乾。他們把鱈魚釘在棍子（stok）上，把魚肉橫向劃開（最多劃上三十道）並掏出內臟再加以風乾，這種魚乾因此被荷蘭人稱作stokvisch。風乾後成為極乾硬的白色魚板，煮前得先泡水軟化或用大頭錘打過。一如用鹽醃過的豬肉和牛肉，鱈魚乾通常和乾豌豆或其他豆類一起燉煮後上桌。但魚的保存相對來講較難，而且往往比加工處理過的肉更快腐壞，故很可能是最早吃掉的儲藏食物——至少就不列顛皇家海軍後來的紀錄來看是如此。在巴達維亞號此趟遠航的初期階段，鱈魚乾很可能是船上的主食之一。

隨著這支小船隊接近艷陽高照的熱帶西非海岸，就連用鹽醃過的肉，在當地那種氣候下都難以保存。由於缺乏冷藏設施，下方貨艙的環境很快就變得叫人怯步。船的下部幾無通風可言，最下層甲板悶到極點，因此有派去儲藏室的水手在裡面窒息的情事[39]。肉桶禁不住熱而爆開，裡面的東西四散，為下方猖獗的害蟲提供了食物。下雨時，水則滲進儲藏室，脫水食物就開始腐爛或發霉，滋生寄生蟲。

硬餅乾最不易變質。這種經兩次烘焙的餅，不含脂肪或水份，在正常情況下能無限期保存，但質地乾硬，硬咬會嗑斷牙，必須在燉湯裡泡過才能吃。硬餅乾受潮後較易進食，卻成為象蟲絕佳的食物儲藏室。象蟲在餅乾裡產卵，把每塊餅乾鑽成蜂窩般的地道和小室，小室裡滿布幼蟲。遠赴東印度群島的水手，個個都懂得先把配給的餅乾往舷側敲一敲再吃，以把裡面的昆蟲敲掉。沒敲出來的昆蟲，就還是跟餅乾一起吃進肚子裡。新手水手開始能區分不同昆蟲的味道：象蟲味苦，蟑螂味道像香腸；蛆入口咬下，像海綿且冰涼，但口感不佳。

在船上，一如在陸上，高級船員和普通船員不只吃得不一樣，喝得也不一樣。佩爾薩特和科內里斯等最高階船員可以自帶葡萄酒和烈酒上船，數量依其職級而定；當到水手長或更高職級的人，在船上獲配的水和淡啤酒時，份量也比一般人加倍。准許普通船員喝烈酒，純粹為了預防疾病，不過，在熱帶，他們的水和啤酒易因為藻類滋生最終變綠[40]。荷蘭東印度公司很愛用來自泰塞爾島的水，因為礦物質成份有助於防止水中生物滋生，但巴達維亞號抵達非洲時，船上的飲用水已有點黏稠且有異味，甚至布滿小蟲，水手喝時只能用牙齒濾掉牠們。每日三品脫的配給水從貨艙拿上來時，「燙得像是在沸騰」[41]。

巴達維亞號的水、啤酒供應惡化時，天氣也剛好轉為熾熱，對船上的人來說，真是雪上加霜。這樣的天氣使乘客和船員大汗直流（其中許多人仍穿著適合北方寒冬的厚重衣物），造成容易口渴，而太鹹的食物使他們更加口渴。配給是確保這攸關生死的供給能維持的措施，即便水和啤酒最後變得難以入口。幾乎每個水手，不管多窮，都有一個用來領取配給的杯子；先用公用的水罐分配啤酒或水時，總是不可避免為了誰領到超乎應有之份量的水或啤酒而激烈爭吵。

儘管如此，巴達維亞號上的普通船員，就當時標準來看，吃的、喝的很好。他們的食物提供了讓他們有力氣幹活的充足熱量，在農民和工匠通常一個月只能吃到三或四次肉的年代，來回船的船員一週能吃到三或四次。一六三九至一六八七年去了東印度群島五趟的船醫尼古拉斯・德赫拉夫（Nicolaes de Graaf）論道，「每天早上每個集體用膳的人都有滿滿一盤熱的去殼穀粒可吃，去殼穀粒和李子乾一起烹煮，表面有奶油或其他油脂；正午，他們吃到一盤白豌豆和一盤鱈魚乾，加上奶油和芥子醬；只有週日和週四，他們中餐吃一盤灰豌豆和一盤肉或熏鹹肉。只要供給充足，每個人每週有四磅麵包（或通常是餅乾），每天有一罐啤酒。他們也獲供給夠多的橄欖油、醋、奶油、法國和西班牙白蘭地，因為必須維持身體健壯。」

在船長桌，沒有配給。佩爾薩特和雅各布斯、科內里斯和克蕾謝每天吃肉或魚三次，在特定日子，則在「大房艙」辦大宴，上菜十一或十二道。那是消磨時間的方式之一。

• • •

往南駛向好望角的漫長航行期間，無聊考驗著船上每個人的耐心。供餐之間的時間，乘客和船員靠閒聊和遊戲來消磨[42]。有時唱歌，有時船員來場業餘的戲劇表演。用骰子賭博很盛行，儘管照規定不行，很多人下跳棋和某種類似十五子遊戲的棋戲。有些人，主要是高級船員，以讀書當消遣，但能入手的書大部分是宗教書籍。荷蘭東印度公司難得展現其宗教虔誠，決定給旗下所有船隻都供應這類書——法蘭西斯・德雷克（Francis Drake）爵士[43]環航世界時，翻閱他手中約翰・福克斯（John Foxe）《殉教者書》（*Book of Martyrs*），為裡面的圖上色，藉此消磨時間。船上寥寥可數的女人編或織有圖案的織物；據古老檔案，在某幾次航行期間，女人甚至偶爾到廚房掌廚，因為受夠了平日所吃「像一顆石頭躺在她們肚子裡」的麵包。水手喜歡較粗暴的競技活動。拳擊被當成有趣的消遣而得到容忍，如果能玩「輸者受罰遊戲」，他們也玩，罰則包括抹上瀝青和焦油。這遊戲非常危險，只有船長明確允許，才能玩。

無聊加上炎熱的催發，爭吵很容易爆發。非因配給而起的打架，通常就與生活空間有關，或者說與缺乏生活空間有關。三百三十多人擠在只有一百六十呎（約五十公尺）長的船上，幾乎不可能有隱私可言。水手為了搶奪鋪地墊的空間而打架，偷竊引發的亂子太嚴重，致使偷竊的懲罰幾乎和殺人一樣重。但財物的誘惑太大；船上大部分水手和士兵幾乎一貧如洗（若非如此，他們大概不會冒生命危險去東印度群島）[44]，每艘荷蘭船都斷絕不了小偷竊的問題。

就在這一懶散無聊的期間，耶羅尼穆斯．科內里斯首度讓巴達維亞號上的人見識到他離經叛道的觀念[45]。船尾「大房艙」裡的聊天，常常聊著聊著就聊到宗教，有時——這時已遠非改革宗教會所能掌控——這個副商務員發表他對某教義的看法，看到眾人聽得目瞪口呆，他喜不自勝。他口才特別好，言談很有說服力，因此，就連他較具煽動性的看法，都不知為何讓人覺得簡直很中聽。雅各布斯和他的高級船員很少碰到受過教育之人，聽他大花亂墜高談闊論，簡直陶醉不已。無論如何，這位副商務員力求勿偏離正道太遠，以免被視為公然宣揚異端。許久以後，船上牧師憶道，「他常以不信神的提議表現他的頑固，但我不知道他不信神到這個地步。」

久而久之，科內里斯靠後天練就的魅力似乎讓船長大為佩服，在航行於非洲外海期間，兩人結為朋友。他們有幾個共同的興趣，而船因為無風、被迫停在熱帶許久，讓他們有充分機會更加認識彼此。可以說他們不只一次談及兩個主題：在香料群島可賺到的錢和克蕾謝的美。

克蕾謝是船尾許多高級船員目光的焦點。除開已頗有年紀的糾察長之妻，她是巴達維亞號上唯一有社會地位的女人。光是這一點，就已足以使一連幾個月沒女人為伴的男人對她感興趣，但她的美貌出眾（此次遠航的記錄裡可以為證），無疑更添她的魅力。科內里斯肯定注意到她的美。巴達維亞號接近西非海岸時，船長和船隊指揮官——兩人都很喜歡和女人在一塊

——似乎也都已和克蕾謝很熟。

十二月底，船已駛抵副熱帶無風帶*的南緣，即北緯二十五度處。這時，這艘船似乎若非食物不足，就是更有可能的飲用水不足，因為佩爾薩特決定停靠獅子山。這麼做違反了公司的航行指南，自一六一六年起，航行指南就規定航往爪哇途中，只能停靠好望角一地。佩爾薩特讓船入港[46]，不只使他自己會被罰款，也使他會受到雇主的譴責。此外，獅子山此時就已因為瘧疾、黃熱病猖獗，贏得「白人墓地」這個絕不誇張的稱號[47]。在獅子山入港，帶有風險，而儘管荷蘭東印度公司的船拜訪非洲沿海地帶並非史無前例，船在該地區靠岸，通常是萬不得已才為之。

最早來到獅子山的西方人是葡萄牙人，早在十五世紀他們就和當地部落有所接觸。住在非洲這塊沿海地區的人是泰姆奈人（Temne），外人與內陸的貿易大半由他們掌控。他們以魚為主食，輔以稻米、山藥、粟，他們通常拿食物來換取刀劍、家用器皿等金屬製品。到了一六二八年，葡萄牙人也已開始在獅子山買奴隸。

佩爾薩特不需要奴隸，只想替他的船重新補給，但令眾人吃驚的是，巴達維亞號竟在這個港口增添了一名船員。佩爾薩特的手下划著小船欲上岸購買補給品，從等待於碼頭區的眾人中注意到有張白人臉孔。那是個十五歲男孩，來自阿姆斯特丹，名叫亞伯拉罕·黑赫茨（Abraham

* 原文Horse Latitudes（馬緯度）。此地區易長時間無風，導致雨水不足，運輸船有時不得不把所載的馬推入海，因此得名。

Gerritsz）[48]。十月初，他從另一艘荷蘭「東印度船」萊頓號逃走，這時急切想離開該地。佩爾薩特在航行之初被迫把自己幾名手下轉調到船隊的其他船上，這時同意讓這名男孩上巴達維亞號，以做工抵船資的方式去東印度群島。

接著，這支小船隊離開獅子山，再度進入大西洋，往南航向赤道。在這裡，風向再度變得較不定，船長奉指示留在荷蘭人稱之為「車轍」（wagenspoor）的海域裡。這海域位在從西北往東南橫越大洋的兩條平行線裡，從佛得角群島往東南綿延到赤道。荷蘭東印度公司的海圖上畫了這道「車轍」，代表最安全的航路範圍。船如果往東駛出「車轍」，可能陷入無風的幾內亞灣而動彈不得。如果往西走得太遠，會困死在巴西外海的無風海域。

船隊緩緩穿過赤道附近難以捉摸的無風帶時，阿里安．雅各布斯讓船隊始終位在「車轍」裡。沒什麼風，天氣酷熱，在船體裡幾乎睡不著，於是船員在夜裡上主甲板避暑。船殼外板熱到翹曲，驕陽軟化了用來捻木材之間縫隙的焦油，把不小心跑到裂縫睡覺的動物困住。船體裡的蠟融化，蠟燭軟掉、流動，夜裡較涼爽時，硬化成奇形怪狀的一坨。水手到船體裡時，只纏腰布；從未碰過如此難耐之高溫的乘客寫道，太陽已「使體內的糞便乾掉」；在有效的防曬油尚未問世的時代，人人都苦於曬傷。在濃鹽水裡冷卻曬傷，只能短暫紓解疼痛，水中的鹽分引發疹子，癢得叫人受不了。由於缺乏淡水，水手向來在尿液裡洗髒衣服，起疹子的問題想必因此更加嚴重。

無人踏足的下方貨艙，老鼠橫行。碩大的老鼠奔竄於補給品之間，咬穿肉桶，築窩於要拿來貿易的亞麻布裡。得知木桶裡藏了大量食物之後，牠們有時猛咬船的舷側，誤把舷側當成木桶壁。若給老鼠足夠時間，牠們能咬穿船體的兩層櫟木船殼，使船身漏水，讓幫浦有被測試的機會，使巴達維亞號上那票捻船縫工人忙得大汗淋漓，一刻不得閒。

但這趟遠航最讓人苦惱的東西，無疑是充斥於船上每個縫隙裡的昆蟲。蝨子非常擾人，即使是船上最高級別的人都未能倖免。牠們在衣物裡棲息、繁殖，能引發可怕的斑疹傷寒大流行。許多「東印度船」有四分之一或三分之一的船員死於此病，巴達維亞號似乎逃過它的毒手，但船上每件衣物肯定都有蝨子大量寄生。就連克蕾謝和科內里斯都得和其他乘客、船員一樣，每個星期到船頭廁所旁一個特殊的「蝨子甲板」消滅身上的蝨子。打定主意的獵殺行動，能讓人稍解煩擾，但誠如當時許多書信、回憶錄所說的，這類措施只能收一時之效。

蝨子不是船上唯一的昆蟲。臭蟲藏身於倚壁而設的床鋪和地墊裡，而巴達維亞號之類的新船可能很快就蟑螂橫行。佩爾薩特在獅子山停留的那幾天，已足夠讓一些非洲大昆蟲落腳於船體裡，而一旦落腳，牠們會以驚人速度大量繁衍。有艘丹麥「東印度船」的船長，被船上亂竄的害蟲搞到快發瘋，於是向他的水手祭出賞金，每殺掉一千隻蟑螂，就賞以一小杯白蘭地。才幾天，交給他檢查的蟑螂屍體就達三萬八千兩百五十個。[49]

有些荷蘭人受不了害蟲和高溫的折磨，精神失常。到了一六二〇年代晚期，荷蘭東印度公司已很熟悉漫長東航所導致的多種精神疾病。航行頭幾星期，憂鬱症就頗常見，因為船上的人看清他們前方所要吃的苦有多大，有些人憂鬱症嚴重到不願講話，甚至不願吃東西。船在悶熱的赤道海域停住不動，為了等風吹起，一等數天，有時甚至數星期還是等不到風，有些人捱不住這苦等，發了瘋。東印度公司的檔案有許多為了了結此痛苦而跳海的記錄。

即使如此，大部分航海人還是有快意的時刻。現存的記述講到在無風的天氣下海游泳、跳繩、在悶熱的晚上講故事。如有機會來場狂歡慶祝重大日子，例如替船長辦壽宴，也不願錯過這樣的機會。海斯伯特．巴斯蒂安斯之類的改革宗教會牧師，對於每次越過赤道、就要依例來場宴飲狂歡不以為然，但就連荷蘭東印度公司都無法禁止水手唱下流的勞動號子或用又長又細的浩達（Gouda）煙管抽菸。一旦失火，後果不堪設想（火柴問世之前，抽煙管時以火鉗從熾熱的火盆裡取出火紅的煤炭來點菸草），因此只准在船桅前方的區域抽菸，而且只准白天抽。

直到一六二九年三月，佩爾薩特的船隊才終於來到赤道無風帶南邊，乘著東北信風駛往南美洲沿海，然後搭上往東流向好望角的巴西洋流。但就在航行開始再度變得可忍受之時，把人擊垮的疾病來襲。

這支小船隊已進入壞血病地帶，即從南回歸線一路延伸到好望角的南大西洋海域。一六二〇年代，每趟漫長的遠洋航行，都躲不過壞血病的侵擾（而且要再過兩百年人類才解決此海上大患），一般來講出現於船隻離港三至四個月後。最早得壞血病者，通常是營養攝取最差的船員，只有在船隻因無風而停止不動，在大洋上緩緩漂流一連數個月後，高級船員才和普通船員一樣未能倖免。但此病的症狀獨一無二，東印度群島貿易的老手，例如雅各布斯和佩爾薩特，一眼就能辨識。症狀包括腿部疼痛腫脹、口臭嚴重、牙齦出血且呈海綿狀。一段時間後，患者嘴巴腫脹、腐爛非常嚴重，出現壞疽，這時牙齒會逐一掉落。最後，在受苦約一個月後，在極度痛苦中死去。

幾乎每趟赴東印度群島，都有人得壞血病；一艘來回船通常有二十或三十人死於此病，一般來講死於航行於赤道和好望角之間。有時死亡人數高上許多。以一五九五年荷蘭共和國派去東印度群島的「第一船隊」為例，抵達馬達加斯加島時，船隊裡已有一半以上的人死於壞血病。寥寥可數的倖存者兩年後終於回到泰塞爾島，其中一艘船要下錨時，堪用的人力已不足。

三十年後巴達維亞號出發時，此病的治療仍無多大進展。壞血病肇因於維他命C不足，而維他命C可從新鮮食物攝取，尤其可從水果和果汁攝取——但船抵赤道時，這類東西通常已吃完。一六二八年時人類還不懂此道理，關於壞血病的肇因和治療方法，醫界莫衷一是。船體裡空氣污濁常被歸為肇因，鹹肉吃太多亦然。當時流行以葡萄酒治療，儘管無效。或許叫人驚奇的，已有人知道富含維他命的檸檬汁和萊姆汁能防治壞血病（十八世紀晚期它們會被公認具預防和治癒效果），只是沒人完全清楚為何有此效用。有些船醫囑咐壞血病者喝這類果汁，有些船帶了許多檸檬、萊姆，尤其是對手英格蘭東印度公司的船。但這一治法只是荷蘭東印度公司所嘗試的諸多治法之一，其獨特的療效在十七世紀尚未得到承認。因此，從獅子山到好望角，巴達維亞號有將近十二名船員死於壞血病[50]。

死者葬於大海。沒有足夠的木頭製棺，因此把死者縫進一塊多餘的帆布裡，經短暫下葬儀式後丟進海裡。與死者集體用膳的夥伴會盡可能用沙或鉛替他的遺體加重，冀望屍體一下子就沉到海底，不致被鯊魚撕咬成碎塊（這時巴達維亞號周邊已常見鯊魚）。

十七世紀時，鯊魚就因凶殘而名聲不佳，荷蘭共和國的水手有時講到捕鯊魚、切開魚腹時，發現裡面有最近死去之同船人的斷腿或斷臂。船員認為所有鯊魚都會吃人，會想辦法把牠們釣上來。有時，會把捕獲的魚殺掉，拿來好好利用——砂紙似的粗皮拿來摩小刀，心和肝成為船醫秘方的成份，魚腦製成特殊藥膏，據認可減輕分娩的痛楚。但有時，來回船的船員會想替死在鯊魚之口的水手報仇。挖出眼睛，割掉魚鰭，藉此折磨鯊魚，這被視為絕佳的消遣活動。然後會把一只空桶綁在已肢體不全的鯊魚尾部，把牠放回大西洋。受傷的鯊魚瞎眼或無法游動或無法下潛，會在自己的血泊裡使勁拍打身體，不斷繞圈和撞擊船側，最後若非精疲力竭而死，就是遭同類吃掉[51]。

這類殘忍的消遣，乃是船員獲准發洩其較原始本能的少數方式。暴力和爭吵將受嚴懲，毫無隱私的生活使生活在船桅前方區域的人幾乎不可能有什麼性活動。在大部分「東印度船」上，船上女人寥寥可數而且大部分若非已婚，就是還未進入青春期，使得性欲問題更加嚴重。有些男人（但似乎不算太多）大搞同性戀，但若被逮到，處罰非常嚴厲；很可能的下場是，凡同性戀者被逮到，兩人要一起縫進帆布罩，活活丟下海。因此，幹這種事的雙方當事人，大部分不是住在船體裡的人，而是高級船員和普通水手，因為只有高級船員享有私人房艙，享有能逼迫對方不聲張的身分地位（其中至少有一方非自願噤聲）[52]。

但巴達維亞號所載的女乘客特別多。船上至少有二十二個女人，其中大部分已婚，隨丈夫同赴東印度群島，但有幾個女人實際上單身。這有點奇怪，因為荷蘭東印度公司已從慘痛教訓學到，允許未婚女子和數百個年輕男子一同出海——在最長達九個月的海上生活裡，這些男人緊挨在一塊，閒得胡思亂想——必然會出亂子。

早在一六一〇年，該公司就想要替其在東印度群島的孤單商務員找老婆，結果搞得顏面無光。當時，總督彼得．波託（Pieter Both）被派去爪哇，他帶了三十六名「未婚女子」同行，後來被人查出都是妓女。數年後，接任波託之位的揚．顧恩（Jan Coen）死了在東方買女奴的念頭，轉而在尼德蘭的孤兒裡找年輕荷蘭女人。顧恩以其獨特的直腸子口吻告訴十七紳士，「各位先生，你們只會把我國的人渣送來給我們，這裡的人也只會賣給我們人渣……把年輕姑娘送來，情況就可望好轉。」這些「公司女兒」被整批送到東方，航行途中可獲食物和衣物，條件是到了那裡要嫁人。其中大部分人的年紀在十二至二十歲之間，航行途中只有一位年長女性負責照料這些女孩，這些女孩的人數最多可達數十人。不足為奇的是，即使是最其貌不揚的「女兒」，在船出現於爪哇海岸的地平線上之前許久，就早已引來船員的覬覦。

到了一六二八年，「揚公司」已從這些錯誤中學到教訓。這時，除了公司最高階商務員的妻子、女兒，很少有女人獲准上船去東印度群島。但出於某個原因，巴達維亞號似乎在這方面破了例。上了此船的一部分女人，包括六個水手的妻子，很可能是偷渡上船。那年的聖誕節船隊裡，有一半以上的船都歸評議員雅克．斯北科思統領，而他的確就在自己船隊裡發現一票妓女和未經宗教儀式認可婚姻效力的人妻。他在比斯開灣寫回國的信裡說，「我們什麼都不缺，只缺正經的少女和家庭主婦，來取代我們已在各船上都發現的下流淫婦和街頭妓女。她們人數之多，行徑之駭人，叫我恥於對此多置一詞。」佩爾薩特檢查船隻似乎沒有斯北科思認真。偷渡上巴達維亞號的人都藏得很好，等到被發現時，要遣回已太遲。

佩爾薩特那艘船上有叫人魂不守舍的克蕾謝．揚斯和她的旅伴兼女僕史萬琪．亨德里克斯（Zwaantie Hendricx），他們並未有年長女性陪同。她們兩人搭在一塊，令人覺得突兀：克蕾謝具貴族氣、孤高，她的女僕史萬琪卻樸實、隨和。史萬琪是否在阿姆斯特丹就侍奉克蕾謝不得而知；有人認為她是克蕾謝所雇——而且是倉促雇來——純粹為了陪同克蕾謝搭船去東方。這一論點無法求證，但從現實情況來看，說得通，因為這兩個女人在一塊很彆扭，兩人的交惡會在巴達維亞號上引發大亂子[53]。

此船駛離獅子山不久，問題就開始出現。穿越北大西洋時，阿里安．雅各布斯已迷上克蕾謝．揚斯。這名船長把妻子留在位於迪爾赫丹的家，不知怎麼地竟痴心妄想以為自己能打動克蕾謝的心扉，他不在乎克蕾謝不只已婚，而且社會地位高了他好幾階。他很快就被賞了閉門羹。克蕾謝拒絕了他的頭幾次示好，但似乎拒絕得很委婉，因為兩人未就此交惡。但在巴維達亞號開始朝「車轍」航行之時，隨著克蕾謝還是不從，她與雅各布斯的關係開始惡化。

科內里斯看出佩爾薩特和其他人都未看出的事。巴達維亞號離開非洲沿海時，他私下找了阿里安．雅各布斯談。這位副商務員後來憶道，「我罵了他，問他想對那個女的幹什麼。船長回道，她很漂亮，他想得到她，而且想用黃金或其他東西來讓她接受。」[54]

雅各布斯的賄賂似乎和他先前的示好一樣受到克蕾謝冷遇，而且這一次她想必更直率拒絕。船長突然就此不再糾纏她。但船距離好望角還很久，耐不住寂寞的雅各布斯就已看上另一個對象。這一次他的目標是史萬琪，而且這一次他得手。

巴達維亞號的船長勾引這個女僕，因為想和她上床，還是純粹為了讓她的女主人難看，船長從未解釋。不管出於什麼原因，雅各布斯與史萬琪急速發展的私密關係，令克蕾謝陷入微妙處境。船上沒有秘密可言，雅各布斯不怕人非議與這個女僕亂搞，不久就令克蕾謝在公開場合顏面無光；但去東印度群島這一路上，她幾乎不可能避開船長，只要還在海上，他就能讓她不好過。此外，像她這樣身分地位的女人，出遠門就該有女僕同行，而在巴達維亞號上，看不出有誰可接替史萬琪的位置。克蕾謝除了忍氣吞聲，幾無別的選擇。

至於雅各布斯和史萬琪兩人走到一塊，似乎不只因為兩人都厭惡克蕾謝（船長有追求遭拒之恨，女僕則憤恨於她主子對她有某種輕視，不管此事為真或只是她自己的想像），還因為兩人都好性愛之歡愉。雅各布斯為這個女僕神魂顛倒，為此「再度發狂」，而據愛八卦的廚師老婆在船接近好望角時向科內里斯私下透露的，「史萬琪是個婊子」，來者不拒。很快這個副商務員就找到證據。有天，去船尾的高級船員廁所，他打開門，赫然發現船長在裡面，在窄得綁手綁腳的廁所裡和史萬琪做愛。

接著，巴達維亞號和她的僚船接近了好望角。誠如揚・赫伊亨・范林斯霍滕在其航行指南裡所預言的，接近陸地的第一個跡象，乃是在船隊還離陸地甚遠時，會看到南非鰹鳥在船隊周邊盤旋、鳴叫——翼末端呈黑色的白鳥，荷蘭人稱之為「絲絨袖」。一兩天後，水手開始注意到水面上成片漂浮著喇叭狀的蘆葦斷稈，然後注意到死烏賊的骨頭隨著海浪上下。這清楚表明巴達維亞號離陸地已不到三十英哩（不到五十公里）。

一六二九年四月十四日，他們在桌山（Table Mountain）鄰近的海域下錨，這時出海已將近六個月。好望角與獅子山的沿海地帶大不相同。這是個叫人賞心悅目的地方，滿眼青蔥，生意盎然。自一四八八年被狄亞士發現以來，「大洋的客棧」已是幾乎所有東行的歐洲船的避難港。英格蘭人與荷蘭人、法蘭西人、葡萄牙人、丹麥人，都來此用以物易物的方式向在內陸養牛的霍屯督人（Hottentot）人換取補給品。

前往科羅曼德爾沿海地區的船，很少在好望角靠岸，但巴達維亞號、薩爾丹號、多德雷赫特號、阿森戴夫特號和小軍艦布倫號[55]要水手備好小船，把壞血病患者和其他病人送上岸。登陸隊為他們在海灘搭起帆布篷。其他船員獵殺海岸沿線的海獅和企鵝，或在等霍屯督人到來的空檔捕魚，從石頭上採貽貝。

談定食物的補給是佩爾薩特的職責。好望角的土著已習慣於和來自歐洲的人交易。互蒙其利的貿易已出現，因為霍屯督人有牛和綿羊可賣，而水手有可製成飾物和矛的鐵環和銅盤可賣。荷蘭人在這類交易裡似乎占了很大便宜，有一天，用一只銅鐲就換到一隻綿羊，又一次換到「三頭公牛和五隻綿羊，只用掉一把小彎刀、一隻鏟子、一個短鐵螺栓，還有一把小刀和幾小塊鐵，在荷蘭這些東西或許全部總值四個荷蘭盾而已。」但在好望角不易弄到金屬，至於霍屯督人，似乎很滿意，覺得占便宜的是他們。

雙方都不瞭解對方。荷蘭人認為好望角的住民原始、醜陋，他們的日誌裡有許多語帶貶意的評論，論及霍屯督人的赤身裸體和他們抹在身上防寒之獸脂，令他們臭不可聞。這些非洲人則覺得荷蘭人貪婪、暴力。十七世紀初年，雙方都有人死於這一互不信任的心態。

佩爾薩特要解決的最大難題是溝通。歐洲人完全聽不懂布須曼人講的話。布須曼人以嘖舌的方式講話，「他們講的話，讓人覺得就像聽到一堆生氣的火雞，除了咯咯聲和口哨聲，幾乎沒別的。」當霍屯督人終於出現時，這位船隊指揮官只能靠比手劃腳來讓對方知道他想幹什麼。事實上，好望角「野人」的任何事物，似乎都叫荷蘭人覺得陌生，霍屯督人的日常飲食則叫他們十足反感。當地人喜歡生吃肉，荷蘭人觀察到，他們最愛的是牛腸子，他們「抖掉（裡面）大部分的糞便後生吃」。

佩爾薩特花了些時間才搞定必要的補給品，而他離船上岸，帶來他料想不到的後果。佩爾薩特在陸上換取綿羊時，阿里安．雅各布斯要了一艘小船繞行海灣各處，來了趟違法的歡樂之旅，同行者有史萬琪和他的朋友科內里斯。然後，他們三人在南半球薄暮時分，划著小船拜訪過一艘艘大船，享受船隊裡其他船隻的熱情接待，直到雅各布斯喝到爛醉為止[56]。喝醉的船長突然變了個人，開始出拳打人，動口罵人。指揮官回到巴達維亞號時，已有數起針對他惡行的控訴。

這件事損及佩爾薩特和其旗艦的形象，令他大為憂心。佩爾薩特在日誌裡寫道，「他們在我去找牲畜時，未知會我就上岸，直到傍晚，然後划船到阿森戴夫特號，在那艘船上雅各布斯一副隨時要和人吵架的德性，晚上則去了布倫號，在那艘船上他表現得更糟糕。」指揮官推斷，雅各布斯的「行為和言語都叫人非常反感」。

這位船長的行為令佩爾薩特很頭大。酒醉和動粗已夠糟糕，但雅各布斯未經指揮官允許擅自搭小船離開，尤其不可原諒。如果指揮官要保住其威嚴，不管教這位船長顯然不行，隔天一大早，佩爾薩特把雅各布斯叫進「大房艙」，「斥責他的傲慢和他的行徑，說如果他不停止叫人無法容忍的行為，（我）會出手並記申誡。」[57]這頓訓斥，一如雅各布斯與史萬琪幹出的蠢事，很快就傳了出去，不久就成為巴達維亞號上的談資。船長受到羞辱，他對佩爾薩特的舊恨重新燃起。

雅各布斯滿肚子怨氣時，他的手下正在海灘宰牛，把鮮肉裝入空桶。在船體裡，木工和捻船縫工則已完成修補作業和橫渡南大洋的準備。四月二十二日時他們已隨時可起錨開航，在「大洋的客棧」只待了八天，比船隻在好望角通常會待的時間少了一半多。

從桌灣啟航的巴達維亞號，已和去年十月離開阿姆斯特丹那艘船不一樣。她的船員死了十個，這時她拖著疲累的身子嘎吱作響的行進，船上爬滿害蟲，載著許多疲累且動不動就爭吵的乘客。但船體的完整度來說，巴達維亞號和在好望角避難的大部分「東印度船」沒有兩樣，而且可以慶幸自己比許多船好運。佩爾薩特的旗艦與眾不同之處，不在於船上騷動不安，而在於捲入紛爭者位居最高階。通常，只要船隊指揮官和來回船的船長團結一心，船員之間的對立和爭風吃醋可輕易化解。但一旦船上這兩個最高階的人成為死對頭，就沒人來約束他們或壓下他們日益升高的敵意。

在主桅後方的上甲板上，雅各布斯與他的朋友科內里斯站在高起的後甲板，念念不忘他受傷的自尊。這位老水手朝船隊的其他船看了一眼，咕噥道，「老天作證，要不是還有那些船，我會讓這隻可憐的狗十四天出不了他的房艙。我不久就會把這艘船納入掌控。」

這樣的話可會招來大禍。這位船長揚言幹的事是叛變，如果給佩爾薩特聽到，他有權利將雅各布斯丟到海裡或槍斃。但科內里斯既未反對，也未把此事告訴指揮官。

兩人不說一語站了一會兒，船長的話飄盪在秋風中，科內里斯在心裡思量。最後這位副商務員終於開口[58]。

「那你要怎麼搞定那件事？」他問。

CHAPTER 4 未知的南方大陸

「我的確幹了壞事。」

——阿里安・雅各布斯

經幾日商量，他們的秘密計畫慢慢有了雛形。巴達維亞號在好望角以東頂著洶湧波濤奮力前進時，船長和副商務員弓身靠著欄杆，謀畫叛變以拿下此船的控制權[1]。他們談到如何制伏大部分水手，談到有必要殺掉不願一起造反的水手。兩人在如何處置佩爾薩特這問題，有過一番氣氛愉快的辯論，還想到要改行當海盜，以印度洋的商船為劫掠對象。他們夢想著在某個西班牙港口，荷蘭東印度公司所遠遠管不到的地方，安度退休生活。最重要的，他們彼此交談，不能沒有對方。

似乎是科內里斯的支持，使船長從單純心懷不滿變成存心謀反。阿里安・雅各布斯已不年輕，在海上生活了二十年，跑過幾趟累垮人的東方旅程，這個船長已不怕吃苦，但歲月已磨掉他的銳氣，航向好望角的六個月航程已讓他精疲力盡。「東印度船」的船長受不了船上的正商務員[2]，這種情況司空見慣，但雅各布斯不確定自己是否有體力把叛變的念頭化為行動。佩爾薩特對他的羞辱，叫他嚥不下那口氣，但若聽任他自便，他大概只會暗自埋怨、氣惱，不會採取行動。數個月後，科內里斯憶道，他們兩人一起站在船尾時，他聽到雅各布斯一再說著同樣一句話：「如果更年輕些，我會幹出別的事。」但有了他的副商務員朋友在身旁，雅各布斯膽子變大。科內里斯能和他一起站在後甲板，冷靜討論動手之事，這對他就是個動因[3]。

在日誌裡，佩爾薩特最終看出此事。他思忖道，耶羅尼穆斯．科內里斯

「已和船長結為好友，已和他非常熟稔，把他們相似的才智和看法合為一體。船長天生傲慢自負，有野心，受不了給人管。此外，他嘲笑、鄙視所有人。而且，只要無關航海，他在與人相處上就是經驗不足或不諳此道。反之，科內里斯能言善道，通常知道如何把他的謊言說得像真的；他遠更狡猾，在與人相處上遠更有本事⋯⋯於是，科內里斯是船長的喉舌，幫他打點如何回應我的責備或勸誡。」[4]

至於科內里斯，他不在乎佛朗西斯科．佩爾薩特的死活。他聽了船長的慨嘆之後在旁煽風點火，純粹因為他知道無法靠他一己之力拿下巴達維亞號。要做到那事，他需要水手，而水手不效忠於他，他還需要航海本事，而只有雅各布斯和他的舵手有那本事。但有了他所需要的水手和航海本事之後，科內里斯察覺到比單單報仇還更值得追求的東西。誠如他所非常清楚的，

龐大的巴達維亞號上的錢財，比他在東方所能奢望賺到的還要多。

科內里斯叛變有其自己的動機。做生意失敗，棄妻子於不顧，孩子又夭折，他沒有再踏上聯省共和國的念頭[5]。快要破產的他，到東印度群島找發財機會，他所選擇的這條路，即使如願以償，活著返鄉的機率也只比五成多一些。而身為能輕易進入船尾「大房艙」的荷蘭東印度公司高級船員，他見過那裡的十幾個錢箱，知道只要那些錢入手，餘生可以吃喝享樂不盡。此外，想法明顯離經叛道的這位副商務員，未有信教虔誠的荷蘭人在密謀叛亂殺人時可能生起的那種罪惡感和良心不安。

在這方面，一如在其他許多方面，耶羅尼穆斯·科內里斯與眾不同。荷蘭東印度公司的高級船員叛變，乃聞所未聞的事；商船船長，一般來講也是忠於公司。但科內里斯和雅各布斯開始在船員裡找人入夥，深信他們能找到足夠的人追隨，畢竟，荷蘭東印度公司的士兵和水手始終願意造反。

嚴苛的待遇、低薪、赴爪哇途中苦不堪言的環境，常在荷蘭東印度公司的船上引發亂子，但一般來講還不致於走到科內里斯和雅各布斯所開始密謀流血造反的地步。大部分叛變幾乎只能說是船員的抗議，來得快去得也快。為首者是普通船員（首腦幾乎都是外國人，而非荷蘭人），而且通常因為不滿船上的環境或擔心疲累老舊的船經不起遠航而爆發，很少大舉動用暴力，稱之為某種罷工（Strike），或許更為貼切。*這類叛變一般來講靠讓步來化解——或許增加配給或同意減少過苛的懲罰。高級船員一旦奪回船隻的控制權，對大部分叛變者的處置通常都鑾寬大。除了一或兩個首腦幾乎百分之百會遭處決（如果認得出首腦的話），大部分涉及叛變者至少可指望保住性命。

不折不扣的叛變，由人數相對較少且事先密謀奪船的一群人帶頭，這樣的情況其實極少見。真正的叛變需要縝密的籌畫，得拿到武器——而武器通常鎖在船尾兵器庫裡——得有一名懂得駕船的高級船員合作（不管此人是主動合作還是被迫合作）。即使滿足了這些條件，這類叛亂的風險仍很大，必然給相關人士帶來嚴重後果。叛變若非糟糕收平，就是得手，若是前一情況，主動參與者都難逃一死，若是後一情況，叛變者幾乎總是不得不殺掉大部分高級船員和許多普通船員。他們知道這麼幹絕不可能得到原諒，餘生將擺脫不掉「揚公司」的追捕[6]。

雅各布斯和科內里斯想必清楚這點，而且知道這種事發生過。一六〇二至一六二八年，荷蘭東印度公司的船隊發生六次大叛變，最近一次一六二二年發生於白熊號（Witte Beer）上，最嚴重一次是一六一五年發生於小海鷗號（Meeuwtje）和大月亮號（Grote Maen）上。後面那兩艘船所屬的船隊，被派去探索經合恩角到東印度群島的西向航路。船還在大西洋上時，小海鷗號上十四人，在一名水手和一名木工帶頭下，密謀奪船，但消息走漏，為高級船員所悉，這兩個首腦遭吊死。其他十二人因表示懊悔，得到赦免未遭懲罰，而是被打散到船隊的其他船上。三個月後，小海鷗號又一起叛變。為首者被丟到海裡溺斃，但大部分叛變者得到饒恕。事後的發展表明，該船正商務員的寬大處置大大失策。不久，暴風雨來襲，小海鷗號失去蹤影[7]。一段時日之後，荷蘭東印度公司查明該船發生第三起叛變。這一次叛變成功。該船已被劫至拉羅謝爾

（La Rochelle），轉交給法蘭西人；只有一名叛變者被逮受罰，原因是那人冒險回到荷蘭共和國，因此被捕。

小海鷗號的例子或許讓雅各布斯和科內里斯以為搶下一艘「東印度船」，安然無事逃走是辦得到的。但這位船長和這位副商務員想必也清楚他們在尼德蘭的主子已學到教訓，不會再搞寬大政策。叛變者一旦被捕，都會立即被處死，或受到讓他們生不如死的嚴懲。

來回船上的懲罰，在最寬鬆的時期也都很殘酷。儉省的荷蘭人或許會以罰鍰懲罰褻瀆神聖、喝醉之類的小過錯，但若動粗或揚言動粗，會招來粗暴的懲罰。只要對高級船員有一丁點傲慢，就可能被上腳鐐手銬，丟進「煉獄」裡——位於炮列甲板前部一間很小的囚室，風穿過百葉板猛吹進那裡面，整個空間呼呼作響。這間囚室小到人在其中站不直，也無法躺平，但人可能被丟進那裡受折磨一連數星期。若有人拿小刀打架，罪行更嚴重。船上常見這類打架，荷蘭人稱之為snicker-snee。按照荷蘭東印度公司規章第九十一款：「凡是怒沖沖抽出小刀者，其手掌都會被小刀穿過，釘在船桅上，在那裡站到他把手拔出來為止。」事實上，這意味著受此處罰的人會被帶到船桅，將其較弱的那隻手綁在他背後，把他幹活的那隻手釘在船桅上，然後他得選擇是要猛然往下扯，把那隻手扯成兩半，還是選擇慢慢且痛苦不堪地左右移動手，把傷口弄大到可以讓手移出刀柄為止。不管選擇哪一種，他很可能都已無法在海上討生活[8]。

* 事實上，罷工的原文strike（擊打），源於航海活動；指的是擊打船帆。造反的水手為申明船已歸他們掌控所做的第一件事，通常就是擊打船帆。

懲罰只會更嚴苛，難怪一六一五年後，參與叛變的普通水手最常受到的懲罰是兩百下鞭刑。這樣的鞭打足以把背部打成糊爛，使許多人受鞭刑後死掉，使餘生都帶著疤。而且鞭打前，會先把叛變者泡入海水，再予以鞭打。這一安排，是為了把鹽份打入傷口，既能大略防止感染，又能加劇受刑人的痛苦。

犯行較嚴重的叛變者，則被押到船桅的橫杆端往下丟，或者受涮過船底之刑（keelhauling）[9]。前一刑罰得把受罰者雙手綁在身後，在他的手腕纏上一條結實的長繩，把鉛質重物綁在他雙腳，然後把他往海面丟下四十或五十呎（十二—十五公尺），直到繩索綳緊為止。這一突然止墜，必然使叛變者的雙肩脫臼，手腕和手臂也往往碎裂。然後此人再被拉上去丟下來兩次，由於此時骨頭斷掉，會比第一次落下時更痛。如此丟下三次後，通常還會吃上鞭刑。

涮過船底之刑則是荷蘭人發明的酷刑，被公認是更嚴酷的懲罰，其作法是把人的雙臂綁在一塊，雙腿綁在一塊，雙臂高舉於頭上，並給此人一塊海綿供其咬住，然後放出一條長繩，饒過行進中之船的船底，繩子分別繫在他的手和腳上，以便將他從船的一側丟入海後，再從另一側將他拉上來。這個構想初問世時，受刑者幾乎個個保不住性命，若非遭附著於船底的銳利藤壺割成數塊，就是撞到船體而斷頭。鬼點子甚多的荷蘭人想到一個解決辦法，不久，每艘荷蘭東印度公司的船都配備一個以鉛和皮革製成、能套住人體全身的特殊挽具。挽具配有一面固定在長桿上的旗子。調整繩子的長度，使旗子位於距水面特定高處，藉此可確保受刑者必會被拉過龍骨下方，而非撞上龍骨，鉛質挽具則保護他免受任何意外碰撞傷害。這一懲罰通常也執行三次，才算懲罰完畢。但在當時只有七分之一的人會游泳的時代，這是讓人膽寒的折磨，刑罰往往未完整執行，因為擔心受刑者溺死。

士兵和水手明知可能遭如此懲罰，仍鋌而走險造反，代表這些人最後一定會要殺掉那些高級船員，不然就得等著受刑。科內里斯和雅各布斯找來入夥之人，無疑是粗人。但值得注意的，他們之中也有幾個較高階的高級船員和巴達維亞號順利運行所需的那類有經驗的士兵和水手。

但此事要能成，還需要多加小心。在船上，流言傳播甚快，正商務員只要聽到一丁點風聲，就可能要人命。但這艘來回船的船員是來自阿姆斯特丹碼頭區的社會最底層百姓，船長和副商務員知道其中有幾人，只要誘之以利，再挑動其對荷蘭東印度公司的仇恨，就能拉入夥。雅各布斯找上的第一個人似乎是水手長的助手，那是他的親戚，而且很可能是雅各布斯所能完全信任的人[10]。但叛變陣營最重要的生力軍，無疑是水手長本人。

揚·埃佛茨[11]是巴達維亞號的水手長，因而是船上最高階的高級船員之一，僅次於雅各布斯和三位舵手[12]。揚·埃佛茨來自莫尼肯丹（Monnickendam），那是阿姆斯特丹以北沿海的小漁港，以出產特別凶狠的水手而著稱。*他大概才二十幾歲，職責是執行船長的命令，與船長必然過從甚密。一如其他水手長，埃佛茨在海上時很可能要值班，順利的話會成為商船船長。有個當時的權威人士解釋道，「船長要待在船尾，水手長和所有普通水手則要待在船桅前方區

* 此城的男人動不動就在客棧激烈鬥毆，因而在十七世紀的荷蘭省，把一杯啤酒砸在對手頭上之舉，被稱作「莫尼肯丹之吻」。

域……水手長要確保船桅的左右支索和其他繩索拉緊，確保水深探測線和探測錘（鉛墜）隨時可派上用場。戰鬥時他得確保國旗和三角旗掛出，號令每個人幹活，各就各位。總而言之，他和他助手的職責多到不勝枚舉。[13]

因此，基於職務需要，水手長必須是第一流的船員。除了少數例外，水手長都資歷甚深且從基層提拔上來，而他們的粗暴作風和粗俗幽默，使船尾的乘客覺得有他們在時不自在。水手長得管好船員，以免他們鬧事，因此埃佛茨想必凶狠且果斷。他每天要管船上一百八十名水手，因此，基於職務之便，他能揪出搗亂之人。叛變者要成事，必得將他拉入夥。

向埃佛茨探口風者似乎是船長雅各布斯，而且似乎是埃佛茨拉其他人入夥，其中包括阿森戴夫特的阿萊特．揚森和里克特．瓦烏特斯。前者是雅各布斯的朋友之一，先前在荷蘭共和國時殺了一個人，後者是話很多的炮手，來自哈林恩（Harlingen）。可想而知，船長和水手長未向其他人透露這些新拉入夥者的名字，就連其他參與叛變者都不知道誰會一同起事。因此，如今很難確定有多少水手參與，最初可能只有六人[14]。

這樁欲奪取佩爾薩特之船的密謀，有個很不尋常的點，那就是其觸手伸到船上每個角落。大部分的叛變由人數不多且結合緊密的一群水手發動，但巴達維亞號上的謀反，成員還包括商務員、軍官候補生、士兵。在這個前所未見的情勢裡，可看出副商務員行事之狡猾過人。科內里斯口才便給，極善於說服人。被他如此打動的人，最後把他形容成「唆使人作惡者」[15]，而且他肯定對船上的荷蘭東印度公司助理很有影響力。由於「揚公司」的士兵和水手向來互看不順眼，向最下層甲板的士兵探口風的任務，可能也落在他身上。

來自海爾德蘭省的陸軍軍官候補生庫恩拉特．范赫伊森，可能是被科內里斯拉入夥的。范赫伊森和他的同鄉希斯伯特．范韋爾德倫，衝動、暴躁，從一開始就是叛變幫的主要成員。這些年輕的容克（jonker）*不久後就開始帶著武器上吊床睡覺，范赫伊森向其他人誇稱他會是「最早拿著刀跳進大房艙、以把指揮官丟入海的人之一。」或許透過他，諸叛變者很快就結識了「鑿石工」彼得斯。彼得斯是來自阿姆斯特丹的準下士，他對船上士兵的影響力，和埃佛茨對水手的影響力差不多。一如水手長，彼得斯的加入，讓叛變陣營如虎添翼[16]。他的角色大概是提出他所能信任之士兵的名字，並指認出對公司忠心耿耿、因而一旦叛變成功就得處理掉的士兵。

副商務員、水手長、準下士組成一個特別危險的三人幫。有船長支持，他們的影響力擴及船上每個角落，他們權勢滔天，即使密謀之事外洩，船上最勇敢的人都要心生忌憚，而不敢向指揮官告發。四人聯手，叛變成功機率甚大。

為奪下巴達維亞號，船上的造反者首先得把該船與她的僚船分開，以杜絕僚船來援的可能[17]。這是小海鷗號上接連的叛變給人的主要教訓，該船上的叛變，直到該船與她的船隊分開才終於得手。就巴達維亞號來說，這不難辦到；船隊離開桌灣不久，雅各布斯就利用好望角南邊方向不定的風，與船隊裡的其他船慢慢分開。在荷蘭東印度公司派性能差異甚大的船赴東方的

* 荷蘭貴族成員。

年代，船隊裡的船如此分開的景況稀鬆平常，而且儘管從荷蘭省出航以來，巴達維亞號一直和小軍艦布倫號[18]、老船多德雷赫特號、阿森戴夫特號、薩爾丹號在一塊，此時分開也似乎沒人覺得不對勁。

接下來，副商務員和船長得拉到足夠讓他們控制巴達維亞號的人數入夥，這就費事得多。在小海鷗號這艘較小的船上，就有十三名造反核心的水手被揪出，但從這艘船最後還是消失無蹤來看，真實參與的人數肯定比十三名還多。在其他的「東印度船」上，曾有人數多達六十名的船員密謀奪船。再度出海後的頭一個月，雅各布斯和科內里斯說服了八至十八人入夥[19]。相對於三百名中立者和效忠公司者，這遠不足以確保成事，還需要加把勁招人入夥。

• • •

船長和副商務員思索著下一步。當巴達維亞號往南駛入冰冷的南大洋水域時，佩爾薩爾自己提供了一個看來可解決他們難題的辦法。從好望角出航一或兩天後，這名指揮官病危。

佛朗西斯科·佩爾薩特得了什麼病無從得知，但他因此幾個星期下不了床，病情嚴重到差點要了他的命，因而大概復原無望。他得的似乎是某種熱病，可能是他在印度期間染上的瘧疾[20]。正商務員如果死掉，科內里斯和雅各布斯可以名正言順控制整艘船，那就不需要叛變。於是，從一六二九年四月下旬到五月上旬，這艘船的命運都掌握在巴達維亞號極重要的一位船員手上，只是當時除了幾個乘客和船員，沒人知道此事。這人叫佛朗斯·揚斯（Frans Jansz）[21]，來自荷蘭省北區古老港城霍恩。

揚斯是巴達維亞號的船醫，他的小醫務室位在炮列甲板，約只有五平方英呎大，他的工具就只是一套外科醫生用的鋸子、一個小藥箱，以及（因為十七世紀時船醫都兼理髮師傅）幾把刮刀和一些碗。他就靠寥寥這幾樣工具，加上副理髮師阿里斯・揚斯（Aris Jansz）協助，負責維護船上三百二十人的健康[22]。

巴達維亞號的所有高級船員裡，佛朗斯・揚斯大概最受乘客與船員喜愛。從尼德蘭到爪哇的航程，一般來講，來回船會有將近一成船員死亡，會有更多的人病倒需要治療。如果病號、喪生者所占比例超過某個限度，船會變得無法控制，說不定會完蛋，船員跟著陪葬。因此揚斯不只是佛朗西斯科・佩爾薩特的最大希望所繫，對巴達維亞號上想順利抵達東印度群島的所有人來說亦然。

巴達維亞號的船醫是否擔得起船員對他的信賴不得而知，但很可能是辜負了。十七紳士向來難以找到有本事的醫生上船。東航風險極高，沒有哪個事業有成的內科醫師或藥劑師願意被說動前去爪哇。就連要找有名氣的理髮師兼外科醫師去那裡都很困難。與商務員不同的是，船醫在東方賺到錢的機會相對較少，由於他們要承擔的風險差不多高，會被找上船服務的醫師，水準往往很低。

事實上，在許多「東印度船」上，由於這份工作具危險性，要得到像樣的治療變得更難。船醫窩在他們位於船體裡的醫務室中，不斷接觸病人和垂死之人，船醫的死亡率比陸上外科醫師高了許多。大部分來回船的確載了至少兩名理髮師，但兩人在航行途中都死掉也是常有的事，如果發生這種事，就會找一名未學過醫的水手充當臨時船醫。身不由己當了船醫的水手，不懂如何替病人放血或截掉碎裂的手腳，大家只能期望他盡快上手。[23]

在有理髮師倖存的船上（例如巴達維亞號上），治療的品質偶爾甚佳。相較於名義上地位較高的內科醫師和藥劑師，十七世紀的外科醫師擁有一個無法估量的優勢：他們有實務經驗，從經驗中學得手藝。*他們不倚賴內科醫師的虛妄原理，一般來講在使骨折復位和治療一般傷害上有其成效。有些外科醫師十足兢兢業業，竭盡所能照護傷病的水手，有些人通過特殊的「船醫檢定考試」[24]，能勝任各種船上傷害的治療——「骨折、脫臼、槍傷、震盪、燒傷、壞疽等。」

揚・洛克斯（Jan Loxe）是十七世紀更晚時隨船出海的船醫，從他所留下的記錄，可約略看出佛朗斯・揚斯的工作有多辛苦，以及其工作內容。他在其日誌裡寫道，「早上第一件事，

> 我們得調製內服藥，給每個病人服藥。接著，我們必須劃破骯髒、發臭的傷口，予以清理、上藥，用繃帶替這些傷口和潰爛處包紮。然後我們必須用繃帶替壞血病患者僵硬、失去知覺的手腳包紮。正午，我們必須去領來食物，分裝到盤子裡，端給有時四十、五十人、或甚至六十人食用，同樣的事晚上要再做一次；此外，我們夜裡也有一半的時間要忙著照料復發的病人，諸如此類的。」[26]

因此，精力十足是船醫的必要條件之一，另一個必要條件是力氣大，以便在沒有麻醉下替手腳碎裂者截肢時，有氣力按住意識清醒、痛得大叫的病患[27]。但揚斯，以及類似他的船醫，也必須懂科內里斯的本業，而為了救治佩爾薩特，佛朗斯·揚斯大概會拿出他的藥箱——箱裡的藥係公司董事會自己在阿姆斯特丹的藥劑師所放進去。

船醫的藥箱一般來講打開後有三個抽屜，每個抽屜又再分為數個長方形小格，裝了當時製藥業的產品：總共約兩百種藥[28]。治療佩爾薩特時，揚斯很可能會用到解毒糖劑。這種藥常被施用於瘧疾病人，在認定病情會發作的兩小時前施用，以讓病人頂得住接下來的煎熬[29]。萬應解毒劑（mithridatium）是另一個眾所周知的療藥。這種解毒劑已有兩千年歷史，源自波斯，據認能解毒，治幾乎各種病。藥箱的其他抽屜裡，擺了「埃及油膏」（以礬、黃銅、汞製成的殺菌油膏）；藥界聖品「木乃伊粉」；以肉桂水、樟腦、蘆薈、沒藥、大黃根精和水果、香料強化藥效的多種油和含藥糖漿。†誠如當時的英文書《船醫的助手》（*The Surgeon's Mate*）所說明的，準備這麼多藥並不離譜，「因為雖然似乎有許多特殊藥，但還是至少缺四十種。」

船醫揚斯給指揮官服藥、清腸長達二十天，試了數種療法。巴達維亞號繼續破浪前進，通過地球底部波濤洶湧的咆哮西風帶時，正商務員的燒慢慢退去。他的康復要歸功於揚斯的治

* 當時，荷蘭共和國的外科醫師行會有權利每年拿一名死刑犯解剖，以指導其學員，因此，誠如該行會規章所說，「他們不會要割神經卻誤割靜脈，或要割靜脈卻誤割神經，不會像瞎子在樹林裡亂砍樹那樣亂割一通。」[25]

† 當時，重口味常被認為是強藥效的保證。

療，還是更有可能的，要歸功於他身體底子好，無法確定[30]。不管出於什麼原因，佛朗西斯科・佩爾薩特臥床三個星期後重現於甲板上，令密謀叛變者大驚失色。

• • •

正商務員無法視事期間，阿里安・雅各布斯不亦快哉。將近一個月期間，他是公認真正的船長，隨之更加不可一世。他與那些嘲笑他和女僕史萬琪・亨德里克斯有一腿的人正面對抗，壓下他們的氣燄，公開承認那女孩是他的伴侶。事實上，他被這個淫蕩的女孩迷得神魂顛倒，因而，（據佩爾薩特後來所聽到的），「毫不顧及他的名譽或他職位的形象」[31]，誓言「即使只是給史萬琪不好的臉色看，他都不會放過。」

雅各布斯護花甚力，難怪史萬琪「爽快接受船長柔情蜜意的輕撫，對他的任何要求來者不拒。」[32]但雅各布斯仍舊無法與她廝守一生，也不願走上這條路；在好望角南方海域，兩人頻頻交歡使史萬琪懷疑自己懷孕，船長隨之開始迴避她，要她某個晚上去陪他的朋友阿萊特・揚森。他把這兩人灌醉，讓史萬琪與揚森獨處，揚森「侵犯了她，因為（雅各布斯）認為她懷孕了，認為她該嫁給阿萊特。」[33][34]

這個女僕似乎對此不以為意，不久後，隨著懷孕一事查明是虛驚一場，船長開始懷念有她同床共枕的日子[35]。沒幾天，兩人又走在一塊。但兩人的關係想必已有所改變，因為雅各布斯這時開始向史萬琪作出危險的承諾。據此趟航行的記錄，他深信佩爾薩特已和死人沒有兩樣，於是「拿掉她僕人的身分和束縛，承諾他會毀掉她的女主人和其他人，承諾會讓她成為有身分地位的夫人。」[36]於是，佩爾薩特的康復使船長和史萬琪的盤算功虧一簣。雅各布斯索性豁了出去，聳聳肩道：「我的確幹了壞事；但如果照原計畫去東印度群島，我無論如何都抬不起頭。」[37]

這時是五月十三日[38]，此前，科內里斯認定指揮官活不了，因此有半個多月，他和雅各布斯未費心去拉更多船員入夥。此時，佩爾薩特出人意料康復，使他們不得不速速重新評估自己的計畫。如果這時要成事，科內里斯和雅各布斯得把他們發動叛變時所能倚賴的人數增加一倍多才行。這兩個不滿於現狀者似乎已找到他們自己最信任的熟人，揚・埃佛茨、雅各普・彼得斯也是找最信賴的熟人談。若找他們不放心的其他人探口風，風險會很大，因此他們斷定，更妥當的辦法會是挑動所有船員對指揮官感到不滿。

他們選來遂行此目的的工具是高不可攀的克蕾謝・揚斯。他們知道佩爾薩特和船長一樣垂涎她的美色，認為找幾個船員蒙面攻擊她，會促使這位正商務員氣得嚴懲施暴者；而只要不讓施暴者被查出，他們認為佩爾薩特所採取的任何措施，只會令船上大部分人覺得沒道理。然後，他們認為就能說動更大一批船員支持他們的叛變。

後來佩爾薩特在其日誌裡寫道，

「經過漫長的辯論和交談，船長和科內里斯在史萬琪在場且知情的情況下，決定了能給克蕾謝什麼樣的侮辱，也會被指揮官認為是最大的侮辱[39]。為了透過克蕾謝讓參與此事者受罰以製造混亂，科內里斯提議用刀在她左右臉頰各劃一道，一個人就可搞定此事，然後沒多少人會認為此事是他們所教唆。船長則有別的想法，他認為許多人參與比較好，人一多，指揮官為了避免群情激憤就懲罰不了。」

這個奇怪的計謀，在整個航海史上絕無僅有，它乃是佩爾薩特從他的房艙復出後不到一天叛亂者倉促想出的。先前在非洲外海，克蕾謝拒絕雅各布斯的追求，令他懷恨在心，那股想向她報復的念頭，想必是使他想出如此計謀的一大原因。從挑選揚・埃佛茨來攻擊克蕾謝一事，以及從這位水手長執行此任務時手法的古怪和極盡羞辱之能事，也的確可看出船長和史萬琪肯定在此事上插了一腳[40]。

這些密謀者決定在五月十四日晚克蕾謝離開正商務員的餐桌回她自己房艙時逮住她。那時天色會已漆黑，許多船員應已入睡。埃佛茨迅即開始找願意參與此事的行動者。他所徵詢的對象，有一些是已同意參與叛變者，也或許全是這類人。這些人共有八個，下午一至三點間全懶洋洋躺在巴達維亞號的前甲板上，包括阿萊特・揚森和里克特・瓦烏特斯。其中年紀最長者是舵工哈爾曼・南寧斯（Harman Nannings），最小者是來自哈倫的十八歲水手科內利斯・揚森，外號「豆子」。「豆子」幾乎還是個男孩，但他「天生的壞胚子」[41]，埃佛茨自然找上他。至於其他人，除了一人，全是炮手，因此很可能是瓦烏特斯和阿萊特・揚森的朋友。埃佛茨告訴他們，

「各位，有個攻擊行動要由我們來動手。你們要不要來快活一下？」[42]

對於要拿克蕾謝「惡作劇」，眾人興致昂揚。這群人裡只有一人不願參與，叫科內利斯·迪爾克松（Cornelis Dircxsz），他來自阿爾克馬爾（Alkmaar），但他未阻止此攻擊[43]。埃佛茨很篤定他的水手沒有一個敢出賣他。果然，沒有人辜負他的信賴。

加上帶頭的水手長，他們共有八人，對付一個毫無防備的年輕女子，綽綽有餘。克蕾謝用完晚餐離開「大房艙」時，夜已深。餐桌上方燈籠搖來晃去，燈光襯出她站立的黑色身影，不一會兒，門關上，他們看出那是她。黑暗中傳來短暫窸窣聲；她倒抽一口氣，大吃一驚，然後就被按倒在甲板上。對方個個用斗篷牢牢蓋住臉，斗篷後的眼睛露出凶光。她四肢伸開仰躺在地，搞不清楚怎麼回事而且無力抵抗，這時他們抓住她的雙腿，把她拖過甲板，拖到瞭望台裡少有人去的角落。她感覺裙子被人掀起，粗魯的手在裙底下亂摸。還有手指頭把又黏又臭的東西抹在她臉上。沒有劃她的臉；她沒尖叫；攻擊只持續了幾秒，然後剩她一人，縮著身子靠著欄杆，發抖。她的連身裙髒兮兮，臉、腿、下體被抹了厚厚的焦油和糞便。

攻擊克蕾謝·揚斯之事，很快就傳遍船上。那是自他們擱淺於瓦爾赫恩沙洲以來最撼動人心的事，想必是船上好幾天期間的主要話題。一如雅各布斯和科內里斯所料，指揮官得悉之後反應「非常激烈，把那看成頭等大事」[44]。佩爾薩特不是警察，但竭盡所能徹底調查，埃佛茨則於不久後即回去幹活，並傳播謠言，佩爾薩特寫道：

「這是他們的真正目的：由水手長散播謠言，說那些人會因為女人或妓女遭懲罰或遭激烈批評，而船長只要活著，絕不會讓這樣的事發生。」[45]

結果，令叛變者大為懊惱的是，佩爾薩特未做出會使船員反感於他的事。

正商務員如此自制，只有一個原因可解釋。不久，他就得知，克蕾謝雖然不知道大部分攻擊者是誰，卻認出揚．埃佛茨。她的說法雖未得到證實，佩爾薩特卻可以單靠這證詞就逮捕水手長，予以懲罰。結果他沒這麼做，這除了因為他仍未完全康復，還因為他終於開始看出聯合起來對付他的勢力。巴達維亞號的日誌寫道，這位商務員「根據他生病期間就已察覺的許多情況，特別懷疑船長就是此事的主使者。」如果此記載屬實，他無疑也認知到下令逮捕埃佛茨和阿里安．雅各布斯（他底下兩名最高階水手）將會給他帶來的危險。

船長仍一派樂觀，不知自己已遭疑。他自心滿滿認定指揮官只是在等待時機[46]。巴達維亞號一旦接近爪哇——因為不久後就能得到當地荷蘭當局的支援——佩爾薩特肯定會出手，逮捕嫌疑犯，把他們銬住。這樣的情勢演變，也就會是叛變的導火線。

這時，叛變計畫已擬得差不多。屆時這群人在雅各布斯帶領下，於船上大部分人還在睡覺的凌晨起事。他們會強行闖入指揮官的房艙，抓住佩爾薩特，把他丟入海，叛變集團的主力則於同時起出他們藏的武器，釘死最下層甲板的艙門，以防士兵干預。一旦大勢底定，叛亂分子已能牢牢控制巴達維亞號，由於人心的貪婪和恐懼，之後要找到操作此船所需的一百二十名左右的水手和炮手，就不是難事。由於沒有備用小船，或附近沒有可用來棄置船上其他人的島嶼，這些人（忠於公司的高級船員、沒用的乘客、不需要的水手和士兵共約兩百人）屆時得和指揮官一樣跳海。

至於接下來要走的路，起事計畫也擬得很清楚。有了一艘威力甚強的船在手，叛變者要改行當海盜[47]。他們要停靠模里西斯或馬達加斯加補給，然後洗劫印度洋上往來頻繁的商船一或兩年，直到搶得的錢財足以讓船上每個人都有錢為止。達成此目標後，他們會金盆洗手，到荷蘭東印度公司所找不到的地方好好享受他們的財富。

於是船長和副商務員按兵不動，等佩爾薩特出手報復。雅各布斯料定巴達維亞號看見澳洲海岸時，指揮官佩爾薩特就會出手[48]。

• • •

對這艘來回船的水手來說，這塊紅色大陸幾乎就只是他們隨身攜帶海圖上的一個空白。他們把它稱作「未知的南方大陸」（Terra Australis Incognita）[49]。即使在一六二九年，它的存在仍是假設成份多於事實。早期的地理學家，例如西元一四〇年的希臘裔埃及人托勒密，把世界想像成四塊巨陸；歐洲和當時所知的非洲、亞洲部分，被認為位在地球東北區。地球上似乎該有另一個陸塊存在，才能與這個龐大陸塊平衡。於是，古代時，世界地圖就在赤道以南標出一塊環繞地球的巨陸，而且在許多地圖裡，這塊巨陸把南美洲、非洲與中國連在一塊[50]。

隨著十五、十六世紀時葡萄牙人、西班牙人往南挺進，人們漸漸明白這塊南方大陸不可能如原設想的那麼大。船繞過好望角和合恩角，未見到它，往西北航越太平洋，往東穿過印度洋，完全不見這塊神秘大陸的蹤影[51]。到了荷蘭東印度公司創立時，還有待探查的地方，就幾乎只剩一個，那就是東印度群島以南、美洲大陸以西那片大空白。

當時的地球儀和地圖繼續在此區域標出南方大陸。多年來，南方大陸被增添更多想像，十六世紀時，由於錯誤解讀馬可．波羅的著作[52]，導致在南方大陸被增添了三個假想的省份。其中最重要的省份是貝阿克（Beach）省，許多海圖標出此省時，加上叫人嚮往的說明文字provincia aurifera，意為「產金之地」；水手往往以此名稱呼整塊南方大陸。另外兩個虛構的省份是馬萊圖爾（Maletur）和盧卡克（Lucach），馬萊圖爾被加注scatens aromatibus，意為香料滿溢的地區，而晚至一六〇一年，仍有人說盧卡克曾接待了一支來自爪哇的使節團[53]。過去，大部分歐洲人對這三個省分的存在深信不移；一五四五年，西班牙人還指派一人擔任根本不存在之貝阿克省的省長。此人名叫佩德羅．桑丘．德拉奧斯（Pedro Sancho de la Hoz），征服智利的西班牙人之一。就連較實際的荷蘭人都未完全不信此說，因為他們深信他們的船無意間曾觸碰到南方大陸的海岸。

荷蘭東印度公司創立初期，該公司的水手大體上遵照葡萄牙人確立的航路航行。離開好望角後，他們沿著非洲海岸往北駛到馬達加斯加島，然後往東北穿越印度洋前往東印度群島。但這條航路有幾個大麻煩。氣溫常高到叫以無法忍受，加上葡萄牙人不友善，還有一路上得小心翼翼避開多處暗礁和淺水區。此外，一旦到了好望角以北，逆風和逆流使航行變得極慢；花上十六個月，時有所聞。氣旋頻發，使該公司損失許多船。葡萄牙人的航路顯然叫人不滿意，但荷蘭人還是走這條路，因為他們只知道這條路[54]。

然後，一六一〇年，荷蘭東印度公司的高級職員亨里克・布勞韋爾（Henrik Brouwer）[55]，在既有航路南邊甚遠處發現一條替代航道。他離開好望角後未往北航，而是往南航，直到咆哮西風帶的北緣為止，然後在此發現一個有強勁西風不斷吹送的地帶，他的船即乘著西風飛快駛往東印度群島。經過布勞韋爾的估算，當他抵達巽他海峽（將爪哇與蘇門答臘隔開的海峽）所在之經度時，需將船隻轉北，就抵達萬丹港，此時離開聯省共和國才五個月又二十四天。他把航行距離縮短了約兩千英哩，又能繞過葡萄牙人勢力範圍並取得從側翼攻擊他們的有利位置，還把去程的時間縮短了一半以上，而且讓船員安然無恙抵達爪哇[56]。

對此，十七紳士自然大為激賞。航行時間縮短意味著獲利提升，一六一六年起，荷蘭共和國的船隻全被叮囑要走布勞韋爾所發現的「航道」（fairway）。只要荷蘭東印度公司的船長精準掌握自己所在位置，這無疑是好上許多的航路。但南大洋的強風和急速洋流，使人很容易就低估東航的船隻所航行的距離。發生這種事時，船隻會錯過轉北的地點，不知不覺駛到靠近澳洲西部荒涼海岸的危險海域。

差點遇險之事，發生了幾起。一六一六年，「東印度船」和諧號（Eendracht）[57]離開好望角後，航速特別快，無意間遇到南方大陸，然後沿著海岸往北航行了數百英哩。船上高級船員所畫的海圖，被併入荷蘭東印度公司的航行指南，從此，有此航行指南者，都知道這一小段澳洲海岸的存在，此段海岸則被稱作恩德拉赫特蘭（Eendrachtsland）；但當時絕不可能弄清楚這段新海岸究竟在南方大陸上，還是在某個較小的島上。無論如何，與歐洲的通信曠日廢時，因此許多商船船長在許久以後才得知此一發現，兩年後，另一艘船，海狼號（Zeewolf）[58]，無意間遇見幾乎百分之百是西澳西北角（North West Cape）的陸地時，該船船長相當驚愕，「因為從未聽過有人發現這裡，海圖上該地只有空蕩蕩的海洋。」

和諧號和海狼號運氣好，在白天且吹著輕風時偶遇這段海岸。配置橫帆的笨重「東印度船」大貨船，若在夜裡或在有強風吹送下遇見陸地，很可能來不及轉向，想要轉向時，就已赫然擱淺在岸上[59]。巴達維亞號抵達澳洲海域的幾個月前，就有另一艘荷蘭船菲亞嫩號（Vianen）*[60]，真的擱淺在澳洲西北岸外的沙洲上，其船長拋掉船上值錢的黃銅、胡椒，才讓船得以漂離。

在這樣的情況下，或許可以說遲早會有船在澳洲海岸發生船難。果不其然，一六二二年，首度有船葬送在此海岸，該船屬英格蘭東印度公司所有。一六二一年，該公司要旗下船隻走新闢的荷蘭航路，但不知此航路的危險，或者說連荷蘭東印度公司所擁有的片斷海圖，都沒機會一睹。這艘失事船是「東印度船」試驗號（Tryall），由約翰·布魯克斯（John Brookes）指揮，從普利茅斯出航，一六二二年五月二十五日快午夜時，在西北角岸外某處撞到一個未發現的暗礁。

這幾乎可以說是巴達維亞號失事的預演。試驗號灌滿了水，布魯克斯拿出測深鉛錘，發現船尾下方水深不到二十呎。他清楚已救不了船，於是花了兩個小時把他雇主的「發亮金屬物」

搬上小划艇，能裝多少就裝多少。凌晨四點，用他大副湯瑪斯．布萊特（Thomas Bright）的話說，試驗號船長「像逃跑的猶大」，「偷偷下到小船，只帶上九個人和他的一個兒子，立刻往巽他海峽的方向駛去，絲毫不管他人死活。」他再晚點離船，就性命不保。半小時後，船禁不起海浪拍打而解體，布萊特費盡千辛萬苦終於讓大艇下水，救了另外三十六名船員，但還是有將近百名水手，只能任其淪為波臣[61]。

布魯克斯和布萊特分駕不同船脫困，都順利抵達爪哇。在爪哇，這位大副寫了封很憤慨的信，指控他的船長偷了公司的財產、遺棄他的手下。布魯克斯則編了全然不實的報告，說他走既定的荷蘭人航路去東印度群島，但其實他的航行路線比公認的航路往東偏了數百英哩。他的失誤不只葬送了英國東印度公司的船，還對「揚公司」本該留意的南方大陸海岸未知的危險，早早示了警。

荷蘭東印度公司和英格蘭東印度公司極難確定旗下船隻的所在位置，肇因於當時最棘手的導航難題：在海上無法確定經度。藉由測量太陽升到天頂時其與地平線的夾角，就可輕易得出緯度（船隻與赤道的距離）[62]。但要算出經度則困難得多[63]。本初子午線純粹是人造的東西，任何地方都可選來作為子午線的所在——一六二〇年代荷蘭人以泰內利菲島（Tenerife）的最高峰為基點算出東經和西經[64]——但不管此線被選定在何處，太陽每天運行二十四小時照亮地球三

＊ 此船以聯省共和國南部某貴族領地之名命名。

百六十度球面，每天通過我們頭頂正上方一次。因此，太陽每小時走十五度經度，於是，把某個已知之位置（例如母港）的時刻與船在海上的時刻相比較，就能算出船的位置。但這一切只能等到十八世紀下半葉，可靠的天文鐘問世後才辦得到。一六二九年，阿里安．雅各布斯和其水手以沙漏計時，而沙漏不夠精準，無法拿來導航。

荷蘭共和國的水手無法精確得出自己所在經度，於是訴諸航位推測法。他們根據海水顏色、海草的出現、盤旋於上方的鳥算出自己位置。到了大海上，要在海圖上標出行進距離，就只有一個辦法，即估算上一次初見陸地後所走的距離。荷蘭人以測程板[65]來估算——十七世紀時，這表示要把一塊其實是木片的東西從船頭丟進海裡，計算其從舷緣一刻痕漂到另一個刻痕所花的時間，然後據此計算出船速，從而算出大概的所在位置。

這個測程板談不上精確；要算出它在船邊行走的時間，只能靠三十秒沙漏或人的脈搏，而且測程板無論如何無法指出盛行流。於是，要精確標出船在海圖上的位置幾乎不可能。誤差五百英哩或更多，司空見慣，事後來看，叫人驚訝的是，荷蘭航海家被沖上澳洲海岸的次數竟沒有想像中的多[66]。

雅各布斯和其舵手在其漫長航程快結束時，靠航位推測法和直覺來使巴達維亞號遠離南方大陸海岸。船上可取得的海圖，再怎麼說用處都不大；能取得的最新海圖，繪於一六二八年夏，只顯示此海岸斷斷續續的幾段，以及荷蘭人在頂多離岸六十英哩處偶爾碰見過的零散島嶼[67]。這位船長大概未花心思查看這些島嶼在海圖上的位置；六月頭幾天，他仍深信他會在約一星期後才見到南方大陸。

事實上，有個要命的障礙這時就橫亙在巴達維亞號的去路上。一六一九年，正商務員佛雷德里克・德豪特曼[68]（一五九五年統領「第一船隊」去東方的科內利斯・德豪特曼是他的哥哥）已碰過這個障礙，即因他而得名的豪特曼的阿布羅留斯群島[69]。那是一連串海拔非常低的礁和島，荷蘭船沿著澳洲海岸往北行時所面臨的最大障礙。當時，他在「東印度船」多德雷赫特號上（這時，作為佩爾薩特之船隊的一員，多德雷赫特號已顯出老態），從好望角駛往爪哇途中，駛出桌灣才六星期，就突然「碰見南方大陸貝阿克（Beach）省」。多德雷赫特號轉西，駛向外海，往北走了又十天，德豪特曼突然遇見阿布羅留斯群島，但他的地圖指出那裡應該只有肆無涯際的汪洋。周遭的礁石擺在眼前，他未勘察它們，只是在他的海圖上畫出它們的存在。一六二四年斑鳩號（Torteldui f）又看到這些島，但該船船長只把所見告訴少許人。

一六二九年之前，阿里安・雅各布斯除了知道阿布羅留斯群島的存在，其他別無所悉。既有的地圖都未告訴他存在三個由南往北延伸的島群。就連其中最大的島都非常低矮，因而除非靠得很近，皆看不到該群島的存在，而且這個群島幾乎橫亙整個經度，它們就在巴達維亞號的去路上。但未有航行指南指出這點。雅各布斯也未依直覺在夜裡縮帆，白天小心前進。

因此船觸礁時是全速撞上。

CHAPTER 5 虎

「錯全不在我。」

——耶羅尼穆斯．科內里斯

那就像把他們拋上世界的邊緣。

即使今日，在陰沉的午後，阿布羅留斯群島都是單一色調，叫人提不起勁——死氣沉沉，像是把天上的色彩吸走。好似這個群島位在大洋底部某處，瀰漫其間的鋼色光穿過三十呎（約十公尺）深的海水透了出來。沒有陽光，稀疏的植被顯出舊羊皮紙的顏色；雲暗沉，點綴著石英般的色塊；就連海都是灰撲撲的。那裡唯一有生氣的東西是風。

冬天，整個南半球大風吹個不停，從咆哮西風帶猛然吹來，風勢非常強勁，把本已低矮的灌木吹得更低。風吹裂船帆，把帆吹得獵獵作響，呼嘯穿過珊瑚之間。從五月至七月，這些島嶼一再遭風暴狂襲，每次風一刮起，最多達十天才平息，風吹起一波高過一波的浪打在礁石上，摧毀任何擋住它們去路的東西，激起浪花三十或四十呎（約十～十二公尺）高。有時風強到颳風等級——時速高達八十英哩（約一百三十公里），足以把此群島的海鳥吹落地，使走進其中的人透不過氣。由於整個阿布羅留斯群島形同沒有遮蔽物，這裡的風叫人無法承受。在巴達維亞號的觸礁墓地，只有位於東北海岸上的一個淺凹地，能讓人躲掉這猛暴的大自然威力。

此群島的氣候，夏天有時熱得叫人窒息，冬天則一般來講為溫和。冬天為雨季，從六月至八月月降雨量約四英吋（一百公釐），但九月起，驟減為一個月不到半英吋（約十公釐）。此外，即使下雨時，在阿布羅留斯群島的地面上，連水窪都積不成。雨水滲過珊瑚，回到大海，使這群島的兩百個小島，除了其中寥寥幾個，幾乎都非常乾燥，沒有生物[1]。

位在此群島最北部的巴達維亞號之墓，環境就差不多如此。它由珊瑚碎塊構成，非常荒涼，全島約略呈長方形，東西長五百碼（四五〇公尺），南北寬不到三百碼（二七五公尺）。它最寬處與阿里安·雅各布斯在船隻失事那個早上發現的深水通道平行，幾乎呈南北走向；此島從最寬處往東南迅速收窄，最後窄到幾乎只剩一個點。此島低矮平坦，沒有特色，從一側到另一側不用三分鐘就可走完，繞島一圈不用二十分鐘。島上沒有山，沒有樹，沒有洞穴，只有少許低矮植被[2]；最高點海拔只有六英呎（一·八公尺）；西側有兩個小海灘，有些沙子分佈於內陸，但這些土壤只有兩英呎（六〇公分）深。大部分地面無異於覆蓋著沙石的海灘，有些地方因有鳥糞沉積而滑溜，走在其上險象環生。巴達維亞號之墓住了數千隻海鳥和數群海獅，卻沒有水池或水源，因而沒有原生的陸棲動物。它死寂、荒涼、叫人待不住。

第一批巴達維亞號上的人登上此群島時，未找到有人居住的跡象。阿布羅留斯群島離澳洲海岸太遠（將近五十英哩，八十公里），因而未有澳洲原住民踏足；在一六二九年前，也未有歐洲人登岸過。但這艘來回船擱淺時船上有三百二十二人，擱淺後有將近三百人保住性命——在當時情況下是很高的比例——到了六月五日晚，已有一個新拓居地開始在諸島成形。

這時距船觸礁已將近兩天，但倖存者仍分裂為三群。最大的一群，占倖存者一半以上人數，共約一百八十名男女和小孩，已被送上巴達維亞號之墓。另有七十名男子，包括耶羅尼穆斯·科內里斯，仍困在失事船上。船長另外把五十名水手和兩艘小船都安置在失事船附近的其他小島上。雅各布斯的人馬還包括所有高階的高級船員，他掌控了從船上搶救下來的大部分食物和水、所有的海圖和航海儀器。

人員分布於三處，絕非出於偶然。雅各布斯在船剛失事時，展現了過人勇氣，數次冒著生命危險救出船上的人。但他也清楚知道如果小船無法到爪哇求助，他們無一人能再見到尼德蘭。他和他的高級船員有本事駕小船去爪哇；巴達維亞號之墓上的人沒有此能力。因此，雅各布斯覺得盡他所能來提高他自己的倖存機率，正當合理。

巴達維亞號之墓的倖存者於是陷於群龍無首且無充足食物和水的境地。大部分人（至少百人）是荷蘭東印度公司的普通士兵和水手，另有二十人若非負責指揮普通水手工作的下級船員，就是修桶工、木工、鐵匠之類不用值班的船員。克蕾謝·揚斯和其他約二十名女人也在那裡，她們幾乎都是船員之妻；剩下的五十人，一半以上是青年和小孩，其中大部分是十四或十五歲的少年服務生，但有幾人年紀更輕，有一或兩個是還要人抱的嬰兒，其實他們是在巴達維亞號上出生的。這一群人裡，不到二十四人是高級船員，而這些高級船員裡，七人是沒有經驗的荷蘭東印度公司助理，年紀大概只有二十出頭，另外十一人只是該公司的軍官候補生[3]。

這樣的情況，使一百七十餘名又冷又餓又驚恐的人，由頂多六個男人控制和領導，而這一百七十餘人裡或許有四分之一是荷蘭語並不流利的外國人[4]。雪上加霜的是，這寥寥幾個高級船員不再能指望人們出於對荷蘭東印度公司的害怕而遵從他們的命令。這時，要管得動下面的人，就得靠說服、妥協、合作，而這時他們大概無一人有過這方面的經驗。

此島上的男人，素質甚差。唯一高級別的船員是船醫佛朗斯．揚斯，而他甚受全體船員歡迎一事，不代表他有領導統御的經驗。失事後頭幾天，似乎是揚斯開始把倖存者組織起來，著手按照荷蘭東印度公司的習慣組成評議會來領導[5]。

「揚公司」靠評議會和委員會來營運。十七紳士控制整個公司，每個會所有自己的董事會。在爪哇，就連總督都透過東印度群島評議會來治理，荷蘭東印度公司任何船隊的最高當局不是獨力行事的船隊統領，而是大評議會（Brede Raad）。船隊在海上時，船隊中每個正商務員和船長都有資格成為大評議會一員，而此評議會除了處理大策略的問題，也處理刑事案[6]。但船隊諸船隻在前往東印度群島途中散開司空見慣，因此每艘來回船也有自己船上的評議會，成員通常為五人，一般包括船長、正商務員，還有該船副商務員、正舵手、水手長，但這時在巴達維亞號之墓成立的評議會，其成員組成必然大不相同[7]。

船醫的主要支持者，大概會是那位改革宗教會牧師和此島上唯一真正具有管人權力的人物——糾察長彼得·揚斯。維持船上紀律原本就是糾察長的職責，儘管他的權力主要來自船長的授予，而且在巴達維亞號的等級體系裡他的位階其實低於修桶工和木工。此評議會的其他成員，或許是代表巴達維亞號之墓所有水手發聲的一位下級船員，以及佩爾薩特的文書薩洛蒙·德尚。德尚是此島上最高階的荷蘭東印度公司職員。這群人大概還會求助於加布里爾·雅各布松，即統領島上倖存者裡至少七十名士兵的下士；要防止島上水手勢力獨大，自然少不了他的士兵來予以制衡。但即使有這位下士支持，這個評議會仍缺乏讓人誠心接受的權威，而且真有人唱反調時，要維持秩序大概還是相當困難。

困在巴達維亞號之墓的第一天，情勢的演變就清楚表明需要這類機構。最初，倖存者的主要心情想必是脫離險境、好奇於所處的新環境、不大確定接下來該怎麼做。踏查此島會花上少許時間，到了六月五日下午，初萌的饑渴之感，無疑已驅使至少某些人從有限的食物和水裡，自行拿走他們所需。

從某些方面來看，這是自然反應；這些倖存者知道失事船上有更多食物和水，卻不知道由於惡劣天氣，以及船上士兵、水手的作亂，佩爾薩特和雅各布斯未能從儲藏室搶救出更多桶食物和水。一旦知道某些人自行取走此島上的食物和水，其他人也會趕緊去取走自己應有的那一份[8]。此島上一度各行其是的眾人，已開始組成一個個小團體，少者六人，多者十二人[9]。這些團體各靠某種共同的紐帶（同是軍人、同是水手、自己家人、小同鄉、因緣際會的際遇）結合而成，而且仗著人多，膽子變大，似乎強索所缺的東西。因此，倖存者抵達巴達維亞號之墓不到二十四小時，就有許多食物和大部分水（甚至所有水）被取走。

到了第三天六月六日晚，此島上的人已開始認清自己犯的錯。沒再下雨；徹底搜索過全島，未找到水源；佩爾薩特曾想送更多水過來，送到岸邊，最後卻打退堂鼓回去，這情況間接表明不會再有水送來。這些倖存者已開始苦於口渴，但沒有小船，他們無法離開巴達維亞號之墓去找水。總共一百八十人被困在這個乾燥的小島上，無法脫身，若不再來一場暴雨，他們不久就會死在那裡[10]。

隨著乾旱持續到第四天，然後第五天，這些倖存者更加痛苦。沒有水，他們的身體很快就開始脫水；約一天後，唾液變得黏乎乎，叫人不舒服，再來不久，他們嘴裡完全不再產生唾液。然後症狀只會更加惡化：舌頭變硬、腫脹；眼瞼裂開；眼睛流出血淚；喉嚨乾到連呼吸都似乎困難。

島上死了十個人[11]。最早撐不住者會是老人和幼童，但沒水四或五天後，倖存者全都很慘。他們靠船難者和漂流到荒島上者一貫採取的辦法來保命，即大部分人，從牧師以降，喝自己的尿；有些人甩開顧慮，大口喝下海水；還有一群人不斷嚼鉛彈，冀望藉此產生唾液，至少減緩些許不適，終究未能如願。儘管史料未有提及，他們很有可能也殺海鳥和海獅，喝牠們的血。

這些解渴辦法，全都效用不大。喝「自己的水」[12]（海斯伯特．巴斯蒂安斯語）有助於降低脫水機率，但尿含有許多鹽份，因此不只解不了渴，還會衍生問題。海水亦然。少量喝下海水安全無虞，只要不超過一．五品脫即可（一．五品脫約合〇．八五公升，含有成年男子一天所需攝取的鹽分)。但巴達維亞號的倖存者不可能知道這道理。民間看法認為喝海水必會使人發瘋,而且他們對此深信不疑,於是一如大部分失事的水手,直到脫水已非常嚴重才喝海水,但這時喝海水已是弊大大多於利。

沒水三或四天後,絕望的情緒逼使此島上的人想到失事船上的食物和水。沒有足夠的漂流木來造筏,但牧師的女僕韋布雷赫特.克拉森(Wybrecht Classen)[13]泳技高超,自告奮勇游去失事船。巴達維亞號在約一英哩(約一.五公里)外,但有至少一半距離是可涉水而過的淺水區,經兩次嘗試,這女孩終於游到了礁區。她攀上一顆可讓船上人聽到她呼喊的岩石,請他們拋下繩索,然後把繩子纏縛在腰上,被人拉上船,中途有浪花打在她身上——「她冒的生命危險不可謂不大」,有個從該島上看著這一切的人如此論道。

這個女僕很不簡單,安然回到巴達維亞號之墓。她似乎不可能帶回來太多水,但即使是少量的水,都有助於讓他們恢復活力,而且從純道德的觀點看,她的英勇行為非常重要。這是這些倖存者首度嘗到的得意喜悅,表明了他們能主宰情勢,而非只是消極等死。至少,就這點來看,他們最難捱的折磨這時結束了。

但若非第六天六月九日強風挾帶暴雨襲擊此島,會有更多許多巴達維亞號的乘客和船員,再一天不到就渴死。這些倖存者把數塊帆布鋪在珊瑚上,單單一或兩小時收集到的淡水,就夠補足他們所需還有剩餘。這場雨繼續下了一整夜,雖然那之後都是斷斷續續地下,但從那之後始終剛好有足夠的淡水,讓每個人都分到少量所需。

•
•
•

失事船上的人，處境則大不相同。困在巴達維亞號上的七十名男子，食物和水很充足；事實上，他們這時能自由進入船尾的私人房間，高級船員在那些房間裡存放了個人獨享的食物和酒，因此他們大部分人吃得比過去數年還要好，喝得比過去數年還要過癮。另一方面，這艘船已局部進水，禁不住海浪不斷拍打，船身正迅速解體。

巴達維亞號撐了九天，六月十二日終於不敵浪擊垮掉[14]。但在那之前許久，要在船上找到仍然安全乾燥的地方就已不易，倖存者心知船一旦解體，他們會全掉入洶湧的波濤之中，心情於是更加不安。留在船上的人（包括耶羅尼穆斯．科內里斯），大部分人不會游泳；這些人想必聽進阿里安．雅各布斯的建議，造了簡陋的筏子，或在甲板上堆了鬆脫的木板和空桶，以便落水那一刻有東西可攀附。

就連較識水性者，都沒把握能游上岸。他們已看到失事那天夜裡跳船的人被海浪推去撞上珊瑚而後溺死，知道要活著越過那片礁區，只能靠運氣。因此，有一個星期，他們什麼都不做，等著船消失於他們底下，而在等待期間，他們大部分人喝酒。其中一人後來憶道，他們「非常孤單無望」。

巴達維亞號終於垮掉那一刻，來得非常快，讓船上的人措手不及[15]。船禁不住海浪連番拍擊而解體時，左舷瞬間爆開，「毀得那麼快那麼輕鬆，叫人嘆為觀止。」[16]海浪灌進來時，只要當時人在船體內，想必都是幾乎立刻就溺死。就連在主甲板上的人，也是緊急的一刻搆到保命器具，人已漂浮在水上。對大部分人來說，結局來得很快；碎浪把他們壓得出不了水面，或使他們撞上珊瑚而昏倒，最後溺死。幸運者被海水沖過那片岩礁，沖到岩礁另一頭較平靜的水域，但船上七十人只有二十五人浮在水面或游上岸。

耶羅尼穆斯・科內里斯不在其中。巴達維亞號的水線以上建築解體時，他擔心溺死，於是爬上這艘來回船的船首斜桁，而且似乎只有他一人這麼做。然後船的前段斷裂落海時，他仍在那上面，接著不知怎麼地他安然漂到淺水區。這位副商務員待在那裡兩天，緊抱著船的圓材，直到船首斜桁在他身下裂解為止。然後他跟著一堆漂流木漂到巴達維亞號之墓，成為最後一個活著逃離巴達維亞號的人[17]。

• • •

科內里斯踉踉蹌蹌走上此島，又濕又冷，氣力放盡。他在失事船上待了十一天，在刺骨東南風猛吹和害怕性命不保的情況下[18]，獨自一人度過其中最後兩天。這時他四肢無力，精疲力竭，極需熱食和休息之處。

島上的人跑去海灘接他，又扶又扛把他送到他們的營地[19]，在那裡他極受尊敬和服從，心裡很是感激。佛朗斯・揚斯和他的評議員來和他打招呼，他被催著換上乾衣物和進食。吃飽時，他又被催著趕緊休息。

科內里斯在借來的床裡睡了幾小時，醒來聽到許多人聲。營地位在此島東北區，這時已變得頗大，而且熱鬧。倖存者已用被打上珊瑚的圓材和帆布碎片，搭起第一批簡陋帳篷，數小組倖存者正忙著獵鳥或攤開帆布收集水。另有人採集被沖上岸的巴達維亞號船殼外板碎塊當柴燒。

巴達維亞號解體沉沒，給此島上的人增添了許多好東西。風從失事處吹向這些倖存者所在的珊瑚小島，島上因此出現大量漂流木，還有來自船上儲藏室的木桶。接下來幾天，共有五百加侖的水和五百五十加侖的法國、西班牙葡萄酒[20]，以及一些醋和其他食品，被沖上岸。那些木桶搬上岸，放在一有人看守的中央儲藏所；木工收集圓材和木板，開始用它們建造小划艇和筏子。

多了這些食物和水當然是件好事，但科內里斯看了一眼儲藏帳[21]裡稀少的物資，認定巴達維亞號之墓無法養活這麼多人太久。隨著失事船上的倖存者也來到此島上，島上人數已增加為二〇八名男女小孩[22]。即使配給減半，他們一個月也要耗掉將近三噸的肉和一千兩百五十加侖的水[23]，儲備物資幾天就會耗光。雪上加霜的，這個珊瑚礁的天然資源已幾乎給耗盡。倖存者來到此島的頭一星期，已獵殺吃掉數百隻鳥，原擠居在海灘上的許多海獅被宰殺吃掉，這時已所剩無幾[24]。雨仍下得斷斷續續，不能抱予多大希望，他們等著筏子造好，卻還是沒法子離開此島。島上的人處境無比凶險。

主要因為這情勢，科內里斯上岸時受到眾人歡迎。這時是六月中旬，巴達維亞號之墓上的人已一個多星期未見到佛朗西斯科．佩爾薩特的蹤影。曾有幾天，佛朗斯．揚斯和其評議員還奢望他們的指揮官會載著數桶水回來，但這時誰都看得出佩爾薩特已離開阿布羅留斯群島，不可能回來。正商務員一走，他的副手科內里斯就是巴達維亞號倖存者的當然領導人。船醫向科內里斯求助，絲毫不足為奇。

不到一天或兩天，這位副商務員就被選入評議會。身為這個群島上最高階的荷蘭東印度公司職員，他有資格出席該船的評議會，而他的學識和頭腦靈活使他遠比其他評議員更能清楚表達自己想法，於是他們聽從於他[25]，至少最初是如此。現存的稀少證據顯示，科內里斯很快就當上這群人的老大。

這個享有大權的新位置，科內里斯坐得很開心，而他願意加入評議會，理由不難解釋[26]。在巴達維亞號上，他沒有實權，但在巴達維亞號之墓，他一講話，別人就專注聆聽，他下的命令，別人謹遵奉行。他獨享一頂大帳篷，從失事船搶救下來的指揮官衣物歸他處置。這位副商務員因此名正言順取得他本打算靠叛變奪取的東西。在他的私人居所裡，多的是他徵用來的華麗衣物[27]，他終於成了舉足輕重的人——其實就是這個小島國的統治者。

科內里斯如願以償得到眾人的尊敬與順服，隨之開始投入保命存活的大事。有那麼幾天，他出現在各處[28]。他穿著佩爾薩特的奢華衣服，邁著大步四處巡視，下達一道又一道命令，幹勁十足改善營地。他派出狩獵隊，監造更多帳篷，督導小船建成。巴達維亞號倖存者感激他的用心付出。海斯伯特．巴斯蒂安斯寫道，「這個商務員一開始表現得非常好」[29]。

但事實上科內里斯不久就厭煩於如此勞累的工作。他或許喜歡身為領導人廢話一堆而眾人乖乖聆聽的派頭，但他沒耐性履行領導者應有的職責。領導工作艱難，小事情令他心煩；他很高興眾人把他視為救星予以歡迎，但仍十足自我中心。事實上這位副商務員不在乎他所要保護之人的死活。在巴達維亞號上，同船之人只要妨礙他叛變奪船，他樂於把他們殺光。在巴達維亞號之墓，那些人只會耗掉寶貴的食物和水，如果他覺得他們死了有利於他，他還是樂見他們死掉。

此外，到了六月下半開始時，科內里斯殘酷無情的天性，已隨著一樁叫人心情為之一沉的情事曝光，更為人所相信：他謀反之事在此島上傳開。披露此密謀者是里克特．瓦烏特斯[30]，他是船長雅各布斯所拉入夥之人。在巴達維亞號上，他應船長的要求，在等其號令行動期間「睡覺時藏了把刀在頭下，如此睡了數日。」瓦烏特斯憤慨於雅各布斯未帶他一起逃離，決定出賣他的主子，於是「把他們原打算做的事公諸大眾，大力數落船長。」出於某種原因，此人最初的指控大體上沒人當一回事；或許其他倖存者渴到無心理會他的故事，或者他們根本不相信他所說的。但隨著此島上的情況改善，新的流言開始傳遍營地。流言似乎未提到科內里斯的名字；瓦烏特斯或許根本不知道這位副商務員涉入此事。但科內里斯推測紙終究包不住火。而這種事若置之不理，後果不堪設想。

科內里斯獨自一人在自己的帳篷裡冷靜評量他的處境。首先，他得假定佩爾薩特和船長這時已在前往爪哇（即荷蘭人拓居地）的路上。他希望雅各布斯還會找到機會殺掉指揮官，把他的遺體推落海，命船航向別的歐洲人港口——或許葡屬麻六甲[31]。這樣的話，巴達維亞號的倖存者或許會被外國人救出，圖謀叛變之事曝光就無關緊要。

但誠如科內里斯所知的，雅各布斯和揚・埃佛茨很可能沒機會除掉佩爾薩爾。這樣的話，事態的發展就要大大取決於船長的航海本事。一艘沒遮棚且超載的小船在大洋上完成如此漫長的航行，成功機率甚低，但雅各布斯是第一流的水手，他不無可能還是會抵達東印度群島。如果他辦到，公司肯定會派出一艘救援船，以收回其錢箱和救回倖存者，派出的船極可能是雅赫特艇。只要能活到雅赫特艇抵達之時（或許一或兩個月後），科內里斯或許能踏上爪哇陸地。

在大部分情況下，那樣的結局也會是他所樂見，但里克特・瓦烏特斯的指控是個麻煩。他知道在阿布羅留斯群島，一般的批評動不了他一根汗毛；巴達維亞號的人不想冒著觸怒評議會領袖的風險與他唱反調。但他的權力並非完全不受限制，評議會其他成員還是能聯合起來透過投票把他拉下來，只要有人暗指他曾圖謀叛變，後果不堪設想。這種事不能一笑置之或不予理會，此事如果遭徹底查辦，科內里斯可能會因他在這艘來回船上的作為被判死刑。屆時荷蘭共和國當局必會認真看待那些指控，會毫不遲疑拷問落入他們手裡的嫌疑犯。真相很可能因此遭揭開，圖謀叛變的首腦，包括科內里斯，很可能隨之曝光，遭處死。於是，不管還會發生什麼別的事，科內里斯不能冒險去東印度群島。

那麼，如果荷蘭救援船來到，他要怎麼因應？對科內里斯如此殘酷無情的人來說，答案似乎再清楚不過。一艘雅赫特艇可能載來只有二十或三十名水手[32]，這麼少的人，他只要發動精心籌畫的攻擊，就能予以制伏[33]。得到足夠多的意志堅決之人支持後，他能自任救援船船長。

屆時就沒有必要回爪哇，反倒可執行他早就構想的南大洋計畫：改當海盜，發財，退隱某個外國港口，享受他打拼的成果。

即使最終沒有船來救人，無船可搶以脫困，科內里斯認為擺脫掉他在阿布羅留斯群島所受的約束，還是有其好處。他的權力和職權其實受到清楚的限制。他的建議或許總是得到尊重，他的命令一般來講得到奉行，但評議會裡除了他還有四名評議員，另有四種主張能被眾人接收到。科內里斯認為有必要私藏他們有限的食物和水，但他的評議會同僚不認同，這使他更加覺得情況危急。這位副商務員開始認為，佛朗斯．揚斯和其同僚的愚蠢堅持——在島上每個男女小孩都得到配給——會葬送所有人的性命。他不容許這樣的事發生。

於是，在六月的第三個星期期間，科內里斯決定挑起他在巴達維亞號上就打算挑起的叛變。這時的情況當然已大不相同。不再有船可搶；這位副商務員的最親密戰友阿里安．雅各布斯已棄他而去；以及——最重要的——要控制船員裡大部分效忠公司的分子，不再那麼容易。但科內里斯的目標幾乎沒變。科內里斯想要錢財、權力、舒適、安穩，為取得這些難得的東西，他願意不擇手段。

為找到奪取此島大權所需的人手，科內勒斯或許花了一星期之久。如何找到這些人，他從未詳細交待。倖存者的處境——受困島上、食物與水不足、似乎遭荷蘭東印度公司遺棄——無疑使他比在其他情況下更易辦成此事，而原已準備好隨時在巴達維亞號叛變的水手和士兵，有多達十二人被困在巴達維亞號之墓一事，大有助於他招攬到人。但他自己的本事也功不可沒：

任性但腦筋動得快，言語具有病態性魅力。

佩爾薩特日誌裡對科內里斯的描述，再怎麼觀察入微，終究是一知半解：科內里斯的確殘酷無情，為達手段不擇目的，但其真實性格始終被一層又一層的謊言和詭辯掩蓋住。但他似乎真的具有能令人追隨效忠的領袖魅力——能讓三教九流的人相信他們的利益與他的利益一致——而他談到他們未來或許仍能掌握的財富和奢侈享受，肯定讓困在灰色單調之阿布羅留斯群島上的人聽得津津有味，為之神往。科內里斯顯然很聰明，真的很聰明，而且衝勁十足，置身巴達維亞號船尾區的諸多失敗者、新手、平庸之輩裡，顯得卓爾不群。他也很有自信，口才便給，讓那些不具這兩項特質者大為嘆服[34]。炮列甲板的粗人和船尾受過教育的公司助理，似乎都覺得他的魅力叫人無法擋。六月結束之前許久，他就已糾集了約二十四名追隨者，覺得隨時可以把他的計畫付諸行動。

科內里斯此時的追隨者，大部分在巴達維亞號上時就擁護他。其中最有用處者是幾個陸軍軍官候補生，即庫恩拉特．范赫伊森、希斯伯特．范韋爾德倫之類的人。這類人搭船前往爪哇時住在較舒服的船尾，身陷巴達維亞號之墓後，覺得那裡的生活真不是人過的。他們很年輕（只有二十一歲），因此不可能質疑這位副商務員的領導地位[35]。他們懂得操作武器，船上的普通人出於本能遵從他們。數名士兵以準下士雅各普．彼得斯為首，在巴達維亞號上時也是叛變集團的成員，其中最優秀者是強壯年輕的德意志籍傭兵：來自不來梅的揚．亨德里克松（Jan Hendricxsz）二十四歲；明斯特貝格（Munsterbergh）的馬蒂斯．貝爾（Mattys Beer）只有二十一歲。

這些傭兵，連同他們的幾名同袍，很可能打過三十年戰爭*，從中得到寶貴的作戰經驗。第三群加入謀反之人人數最少，由來自炮列甲板的一些人組成，其中大多是當初就被船長雅各布斯拉入夥但未能被他一起帶上大艇的水手。船長的好友阿萊特・揚森是這群人的首領，當初攻擊克蕾謝・揚斯的那夥人之一。

巴達維亞號的叛變者把他們的真實人數隱瞞得非常好，如今仍無法確切掌握此時副商務員所糾集的人裡，有哪幾個在船上時就已入夥。來自赫歐尼恩省的二十三歲「不用值班的船員」魯特赫・佛雷德里克斯（Rutger Fredricx）[36]，似乎有可能是最早獲徵詢謀反意願的人士之一——他是巴達維亞號的鎖匠，他的本事對於需要囚禁或約束最多達兩百名同事的叛變者來說非常重要。有一或兩個荷蘭東印度公司的助理也知情謀反之事，而且他們在這艘「來回船」上時想必和科內里斯在工作上關係密切，因此他們說不定也是先前就被拉入夥。其他追隨者似乎在巴達維亞號失事後才被徵詢入夥意願[37]，他們很可能是從既有叛變者的朋友圈裡拉來，或從對島上生活抱怨得最厲害的那些人裡找來。

有個助理對科內里斯特別重要。他叫大衛・澤凡克（David Zevanck）[38]，來自阿姆斯特丹北邊的鄉村。澤凡克，一如其他人，仍然年輕，跡象顯示他家世頗好，家裡擁有房產且以上流人士自居。他怎會搭巴達維亞號出海，仍然不得而知。身為此船的文書一員，他想必受過教育，但他能文亦能武，身強體壯，善使刀，就此船上的人來說，他或許是在抱負、無情、德性各方面和科內里斯最相近的人。這時他成為副商務員最倚重的助手，負責替他組織人手和確保他的命令得到奉行。

六月第三個星期開始時，科內里斯開始密謀造反，「行事非常詭秘且漸進，因而頭二十天無人察覺。」[39]副商務員把他的追隨者與其他倖存者分開，把他們連同他們的武器安置在兩個帳篷裡[40]，而且把島上其他刀子和滑膛槍集中在歸他一人掌控的中央儲藏所。接著，他使此船的木工無法照計畫用巴達維亞號的殘骸自行建造小脫困船[41]，開始想辦法減少巴達維亞號之墓上的人數。他和澤凡克都認為後一作為是必要的預防措施，既為保住有限的食物和水，也為降低他們的陰謀遭揭發的機率。此時，叛變者與島上其他人的人數之比例仍在約一比六之譜，他們的目標是減為一比三。

副商務員解決此問題的辦法簡單但有效。他派他的追隨者去探查此群島，動用了木工用漂流木碎塊建造的第一艘小划艇。他們的目的，與其說是為了找到淡水水源和新的海獅群（給巴達維亞號之墓上的人的說詞），還不如說是為了讓副商務員掌握阿布羅留斯群島他處的詳細情況。從科內里斯的觀點來看，他的人是否找到新的食物來源或水源並不重要。他所需要的，只是一個把倖存者送到其他島的藉口。

* 這場自相殘殺的內部衝突，自一六一八年起在神聖羅馬帝國全境激烈進行。它引人注意之處，不只在其數場戰役，而且在雙方對敵方平民特別令人髮指的虐殺。屠殺女人、小孩和其他非戰鬥人員之事，在整個三十年戰爭期間司空見慣。加入科內里斯陣營的亨德里克松、貝爾、其他德籍傭兵之類人，有可能因為參與過這類屠殺而特別冷酷無情。

不到一天或兩天，叛變者就回來，向科內里斯報告他們在阿布羅留斯群島未有有價值的發現。一如佩爾薩特和他的水手，副商務員的手下已搜尋過北邊兩座大島，未找到有水的跡象。他們也去過兩個較小的小島，其中一個在西邊不到半英哩外，隔著那條深水道與巴達維亞號之墓相對，另一個在巴達維亞號之墓南邊，距離更遠些。較近的那座小島是個又長又細的沙洲，南北延伸將近一英哩（約一．六公里），上面有道細長隆脊，隆脊上長滿粗草和低矮植被；有大批鳥和數百隻海獅住在此小島（由於海獅甚多，小船的船員開始將它叫作海獅島），但在其最南端發現的幾個小水坑，微鹹，不能飲用。另一個小島，即阿里安．雅各布斯曾設立其臨時營地的那座小島，同樣荒涼。在那裡，探查的叛變者除了找到一些空餅乾桶，幾無所獲[42]。這個呈薄烤餅狀的珊瑚礁，全境都是鬆散的珊瑚，由於對遺棄他們的那些人憤恨難消，叛變者把此島命名為叛徒島[43]。它可提供的資源是遍布其南岸的漂流木。

把幾個人丟到這些島的其中任一個島上，都活不了太久，但副商務員不在乎。海斯伯特．巴斯蒂安斯憶道，「他說（巴達維亞號之墓上）人數共約兩百人，必須減到非常少」[44]，科內里斯語帶欺瞞的宣布，他的人已有重大發現。牧師說，「那些回來的人已查明那裡沒有可以讓人心情變好的東西，但這個商務員要他們說那裡有水和可以吃的東西；有些人是奉命去，還有些人是自願去，為的是查明是否真的有水。」

一群約四十個男女小孩被帶到海獅島[45]。他們領到數桶水，獲告知只要他們需要補給，就會有船把新補給送去[46]。人數較少的另一群，共十五人，由糾察長彼得．揚斯領軍，去了叛徒島。他們帶了要在該小島上造筏所需的一應工具。科內里斯向他們保證，有小船可用時，他們立即能去北邊較大的島。

不久後，六月第三個星期快結束時[47]，科內里斯宣布也要派人去北邊的「高島」[48]拓殖。到這兩座大島找水已找過兩回，都無所獲（一次是六月六日佩爾薩特，另一次是那十四天後澤凡克和他的人），但巴達維亞號之墓上的倖存者不知此事，因此第三批共二十人被派去找隱藏的水源時，無人發出異議。這一批人全是仍忠於公司的士兵，包括「一些膽子最大的士兵」（牧師語）[49]。科內里斯讓他們只帶少許裝備，不發給他們武器，也不留小船給他們。這些人獲告知，找到淡水時就生火示意，保證一看到他們生的火，就會派船去接。科內里斯其實沒想過讓他們回來，希望他們渴死。

派去「高島」的這批人包括兩名年輕的軍官候補生奧圖．斯密特（Otto Smit）和阿萊特．揚斯，但真正的領導人似乎是來自赫歐尼恩省小城溫斯霍滕的二等兵韋布．海耶斯（Wiebbe Hayes）[50]。海耶斯的背景、年紀或軍事經歷，我們一無所知，但我們知道副商務員是從巴達維亞號至少七十名二等兵裡挑中他，這間接表明他有一定的影響力[51]。但科內里斯有所不知的，海耶斯也是個頗有本事的人，他的素質和幹勁就當時的二等兵來說似乎特別高。他和住在巴達維亞號船體裡那些一文不名、沒受過教育的粗人似乎不可能同類，可能和庫恩拉特．范赫伊森、大衛．澤凡克一樣出自小康家庭，然後不知為何時運不濟，經濟困頓。體面但貧困人家的子弟入荷蘭東印度公司當普通士兵，並非沒有，但如果海耶斯的確來自這樣的家庭，他所擁有的錢和影響力顯然少於至少能謀到軍官候補生之職的人。

無論如何，海耶斯能讓他的人在「高島」存活將近三星期。這些士兵不久就發現——一如佩爾薩特和澤凡克之前就已發現——這兩座大島裡，較小、較東邊的那座島顯然沒有水源，但他們的確在珊瑚之間找到小雨水坑，就靠這些雨水坑保住性命，同時完成他們的探索。數日後，他們往西移到較大的珊瑚礁。他們等到退潮時，才跌跌撞撞越過兩島之間寬達一英哩（一．六公里）的潮泥灘，再度開始尋找水源。在較大的珊瑚礁上，他們找到甚多野生動物，但沒找到水，不得不再度於地面上尋找小雨水坑，結果又找到剛好夠讓他們活命的雨水。他們如此朝不保夕過了二十天，不斷尋找水源，搜尋食物，時時留意從巴達維亞號之墓過來的筏子，但始終不見筏子蹤影。

• • •

科內里斯的計畫至此完成了第一部分。派人到四個外圍島嶼之後，巴達維亞號之墓上的人少了三分之一，剩下一百三十至一百四十人，已有將近五十個身強力壯的男子和二十四個男孩上當去了其他珊瑚礁，在那些地方他們成不了威脅，很有可能活不了。科內里斯和其追隨者的人數，仍少於忠於公司的船員，但副商務員推測，其他九十個仍在巴達維亞號之墓的成年男子，只有少數人真敢打架，於是推斷在救援船到達之前，他能一直掌控大局。接下來要做的，就是在救援船到達時，把船搶過來。

搶下一艘雅赫特艇之議，當然叫人躍躍欲試，但科內里斯知道那絕非易事。正面強攻不可能；即使是最小的荷蘭東印度公司船，都有加農炮，以及用來擊退強行登船者的長矛和滑膛槍。要出其不意搶下一艘停泊在此群島的船也不可能做到，因為進犯的小船遠遠就會洩露行蹤。

副商務員認為，較妥當的辦法或許是把該艇的船員誘上岸。如果救援船的水手上了巴達維亞號之墓，其人數會少於科內里斯的人。如果叛變者能殺掉這些上岸的水手，他們大概就只剩船上的二十人要對付[52]。

我們知道，科內里斯深信此計可行。但他也立即就看出，在島上仍有那麼多人的情況下，這不可能得手。首先，食物存量仍然很少，他們可能在救援船抵達之前都得餓肚子。再者，巴達維亞號倖存者大部分仍忠於荷蘭東印度公司；他們很可能會想要提醒救援者小心危險。在副商務員看來，要解決這麻煩的辦法同樣是再清楚不過——凡是擋他路者都得死。

殺掉一百二十名男女以及小孩之議，領導階層大部分成員大概會期期以為不可，但科內里斯以其一貫的超然看待此事。他是此船評議會的領袖，從而具有荷蘭東印度公司授予此職位的權力。在他乖戾的看法裡，那些和他作對的人，或者可能和他作對的人，才是叛變者。至於其他倖存者，其他島上的人，或許他根本認為他們活不久，因而未費心去思考如果他們還活著會出現什麼情況。

•••

殺戮始於七月第一個星期。

科內里斯等了幾天，才等到機會叛變。首先他想消滅異議分子，而評議會成員最有可能和他作對，因此就得找個藉口解散該組織。副商務員得知有個叫亞伯拉罕．亨德里克斯（Abraham Hendricx）[53]的士兵偷喝儲藏所某個桶子裡的酒，隨之有了解散評議會的機會。亨德里克斯受訊問時坦承已潛入作為儲藏所的帳篷數次，並把偷來的東西與巴達維亞號的某個炮手共享。在物資如此不足的情況下，可把這個小偷處以死刑。但要定那個炮手的罪則比較難，而評議會似乎很有可能饒他一命。科內里斯似乎決定趁機大作文章，要求將這兩個犯罪之人都處死，心想那必會招來反對。

「七月四日，來自台夫特的亞伯拉罕．亨德里克斯轉開某個葡萄酒桶的旋塞數次，喝到醉——而且把酒拿給炮手阿里安．阿里安斯喝，讓他也喝到醉——科內里斯向他所召開的評議會提議，將他們兩人都處死，不得赦免或寬延，而且必須立即溺斃。「就亞伯拉罕．亨德里克斯來說，評議會同意此議，因為他轉開酒桶偷喝，但就另一人阿里安．阿里安斯來說，他們提出異議，不願投票同意將他處死。這時科內里斯勃然大怒，說「你們怎能阻止此事？算了，反正你們不久就得在別的事情上作出決定。」聽了這話，每個人心生懼意，不懂他此話何意。[54]

科內里斯的意圖，隔天，六月五日，逐漸明朗。當天，副商務員突然解散評議會，開除其他所有評議員。這一極端但合法的舉動，使他得以挑選他中意的人組成他的新評議會，亦即軍官候補生庫恩拉特・范赫伊森；公司助理大衛・澤凡克；準下士雅各普・彼得斯・科賽因[55]。有了全由叛變者組成的評議會，科內里斯終於覺得高枕無憂。可指望澤凡克等人聽命於他，而只要評議會披著合法的外衣，島上其他人就不可能反對評議會發布的命令。

副商務員立即以行動證明這推斷[56]。他把亨德里克斯處死*，指控埃赫伯特・魯洛夫斯（Egbert Roeloffsz）和瓦爾納爾・迪爾克斯（Warnar Dircx）這兩個木工密謀偷走一艘自造的小艇，果然無人表示異議。後一指控似乎只是以島上的流言為依據，但新評議會把這兩個木工處死，絲毫不覺愧疚，而且，值得注意的，一般倖存者沒有發出異議的跡象。那天更晚時，魯洛夫斯和迪爾克斯被科內里斯的兩個手下，達尼爾・科內利森（Daniel Cornelissen）和漢斯・佛雷德里克（Hans Frederick）這兩個軍官候補生，殺死。巴達維亞號日誌寫道，「達尼爾用刀刺穿前述的瓦爾納爾；後來他炫耀此事，說刀穿過他身體就像穿過奶油那麼輕鬆……（漢斯・佛雷德里克）則非常樂於效力，也砍了瓦爾納爾兩三下。」

* 這表示阿里安・阿里安斯已想辦法逃到韋布・海耶斯島。

藉此，科內里斯控制評議會還不到一天，就不只除掉一個，而是除掉三個可能和其作對的人。但他非常清楚行事絕對要力求謹慎。他和他的人在人數上仍大大居於劣勢，翦除異己時絕不能讓島上的人懷疑他們正被有計畫的減少人數。要神不知鬼不覺處理掉最死忠於公司的人，得找出更好的辦法，以使連他們的朋友都看不出他們已經死了。

在巴達維亞號之墓，辦不成這事。島太小，有人失蹤，就會很快引來注意，而且太荒涼，不易藏屍體。科內里斯的辦法簡單但有效。他宣布要派人增援韋布．海耶斯找水。接下來一星期要派出數個小隊前往「高島」，每次三或四人。他清楚表示，這些人可能隨時會出發，會和那些士兵在一塊，直到找到水為止。

巴達維亞號倖存者覺得這樣的計畫很正常。科內里斯並未特別隱瞞他想減少巴達維亞號之墓上人數的想法，而從海耶斯和其手下一直未發出信號來看，他們顯然未能找到水；他們肯定會歡迎派去支援的人手。沒有多餘的筏子可用，因此由船伕載他們去北邊的島也合情合理，載去那裡之後，那些船伕當然就自己獨自回來。只有副商務員知道，划船的人都是從最堅定的叛變分子裡挑選出來的。

科內里斯的計謀立即付諸實行。第一支增援隊由兩名士兵、兩名水手組成，由澤凡克和他的六個最強壯的手下划船載去。這六人有四人是公司的軍官候補生，另外兩人是鎖匠佛雷德里克斯和士兵馬蒂斯．貝爾。於是，科內里斯的追隨者比他們打算拋棄的人多了將近一倍。

這一小隊從巴達維亞號之墓搭筏子出發，循著深水道往北行，直到所來之島已幾乎完全消失於遠方之時。忠於公司且毫無戒心的筏上四人，一來到不可能得到援助的地方，即遭突襲拿下。他們手腳被牢牢綁住，其中三人被丟下海溺死[57]。第四人，名叫安德里斯・利班特（Andries Liebent）的軍官候補生，哀求饒命，倖免於難，條件是他保證效忠於叛變集團。巴達維亞號之墓上的人看到利班特回來，似乎沒人覺得奇怪。科內里斯判定這辦法管用，於是兩天後就重施故技，軍官候補生漢斯・拉德（Hans Radder）和巴達維亞號的號兵雅各普・赫文瓦爾德（Jacop Groenwald）因此丟掉性命[58]。這兩人與馬蒂斯・貝爾有過節，貝爾挾怨報復，向科內里斯告發他們「愛發議論」。兩人被澤凡克和他的友人綁住，強壓在水裡溺斃。但澤凡克這次又饒了一人性命。這人是來自米德堡的公司助理，名叫安德里斯・德夫里斯（Andries de Vries），才二十出頭，高聲哀求饒命。「他被綁住，然後獲釋，性命暫時得保，」巴達維亞號日誌如此記載。但德夫里斯，一如利班特，得為此付出代價：發誓替科內里斯效力，照他指示辦事[59]。

• • •

至這時為止，科內里斯的計謀每次都得手。副商務員悄悄糾集了至少十二個唯他馬首是瞻的人。他已把巴達維亞號之墓上的人數加以縮減，限制對島上食物和水的需求，把可能與他為敵者分送到四處，而且這四處的人彼此沒有聯繫。他已解散佛朗斯・揚斯的評議會，把自己的主要助手送進新的評議會，藉此讓異議分子噤聲。然後他已開始殺害巴達維亞號的倖存者——他所宣誓要保護的人。到了七月第一個星期結束時，他已殺掉八人，其中五人被他悄悄殺掉，三人被他以偷竊的罪名公開處決，他似乎沒有理由不能以同樣方式解決掉剩下的人，直到效忠公司者少到如果他表露意圖也不礙事。至於與彼得·揚斯在一塊的十四人、已跟著海耶斯離開的二十人、他用船載到海獅島的四十五人，當下構不成威脅，他可以放心不予理會。

海耶斯那批人似乎是唯一讓科內里斯不放心的一批。已去了海獅島和叛徒島的倖存者，有男有女有小孩，不可能大舉反抗，但「高島」上那批人全是士兵，不怕吃苦，自力更生，能搞出亂子。或許因為這理由，副商務員把海耶斯那批人送到他所能送到離巴達維亞號之墓最遠的地方，而且把他們丟在他心知會很難活命的地方，不留船給他們。數天過去，數星期過去，都沒有信號自「高島」發出，科內里斯或許以為他的敵人已經渴死。若是如此，那對他是件好事，但他計畫的成敗不取決於此。眼下他樂於把海耶斯留在那裡，前提是海耶斯沒找到水。

若在「高島」找到水源，會讓船難倖存者大大鬆了口氣。但科內里斯的計畫要能如願，有賴於把巴達維亞號的倖存者一分為四，分居四地，讓他可以逐一解決。但如果在高島找到水源，倖存者將會認為科內里斯理當把四群人集中於水源處，屆時就必然令叛變者再度處於敵眾我寡的境地。這是副商務員不樂見的事。

於是，七月九日在「高島」發現數個小水坑一事，徹底打亂了他的計畫。看著海耶斯之島的海岸線上，燃起第一個、第二個、第三個煙火，副商務員簡直不敢相信。這些煙火證實海耶斯和其手下登上該島二十天後，海耶斯仍然活著，讓巴達維亞號之墓上的人知道已找到渴盼的水。這些煙火也是事先講定該派筏子來接他們的信號[60]。

自上岸獲救以來科內里斯首度陷入困境。這些信號隱藏不了——從倖存者的營地清楚可見煙火——但對他來說，必須置之不理。科內里斯不想讓海耶斯和其士兵離開「高島」，但如果拒絕派筏子去救他們之舉，將使得巴達維亞號之墓上的男女首度清楚看出評議會未把他們的利益擺在第一位。海耶斯無疑也會看出事情不對勁，而科內里斯要出其不意將他們拿下，已絕非易事。雪上加霜的是，「高島」上的士兵這時能無限期活下去，而科內里斯和其手下仍得靠斷續落下的雨來取得水。因此海耶斯的煙火不只是信號，還是惡兆——意味著科內里斯的密謀就要完蛋。

事實上，幾乎是煙火一點燃，科內里斯就注意到叛徒島上一陣忙亂。他和他的追隨者能遙望那裡的人奮力將兩艘自製的小船從他們的珊瑚礁下水。彼得・揚斯頭一個上船，然後是他的妻子、小孩，接著是德意志籍士兵馬格德堡的克拉斯・哈爾曼松（Claes Harmanszoon of Magdeburg）和他的妻子、帶著一個小孩的女人克勞汀・帕圖瓦（Claudine Patoys）。那群人的其他成員都是男人：有士兵，有水手，幾乎全來自荷蘭共和國。他們拿起用漂流木削成的簡陋木槳，開始駕著他們的筏子穿過淺水區，往北駛去。

科內里斯當下就知道他們要去的目的地。他當初向這位糾察長和他的手下保證，只要「高島」上的士兵找到水，他們就可以駕船去那裡，以此把他們騙上他們那座荒島。那當然是空頭支票，但揚斯顯然一直在留意「高島」上的信號火，找機會離開他待不住的基地，而這時他可以如願，要去海耶斯島。「高島」上的士兵因此會得到援手，這令副商務員很火大。揚斯的筏子還離得頗遠，他就急急召開評議會。眾人決定攻擊。

叛徒島距巴達維亞號之墓只有半哩，要動手就得快。澤凡克和范赫伊森跑去找來他們熟悉的夥伴：希斯伯特・范韋爾德倫、揚・亨德里克松、萊內爾特・范歐斯，奔去他們小船所在的海灘。另有兩個科內里斯的黨羽同去——來自海牙的年輕軍官候補生盧卡斯・黑利斯（Lucas Gellisz）、來自烏特勒支的普通士兵科內利斯・彼得斯——但他們最快的小艇似乎就只能載這麼多人。這七人抓起槳，朝西南划，以攔截筏子。

彼得・揚斯看到這些叛變者時，想必一臉驚愕。這位糾察長很可能已猜到澤凡克等人想動粗，因為殺害漢斯・拉德、雅各普・赫文瓦爾德之事，就發生在從叛徒島可看到的地方，但他很快就清楚躲不掉那艘小划艇。那艘小划艇是巴達維亞號的木工所造，造形俐落，速度比他笨拙的筏子快了許多，因此澤凡克和他的手下輕鬆就追上。

兩艘筏子來到一段深水區的中央時，叛變者追了上來。小划艇來到呼喊可及的距離時，澤凡克扯開嗓子向揚斯大喊，問他和他的夥伴要去哪裡。然後他要糾察長轉向，改駛往巴達維亞號之墓。

說時遲那時快，叛變者的小划艇已來到糾察長的筏子旁邊，黑利斯、彼得斯、亨德里克松、范歐斯登上筏子，持有武器，一副凶神惡煞的模樣。三或四個揚斯的手下跳海想逃，很快就溺死。其他人沒什麼抵抗，不到一分鐘，澤凡克的手下就奪走糾察長的指揮權。不久兩艘筏子就駛往副商務員所在的島。

揚斯這時想必很擔心自己家人的安危，但束手無策。他和他的手下惴惴不安看著澤凡克跳進淺水區，跑上海灘，向著科內里斯跑去，他正站在自己的帳篷門口。兩人商量了一會兒，接著，澤凡克調頭回奔筏子，喊著Slaet doodt!（殺了！）

盧卡斯．黑利斯已跳進水裡，正穩住兩艘筏子。亨德里克松、彼得斯、范歐斯仍在筏上。這三人立即拔刀，殺掉糾察長和他的小孩。剩下的男子，有兩人，或許三人，也遇害，克勞汀．帕圖瓦的小孩亦然，當下出現叛變者人數多於對手的難得場面。四名揚斯的手下跳筏，進入水深及腰的水裡。其中兩人是手水——鮑威爾斯．巴倫茨（Pauwels Barentsz）和貝塞爾．揚斯（Bessel Jansz），都來自海爾德蘭省的小港哈爾德韋克（Harderwijk），兩人為朋友。另外兩人是士兵——克拉斯．哈爾曼松和尼古拉斯．溫克爾哈克（Nicolaas Winckelhaack）。這四人似乎不知道這場攻擊是科內里斯所親自下令，因為他們吃力走出海水時，高聲請求副商務員保護。科內里斯盯著攤開四肢躺在他腳邊、濕淋淋、上氣不接下氣、慌張且絕望的四人，宣布「殺無赦」[61]。

揚．亨德里克松已跟在這四人後面跑上海灘，手上拿著刀。這時他突然撲向鮑威爾斯．巴倫茨，在他的胸部側邊砍出一道大口子。巴倫茨往後倒進沙地裡時，安德里斯．尤納斯（Andries Jonas）[62]——科內里斯的另一個追隨者，四十歲，年紀最大的叛變者——衝上來，挺出長矛穿過他的喉嚨，這個水手的尖叫隨之變成冒血的喘息，長矛就這樣釘住他直到他斷氣。與此同時，亨德里克松持刀往溫克爾哈克砍去，立刻要了他的命，然後砍傷貝塞爾．揚斯。魯特赫．佛雷德里克斯上前幫手，「用刀把貝塞爾砍到死」；接著，鎖匠獨力將欲穿過淺水區逃回筏上的哈爾曼松砍死。這下就只剩位在筏上的三個女人。澤凡克、范赫伊森和范韋爾德倫把她們塞進小划艇，划到水深超過一百英呎（三十公尺）的水道，然後把揚斯的妻子、哈爾曼松的妻子、克勞汀・帕圖瓦推進海裡。她們被身上的濕裙子往下拉，全都溺死。

屠殺糾察長等人，就在巴達維亞號一百三十名倖存者的眾目睽睽下發生，副商務員的密謀隨之曝光。曾有至少三個星期，此島上的人由衷接受科內里斯當他們的領導人；這時他們看清他的真面目。科內里斯很可能曾試圖替他的作為辯解；可能辯稱彼得・揚斯違抗評議會的命令想逃到「高島」，因而是公司的叛徒。但即使如此，對他幫助不大。就連最信任他的巴達維亞號船員，都認為他們所目睹的殺戮無異於冷血謀殺，是揚對「揚公司」的反叛。儘管忠於公司者比副商務員那幫人仍多了約三倍，他們無力阻止。科內里斯控制了島上所有武器，只有他的追隨者能拿取儲藏所的長刀、小刀、斧頭。這個島又小又光禿禿，沒地方可藏身，小船又始終有人守著。此外，叫人哭笑不得的是，科內里斯這時是公司董事會在阿布羅留斯群島的代表。身為評議會領袖，他有權要求所有倖存者效忠於他。反倒是想和他作對者——即使稍稍忤逆他的意思——都可能被視為反叛荷蘭東印度公司。看過彼得・揚斯被砍成好幾塊的人，這時知道凡是與他作對，都會招來無比嚴厲的懲罰。

於是，接下來幾天，又有至少十二名男子表態擁護科內里斯[63]，也就不足為奇。大部分人似乎靠向副商務員那邊，以求保命；肯定有某些人是看上會有較好的配給和可自由使用小船和儲藏所物資而靠過去。這些見風轉舵者大部分是船上不用值班的船員或來自最下層甲板的士兵，但至少有一人是高級船員——來自荷蘭省北區的公司助理伊斯布蘭特．伊斯布蘭茨（Isbrant Isbrantsz）。佛朗斯．揚斯見識過科內里斯的狠勁，這時也投入叛變陣營[64]。

結果，這些新加入者對阿布羅留斯群島的情勢演變影響甚少，儘管他們有時會被要求幫他人助威。科內里斯似乎始終不信任他們，有時還要他們表態效忠，而科內里斯原本的追隨者幾乎和這些人一樣怕他。

• • •

第一個受到副商務員考驗忠誠的叛變者是德意志籍士兵漢斯．哈登斯（Hans Hardens），他來自迪特馬申（Ditmarschen）省，該省接近丹麥與神聖羅馬帝國交界處。與荷蘭東印度公司簽下五年工作合約後，哈登斯帶著妻子安娜肯（Anneken）和六歲女兒希萊特希（Hilletgie）一起上了巴達維亞號。一家三口捱過漫長航行和船難，一起流落於巴達維亞號之墓。

就目前所知，哈登斯在船上時未參與謀反，但失事後的一個月裡靠向科內里斯那幫人，似乎冀望藉此讓妻女得到食物和保護。久而久之，他成了叛變陣營較活躍的成員之一，儘管不是最凶殘的。但他的表現還是讓科內里斯有疑慮。這個士兵可能奉行命令不夠爽快，意見太多，或者或許和佛朗斯．揚斯的交情太好。於是科內里斯邀哈登斯和他妻子到他帳裡，在他們一同吃喝時，派揚．亨德里克松把他們的小女兒勒死[65]。

希萊特希．哈登斯是巴達維亞號之墓上第一個遇害的小孩，但如果科內里斯要用她的死來測試漢斯．哈登斯的忠誠，想必對結果很滿意。不管私下多悲痛，哈登斯知道除了堅決效忠叛變陣營，他別無選擇，尤其是如果他還希望保護他妻子的話。女兒遇害三天後，哈登斯向其同志宣誓效忠：嚴正的誓言，「白紙黑字不容違反的約定、任何人所能立下、絕無貳心的最大誓約。」[66]

殘忍殺害小女孩一事，對巴達維亞號倖存者的衝擊，或許比先前任何人遭殺害之事，都來得大。其他受害者大部分起碼受評議會審問過，彼得．揚斯和他的手下可以說犯了抗命罪。他們的死雖然嚇人，殺他們起碼有理由。希萊特希遭殺害，相較之下，就沒道理，因為就連科內里斯都未主張她犯了什麼罪。因此，她的死代表此群島上的情況大幅惡化。從那之後，巴維達亞號的船員和乘客沒一個敢打包票說自己安全。向副商務員表態效忠、服從命令、努力幹活，不再是贏得他寵信的保證。他和他的追隨者已開始濫殺無辜。

對科內里斯那幫人來說，情況則大不相同，他們這時覺得解放。對大衛．澤凡克和他的朋友來說，叛變頭幾天不可能好過。他們的工作艱難且危險，的確有事跡敗露的風險。但到了七月中旬，這個助理和其友人已信心大增，全副武裝在全島招搖而行，想拿什麼就拿什麼。「整天聽到他們的口頭禪，『誰想挨一耳光？』」[67]海斯伯特．巴斯蒂安斯如此憶道。

「於是我們所有人都認為隨時可能被殺掉，我們不斷乞求上帝發好心讓他們解脫……真殘酷！無與倫比的暴行！他們根本無異於公路劫匪。公路上的匪徒常奪人財物，但有時饒人性命；但這些人兩樣都要，財物和性命。」

科內里斯最信任的那些人，享有諸多特權，包括配給比其他巴達維亞號倖存者好，有權力吃貯存在桶子裡的肉，而非海獅肉和鳥肉，喝葡萄酒和烈酒而非雨水。他們有較好的衣服可穿，較大的帳篷可住，有權使用小船，使他們享有效忠公司者所無緣享有的行動自由。值得一提的是，叛變者也完全擺脫他們以前所受的束縛——他們打從娘胎以來的頭一遭。在聯省共和國，他們通常是無足輕重、沒什麼錢財之人，辛苦謀生，受法律約束。但在阿布羅留斯群島，他們有身分地位，名義上地位高於這時受他們管的男女。此外他們不怕受懲罰。在這個群島，科內里斯的地位似乎穩如泰山，被捕受罰的可能性微乎其微。

科內里斯或許從擊垮哈登斯中得到些許快意，因為他接著把矛頭指向安德里斯·德夫里斯。這個來自澤蘭省的年輕人運氣好保住性命，在這個月初逃過被溺斃的下場，但他還得向饒他一命的人展現他的忠誠。七月十日，科內里斯給德夫里斯這樣的機會，要他奉副商務員之命殺人，以證明他可靠。

下手對象選定病人帳篷裡的人。這些人總共十一個，科內里斯口中徒耗食物和水的廢物，被壞血病和熱病折磨到非常虛弱，沒有還手之力。德夫里斯在夜裡溜進他們的帳篷，一個個割斷他們的喉嚨，澤凡克、范赫伊森、范韋爾德倫站在一旁監看，確保他不負使命。三天後，這個助理又被迫去那個帳篷，殺掉另外四或五個在這幾天裡得病的人[68]。

從那之後，在巴達維亞號之墓上，只要生病，就等於被判死刑。首先，揚．亨德里克松和阿萊特．揚森趁此島上唯一的英格蘭籍士兵揚．品滕（Jan Pinten）臥病在床時，把他割了喉[69]；然後一個在船上當服務生的男孩生病時，遭遇同樣下場[70]。幾天後，德夫里斯和揚森聯手殺掉木工亨德里克．克拉斯（Hendrick Claasz）[71]。殺這些人也都在夜裡動手。逃過此劫的傷病者，全是叛變者的朋友，包括已幫忙殺過一人且可能是亨德里克松的同夥的漢斯．佛雷德里克，以及希斯伯特．范韋爾德倫的哥哥奧利維爾[72]。

處理掉病人之後，科內里斯調轉矛頭，開始對付較健壯的倖存者。七月十二日晚，副商務員派他最寵信的殺手亨德里克松去除掉炮手帕斯希爾．范登恩德（Passchier van den Ende）和木工雅各普．亨德里克森．德萊耶爾（Jacop Hendricxen Drayer）*。這兩人被扣上的是從儲藏所偷了東西的老罪名[73]。

那一夜似乎是阿布羅留斯群島典型的狂風大作天氣，因為風的呼嘯和風把帆布篷吹得劈啪作響，蓋掉亨德里克松逼近的聲響。帳篷門簾突然被推開，范登恩德和德萊耶爾才意識到這個德意志士兵來到門前。亨德里克松像個復仇天使從黑暗中現身，旁邊站著澤凡克、范歐斯、盧卡斯．黑利斯[74]。

這兩個水手當下知道自己性命不保：

（揚）進了他們的帳篷，問帕斯希爾是否藏了東西在那裡……他哭著回道，「沒有」，乞求准許他念禱文，因為他認為自己性命不保。但澤凡克說，「快動手」。於是揚・亨德里克松把他撂倒，割了他的喉。

另一個人，雅各普・亨德里克森・德萊耶爾。他苦苦哀求饒命，於是澤凡克等人去找科內里斯，說雅各普木工技術好，是不是該饒他一命。但耶羅尼穆斯答道，「不行，他只是個車工，而且幾乎跛了。他也不能留。他遲早會胡說八道。」

於是，這群殺人凶手回到德萊耶爾的帳篷。叫人驚奇的是，這個倒楣的車工還在那裡等他們。或許他傷了一隻腳，因而想逃也逃不掉；或許他真的指望會得到饒恕。如果是這樣，瞧一眼亨德里克松淡漠的眼神，他就會知道自己錯了。

除掉一個不良於行的人，照理不會花太久時間，但儘管他行動不便，卻差點殺不死。亨德里克松把他推倒，范歐斯跨坐在他臀部上，他的朋友拿刀朝胸部一刺再刺。澤凡克提的燈籠火光搖曳，殺人行動在帆布牆上忽明忽滅，但即使有燈籠照明，這個德意志人還是找不到德萊耶爾的心臟。第一刀刺中肋骨，小刀斷成兩截，第二把小刀還是不濟事，斷成兩半。亨德里克森拿來另兩把小刀，刺進德萊耶爾頸子，但憤怒使他失去準頭，兩把刀都未刺中德萊耶爾的氣管、動脈和靜脈，而是穿過肌肉，刺中骨頭；刀刃擊中車工的脊柱而裂成數塊，行凶者手上握的又

* drayer 一詞意為「車工」，從而透露亨德里克森的職業。

是兩把沒用的刀柄。德萊耶爾卻還沒死，亨里德克松喘著大氣，不得不把手指頭伸進德萊耶爾身體下方不斷漫開的血泊裡，摸出一塊小刀斷片，用它割斷德萊耶爾的喉嚨。

• • •

對科內里斯的叛變集團來說，七月上半這番殺戮，使巴達維亞號之墓的情況改善了不少。到了七月十四日，他們已處理將近五十個男女小孩，其中將近三分之一病得很重，沒有還手之力。這些人的死亡，使巴達維亞號之墓上的人數減為約九十，其中將近一半若非積極參與叛變者，就是為保住性命而宣誓效忠科內里斯的趨炎附勢者。

這時，叛變者的最大敵人是無聊。對於他們如何度過每日時光，巴達維亞號日誌幾乎隻字未提。有些人負責捕魚獵鳥[75]；有些人想必已提高警覺，看守營地和小船[76]。我們知道他們有時製造臨時武器，例如晨星槌[77]——用對折的鉛條製成的高殺傷力棍棒，頭部嵌有長鐵釘，並穿以一條短繩，以便朝對手揮去，也知道科內里斯偶爾邀一些手下到他的帳篷。在那裡，到處堆著從失事船偷來的一捆捆待售的商品和公司的儲備物資，副商務員拿出大量葡萄酒款待追隨者，展示他們最珍愛的家當——一箱原屬於佩爾薩特的值錢東西。失事後，那箱東西搬上叛徒島，指揮官搭著人滿為患的大艇離開時，把它遺棄在那裡[78]。

那只箱子裡有四袋珠寶和一件大型的多彩瑪瑙浮雕（agate cameo）[79]。副商務員讓他的手下把玩那些珠寶——撈起珠寶，讓其流瀉過手指縫，至於浮雕，它長將近一英呎（三十公分），佩爾薩特應阿姆斯特丹珠寶商加斯帕爾・鮑丹（Gaspar Boudaen）的要求，要帶去印度。此浮雕於四世紀初期在東羅馬帝國雕製成，可能是君士坦丁大帝命人雕製；整件作品刻劃一古希臘羅馬時代的場景，而指揮官深信它在蒙兀兒皇廷會得到青睞。鮑丹把它裝在一個金色框裡，框本身鑲嵌寶石，使它更顯珍貴、稀有，因而，搬上巴達維亞號之前，連十七紳士都未獲准檢視它。佩爾薩特預期賣掉這件珠寶或許能賺五成利潤；荷蘭東印度公司會得到其售價的四分之一多作為佣金，但指揮官很可能也談定以其售價的一部分作為他的報酬。因此，佩爾薩特對這件多彩浮雕寄與厚望，希望靠販賣奢侈品和「玩具」給蒙兀兒皇帝來發財。此時，這浮雕在科內里斯的計畫裡，它所占有的地位亦不遑多讓。

副商務員看著手下撫摩瑪瑙浮雕，同時以誘惑的口吻談到他們當海盜所能發的財。他所編織的美夢，令他的手下聽得神往不已。後來安德里斯・尤納斯說，他們願意聽命於科內里斯，「因為他們據此以為每個人都會有錢一輩子」[80]。

副商務員的手下舒服躺著，幻想富裕奢華的未來時，尚存的那些忠於公司的船員，卻如置身夢魘。他們時時提心吊膽。與一群殘酷的殺人凶手一起困在小島上，他們幾乎只能任人宰割。他們與他們所知的任何地方相隔數千英哩，也就是說能救他們命者遠在數千英哩外。他們沒有武器在身，無處可藏，無路可逃。於是，巴達維亞號之墓上的生活，就是在等著何時輪到自己受死。

要殺誰，看來全看叛變者意思，無從判定誰會是下一個受害者，因此，他們活得更加膽戰心驚。副商務員的追隨者已習慣殺人，要再殺人不需什麼理由或根本不需理由。只要讓他們看不順眼——太大聲或太安靜，或工作不力——都只會使那必然到來的一刻——澤凡克或揚·亨德里克松出現於眼前，帶著已編好的罪名，揮舞著刀——更快到來。

在阿布羅留斯群島，白天已過得夠慘，晚上更慘。殺人大多在天黑後動手，那時各島似乎到處呼嘯著風，就連不絕於耳的轟隆波濤聲，都被燕鷗及羊肉鳥*81的叫聲蓋過，牠們哀嚎般叫個不停，聽來就像嬰兒的哭聲。七月中旬，月已缺，只有從飛雲背後隱現的星星提供了點亮光，倖存者開始留意逼近的燈光。巡夜人提著燈籠，走過這塊小小的新拓居地，其晃動的微光曾是安全的象徵，這時卻可能意味著死亡。忠於公司者躺在臨時充數的床上，在散落於地面的珊瑚扇板上輾轉反側，每有燈光靠近，就摒住氣息。等微弱的黃光經過他們的帳篷，留他們一命，但知道總有一天不會放過自己。

• • •

每天早上，科內里斯起床時，往西能看到半英哩寬的深水道另一邊的海獅島，島上移動著被他送去那裡的男女在營地各處移動的身影，他的營地和那個營地幾乎直直相對。他大半個月未干擾他們，但始終認為他們最終必會走上和彼得·揚斯的手下一樣的路。七月中旬，隨著這位糾察長和病人都已被他處理掉，他覺得隨時可以動手。

那個珊瑚礁上仍有四十五名倖存者。沒有來自巴達維亞號之墓的補給，他們要找到足夠的食物和水會很辛苦，其中許多人想必已生病、精疲力竭。他們的領導人——來自阿姆斯特丹的年輕公司助理科內利斯．揚斯和陸軍下士加布里爾．雅各布松——只有十或十二名手下可用。其他人若非男孩（或許有二十四人），就是帶著年幼小孩的婦女。

這些人對科內里斯的活動知悉多少，如今不得而知，但七月九日的殺戮，只要是從海獅島上往深水道另一邊看去的人，大概都會清楚看在眼裡，如果揚斯和雅各布松一直沒有和從巴達維亞號之墓冒險出海捕魚的小船有所接觸，他們想必應該開始納悶「為何會如此」。這個助理和這名下士似乎猜到科內里斯的意圖，因為他們，一如糾察長的手下，已開始造筏。在他們島上的西側，從巴達維亞號之墓看不到的地方，他們已在組裝三或四艘筏子。七月十五日，副商務員的手下出現時，這些筏子剛完成得差不多。叛變者划船載小艇越過將此兩島隔開的水道，朝海獅島上的營地直直過來。

信心大增的科內里斯，只派了七個手下來解決海獅島上的人[82]。澤凡克和范赫伊森是首領，同行者有揚．亨德里克松、萊內爾特．范歐斯、科內利斯．彼得斯和瑞士籍軍官候補生漢斯．雅各．海爾威克（Hans Jacob Heijlweck）。最後一名成員是至目前為止未參與過殺人的船醫揚斯。科內里斯要他去，且揚斯也覺得該聽命行事以表達忠誠？似乎可能。

科內里斯下達了清楚具體的指示——「殺掉大部分人，除了殺掉一些男人，小孩也不放過，

＊羊肉鳥是指普遍分布於西澳的某種鸌，可參考《羽的奇蹟》第四章，左岸文化，二〇一五。

暫時只留下那裡的女人」[83]——而澤凡克難得未費心替其罪行找藉口。這一次沒指控誰背叛，沒提到什麼東西被偷。這些叛變者領到長刀、小刀和晨星槌，他們上岸，拔出武器，攻擊。

范歐斯是最早跳上岸者之一。據某份對此事件的記述，「范歐斯一抵達，即持刀刺穿一男孩身體，刺穿另一男孩的屁股，以及刺穿水手雅各普·德佛斯（Jacop de Vos）的胸部側邊，他們一到那裡，揚·亨德里克松就刺死五名船上的少年服務生和兩個男人。」[84]其他叛變者散開，在整個營地追逐、砍倒沒有武器防身者。其中有些男人，包括那位陸軍下士，有妻小要保護，他們大概是最早喪命者之一。其他人向筏子跑去或躲起來。八個男人，包括科內利斯·揚斯，跑到筏子邊，躲過毒手，最後逃到北邊的「高島」[85]。幾個倖存的少年服務生藏身於島中央的灌叢裡。其他倖存的少年服務生手腳靈活，在這座一英哩長的珊瑚礁上往北逃，讓行凶者追不上。

澤凡克以其一貫的殘忍解決此麻煩。叛變者初次攻擊時逮到一名少年服務生，名叫阿姆斯特丹的亞伯拉罕·黑赫茨，他即是被佩爾薩特救離獅子山的那個逃亡的年輕人。這時他被拖到澤凡克面前，澤凡克說，「小子，你得好好幫忙殺人，不然倒楣的就是你。」結果黑赫茨「非常樂於」遵從，儘管他服從是因為害怕，而非因為嗜殺；總之，他不久就逮到另一個和他差不多年紀（十五歲）的男孩。這個逃跑的男孩被扳倒、短暫掙扎後，黑赫茨將他按住，用小刀結束了他的性命[86]。剩下的男孩（總共十五個）找不到，這些叛變者最終放棄搜尋，把矛頭轉回營地。

第一波攻擊已至少殺掉四個男人和六個男孩。還有超過六人受重傷，這時癱在珊瑚上，已沒有還手之力。澤凡克和他的朋友把這些人拖入海，把他們的頭按在水裡直到斷氣。行凶者在帳篷之間找四個孕婦——其中一人是那位下士的妻子勞倫齊亞・托馬斯（Laurentia Thomas）——但遵照科內里斯的指示饒了她們；副商務員的這些手下確定島上已沒有筏子可供少數倖存者逃脫之後，放心離開，決定改天再來處理那些剩下的男孩。他們回到巴達維亞號之墓，滿意今天的成果——把附近這個珊瑚礁上的人減少了將近一半。男孩黑赫茨跟著他們回去，為副商務員的大事業找到一個新血。

科內里斯不久後就著手解決那些逃掉的少年服務生[87]。幾天後，他再派一隊人到海獅島，這次等到天黑後才動手，以便在帳篷裡萬無一失擒住該島上的倖存者。這次出擊同樣由大衛・澤凡克帶隊，但隊員有七人，包括馬蒂斯・貝爾、希斯伯特・范韋爾德倫、來自小城博默爾（Bommel）的年輕人揚・佩爾赫歐姆（Jan Pelgrom）[88]。這些殺手神不知鬼不覺在營地附近上岸，躡手躡腳走向帳篷，同時兵分多路，以便同時進入每頂帳篷。然後，澤凡克發出信號，他們動手。

那天晚上隨澤凡克動手者還包括安德里斯・尤納斯，他來自勒克（Luyck）：*

七月十八日，安德里斯・尤納斯奉科內里斯之命，與大衛・澤凡克和另外（六）人一同搭船載小艇到海獅島，以把前次七月十五日動手時未殺掉的四個女人和約十五個男孩殺掉。

* 今列日（Liége）。

於是，澤凡克問他有沒有小刀；安德里斯．尤納斯回道他有一把小刀，但不是很利。澤凡克就把自己的小刀遞給他，說「割那些女人的喉嚨」。[89]

於是，安德里斯積極地，乖乖地，來到肚子已很大的邁肯．蘇爾斯（Mayken Soers）跟前，把她帶到一旁，說「邁肯，妳好，妳得死」，把她推倒，割了她的喉；了結這個之後，他看到揚．范博默爾正在殺揚娜肯．希斯特（Janneken Gist，來自海牙的揚．亨德里克斯之妻），於是上前幫忙，用他的小刀把揚娜肯刺死；另兩個女人由別人殺掉。

與此同時，范韋爾德倫和貝爾已和另外三或四個殺手悄悄進入數個帳篷，逮到還在睡夢中的倖存少年服務生。這些殺手拿著小刀和棍棒襲擊，朝躺著的這些男孩一陣棒擊、刀刺[90]。十二個男孩當場喪命，或受重傷，被拖到海邊溺死，但有三人逃脫。他們躲過攻擊，遁入夜色，消失於島中央的隆脊。

三個男孩保住性命，但七月二十四日愚蠢出現在從巴達維亞號之墓看得見的地方，性命因此了結。那天，科內里斯看到他們，派「鑿石工」彼得斯與三個人去把他們趕出藏身地然後逮住。這一次，三個男孩沒逃；這個準下士生擒他們，把他們趕上他的船載小艇。回巴達維亞號之墓途中，他和伊斯布蘭特．伊斯布蘭茨照副商務員的命令逼其中一個男孩將其兩個同伴推落海。這個男孩叫克拉斯．哈爾曼斯（Claes Harmansz），逃過一死。一如黑赫茨，他成為叛變集團一員[91]。

• • •

科內里斯一六二九年七月下半的行動，間接表明人類禁不住追求新奇、刺激的需要，能幹出愈來愈無人性的暴行。這個副商務員似乎厭倦於不斷下令殺人，而且，一如某個古羅馬暴君[92]，找新鮮消遣來打發無聊。他似乎不是真的需要擴增追隨者；在巴達維亞號之墓，他的地位這時已穩如泰山，而且他絕不會像信任揚・亨德里克松或馬蒂斯・貝爾那樣信賴安德里斯・德夫里斯、乃至安德里斯・利班特。反倒他似乎從剝削弱者和腐化年輕者中得到特殊樂趣。

德夫里斯、利班特和船醫揚斯已被迫殺掉自己同伴和友人以保命。這時，科內里斯和其手下已逼克拉斯・哈爾曼斯、伊斯布蘭特・伊斯布蘭茨、亞伯拉罕・黑赫茨也成為殺人凶手。這個副商務員或許對他的追隨者在被他改造為殺人凶手後所產生的變化很感興趣，想弄清楚那是怎麼回事；他似乎認為他們「既愧疚又狂喜的矛盾心情」是值得探究的有趣主題。他始終與他在這群島掀起的腥風血雨保持距離，但這時似乎開始一心想親自體驗那股快感。

從海獅島第一次殺戮後數日發生的一件事，可找到證據證明此論點。有幾個晚上，科內里斯和他的同夥都被一個嬰兒沒完沒了的嚎哭弄得睡不好覺。那嬰兒的媽媽是來自巴達維亞號船體裡的年輕女子，名叫邁肯・卡爾杜斯（Mayken Cardoes）。邁肯從失事船救出她的嬰兒，非常用心哺乳，甚至島上已缺水而她自己都快餓死，仍在餵奶。但她再怎麼拼命哄，嬰兒就是靜不下來，眼看著小孩把副商務員和其同夥吵醒，束手無策。

對科內里斯來說，這個啼哭的嬰兒似乎正是他打算進行實驗的絕佳對象。他決心殺了他，並且決定下毒殺掉。此舉既體現科內里斯的一貫作風——毒藥是身為藥劑師者的武器，而在阿布羅留斯群島，就只有他配製得出毒藥——而且表明他偏愛神不知鬼不覺致人於死。邁肯被帶到他跟前，他細問了嬰兒的病情。副商務員主動表示願配藥緩解嬰兒的病痛，可想而知她接受了這好意。

科內里斯配製的毒藥是甘汞，使用從失事船搶救下來的物料製成，那是著名的瀉藥，若大量服用能致死。科內里斯於七月二十日施用此藥，興味盎然的觀察其藥效的發作。發現此藥水很快就止了嬰兒的啼哭，卻未能要他的命，只是使他陷入「既活不了也死不了」的昏迷狀態，他想必大失所望。

這一失敗使副商務員不知如何是好。對科內里斯來說，了結這個任人擺布的嬰兒，當然易如反掌，但出於某種原因，他一如以往不願自己動手殺了他。結果，他把謀殺對象指向叛變陣營裡另一個無足輕重的成員，那人至當時為止一直不願履行其應盡的職責。

科內里斯這次選定的對象是島上另一個軟弱之人：佩爾薩特信賴的文書，阿姆斯特丹的薩洛蒙．德尚[93]。在阿布羅留斯群島，科內里斯是職級最高的荷蘭東印度公司職員，再下來就是德尚。德尚生性懦弱，對於副商務員將諸島納入掌控，他袖手旁觀，「為了活更久，放任邪魔橫行，未出聲制止，閉上眼睛，隱瞞真實想法。」事實上，眼看科內里斯似乎牢牢掌控大權，德尚就立即轉而效忠叛變集團。這時，這個文書則要為這背叛行為付出代價：

七月二十日夜，他被雅各普・彼得斯帶出他的帳篷，帶進邁肯・卡爾杜斯的帳篷，在那裡，大衛・澤凡克、揚・亨德里克松、烏特勒支的科內利斯・彼得斯告訴他，他們不確定他是否忠誠，於是從前述母親邁肯・卡爾杜斯大腿上抱來一個還在吃奶的幼兒，告訴他，「德尚，這是個半死不活的小孩。你不是戰士，這裡有條小絞索，過去把它套上去，讓島上的我們不再聽到那麼多啼哭。』然後他，德尚，乖乖地把那小孩抱到帳篷外，幹下罪大惡極的事，把他勒死。[94]

邁肯・卡爾杜斯的嬰兒是科內里斯想親手殺掉而未能如願的第一個巴達維亞號倖存者，也會是死亡的最後一個。但等到德尚扼殺掉這個出生不久的小生命，已有一百零五人死在副商務員手裡[95]。這時，巴達維亞號之墓上的活人已不到六十個，科內里斯的計畫已快完成：「殺掉人或毀掉人，直到人數剩四十五個或更少為止。」[96]

・・・

此島上有幾戶人，其中最大一戶是改革宗教會牧師家。海斯伯特・巴斯蒂安斯和瑪麗亞・史海朋斯得天獨厚，生了八個小孩，其中七個跟著父母上了巴達維亞號。當時歐洲境內出生的小孩有一半活不到成年，而巴斯蒂安斯特別幸運，只有一個小孩早夭。更叫人驚奇的是，這個牧師的妻子、他的女僕韋布雷赫特・克拉森、他全部七個小孩，都捱過此趟航行的種種苦難：

經歷瓦爾赫恩沙洲擱淺、到阿布羅留斯群島的漫長航行、船失事、在巴達維亞號之墓度過六個無水的苦日子、女僕奮力游到失事船取回水、在科內里斯底下過了二十個恐怖日子[97]。

巴斯蒂安斯的確享有某種地位——那地位使他和他的家人在船上有較優渥的配給，也使他們在此島上得到些許保護——但在當前的情況下，他仍有一家人在身邊一事，在其他巴達維亞號倖存者看來，想必是十足的奇蹟：如果需要什麼證據來證明這個牧師的確是上帝的人，這就是明證。

牧師七個小孩裡，四個是男孩。長子叫巴斯蒂安．海斯伯茨（Bastiaen Gijsbertsz），來自他祖父的名。他二十三歲，所受的教育和身心成熟程度足以幫公司的忙，於是被荷蘭東印度公司雇為助理，航行途中幫佩爾薩特處理文書工作。他的弟弟彼得．海斯伯茨小他四歲，雖然年紀已足以進公司工作，卻未這麼做；由於巴斯蒂安．海斯伯茨顯然不適合走牧師一途，海斯伯特的次子有可能已被指定克紹箕裘。另兩個兒子還在求學年齡：約翰內斯（Johannes）十三歲，么子魯蘭特（Roelant）只有八歲。

牧師的三個女兒分別叫尤蒂克（Judick）、韋勒邁因特希（Willemijntgie）、阿赫內特（Agnete）。尤蒂克排行老二，二十一歲，已是適婚年齡。這麼大一家子裡，她想必有不少時間花在幫母親照顧弟妹上，儘管十四歲的韋勒邁因特希也幾乎成人。么女阿赫內特在抵達好望角之前不久，過了十一歲生日。

在此島上，女人人數只有男人的九分之一或十分之一，因此尤蒂克必然引來側目，而由於在巴達維亞號之墓只有三個未婚女人[98]，她更加吸引目光。不久，就有年輕的軍官候補生庫恩拉特・范赫伊森追求她。已殺了六人的范赫伊森長得帥，小貴族出身，又是科內里斯之殘忍評議會的一員，在此島諸多單身漢裡，自然最有資格與她匹配，他的關愛大體上不受尤蒂克歡迎，但至少使這女孩免遭其他叛變者騷擾。她未潑他冷水。事態發展迅速，來到阿布羅留斯群島不到一個月，范赫伊森就求婚，但有個叫她難以接受的附加條件。在此群島他們兩人無法合法成婚（此婚姻需要新郎父母同意才有約束力，但他父母人在荷蘭共和國），於是范赫伊森同意只訂下婚約——前提是尤蒂克在此島上和他圓房[99]。

牧師和他女兒隨之陷入大麻煩。巴斯蒂安斯匆匆寫道，「來自海爾德蘭省的庫恩拉特・范赫伊森：

那些殺人凶手組成之評議會的一員，請求與我女兒成婚，但說他會與她締結婚約，會在眾人面前按法定程序與她成婚，說他一有機會就會這麼做；對此事說了許多，多到無法在此一一轉述，因為尤蒂克和我這麼想：在目前這樣的情況下，在法律上歸屬於一個男人，會比受到虐待來得好。於是他誓言與她締結婚約，答應了隨此婚約而來的種種義務。我懇請讓她隔天才去與他同住……但其他的殺人凶手來到帳篷前，說那天晚上就得去，立刻去，不然他們隨時可以殺了我們……如今她已和他在一塊，但誠如她所告訴我的，她未遭到虐待。不這樣又能如何？

誠如她父親所料，尤蒂克與范赫伊森交往，足以確保她免受傷害，但即使這個叛變者對這女孩是真心真意，她無力保護她家其他人。兩個星期以來，科內里斯打發了他的無聊，每隔一或兩天就滿足了他日益升高的男人嗜殺之欲。通常的情況是暴力程度有增無減。溺斃已不夠看，換成刺死和割喉，殺戮的規模也已擴增——從七月九日一天殺掉十五人，變成九天後在海獅島解決掉二十三人。但海獅島的殺戮之後的三天裡，唯一值得一提的事是副商務員給邁肯·卡爾杜斯的小孩下毒。對某些叛變者來說，這不過癮。每日例行活動——捕鳥捉魚、調理烹煮、然後吃掉——對已享有生殺予奪之權的人來說，沒什麼意思，到了七月第三個星期結束時，澤凡克等人又很想再嘗嘗殺人的滋味。他們還能下手的最大目標（事實上是唯一目標），就是海斯伯特·巴斯蒂安斯的家人。

尤蒂克這時很安全，科內里斯已裁定牧師本人或許也值得饒其一命；科內里斯與牧師所信的神學差異極大，但科內里斯仍覺得牧師有其用處。瑪麗亞·史海朋斯和她的六個剩下的小孩則是另一回事。七月二十一日晚，巴斯蒂安斯和他的長女受邀與范赫伊森、科內里斯在這個「容克」（荷蘭貴族成員）的住所共進晚餐，從而被調離他們的住所。父女倆享用從失事船搶救下來的桶裝肉和紅葡萄酒時，大衛·澤凡克和雅各普·彼得斯糾集了七個主要的叛變者，一同前往牧師的帳篷。這個「鑿石工」宣布，「殺掉牧師的家人」，那會是「一趟愉快的小出遊」[100]。

這時他們都已是熟練的殺手，而且謀殺行動經過精心規畫。那天晚上更早時，有一票科內里斯的手下挖了一個足以擺進八具屍體的埋葬坑，就在距營地不遠處。澤凡克和彼得斯決定要在帳篷裡殺掉這家人，在帳篷裡小孩逃脫的機率會較小。為此，這些人把長刀換成較利於近距離格殺的小刀和短柄小斧。

彼得斯和安德里斯・尤納斯最晚來到倖存者的營地，來時看到澤凡克和揚・亨德里克松已等在那裡；此外還有萊內爾特・范歐斯、馬蒂斯・貝爾、科內利斯・彼得斯、安德里斯・利班特、名叫瓦烏特・洛斯（Wouter Loos）的荷蘭士兵。帳篷裡，牧師的家人正在煮晚餐。一鍋滿滿的海獅肉正吊在火上煮。

最早逼近這家人者是澤凡克和亨德里克松，叛變集團裡最殘忍的兩個人。澤凡克躡手躡腳來到帳篷門口，叫韋布雷赫特・克拉森出來。一或兩秒後，這個女僕現身，幾乎直直迎上亨德里克松的小刀。這個德意志籍士兵刺了她一刀，任她在海灘石礫地上死去。與此同時，澤凡克帶著叛變集團的中堅分子闖進帳篷。裡面很擠，晚到的彼得斯和尤納斯不得不在外面等著。

瑪麗亞・史海朋斯和她的小孩看到大衛・澤凡克手上的斧頭，想必就知道自己完了，但這個年輕助理還是覺得有必要讓自己的行動正當合理。帳篷裡掛著一盞油燈；他拿下該油燈，高舉在自己頭部上方，高聲說，「有人通報這裡有我們所要尋找、遭隱藏的公司物品。」他停頓了一下子，然後說「我們會找出來」，史海朋斯和其孩子聽了大覺不妙。其他叛變者一聽到此話，即開始在帳篷裡寥寥幾件家當中翻找，一會兒之後，油燈熄滅——肯定是澤凡克自己把它弄熄——漆黑一瞬間，殺戮開始。

帳篷裡有十四人：科內里斯的七個手下，牧師的七個家人，一個對一個。叛變者掄起短柄小斧攻擊。萊內爾特・范歐斯一連數擊，砍破瑪麗亞的頭顱，馬蒂斯・貝爾重擊韋勒邁因特希。瓦烏特・洛斯把長子巴斯蒂安推倒，「用扁斧砍倒在地上的長子，直到將他砍死」，澤凡克、范歐斯、貝爾則合力殺掉彼得、約翰內斯、阿赫內特。在第一波攻擊裡唯一未喪命或受傷的小孩是老么；八歲大的魯蘭特太小，鑽過攻擊他的貝爾的雙腿之間，驚駭奔逃，拼命想找到逃出帳篷的路。他差點逃了出去；貝爾不敢轉身砍這男孩，怕誤傷同伴。但澤凡克和科內利斯・彼得斯就站在他後面，其中一人掄起短柄小斧重重砍向魯蘭特，把他殺了。

沒多久，殺戮行動就停止，然後，這些殺人者察覺到仍有一人活著，在痛苦呻吟。那是瑪麗亞・史海朋斯，「那時還沒死」。馬蒂斯・貝爾彎下身子，朝俯臥在地的史海朋斯的頭部又砍了數下，把她了結。呻吟聲消失。任務完成。

他們清理現場。安德里斯・利班特拿走這一家人已永遠無緣享用的那鍋肉，帶回自己的住所。其他行凶者把屍體拖到已挖好的坑邊，把他們丟進去，因此他們滿身血窩在一塊[101]。

這時才晚上約七點左右，這些叛變者殺興正濃，不想罷手，於是各自去另尋獵物。揚・亨德里克松來到亨德里克・德尼斯（Hendrick Denys）——公司簿記之一——的帳篷，命令他出來到海灘上，他一現身，亨德里克松即「在他帳篷前掄起扁斧，重擊他的頭部，立即要了他的命。」[102]與此同時，澤凡克把那晚還未殺人的安德里斯・尤納斯出來，告訴他，「去把邁肯・卡爾杜斯叫出帳篷，割了她的喉。」[103]

安德里斯來到卡爾杜斯帳篷外，她就猜出對方的來意。尤納斯說，「邁肯，妳睡著了嗎？

來，我們出去走走。」那不是請求，而是命令，這個女孩只能照辦。她帶著遲疑走出帳篷，以懇求語氣說，「安德里斯，你要傷害我？」「沒有，沒這回事，」他說，但兩人沿著海岸走了一小段，他就突然抓住她，把她往後推倒在珊瑚上。尤納斯跨坐在她身上，摸找自己身上的小刀；他拿起刀子，俯身想割她喉嚨，但她在他底下猛力掙扎，使他無法如願。幾秒鐘後，他放棄割喉，轉而把身子往後，一隻手按住她，另一隻手握著小刀刺向她。邁肯死命抵抗，伸出一隻手，想抓住下刺的小刀，結果刀刃直直穿過手掌，從她的手背穿出，牢牢卡在骨頭之間。

尤納斯使勁拔刀柄，但刀子卡太緊，拔不出來。他能感覺到這個不幸的女孩仍在他身下拼命扭動身子，試圖用她那隻未受傷的手掙脫，於是他放開刀子，想轉而把她勒死。即使如此，仍制伏不了她，但瓦烏特・洛斯注意到兩人打鬥的聲音，跑過來幫忙。卡爾杜斯力氣放盡、受傷又被按壓在珊瑚上，根本不可能打得過兩個士兵。洛斯拿斧頭打破她的頭，兩人把屍體丟進牧師家人的坑裡。自他們殺了這女孩的小孩，才過了一天多一點。

大衛・澤凡克仍覺得不過癮，回到叛變者的營地，叫來和尤納斯一樣未參與殺害牧師家人的阿萊特・揚森，命令他去殺副理髮師：霍恩的阿里斯・揚斯。一如安德里斯・尤納斯，揚森編了一個藉口把這個身兼船醫的理髮師叫出帳篷，叫離營地，說，「阿里斯，出來，我們得去為商務員捉些小鳥。」這時天已黑了許久，揚斯不可能相信這說詞，但一如邁肯・卡爾杜斯，他怕到不敢拒絕。這個身兼船醫的理髮師和要殺他的人往下走到海灘，阿里斯走在揚森稍前方，一來到海灘，揚森就抽出刀，猛然砍向阿里斯肩膀。另一名叛變者科內利斯・彼得斯見此信號，從黑暗中竄出；他早躲在附近，這時上前幫手，揮刀砍向揚斯的頭。但兩人的刀都太鈍，揚斯幾乎毫髮無傷。揚斯未如他們所料倒地，反倒逃走，消失於夜色中，蹚著水逃入此島東邊的淺水區裡。揚森和彼得斯跟上去，一邊找，一邊彼此呼喊，肯定還一路咒罵自己運氣太差，但揚斯懂得低下身子，藏身水裡，他們在漆黑中找不到他。這兩個叛變者在淺水區來回找了幾分鐘都沒找到人，最後安慰自己道揚斯已受重傷，肯定活不了。「於是他們調頭，互對對方說，Hij heves al wel（「他完了」）」，然後一身濕淋淋一起回去向澤凡克報告[104]。

阿里斯受傷流血，但傷得不重，確定行凶者已遠去才離開藏身處。他緩慢且小心翼翼繞著島的邊緣走，來到科內里斯的手下擺放小划艇的海灘。小划艇守護不嚴密——澤凡克等人大概沒想到會有人從海上，而非走島上步道，來到小划艇處——然後他解開一艘簡陋的小筏子，把它悄無聲息拖進水裡時，沒人看到。拖到離島甚遠時，他爬上筏子，開始划向北邊的「海耶斯島」。

• • •

於是，到了七月第三個星期結束時，阿布羅留斯群島的情勢已相對較明朗。科內里斯和其叛變集團已牢牢掌控巴達維亞號之墓。但他們的大本營，這座島本身，天然資源奇缺，因此，從更長遠來看，他們的處境並不安穩。他們仍倚賴下雨來取得水，仍倚賴從船上搶救下來、因而有限的物資，從中取得衣物到武器的其他每樣東西。

與此同時，韋布．海耶斯和其最初的二十名手下，已在此群島兩座最大的島上存活下來。副商務員和這些士兵未有直接聯繫已一個多月，但由於數隊人前來投靠避難（包括來自海獅島的數名倖存者和後來的阿里斯．揚斯），海耶斯非常清楚叛變者的所作所為，瞭解自己的險境。另一方面，科內里斯完全不清楚這些士兵的情況。他知道數個難民的投靠已使那些士兵有所提防，實力更強，但他和他的評議會都不確定海耶斯的人究竟已在他們的島站穩腳跟，過得頗舒服，還是缺水、缺食物，因而正漸漸死去。

但副商務員知道在某個至為重要的方面，情勢已變。韋布．海耶斯或許沒有刀或槍，但這時的確擁有一些小船。科內利斯．揚斯的幾艘簡陋小筏子和阿里斯．揚斯的小划艇，本身構不成威脅；它們所能載運的人，不足以讓海耶斯發動一場像樣的攻擊。但如果佩爾薩特抵達目的地，回來救他們，就能給叛變者帶來大麻煩。

CHAPTER 6 大艇

「我們認為必死無疑。」

——不知名的水手

巴達維亞號的大艇，載著佛朗西斯科·佩爾薩特和阿里安·雅各布斯等人，在阿布羅留斯群島北邊隨著海湧忽上忽下，欲駛往南方大陸。她是艘頗為結實的船，長超過三十英呎（十公尺），有十根槳和一根船桅，但儘管舷側多加了船殼外板，舷側離海面只兩英呎（六十公分）多一點。在洶湧的海上，這艘船很可能被水淹沒，即使是前往地平線另一邊之南方大陸的短航程——船長估只有五十英哩（八十公里）遠——也不無危險[1]。

佩爾薩特原打算在最近的海岸上找水，裝入桶裡，帶至少能讓其他倖存者撐上幾星期的水回去。如果辦成此事，就能派一艘小船到北邊求援。此計畫[2]的主要難題在於南方大陸的海岸，在地圖上標示非常不清楚，船長和指揮官都不曉得要從哪裡找起；荷蘭東印度公司的船先前幾次讀到南方大陸的記錄，表明有條河在他們所在位置北方約三百六十英哩處（三百公里）的海岸入海，但要在那裡找到水源，既需要高明判斷力，還需要運氣，而且無從判定把水帶回阿布羅留斯群島要花多久時間。

阿里安．雅各布斯暗自盤算著，如果找不到淡水，他們將得駕著大艇直趨爪哇，爪哇島上的荷蘭人貿易據點巴達維亞是他們確信能找到援助的唯一地方。但東印度群島遠在將近兩千英哩（三千兩百公里）外，即使能完成如此長程的航行，阿布羅留斯群島上的倖存者要獲救，也會至少是兩個月以後的事；那時，其中許多人，甚至所有人，很可能都已渴死。其他跟隨船長離開該群島的人肯定也如此認為，因為此大艇上的四十八人原先全都堅持要和他一起離開。他們帶走所有剩下的食物和水。於是，這艘設計來只能承載四十人的大艇，陷入超載的險境[3]。

大艇上真正舉足輕重的人是水手。巴達維亞號所有高階船員——船長、三個舵手、水手長埃佛茨——都在此船上，只有他們具有讓一艘小船不致沉沒於汪洋大海且克服險阻往來阿布羅留斯群島的經驗和本事。其他四十三名乘客和船員，大部分是幹練水手；此外，雅各布斯那個當水手長助手的親戚和巴達維亞號的舵工哈爾曼．南寧斯大概也在此船上。離開阿布羅留斯群島的諸人，只有六人顯然不懂航海——三個男人、兩個女人、一個小孩。史萬琪．亨德里克斯是其一；自船隻失事以來，雅各布斯一直把她擺在身邊，此刻無意拋下她。史萬琪有個年輕媽媽和該婦人的兩個月大嬰兒陪伴（佩爾薩特的日誌裡未提到此婦人的名字，那嬰兒則是在船行於南大洋期間出生）。搭上此大艇者還有細木工人漢斯．雅各布斯；巴達維亞號的「主小號兵」克拉斯．揚斯，以及佛朗西斯科．佩爾薩特本人。

六月八日出海第一天下午，他們看到南方大陸。映入眼簾的海岸荒涼而且讓人望而卻步：平坦；單調；沒有水、樹或植物；有一道從左右兩方望去都看不到盡頭的斷崖守護著海岸。海浪不斷拍打岩石，激起巨大浪花，把海水翻攪成滿是泡沫的白，欲從任何方向讓船登岸都極危險。這時，離天黑只有幾小時，雅各布斯不敢留在近海；於是調頭往外海走了幾小時，午夜時再度轉東行，拂曉時在北邊數英哩處再度碰到海岸。太陽升起，眼前露出同樣叫人生畏的海崖地形，他們沿著海岸往北航行了一整天，未找到可上岸的地方[4]。

佩爾薩特和雅各布斯碰到南方大陸最荒涼的海岸。從豪特曼的阿布羅留斯群島起，直到北邊兩百英哩處現今的鯊魚灣，這整段海岸線幾乎都不適合上岸。在這段海岸線，海崖拔地而起，最高達七百五十英呎（二百公尺），幾乎沒有安全的上岸地點，而且內陸極乾燥，幾乎渺無人煙。

幾十年後，另一個荷蘭人威廉・德佛拉敏赫（Willem de Vlamingh）沿著這段海岸航行，把此海岸稱作「惡地」：

> 這裡似乎非常荒涼，地形之陡峭好似有人拿斧頭劈過這段海岸，因而幾乎無法上岸。海浪猛然轟擊海岸，浪花四濺，讓人覺得周遭每樣東西都給震得支離破碎，叫我們看得悚然心驚。

佩爾薩特也這麼覺得。他慘然寫道，海崖「直劈而下，沒見到什麼前灘或小灣。」更糟糕的是，海崖後面的陸地處處叫人絕望：「乾燥、受詛咒的地方，沒有葉子或草。」沒有有水的跡象。

雪上加霜的是，六月九日傍晚時，刮起另一場風暴，大艇當時離海岸極近，情勢危險。風從西方刮起時，雅各布斯和佩爾薩特還在找上岸地點，此刻風不斷把他們往海岸推。一度他們似乎會翻船，全部落入波濤裡溺死，但船長最終帶他們脫困。接下來，仍得靠著舵手辛苦操舵，大艇才得以不致靠海岸太近，他們不斷對抗翻湧的波濤，就此度過艱苦的一夜和整個隔日。

第三天晚上，雅各布斯和其水手已精疲力竭，全身濕透，冷得發抖，但大風仍沒有減弱的跡象。陣陣強風開始從西北方吹來，揚起的危險碎浪猛拍加固的舷側，有時把海水灌進大艇裡。他們從阿布羅留斯群島一路拖來的那艘船載小艇也進了水，隨著天色變暗，他們不得不割斷拖繩，任這艘較小的船隨波逐流，拚命把自己船裡的水舀出去。他們緊挨在一塊，沒有多少迴旋空間可做如此大的動作，不久，情況危急到雅各布斯不得不命令他們把許多食物和備用裝備丟進海裡。位於船底的兩小桶淡水則留著。

拋掉大部分物資後，大艇吃水較淺，而且有較多空間舀水。被水淹沒的危險漸漸降低，六月十一日早，風暴平息。但海湧仍和以往一樣高，海流把他們推得愈來愈北。

他們又花了三天尋找上岸地點未有所獲，然後，在海上一個星期後，他們來到南緯二十四度之處。這時大艇距阿布羅留斯群島約三百英哩（五百公里），已走了到爪哇的路程六分之一，船上的淡水已幾乎用盡。靠嚴格的配給（每人每天半品脫水，約二百毫升），才得以撐這麼久，但此刻，他們的水只夠再撐一天左右。已不可能回頭。如果無法在更北邊的海岸上找到水，他們活不了。

最終，六月十四日下午，佩爾薩特終於得以讓一隊人上岸[5]。上岸前，他從海上看到那處海岸後面的陸地有煙升起，但上岸後一無所獲。隔天，他們再試，這一次上岸處在名叫西北角（North-West Cape）的半島[6]，他們在此找到穿過礁區的路線，駛入較平靜的水域。終於在此看到海灘和沙丘。雅各布斯第一次得以讓小船上岸，而由於可用來找水的人手多了許多，指揮官把他的找水隊一分為二。一隊去沙丘挖掘找水，另一隊去內陸的岩石之間找。

在沙丘只找到微鹹的水，但冒險進入內陸那一隊運氣較好。他們無意間碰見原住民生火後的灰燼，其四周散落丟棄的蟹殼，附近岩石之間則找到數十個小水坑。那是雨水，幾天前那場暴風雨期間落下的雨水；如果他們更早幾天或更晚幾天來，不會有雨水給他們找到。他們收集的水足夠他們止渴，還能把幾乎空掉的木桶注入八十罐（kannen）的水（約十七．五加侖，約六十公升），至少足夠海上再撐六天。

此外別無所獲，六月十六日，他們返回似無涯際的大海。佩爾薩特原打算進入位於恩德拉赫特蘭（最早對於澳洲的稱呼）最北部的「雅各普．雷默森斯（Jacop Remmessens）的河*[7]」，一六二二年有艘荷蘭共和國的船無意間遇過此河。該河位在西北角半島另一邊，距佩爾薩特的大

* 今雅爾迪溪（Yardie Creek），位在埃克斯茅思灣（Exmouth Gulf）最南端。

艇一百英哩（一百五十公里），但此時風往西吹，迫使他們離開海岸。不久他們就看出無法一直緊貼陸地航行，而這時他們離阿布羅留斯群島已超過三百六十英哩（六百公里），船上的水只夠自己飲用，於是佩爾薩特和雅各布斯終於決定駛往巴達維亞[8]。這決定非同小可；它很有可能被解讀為刻意遺棄之舉，為了自保，指揮官要船上所有人簽署誓言，表明他們同意他的決定。搞定此事後，雅各布斯轉動舵柄。大艇轉向，船長要船頭朝北駛往帝汶海（Timor Sea）。

這些來自巴達維亞號的人所要嘗試的壯舉，此前少有人做過：用一艘超載的船航越大洋約九百英哩（一千五百公里），而且備有的必需品甚少，儲備的水只勉強符合所需。雅各布斯和佩爾薩特擁有一些有利條件：順風、晴朗天氣、一艘適合在看不到陸地的大海上航行的船。但即使如此，巴達維亞號的大艇還是不斷進水，船上的人個個都不敢大動作移動，生怕把船弄翻。沒有東西遮蔽白天的日曬。不久，此船上就有一個水手坦承，「我們認為必死無疑」。

對於此段航行期間物資如何地匱乏，大艇上的人只留下少許記載。就連在整個航行期間不忘寫日誌的佩爾薩特，都只針對天氣、船的估計位置、航行的距離，寫下簡短記錄。但一百六十年後（一七八九年），邦蒂號（Boutny）船長威廉．布萊（William Bligh）遭叛變船員丟上小船隨波逐流後，完成了類似但路程遠上許多的航行。威廉．布萊帶著十八人和他們的必需品，擠在一艘十人小船上，往西橫越太平洋，航行了四千六百英哩（七千五百公里）的距離，其所留下的詳細記述，足以讓我們約略窺知雅各布斯、佩爾薩特和他們的手下安然抵達目的地前想必經受的磨難。

布萊統領一群有經驗的幹練水手，而且沒有女人或小孩需要他操心。此外，他所航越的太平洋海域，島嶼甚多，很少有一連數天航行都看不見陸地的情況。但他的人因過度擁擠吃了很大的苦頭，來自巴達維亞號的人想必亦然。他們發現必須每隔幾小時就交換在船上的位置，而且想出一套讓某些人輪流掌舵、其他人小心翼翼換座位的制度。布萊也訂定明確的作息班表。邦蒂號上的人，一如在大船上時，分成三班值勤，以確保始終有人留意船被突如其來的大浪滅頂的危險。卸下勤務者，有一部分人舀水，其他人則休息或睡覺。正午時他們測量太陽的高度，計算自己所在位置。阿里安．雅各布斯似乎很可能也這麼做[9]。

優秀的船長都知道：隨時可能丟掉性命的人，既需要水，也需要希望——而威廉．布萊雖有種種缺點，至少在這方面表現出色。對失事船倖存者的研究也表明，懷抱希望的人，比同樣強壯或更強壯但絕望的人活得久。那股想要上岸、或許想再看到妻子或家人的頑強決心，有助於使許多水手捱過在無遮蔽小船上長期航行而存活。宗教是另一個慰藉；就連對神的存在與否抱持最不可知立場的人，置身汪洋大海時，往往都會開始禱告。但被迫漂流大海的水手，其生死存亡的關鍵往往是領導統禦的能力——領導者展現才幹、處逆境仍自信滿滿、努力維持手下士氣。在巴達維亞號的大艇上，就有兩個領導人可能擔得起此重任，船長和船隊指揮官；但就我們對這兩人的瞭解——佩爾薩特並非水手且仍有病在身，雅各布斯不只航海本事高超，而且強勢鮮明表達自己看法，故在大艇上擔起領導的重責大任者似乎肯定是船長。

於是，在帝汶海，雅各布斯替自己挽回了些許名聲。他是否還打算叛變，難以判定。雅各布斯不知道他被懷疑密謀傷害公司利益，而沒有科內里斯在身旁，他在南大洋上表現出的那股叛亂決心此時很可能已消失無蹤。誠如先前已提過的，科內里斯仍對他保有些許信心，希望這個船長會在北航期間殺掉佩爾薩特，把他的屍體丟下海，然後航行到麻六甲求助[10]。儘管葡萄牙人若得知有荷蘭東印度公司的錢箱在阿布羅留斯群島等著收回，可能真的會派一艘船來救人，但雅各布斯似乎不可能幹掉指揮官，即使他想這麼做亦然。大艇上或許有六個叛變者，但人數想必比忠於公司者少了許多。例如，三個舵手從未加入雅各布斯的叛變計畫，不可能坐視佩爾薩特被殺和大艇轉向馬來海岸。此外，在擁擠的大艇上，要想殺掉正商務員而不被察覺完全不可能，打鬥很可能造成翻船，使船上的人落海。心裡害怕且口渴的水手要叛變，鮮少成得了事，而隨著他們接近東印度群島，雅各布斯和揚．埃佛茨花在盡可能撙節使用他們剩餘的物資上，可能比花在策劃殺害指揮官上的時間來得多。

從西北角半島出航以來已過了十一天——足以使食物和水的存量低到危險的程度。大部分麵包已在那場暴風雨期間丟到海裡，剩下的麵包想必納入嚴格的配給；船上的人大概最初受苦於嚴重的餓意，然後是隱隱的空洞感，代表已走上餓死之路。他們在海上時，雨下了三次，稍稍降低了他們對儲備之水的依賴，但即使如此，還是不得不減少水的配給量。船上每個人苦於口渴的折磨，但知道船前進快速（一天最多航行九十英哩，約一百五十公里），想必有助於他們撐下去。

六月二十七日下午見到爪哇海岸。艱苦航程結束得正及時；大艇靠岸時，他們從西北角的水坑舀集的七十罐水，只剩一罐（不到兩品脫）[11]。這時仍不可大意——爪哇島的南部海岸不歸荷蘭人控制、當地人說不定有敵意——但隔天早上，他們靠降雨補滿水桶，靠帆和槳駛向巽他海峽[12]。貿易路線和季風在此海峽匯合，荷蘭船在來往巴達維亞的途中在此海峽聚集。很不簡單的是，搭大艇離開阿布羅留斯群島的四十八人，全捱過這段航程；就連抱在懷裡的嬰兒也仍活著。微風耽擱了他們的行程，但還是在七月三日抵達爪哇島的西南端，而且令他們大喜過望的是，有四艘荷蘭東印度公司的船在海峽裡等著出航；其中一艘是薩爾丹號，即和他們一道從泰塞爾島駛至好望角的那艘小雅赫特艇。四天後，他們人在巴達維亞。

• • •

荷蘭東印度公司在東印度群島的總部——巴達維亞，在科內利斯·德豪特曼於一五九六年十一月抵達該地之前，一直是個微不足道的小城。德豪特曼抵達時，此城位在芝利翁河（Tiliwung River）河口，可能有人口兩千或三千，只靠一道竹牆防護。此城的爪哇籍居民為西邊五十英哩處萬丹蘇丹的子民，他們把此城稱作雅卡特拉（Jacatra）。他們以農、漁、貿易為生，他們的城裡也有一批為數不多的華人，這些華人控制亞力酒（arak）釀製業和許多商業活動。德豪特曼在這裡買了一些補給品，此後荷蘭船開始定期造訪此港，比起萬丹，此港衛生條件稍好，成本也低了許多。

荷蘭人的影響力漸大。一六一〇年，人稱潘格朗（pangeran）的當地統治者把華人居住區的部分土地給了荷蘭東印度公司，允許該公司在該地建造一座石倉庫和有牆圍住的院區；沒幾年，這個院區就成為「揚公司」在遠東最大的商館之一。十七紳士與潘格朗的關係一般來講甚好，於是，一六一八年，該公司在緊鄰雅卡特拉的城外建了一個新醫院和一個小型修船場。該公司也決定將歷來都在萬丹進行的商業活動大部分移到雅卡特拉。

此時，令荷蘭東印度公司大為不悅的是，英格蘭東印度公司開始在城牆外建造自己的商館。如果說雅卡特拉的統治者意在挑動歐洲人互鬥以從中得利，那他的確很成功。荷蘭人攻打英格蘭人的商館，把它燒得精光；英格蘭人回敬以在城外集結龐大艦隊，荷蘭僑民見苗頭不對，全往東逃到摩鹿加群島。但荷蘭人不善罷甘休；幾個月後，荷蘭東印度公司以武力反擊，出兵兩千攻打雅卡特拉，把該城燒掉，把廢墟裡僅存的幾棟建築夷平。與英格蘭人合作的潘格朗遭推翻，舊聚落重建為巴達維亞要塞。

這個新城，創建於一六一九年五月三十日，有一座位於海岸的現代城堡予以保護。該城堡是其前身的九倍大，用白色珊瑚板建成，城堡上有四個分別叫鑽石、紅寶石、藍寶石、珍珠的稜堡。因此之故，當地爪哇人替此新城取了綽號kota-inten，即「鑽石城」。此綽號沿用不輟，主要因為不久後開始湧進此城的貿易活動，使它成為東印度群島最富裕的地方之一[13]。

舊城雅卡特拉消失；新城巴達維亞散發荷蘭氣息。房子用磚建成，磚則有許多從尼德蘭當作來回船的壓艙石運來。房子瘦而高，屋頂鋪瓦，一如阿姆斯特丹的房子。街道筆直，旁邊種行道樹，城裡有教堂、學校、乃至按歐洲方式開鑿的運河。雖然身在熱帶，全城的人大體上維持在故土的生活方式，少有變動；住在那裡的荷蘭人，大部分抽菸喝酒過度，一如他們在國內的時光；*他們對於階級和社會地位非常執著；氣候雖然濕熱，士兵和商務員都遵照尼德蘭境內的時尚穿著厚重的黑色毛衣。爪哇本地人不得進入該城。

儘管如此，就連史萬琪．亨德里克斯之類初來乍到者，都不可能把巴達維亞看成歐洲城鎮。它在許多方面十足東方風情。城裡有一大片華人居住區，有條街從頭到尾都是賭館，天黑後歐洲人不得進入該街。四分之一城民是華人，剩下的城民裡有三分之二是亞裔奴隸。歐洲籍居民為約一千兩百名士兵和數百名商務員、文書、手藝人；荷蘭籍女人非常少，幾乎所有男人都納當地女子為情婦或妻子。野生動植物也是和故土大不相同。雨林幾乎蔓延到城門；叢林裡有猴子和犀牛，有時城牆外的甘蔗園裡有老虎潛伏，咬死奴隸。更糟糕的是，常有萬丹土匪出沒於城郊，攻擊、搶劫那些笨得冒險遠離該城的人。因此，巴達維亞與周遭社會沒有往來。新來者走海路過來，有時一待數年未見識過他們所置身之地的其他人事物，離去時整個人和到來時沒有兩樣。

城裡歐洲僑民的組成非常單一。幾乎所有白人都為荷蘭東印度公司直接效力。多年來，公司董事會一再努力招攬其他歐洲人外移到東印度群島，以「自由市民」（free-burgher）的身分定

* 該世紀更晚時，住在巴達維亞的歐洲人，若不計商務員和士兵，七分之一是客棧老闆。史學家巴瑟（C. R. Boxer）寫道，「若說死於熱帶地區的荷蘭、英格蘭男性，大部分死於酗酒，我認為絕非誇大，即使把瘧疾、痢疾奪走的許多人命考慮進去亦然。」

居該地——「自由市民」為不受該公司管轄的平民，該公司希望他們的移入能為移民社會提供其所需的基礎設施——但新來者被疾病折磨得苦不堪言，而且不准從香料貿易獲取利潤，因此他們在白人城民裡只占極少數。少數有意移居且真的搭船遠道來此者，鮮少久留。整個巴達維亞城揮之不去的悶熱潮濕，令他們身心俱疲，待不住。疾病猖獗，運河裡滿是蚊子，正午時極炎熱，因而就連「揚公司」都未要求其文書中午時辦公。他們的辦公時間是早上六點至十一點和下午一至六點。

巴達維亞的統治者是東印度群島總督。他是高階商務員，由荷蘭東印度公司從荷蘭共和國派來，不只控制此城，還控制該公司從阿拉伯半島到日本沿海地區的所有商館和領地——若非直接控制，就是透過當地下屬間接控制。總督的職責，不只確保香料貿易的有利可圖，還要管外交、軍事，他在巴達維亞城裡的權力，與任何東方統治者的權力一樣大。由八名閱歷甚廣的正商務員組成的東印度群島評議會，向他提供意見，在決策上有某種程度的參與，但此會成員的升遷大體上靠總督拉一把，因此他們與總督唱反調的情況很少見。從巴達維亞把請求的訊息發到尼德蘭再收到答覆，至少要花十八個月，因此強勢總督即使面對十七紳士的命令，都能違抗數年，而且的確有總督這麼做。

能幹的總督，其權力只受到兩大限制。一個是法律——荷蘭東印度公司的領地完全受荷蘭共和國的成文法規範，法律事務由從尼德蘭派來的一位律師掌管，這人的職稱為檢察官（fiscaal）。另一個限制是人數和實力都不斷在變動的該公司軍隊。一如活躍於東方海洋的其他每個歐洲強權，荷蘭共和國始終苦於船隻和兵力不足，每個總督都清楚如果他的商館或堡壘受攻擊——不管攻擊者是當地人軍隊、英格蘭的軍隊、還是葡萄牙的軍隊——由於他的兵力太薄弱，只要損失一艘船或一班士兵，就可能左右戰事的成敗。荷蘭東印度公司的士兵和水手也知道這點，而且比起在尼德蘭時，要管住他們更難許多。士兵和水手打架、喝酒、嫖妓，如此度過在東方五年服役期間，可以不用擔心受罰，而且他們能在巴達維亞城裡掀起頗大的亂子。

只有性格頑強的總督能適應叫人提不起勁的環境，鎮得住自己底下的人和當地統治者，同時仍能為十七紳士增加獲利；但一六二九年，佩爾薩特之大艇上的極瘦弱船員終於蹣跚踏上爪哇島時，正是這樣的人掌管荷蘭東印度公司在東方的所有領地——嚴格、堅定不移、不苟言笑、信教虔誠、正直、刻苦自持的總督。他叫揚・顧恩（Jan Coen）[14]，一手打造了荷蘭共和國在東印度群島的帝國。

顧恩本籍荷蘭省北區的霍恩港，一六〇七年起為該公司服務。當時，在荷蘭東印度公司於東方的管理階層裡，有許多追逐自身利益的自營貿易商，身為其中一人的顧恩表現非常突出，因而升遷極速。二十五歲就當上正商務員，一六一九年已當上總督，那時才三十二歲。與在東方服務的許多商務員不同的，顧恩深信應動用武力來擴大荷蘭東印度公司的版圖，出動公司的軍隊對付當地統治者和他的歐洲對手時，絲毫不覺不妥。他已把英格蘭東印度公司幾乎完全趕出香料群島，在這過程中創建了巴達維亞城，此外，征服了班達群島（Banda Islands）*，為荷蘭人拿下全球的肉豆蔻供應來源[15]。十七紳士對他敬重有加，甚至容忍顧恩直言不諱且不中聽的批評——在顧恩頻頻寫回國的書信裡，常見他以如此口吻批評董事會捨不得花錢、缺乏雄心壯志。

但誠如佩爾薩特所大概已知道的，這個總督前所未見的殘酷無情，已在過去十年給荷蘭東印度公司帶來種種麻煩。最惡名昭彰的事件一六二三年發生於香料島嶼安汶（Ambon）。當時，荷蘭東印度公司誤以為與其競爭的英格蘭東印度公司密謀攻擊荷蘭商館，於是派人擒住十五名英格蘭東印度公司的商務員，連同數名日籍傭兵。這些人遭刑求逼供——其中一人被放火燒腳底，「直到脂肪滴下，澆熄蠟燭為止」——然後在被迫招認後遭處死。「安汶屠殺」之事傳到倫敦，引發激烈反彈，十七紳士不得不承諾不再派顧恩去東方服務[17]。但十七紳士知道公司不能沒有他。不到三年，該公司就把它聲名最狼藉的職員派回東印度群島，要他以化名上船，再任總督。

顧恩於一六二七年九月回到巴達維亞城，發現該城面臨大患。在巴達維亞西邊握有領土的萬丹人已臣服，但這個荷蘭人飛地東邊有個版圖更大許多的馬塔蘭（Mataram）帝國。那是「傳統形態的東方專制政體」[18]，其蘇丹控制了爪哇四分之三地區。目光只放在香料貿易上的荷蘭東印度公司，對這個鄰邦興趣不大。馬塔蘭是個純農業社會，行以物易物的經濟，但覬覦巴達維亞城。它的統治者阿袞（Agung）是個征服者，想要統治東印度群島的數大片土地。他已制伏了數個較小的蘇丹國，稱號「蘇蘇忽南」（Susuhunan），意為「支配萬物之人」。這時他開始計畫打倒荷蘭人。

顧恩回來不到一年，蘇蘇忽南就發兵來犯。一六二八年八月，阿袞以萬餘人的兵力圍攻巴達維亞，總督不得不下令該城南區、西區的居民撤離。為不讓巴達維亞落入敵人之手，顧恩不得不將此城大部分城區燒掉，撤到要塞，他和他的守軍在要塞力守三個月，直到馬塔蘭人補給用盡為止。十二月三日，巴達維亞才解圍，但荷蘭人知道隔年八月阿袞在採收作物之後，幾乎百分之百會捲土重來[19]。於是，佩爾薩特那些極瘦弱且疲累至極的水手抵達目的地時——橫越大洋期間肯定靠著抵達後可在城中客棧大吃大喝玩女人的憧憬撐住自己——發現該城一片廢墟，城民心心念念牽掛著敵人會再度來犯。

反過來說，在如此困頓的情況下，聽到有艘嶄新的來回船和船貨在未知的礁區擱淺，對民心士氣的打擊尤其大。巴達維亞號、其上的錢箱、佩爾薩特的商品，總值至少四十萬荷蘭盾，相當於今日約兩千萬英鎊，而被遺棄在阿布羅留斯群島的兩百八十人，本來有助於擴充顧恩已減少的防守兵力。「揚公司」的商務員始終知道，往返尼德蘭途中必然會損失一小部分的船[20]，即使如此，巴達維亞號的失事仍是大災難。

佩爾薩特和雅各布斯想必對此心知肚明，兩人大概都知道他們的前途，乃至他們的自由，這時掌握在荷蘭東印度公司歷來最不講人情之人手上。這個人「絕不會忘掉他人的過失，即使那過失肇因於情有可原的人類弱點亦然，他絕不會因為與他人受苦而心軟。」[21]只要違反了他

* 顧恩也難免犯下大錯。最引人注目的錯誤，出現在一六二二至一六二三年他決定征服中國之時。他的小艦隊，共八艘船，兵力只一千人多一點，在葡屬澳門的城門就被擋下，在澳門遭擊潰[16]。

的可怕準則，不管那人是什麼樣的身分地位，他都嚴懲不貸。就在前一個月，顧恩就已展現他這一作風，在市政廳前鞭笞了一個叫莎拉．斯北科思（Sara Specx）的女孩。莎拉具有一半的日本血統，父親是荷蘭東印度公司船隊指揮官雅克．斯北科思（Jacques Specx），她的罪行則是在總督府裡做愛。*她才十二歲，她的愛人，阿姆斯特丹市秘書兼行政官的侄子，只有十五歲，因此就連掌管法律事務的檢察官和東印度評議會成員都替他們求情；但儘管證據顯示兩人是合意性交而且希望結為連理，這個總督還是不為所動。他叫人砍了那個男孩的頭，莎拉則是差點遭溺死[22]。巴達維亞號船長和指揮官知道，別指望這樣的人對他們寬待。

大艇於禮拜六抵達巴達維亞。隔天是禮拜天，護城城堡裡的人照例不得工作，但七月九日，東印度群島評議會重新開議，立即傳喚指揮官，要他說明巴達維亞號的損失。向顧恩陳述事情經過，佩爾薩特想必渾身不自在，而他所陳述的，只能說是實情的局部，強調他的導航員一再向他保證船仍離陸地很遠，強調他一心要替遭遺棄於荒島的人找水。他把決定前往爪哇一事，說成令人遺憾的必要之舉，而非自保之舉，指揮官還費心給了總督不必全然悲觀的理由。他提醒訊問者，最值錢的商品已送上該群島的陸地，在撤離巴達維亞號的過程中，他仍不忘在失事處擺上浮標，以標出值錢物的落海處[23]。

聽了這番陳述，揚．顧恩似乎未露出讚賞之色，但有件事的確替佩爾薩特加了分。最近一次來爪哇的航行途中，這個總督已親身體會過南方大陸海岸險在何處；他就差點在那裡觸礁擱淺[24]。「我們無意中遇見恩德拉赫特的陸地時，」顧恩在寫回國的信裡如此說道，距碎浪不到兩英哩，而我們注意到碎浪存在，卻看不到陸地。如果是夜裡來到這裡，我們的船和船員會身陷無比危險的險境。高階船員所標定的此船位置，離此九百至一千英哩遠，因此完全沒料到會碰見陸地。

這場差點上身的災難，發生於一六二七年九月，而這位總督想必認識到他在霍恩市徽號（Wapen van Hoorn）上驚險逃過一劫和巴達維亞號失事船毀這兩件事，明顯有相似之處。南大洋的強勁洋流把這兩艘船推送到比他們所以為還要遠了許多的地方，令它們的船長大惑不解，顧恩運氣好，白天而非夜裡碰見南方大陸，因而躲過一劫。這位總督雖然較嚴厲，但至少明事理，因此——暫時——未批評這位船隊指揮官，反倒給佩爾薩特戴罪立功的機會。

根據東印度群島評議會的記錄，

那是大人向評議會所提出，因為似乎有可能救出某些人並搶救出某些貨物，無論如何……該派一艘合適的雅赫特艇去那裡，後來斷定該派本月七日從祖國來到這裡的薩爾丹號去；應該提供該船食物等必需品、水、額外的纜繩和錨，應該派失事船巴達維亞號的指揮官佛朗西斯科．佩爾薩特去那裡……以打撈出貨物，並清楚命令他於竭盡所能救人和搶救貨

＊顧恩得悉此事時，氣到「臉發白，他的桌椅顫動。」

物、現金後，盡快回來。

顧恩的提議立即得到評議會其他成員——安東尼奧・范迪門（Antonio van Diemen）和彼得・弗拉克（Pieter Vlack）——贊同[25]。薩爾丹號接到指示，要速速裝貨，為南航作好準備，在眾人忙著此事時，總督寫下給這位指揮官的指示。

佩爾薩特最終收到的指示，乍看之下簡單明瞭，但帶有威脅性的弦外之音，用詞經過細心斟酌，以使這位指揮官一旦再失敗就沒有藉口可推拖。根據該指示，薩爾丹號要盡快前往阿布羅留斯群島，到了那裡，不只要立刻搶救倖存者，還要搶救回金錢和裝備，愈多愈好，「以爲公司彌補一部分龐大損失」。不用急著回來，事情辦好才是重點；如有必要，得在失事地點待上「三、四或更多個月」，佩爾薩特得有心理準備。即使得等到南方夏季降臨，才能完成搶救任務，他都該等下去，如果暴風雨使他無法留在該群島，他就該在南方大陸上建立臨時基地。

顧恩接著寫道，會配六個潛水伕（兩名荷蘭人和四名來自印度的古吉拉特的人）給這個指揮官，由於指望會找到許多倖存者，因此薩爾丹號的船員人數需減到最低。如果找不到巴達維亞號船員與乘客的蹤影，這艘雅赫特要駛往南方大陸，在海岸尋找他們的蹤跡。最重要的是，顧恩提醒佩爾薩特，他的職責是「搶救回現金，那是對公司的義務，你名譽之所繫。」這份指示明確暗示，若未能執行這些命令，必會追究失職之處[26]。

指揮官在評議會上試圖將此次失事怪罪於阿里安・雅各布斯，但雅各布斯未出席該會議，也就沒聽到佩爾薩特怎麼說他。他或許還未從這趟航行的勞頓恢復元氣，也或者說不定根本未獲邀出席此會議。無論如何，他們一抵達東印度群島，佩爾薩特似乎就和船長和水手長埃佛茨兩人都保持距離。

這個指揮官顯然已開始懷疑這兩人是巴達維亞號失事之前許久克蕾謝・揚斯遭攻擊事件的共犯。他怎麼猜到他們脫不了干係，我們不清楚，但的確似乎有可能克蕾謝已從埃佛茨的身高或體型，或從濃濃的荷蘭省北區口音，認出他是蒙面攻擊她的男子之一；而一旦確立這關連性，船上的流言蜚語，或者比流言蜚語還更明確的傳言，似乎已令佩爾薩特提防船長所扮演的角色。水手長當初徵詢數人參與攻擊克蕾謝的行動，其中只有來自阿爾克馬爾的科內利斯・迪爾克斯拒絕參加，而佩爾薩特在巴達維亞號的日誌裡特別用心證明他未涉及此事，因此，最終向佩爾薩特告發其夥伴者，可能就是他。但不管佩爾薩特有何動機，有何證據，他抵達巴達維亞不久，顯然就向上司告發雅各布斯和埃佛茨。七月十三日，雅各布斯突遭逮捕，丟入巴達維亞城堡的地牢。然後揚・埃佛茨也進了牢裡[27]。

水手長被捕一事，未有記錄存世，但他被指控的罪名顯然很重，訊問者想方設法想從他那裡問出真相。就埃佛茨來說，那就表示會接受檢察官安多奈・范登赫費爾（Anthonij van den

Heuvel）[28]或其下屬的訊問。這名水手長坐在或躺在城堡深處的一個房間裡，手腳很可能被牢牢綁住，會被人以佩爾薩特指控的罪名和不利於他的證據質問，要他證明那些指控和證據是否屬實。囚犯若否認指控，訊問者鮮少當一回事。如果此案被認定重大，埃佛茨想必會遭刑求逼供。

刑求逼供絕對合法，但荷蘭法律規定靠刑求取得的供詞，效力不足以拿來定罪。於是這個囚犯會獲准待其恢復意識，再要其確認剛剛的供詞屬實。只有如此得到的「自願供詞」，也就是刑求後一天做出的供詞，才可作為定罪的證據。但如果囚犯收回其在脅迫下做出的供詞，訊問者當然不會就此罷休，通常只是招來更為嚴酷的刑求，畫家托倫齊厄斯對此就有親身體悟。最後結果幾乎總是一樣，因此荷蘭人堅持採用自願招認的供詞，可以說只是法律的遮羞布。

只有少數人頂得住長時間刑求，而巴達維亞號的水手長不在其中。不久就從他身上得出一份供詞，完整交待其參與攻擊克蕾謝・揚西之事的來龍去脈。由於埃佛茨清楚船長諸多情事裡扮演的角色，尤其清楚他的叛變計畫，他在巴達維亞城堡受訊問期間究竟說了什麼，就令人好奇。未有證詞存世，但阿里安・雅各布斯的名字不無可能與「在前述船上所犯下的（這個）非常傲慢但駭人聽聞的行動」有關連，但現存的唯一記述——出自評議員安東尼奧・范迪門之手——只證實埃佛茨後來因為攻擊克蕾謝而遭吊死，卻隻字未提耶羅尼穆斯・科內里斯。這一細節究竟間接表明水手長根本不知情科內里斯與船長過從甚密，或表明他竭力不提叛變之事以免招來更重的懲罰，還是表明他怕這個副商務員更甚於怕遭刑求，無從得知。

船長遭指控的罪名，我們就比較清楚。東印度群島評議會的會議記錄寫道，罪名有兩個：

由於失事船巴達維亞號的船長阿里安．雅各布斯怠忽職守，讓自己的船被吹離航道，而聲名狼藉，而且由於他的作為導致一樁離譜惡事和公開攻擊事件發生於該船……大人（顧恩）和評議會已決定逮捕該船長，要他在此受審，以讓他就那些不利於他的指控作出答辯。」[29]

與埃佛茨不同，船長似乎未遭刑求。或許因為他職級甚高而躲過刑求；或許總督和他的評議會不像相信水手長的罪行那樣相信他的罪行。但事實上，此案並不需要佩爾薩特的指控。毋庸置疑的，雅各布斯該為導航不當導致巴達維亞號觸礁負起責任，身為該夜值班的高級船員，他更加該為此災難負責。不管他與克蕾謝．揚斯遭攻擊一事有無關連，光是使他的船身陷險境一事，就足以使他受到無限期的拘押。

• • •

薩爾丹號於七月十五日星期日離開巴達維亞[30]。全體船員比顧恩訂下的日子還早一天出發，指揮官佩爾薩特急於動身。

先前和佩爾薩特一起北航求救的諸人，有三人和他同在這艘雅赫特艇上。其中兩人是舵手克拉斯．黑赫茨和雅各布．揚斯．霍萊特。阿布羅留斯群島的位置，當時還非常不確定，要再度找到該群島，需要他們兩人的導航本事。第三人是巴達維亞號的正小號手克拉斯．揚斯．霍夫特（Claes Jansz Hooft）。這個號手出現在薩爾丹號上，出於全然不同的考量。他把妻子特琳特辛・佛雷德里克斯（Tryntgien Fredericx）留在巴達維亞號之墓，想必很想救她[31]。

從阿布羅留斯群島到巴達維亞城，航行了三十天。這艘艇前往該群島時會逆盛行風而行，但她是艘快船，而且佩爾薩特大概希望於八月中旬左右抵達失事地點。那時，距他的船擱淺已過了十個星期，而這位指揮官想必認定他所遺棄在巴達維亞號之墓的人，只有找到水，才保得住性命。但他知道他離開三天後，該區域下了大雨——對大艇上的眾人來說，六月十日的強風記憶猶新——他無疑希望發現一部分、乃至全部剩下的乘客和船員還活著。

薩爾丹號花了頗長時間。七月十七日它已來到爪哇島南邊，三個星期後的八月十日，他們抵達緯度二十七度五十四分處，發現離位於更南邊緯度二十八度二十八分處的巴達維亞號之墓不到五十英哩（八十公里）。接下來就是叫人極度挫折的一個多月。在失去巴達維亞號後的一片混亂中，阿里安・雅各布斯和他的舵手只取得粗略的失事地點方位。要算出緯度，導航員必須「測定太陽的高度」。阿布羅留斯群島天氣持續惡劣，使這極難辦到，而這位船長所給的位置只是估計值。因此，佩爾薩特只知道巴達維亞號位在南緯約二十八度處，幾乎完全不清楚失事地點的所在經度，要找到巴達維亞號的最佳辦法，當然是循著雅各布斯估算的那條緯度線以之字形往東航行，直到看見阿布羅留斯群島為止。但這個船長估算的位置有約三分之一度的誤差，把這艘來回船和諸島的位置定在它們的真實位置之北邊約三十英哩（五十公里）處。在大部分情況下，這算不上是大誤差，但若要在東印度洋的萬頃波濤中找到一些低矮的珊瑚塊，那就差之毫釐失之千里。佩爾薩特和薩爾丹號的船員在豪特曼的阿布羅留斯群島北方某處來回巡航，經過八月最後兩個星期和九月上半，結果毫無所獲。

直到九月十三日他們才終於在無意中遇見此群島最北邊的部分。那時他們距失事地點只有十七英哩（三十公里），但壞天氣迅速逼近，薩爾丹號不得不下錨不動兩天，安然度過這場暴風雨。九月十五日，風力稍減，但這艘雅赫特艇頂著強勁東南風，只前進了六英哩（十公里），直到九月十六日晚，佩爾薩特才終於看到海耶斯島出現在地平線上。夜色降臨，水手很清楚附近有暗礁，於是他們下錨度過這一晚，天亮時才再上路。不久，薩爾丹號離群島只有數英哩遠，船員成排站在甲板上，爬上索具，尋找有人活動的跡象。早上約十點，他們終於找到：「失事地點西邊一座長島，還有附近另一座小島上，有煙。」[32]佩爾薩特喜不自勝。

巴達維亞號之墓上仍有人活著。

CHAPTER 7 「誰想被捅死？」

「這裡的人過的是何等邪惡的生活。」

——佛朗西斯科・佩爾薩特

海斯伯特・巴斯蒂安斯在沙地上坐下，一臉愁容盯著大海。這時是八月，幾個星期前叛變者殺了他的家人之後，一直要他辛苦幹活。這個牧師成了此島上的船伕，早上把叛變者要駕的船推下水，船員捕了一天魚回來時，他再把小划艇和筏子拉上這個小海灘。工作日的其餘時間，他得待在船上岸的地點旁。他在那個海灘度過日子，在聖經裡尋求慰藉。

巴斯蒂安斯未獲准替其遇害的家人服喪。他的妻子和小孩遭殺害的隔天，叛變者發現他「哭得非常厲害」，要他不要再哭。「說我不該那樣，」牧師記載道。在科內里斯的小王國裡，巴斯蒂安斯也未得到身為牧師者通常享有的尊敬和特殊待遇。他不只幹活（因為每個人都要幹活），而且配給的食物和巴達維亞號之墓上的其他人一樣少得可憐。此外，一如他們，牧師聽到澤凡克等人肆無忌憚談著接下來要殺誰，要怎麼殺，他每天擔心性命不保。

每天都是，「我們要怎麼處置那個人？」有人要砍了我的頭，另有人要毒死我，那會是比較舒服的死法；還有人說，「讓他活久一點，我們可以利用他來說服另一個地方的人過來我們這裡。」……於是，一時之間，這是最重要的事，我女兒和我兩人過得就像斧頭前面的牛。每天晚上我告訴她，明天早上妳得看看我是不是遇害……我告訴她如果發現我被殺了，她該怎麼辦；告訴她我們也必須有見上帝的心理準備。[1]

巴斯蒂安斯很少獲准講道[2]。科內里斯在阿布羅留斯群島成為此島統治者之後，他覺得可以放心大膽丟掉他過去裝出的正統虔誠樣。他向他的追隨者公開宣揚曾在吉拉爾多．蒂博爾的擊劍社被偷偷摸摸討論的異端信仰，於是他們「每天聽到既沒有魔鬼也沒有地獄、那些只是虛構之物的說法。」科內里斯宣講「自由思想者」的異端思想，以取代那些被人信之不疑的古老觀念，並用那些異端思想來合理化他的作為，減輕他手下的良心愧疚[3]。

他竭力主張……他的所作所為，不管（在別人眼中）是好是壞，都是上帝要他做的。因為上帝，誠如他所說的，其德性和良善無懈可擊，因此不會要人做壞事，因為祂自身沒有惡與壞；他說他所做的，全是上帝要他做的；如此可怕的看法，不只這一個。[4]

上文概述了這位藥劑師的觀點。這段文字由某個才剛開始理解這類異端邪說的人在事後寫下，而就連這份概述都只觸及科內里斯之信念的皮毛。身為觀念不容於當道的「自由思想者」（Libertine），科內里斯所信守的神學，以「自由心靈兄弟會」（Free Spirit）在十四世紀定下的中心信條為基礎。其中一個信條，誠如某份中世紀手稿所寫的，乃是「除了被視為罪惡之事，世上沒有罪惡。」另一個信條說，「人能與上帝如此融為一體，因而不管做什麼，都不會犯下罪孽。」

其他叛變者怎麼看待科內里斯的看法，不易說清楚。他們大部分幾乎未受過教育，不能指望他們懂得「自由思想者」之哲學的微言大義。但這位藥劑師之思想的大意不難理解；他的手下有充分的理由接受之，因為其思想保證他們不會做錯事。其中有些人顯然由衷贊同這一新神學，雖然很有可能會歪曲了科內里斯的想法。不過，這位副商務員不是先知。沒有跡象顯示科內里斯很看重廣收信徒，誠如前面已提過的，他本人對「自由心靈兄弟會」之教義的理解並不完整。科內里斯似乎有可能自認是「自由思想者」，但他也利用該兄弟會的哲學來遂行個人目的。

副商務員所追求的目標之一是進一步鞏固自己的地位，其作法是讓他的追隨者不致接觸到此群島上可能會約束他們的權威：荷蘭改革宗教會。科內里斯迫使島上那位牧師噤聲，藉此讓叛變者不必擔心受到批評和神罰；藉由讓他的手下認識一新神學，他實際上開始在阿布羅留斯群島打造一新社會——在這個新社會裡，他的追隨者得效忠於他，要讓他們不致有貳心，不只靠他們所犯下的罪行，還靠他們對傳統權威的拒斥。

科內里斯一控制巴達維亞號之墓，就力促叛變者把那之前一直約束他們的規範和法律拋開。他鼓勵他們褻瀆上帝、詛咒荷蘭東印度公司所嚴禁之事[6]，讓他們不必照規定作禮拜。最重要的是，鼓勵他們嘲笑那位改革宗教會牧師。有一次，巴斯蒂安斯真的召喚眾人禱告。有個叛變者頂嘴說他們要唱歌[7]；牧師懇請上帝把此島上所有人全納入「其羽翼之下」，抬起頭卻發現科內里斯的手下在他小小的會眾後面蹦蹦跳跳。叛變者把從死海獅身上割下的血淋淋鰭肢舉到頭頂上拍動，譏笑他的虔誠[8]。他們鼓噪道，「不需要，我們已在它們底下。」

科內里斯的方法的確有助於將他和他的手下團結在一塊；但副商務員顯然還是未完全信賴叛變者。科內里斯身邊圍繞著重武裝的士兵，但他很清楚他能坐上這位置，不是靠他的驍勇善戰——事實上他的種種作為表明他怯於格鬥廝殺——而是靠他特別厲害的口才；若有人真的要搶他老大的位置，他恐怕不認為自己頂得住。於是，七月十二日，他要他二十四名追隨者全部簽署一份「信任誓約」[9]，要他們發誓對彼此忠誠；他也要「他想救的那些人」個別發誓，「凡是他要他們做的事，都會謹遵奉行。」八月二十日又再度訂下誓約，強化上述誓言。簽署此誓約者有三十六人，包括牧師。由於害怕性命不保，這時加入叛變集團者變多[10]。

不久，科內里斯的手下就有了等級之分。理論上他們彼此平等，「為了共同的福祉，懷著兄弟般的感情互相幫助」，但其實準下士「鑿石工」彼得斯成為僅次於副商務員的二當家。彼得斯能當上二當家，肯定要大大歸功於他對士兵的影響力，但他在公司職級上差了科內里斯一大截，而且是個相對來講較平凡無奇的人，因此這也可能是因為科內里斯覺得他較容易操縱。比起大衛・澤凡克和庫恩拉特・范赫伊森，這個準下士肯定較讓科內里斯放心，畢竟前述二人都是高級船員群體裡雖然位階較低但較有自信的成員。澤凡克不只領導還籌劃了巴達維亞號之墓上許多場殺人行動，科內里斯則是費了番工夫才控制住范赫伊森在船上的魯莽。這個藥劑師可能覺得與這兩人保持一定距離，並提拔易操控的彼得斯，才是明智之舉。

科內里斯和這位準下士在幾個方面讓自己有別於其他叛變者。他們能決定他人生死，但自己不動手殺人，交澤凡克和范赫伊森去執行他們的命令。只有他們兩人給自己冠上新頭銜——科內里斯拋掉副商務員這個職銜，改稱阿羅布留斯群島的「總司令」(captain-general)，彼得斯則把自己一路提升為「中將」——而且立即創造出符合這一高貴新位階的服裝。已把佩爾薩特的衣物據為己有的科內里斯帶頭穿上華服，把這位指揮官既有的華服轉變為一連串喜歌劇般的衣著。「他盡情展現他的驕傲和壞透的傲慢，」巴達維亞號日誌如此論道：

> 他們撈起的公司財物……遭非常不入流地誤用，被盡可能繡上passementerie*，（科內里斯）以身作則……每天換上不同衣物、絲質長統襪、帶金色飾帶的襪帶，把屬於他人的這類飾物戴在身上。此外，他發衣服給他最能信任的追隨者，最願意殺人的追隨者。那些衣服用紅色拉肯（laken）†製成，上面繡有兩道或更多道passementerie。他創造出新款法衣，深信這類邪惡無意義的消遣會永世長存。

* 法國衣物裝飾，通常帶金色或銀色花邊。

† 特別優質的絨布。

其他叛變者跟進，每個人根據自己的身分地位裝扮自己。在此島上，荷蘭東印度公司的老職銜還是受到些許看重——助理和軍官候補生似乎比普通士兵和水手更受敬重——但即使在叛變集團的基層，有些人的地位還是高於他人。總司令最倚賴且最常召見的人，乃是考驗合格、可用來對付、制伏成年男子的殺手[11]。這群精銳殺手包括揚・亨德里克松、希斯伯特・范韋爾德倫、馬蒂斯・貝爾、萊內爾特・范歐斯。安德里斯・尤納斯之類的人地位較低，因為他們大多以孕婦和年幼男孩為擊殺對象。至於簽了科內里斯的誓約、但從未參與殺人的那十二個左右的人，則肯定被他們的同夥瞧不起。

叛變集團的上層成員似乎很喜歡他們目前的工作。大衛・澤凡克、庫恩拉特・范赫伊森之類的人在巴達維亞號上地位低微；但這時洋洋得意於成為重要人物，擁有生殺予奪之權。其他人，包括揚・亨德里克松（殺了十七至二十人）[12]和萊內爾特・范歐斯（殺了十二人），則是能幹的殺手，似乎不覺良心不安，喜歡在科內里斯的核心圈子裡走動。但殺人並非基層成員的主要動機。這些人殺人，乃是因為不殺人，自己就會被殺，因為贏得總司令寵信，能有較好的配給和有機會享用島上的女人。

巴達維亞號離開尼德蘭時，船上女性只有二十餘人，其中大部分這時已死——溺死、船失事後渴死、或在筏子上或海獅島上的屠殺裡遭砍死。叛變者已把那些太老或身懷六甲而引不起他們興趣的女人殘忍殺掉，剩下的幾個年輕女人集中在巴達維亞號之墓，供科內里斯和他的手下挑選洩慾。

她們共有七人，其中只有克蕾謝・揚斯和牧師的女兒尤蒂克來自船尾區，其他女人來自較下層甲板：安娜肯・博斯席特斯（Anneken Bosschieters）、特琳特辛、佛雷德里克斯和茱西・佛雷德里克斯（Zussie Fredericx）這對姊妹花、安娜肯・哈登斯（Anneken Hardens）、馬雷特希・勞伊斯（Marretgie Louys），她們大概都是船上士兵或水手的妻子。特琳特辛的丈夫跟著佩爾薩特搭上大艇，安娜肯・博斯席特斯的夫丈跟韋布・海耶斯去了別的島，因而這兩個女人都沒人保護。哈登斯的丈夫漢斯是士兵，在叛變集團裡地位低，他為何任由他妻子與其他女人集中在一塊，叫人費解[13]。來自較下層甲板的女人都留「供公用」，意即隨時供想要強暴她們的叛變者洩慾[14]。

科內里斯的手下並非全是淫亂無度之徒。[15]有些高級船員相對較正派，尤其是庫恩拉特・范赫伊森似乎始終忠於未婚妻尤蒂克。[16]但許多叛變者沒這麼規矩。「公用」的女人與至少兩或三個叛變者有性關係是常態，只跟一個男人有性關係的女人則受到她們艷羨[17]。「我女兒和范赫伊森在一塊已約五個星期，」[18]巴斯蒂安斯記載道。[19]「他把她保護得很好，因此，除了得和他在一塊，她平安無事；其他女人對她很眼紅，因為她們認為她享有太多特權。」[20]

七個女人裡，克蕾謝・揚斯最美麗動人，科內里斯把她據為己有。他幾乎是一當上老大，就把克蕾謝帶到他的帳篷，但未侵犯她，反倒竭力讓她心甘情願接受他[21]。有將近兩個星期，他寫情詩給她，請她暢飲葡萄酒，為了讓她相信他不是惡人，使出各種辦法。科內里斯這番出人意表的作為，表明他不只想要她的人，還要她的心——表明他有時也會看不清現實，因為她堅決不從，一如當初抗拒阿里安・雅各布斯那樣，最後科內里斯死了以騎士風範贏得她芳心的念頭[22]。接下來發生的事，不知怎麼地為此島上的其他人所知：

最後（耶羅尼穆斯）向大衛・澤凡克抱怨，他好說歹說就是無法如願以償。澤凡克回道：「你不知道怎麼搞定那個？我很快就會讓她乖乖就範。」然後他去了帳篷，對克蕾謝說：「我聽到有人在埋怨妳。」「埋怨什麼？」她問。「因為妳不願好好順總司令的意；但妳現在得打定主意。要嘛落得和韋布雷赫特・克拉森一樣的下場，不然就得去做『公用』的女人一樣的事。」經過這番威脅，那一天克蕾謝終於同意，他於是把她納為妾。[23]

克蕾謝最終屈服；但心不甘情不願。一如被留下來供公用的那些女人，這個女孩為了保住性命而接受科內里斯，而只要總司令開心，她至少替自己掙得還不錯的食物、飲料配給和某種保護。巴達維亞號之墓上的其他倖存者——男人和男孩——則無緣享有這樣的保障。他們又餓又渴又病，時時擔心自己性命不保。殺了許多人之後，島上的生活作息愈來愈平淡，叛變者開始找新的樂子；招來任何一位科內里斯的走狗注意絕對不智，而有些叛變者，或許原本就個性不夠堅強，開始精神錯亂。

最極端的狀況出現在揚・佩爾赫歐姆這名少年服務生身上，巴達維亞號日誌清楚詳細描述了他的「駭人遭遇」。佩爾赫歐姆「嘲笑上帝、詛咒、罵髒話，行徑也像禽獸更甚於像人」，但缺乏自制力，「使他終於令所有人都害怕，怕他更甚於怕其他任何一個主要的殺人凶手或作惡者。」這個男孩突然爬上高位——原是巴達維亞號上最低階船員之一，這時躋身最有權勢者之列——似乎使他迷失了自己，他開始「著魔般」在島上到處跑，對著願意聽他講話的人吐出挑釁、褻瀆之語。日誌論道，他「每天在島上奔跑，大喊『喂，掌控所有聖事的魔鬼，你在哪裡？我真希望現在看到魔鬼。誰想被捅死？我能把那做得非常漂亮。』」[24]

• • •

在如此緊繃且危險的環境裡，此島上的殺戮未隨著七月二十一日牧師家人遇害而終止。科內里斯和他的嗜殺評議會仍有權評斷其愈來愈少之子民的善惡，總司令繼續下達處決令。

不同之處在暴力的性質。有兩個星期，科內里斯的手下殺人是為了延緩他們的食物和水耗盡的速度——至少表面上如此宣稱。事實上，他們殺人也是為了除掉可能與他們作對的人，確保無人挑戰他們的權威，但不管出於什麼動機，這些殺戮冷血無情且經過深思熟慮。但殺害海斯伯特．巴斯蒂安斯的妻子和小孩後，情況有了改變。牧師的家人被選定為殺害對象，原因似乎和以往的受害者沒有兩樣；他們有八人，不包括巴斯蒂安斯和尤蒂克，而且他們想必耗掉不少食物和水。但這場殺戮挑起大衛．澤凡克和他的手下的殺人興致，於是未經科內里斯下令，意猶未盡的他們接著殺掉倒楣的亨德里克．德尼斯和邁肯．卡爾杜斯。德尼斯被揚．亨德里克松解決掉，而亨德里克松似乎有股無法控制的殺人欲，若不滿足此欲就不舒坦。安德里斯．尤納斯奉命殺掉卡爾杜斯，大概因為他還未參與過屠殺，澤凡克想要他為那天晚上發生的事攤下部分責任[25]。從這個角度看，殺掉卡爾杜斯這女孩一事，可以視為澤凡克欲在科內里斯的一幫人裡申明控制權和確保成員服從之舉。就目前所能掌握的資料來看，這些比較後來的殺人行動並非事先計畫；兩起殺人行動都不符合過去的習慣，它們的發生代表叛變走完一個階段，開始另一個階段。

從那天之後，總司令為殺人而殺人。科內里斯越晚期的幾起殺人行動，意在算舊帳或懲罰唱反調者，但後來殺人令的發出，愈來愈是因為無聊，或是為了化解叛變者之間的緊張。其實已無再殺人的必要；此島上的倖存人數已被縮減到令人滿意的程度，雨繼續在下，而且這時，捕捉到的魚和鳥已足以讓每個人都有東西吃。但在巴達維亞號之墓上，人命變得非常卑微，殺人特許令變成只是科內里斯獎賞其追隨者的另一種方式而已。他和他的手下殺人，純粹為了樂子。

到了七月最後一個星期，總司令已開始疏遠他最初倚賴的支持者。原先「只有有權評斷是非對錯的評議會能下達死刑令」的規定遭中止；園丁揚・黑赫茨（Jan Gerritsz）和水手奧貝・揚斯（Obbe Jansz）——七月二十五日被澤凡克、范赫伊森、希斯伯特・范韋爾德倫溺斃——是最後一批由評議會下令處死的人[26]。從那之後，科內里斯下令殺人純粹根據他自己的權力，而且殺人令的下達愈來愈隨興、專斷。

例如，八月六日，科內里斯認為其某個木工工作不力：

早上揚・亨德里克松站在澤凡克的帳篷裡時，被科內里斯叫去，科內里斯把帶在口袋裡的小刀交給他，說『去刺穿史托費爾・史托費爾斯的心臟，那隻懶狗站在那裡工作，像是背脊已經斷了。』揚・亨德里克松捅了兩刀，一下子就把他殺了。[27]

科內里斯也繼續要他的手下殺人，藉此測試他們的忠誠度。羅希爾・戴克（Rogier Decker），十七歲的船上服務生，在巴達維亞號上時是副商務員的貼身僕人，因此在此島上似乎得到某種程度的保護。他不是叛變集團一員——至少簽署七月十六日誓約者不包含他——但有天，「他在他帳篷裡煎魚時」，科內里斯突然現身。科內里斯把這個少年服務生帶到他的帳篷，賞他一杯葡萄酒壯膽，把自己的小刀交給他，然後要他去刺死另一個木工，即可見於附近的亨德里克・揚斯。戴克一聲不吭立即遵命執行，但清楚知道如果不從，他自己會丟掉性命。沒有過錯的亨德里克・揚斯為何被選定為戴克的殺害對象，科內里斯未說明原因，或許殺他根本沒有理由；但殺了他之後，這個少年服務生就是叛變集團的正格成員，他和其他人簽署了八月二十日誓約[28]。

佩爾赫歐姆不等命令才殺人；而是懇求總司令給他機會殺人。就連這個男孩的夥伴似乎都覺得他強烈的殺人慾很奇怪，或許還覺得有點叫人厭煩，但科內里斯顯然贊同此事。他完全未制止佩爾赫歐姆每天在全島亂跑鬧事，曾兩次欲幫他找到下手對象。科內里斯挑上的第一個對象是安娜肯・哈登斯，即留供公用的女人之一。或許她未能讓男人滿足，或者她被挑中是為了讓她的丈夫漢斯乖乖聽話（後來有人憶道，叛變集團成員已勒死這對夫妻的女兒希萊特希）。

總之，有天晚上佩爾赫歐姆被帶到副商務員的帳篷，獲告知他可殺掉她。屆時會有安德里斯·利班特和揚·亨德里克松在旁協助。佩爾赫歐姆似乎「非常高興，很快就去」，但他年紀輕，體型瘦弱，最後還是由亨德里克松和希斯伯特·范韋爾德倫用安娜肯的髮帶將她勒死，利班特、佩爾赫歐姆負責按住她雙腿[29]。

這個少年服務生不死心，繼續纏著科內里斯讓他殺人，如此又過了兩個星期，科內里斯終於順他的意。這時，此島上的活人已少到除了叛變者，只剩少許有用的手藝人。其中一位是伊普倫丹的科內利斯·阿爾德斯（Cornelis Aldersz of Ylpendam），一個每天忙著修補漁網的男孩。在此島幾乎一個星期沒有人被殺之後，科內里斯於八月十六日決定可將他除掉。

一聽到要除掉阿爾德斯，佩爾赫歐姆立即「苦苦哀求讓他來幹」，科內里斯最終同意。但這個男孩又一次因體型嬌小而殺不成人：

> 耶羅尼穆斯對他說，「揚，我的刀你拿去，你得拿那個製網工試試看它是否夠鋒利，能不能砍下他的頭。」他聽了非常高興。澤凡克聽了之後堅決認為他太小，辦不了那事。就在這時，馬蒂斯·貝爾過來，被問到能不能接下此任務，最後即交由他辦。於是刀子要交給他。但揚不願交出刀子，因為他想自已幹，但（貝爾）從他手上強搶過來，立刻拿去希利斯·菲利浦森（Gillis Phillipsen）那兒磨利。與此同時，揚忙著在科內里斯面前矇住那男孩的眼睛，對（他）說：「這會兒開心點，好好坐著，只是開個玩笑。」沒想到，把刀藏在斗

篷底下的馬蒂斯・貝爾，使刀一揮，砍下他的頭。30

科內里斯、澤凡克和貝爾覺得這樣搞非常有趣。但佩爾赫歐姆未和他們一樣大笑。他「每天懇求讓他殺人，因為他寧可殺人，也不願吃或喝東西」:「未獲准親手砍下那個男孩的頭時，佩爾赫歐姆哭了。」

對總司令來說，砍下那個製網工的頭只是個消遣，消磨某個午後時光的遊戲。但約略同時發生的其他殺人行動出於較嚴肅的考量，因為儘管叛變集團已牢牢控制他們的小塊珊瑚礁，仍無法完全放心。就連科內里斯都無法宰制巴達維亞號之墓和此群島其他地方的每個生活層面，被丟在北邊島上欲任其渴死的士兵仍活著。科內里斯，一如許多獨裁者，終日擔心他的追隨者對他陽奉陰違或搶他的大位，或者一有機會就叛逃敵營。

第一個在這方面惹火總司令者是安德里斯・德夫里斯，即那個獲叛變者饒了一命的助理。安德里斯搞不清楚狀況竟與克蕾謝結為朋友，而在七月頭兩個星期，她仍在抗拒科內里斯的追求。科內里斯得知兩人的關係後很氣憤；板著臉逼德夫里斯發誓，「如果他這輩子（再）和她講話，他就得死。」七月十四日，即他被逼著割開氣息尚存之病人的喉嚨的隔天，大衛・澤凡克看到他「遠遠」叫喊克蕾謝。澤凡克跑去告訴科內里斯，這位藥劑師隨即把揚・亨德里克松、萊內爾特・范歐斯、魯特赫・佛雷德里克斯叫到他的帳篷，賞他們一大口葡萄酒，各給予一把刀。正午，在此島上的所有人面前，他們堵在這位助理的面前。安德里斯猜到他們的來意，想保住性命，未能如願。接下來發生的事如同公開處決：「德夫里斯看出他性命就要不保，逃進水裡。但萊內爾特·米希爾斯（Lenert Michielsz）最快追了上去，砍了他的命。」[31]

另一個叛變者差點落得同樣下場。巴達維亞號的資深修桶工揚·威廉斯·塞林斯（Jan Willemsz Selyns）是個趨炎附勢之徒，在殺人行動中只扮演次要角色，或許未對科內里斯的計畫表現出應有的熱衷。八月五日，科內里斯派瓦烏特·洛斯和漢斯·雅各布斯·海爾威克到這修桶工的帳篷裡去把他幹掉；但兩個星期前把邁肯·卡爾杜斯砍死絲毫不覺愧疚的洛斯，喜歡塞林斯，未殺掉他，反倒懇求總司令饒他一命[32]。科內里斯出人意表竟收回成命，此事自此作罷；但那天下午，副商務員派四人殺掉另一個可能變節的手下時，海爾威克名列四人之一，而瓦烏特·洛斯不在其中。

科內里斯的新懷疑對象是佛朗斯·揚斯。這個船醫在此群島似乎仍保有很大的影響力——無疑因為他是第一屆倖存者評議會的成員——而且他和大衛·澤凡克一度爭奪總司令的寵信。澤凡克在此較量中勝出，成為科內里斯的頭號殺手；但大衛·澤凡克自此記恨於佛朗斯·揚斯，而且發現他不只一次「礙事」，為此而惱怒於他。這個船醫則仍保有某種程度的自主。他不是科內里斯之團的一員（亦即他未簽署七月十六日的誓約）；但參與該團部分行動，而且由於他仍是此群島上最資深的巴達維亞號船員，叛變集團成員無法完全不把他當一回事。佛朗斯·揚斯在這個倖存者營地說過的話，做過的事，因為未被記錄下來，如今不得而知。我們只知道副商務員不信任他，決心除掉他，因為「他不願乖乖聽話」。被挑去殺他的四人，踴躍接下這任務。

他們是萊內爾特．范歐斯、馬蒂斯．貝爾、海爾威克、盧卡斯．黑利斯。

這時他們都已精於殺人之術，「以找海獅為藉口」把船醫叫到一旁，眼看他離任何援手都很遠，即一湧而上。他們的攻擊出奇凶殘，甚至應該說過度凶殘，讓人覺得其中夾雜了個人恩怨：「萊內爾特．米希爾斯率先拿長矛刺過他身體；然後漢斯．雅各布斯（海爾威克）拿晨星槌重擊他的頭，使他倒下，馬蒂斯．貝爾迅速揮刀砍中他的頭。」每一記砍刺都足以要他的命，但盧卡斯．黑利斯決心要置他於死地，「用長矛刺進佛朗斯先生身體」，把他了結。後來有人論道，「如此駭人的一擊，他也可以省掉，因為這個人已挨了那樣嚴重的又砍又刺。」四人看著船醫斷氣，然後去告訴科內里斯，佛朗斯．揚斯終於不會去投奔韋布．海耶斯了[33]。

•••

科內里斯不放心他六個星期前遺棄的海耶斯和士兵，這的確有其道理。當初，總司令的偵察員——一如先前大艇上的佩爾薩特和水手——對巴達維亞號之墓北邊那兩座大島，只花了少許時間勘查。他們上岸走動或許一或兩小時，發現這兩個島和此群島的其他島一樣遍布岩石、光禿禿，未看到有水坑或水源的跡象。但偵察員向科內里斯回報時犯了個大錯，竟說人在「高島」絕對活不了。這兩個珊瑚礁的資源，其實比叛變者所控制的島，豐富許多。

這兩個大島裡較小的那個，位在最北邊，寬兩英哩，長約一英哩半（二點五公里）。在其中心處座落著此群島唯一的山丘，海拔五十呎（十五公尺）的一個小圓丘；它因此得名「高島」

（High Island）。它的鄰島，位在其西南方不到一英哩（一點六公里）處，面積更大，長逾三英哩（五公里），寬將近兩英哩（三公里）。海耶斯和其士兵在那裡建立了他們的大本營，久而久之它被稱作「韋布．海耶斯島」。寬達一英哩的泥灘連接這兩個島，韋布常橫越該泥灘往來兩島。

當初佩爾薩特和船長若懂得徹底探查此群島，肯定會把失事船的倖存者轉移到韋布．海耶斯島。該島所能提供的天然資源，遠非巴達維亞號之墓所能及，能養活所有人數個月。兩島周邊是豐富的漁場，島上有許多築巢的鳥，但令島上士兵驚訝的是，此島也有許多未見過、不知名的跳躍性動物，他們稱之為「貓」——「形體非常奇特的動物，大如野兔。」[34]牠們是尤金袋鼠（tammar），原生於阿布羅留斯群島的一種沙袋鼠（wallaby），而且島上士兵很快就發現牠們易捕捉，料理後又美味。

最重要的是，這個島經勘查發現有水源[35]。這些水源不易找到，因此佩爾薩特和科內里斯的偵察員未能找到，或許情有可原，當海耶斯的手下在遍布此島的石灰岩板下方搜尋時，終於找到。他們似乎找到至少兩處優質水源，一個在海岸附近，另一個在接近此島中央處，除此之外，可能還找到別的水源；有個地下水池深十呎，有個大到足以讓人爬下去的入口。它們所含有的淡水甚多，島上的人幾乎不用配給水。

因此，在韋布．海耶斯島上過活，比在巴達維亞號之墓上過活，容易許多。「主以如此豐盛的食物餵養我們，那裡可以讓一萬人活上一百年，」已從海獅島來到海耶斯島的科內利斯．揚斯如此寫道。他在荒涼的南邊島嶼保住性命，眼下置身於豐饒的土地上，以如此誇大之語描述海耶斯島，自是情有可原。「像野鴿的鳥，我們一天能捉到五百隻，每隻鳥有一顆蛋，蛋大如雞蛋。」他們獵捕沙袋鼠，「為每個人」殺掉「兩隻、三隻、四隻、五隻、六隻、乃至更多隻」，發現有個捕魚地點單單一小時就能用網拉上「四十隻和鱈魚一樣大的魚」[36]。

韋布・海耶斯想必納悶他和他的手下被送上「高島」後，為何和巴達維亞號之墓的聯繫就此中斷，當他點起煙火，宣告找到水，卻遲遲未收到回應時，想必更加困惑不解。但他和他的手下沒有船，無法探明原委，可能直到七月第二個星期第一批難民踉蹌上岸，帶來南邊謀殺、屠殺的駭人消息，才瞭解此群島其他地方的情況。接下來幾天，至少五批人克服萬難橫越超過四英哩（六公里）寬的海面過來。他們或搭簡陋的小筏子過來，或攀著木板游過來。新來者包括逃過海獅島上大屠殺的八名男子，以及四或五人一組悄悄溜出巴達維亞號之墓的將近二十名男子[37]。這些人的到來，使海耶斯的兵力增加了一倍多，使他和他的士兵充分瞭解科內里斯的作為。

科內里斯的手下上海獅島，把他們所找到的人全數殺掉一事，尤其令海耶斯和他的士兵不安。他們想必意識到叛變者最終會盯上韋布・海耶斯島，那一天到來時，這些忠於公司且無武器防身者會任人宰割。為了保命，他們必須組織起來，建造臨時防禦設施，以既有的材料製造一些武器[38]。

事實表明韋布・海耶斯應付得了這場挑戰。這些士兵的領袖——海耶斯在巴達維亞號日誌裡是個模糊人物，在主要情節於東邊開展之際，他在他的島上如同隱形人，一直未得到著墨。

但他想必是個能幹且能振奮人心的領袖。他和他的手下已在「高島」和其鄰島存活三個星期，最終找到佩爾薩特的老練水手所未能找到的水。海耶斯雖然是二等兵，卻不只領導最早赴各島探查的行動，還在後來將投奔他的各批難民整合為一，因此，到了七月中旬，歸他指揮的人已將近五十人。他的手下不只有荷蘭東印度公司的助理，還有名義上職級高於他的該公司軍官候補生；但看不出其中有哪個人曾質疑他的合適性。這份信任其來有自，因為海耶斯這時統籌臨時性武器和防禦設施的建造事宜，希望至少有機會搏倒叛變者。

在海耶斯領導和勸說下，士兵用木板製作長矛，在長矛末端打進嚇人的十六吋長釘子，那些釘子來自失事船的漂流木。一如叛變者，他們利用手邊材料製作晨星槌，雖然還是沒有長刀和滑膛槍，周遭多的是拳頭般大的珊瑚塊，可拿來擲向來犯者的頭。甚至有資料提及他們在此島上組裝出「槍」。這些「槍」究竟長什麼樣，仍是謎，但有繩子在手的話，士兵或許從密布內陸那些長不高的樹砍下樹枝，製成拋石機，供拋擲較大石頭。

士兵幹活時，海耶斯負責選定其防禦陣地。他知道由於此群島的地形和淺水區的分布情況，叛變者若來犯，勢必得越過屏障整個南部海岸線的潮泥灘，故而遭奇襲的風險變低。在此段海岸中間處，海灣的頂點，設置一監視哨，使他有了一個前沿基地，並能完全掌握潮泥灘上的動靜。在此段海岸每隔一段距離設置哨兵之後，將他大部分兵力配置在靠近水源的更內陸處，就說得通，在那裡他們可以休息，較有安全感[39]。

隨著最後一批難民抵達，海耶斯統領了四十六名男子和一名男孩。這四十七人這時開始被稱作「防守者」(Defender)。有了他們，海耶斯能在人數上勝過叛變集團，這點足以抵消他在武器上的劣勢。戰力最強的士兵包括一群荷蘭、德意志籍軍人，海耶斯派兩名軍官候補生阿萊特．揚斯[40]和奧圖．斯密特幫忙統領他們。這些人大概會完全聽命於他，但守軍還包括一隊六個的法蘭西籍士兵，他們對荷蘭東印度公司的忠誠度或許較靠不住，從而或許令他較不放心。海耶斯的其他手下則是軍事經驗不多的炮手、水手和平民。碰上武器充足的叛變者意志堅定的攻擊，海耶斯沒把握這些人頂得住。

但隨著戰備底定，海耶斯可能生起某種程度的樂觀。他有人數優勢；幾乎不可能遭對方奇襲；他的「防守者」吃飽喝足，士氣相對較高。他和他的手下也認清情勢凶險，有豁出去大幹一場的決心。根據難民的描述，他們非常清楚科內里斯會來，只要有機會殺光他們，他會那麼幹。投降，乃至談出和約，不在考慮之列。一旦戰鬥，他們會戰鬥至死。

•••

韋布．海耶斯善戰又善於領導統御。對「防守者」來說，慶幸的是耶羅尼穆斯．科內里斯既不善戰，也不善於領導。這個總司令沒打過仗，而且後來的發展讓人覺得他不懂戰略謀劃。一知道海耶斯和其手下仍活著，科內里斯想必清楚非解決掉他們不可，不然，當他們有機會向救援船示警時，麻煩就大了。但直到七月最後一個星期，科內里斯才決定動手。那時，海耶斯已有至少兩個星期備戰；他和他的手下比兩星期前更難對付得多[41]。

或許科內里斯清楚這點。他大概已認識到自己陣營的人數少於「防守者」，而且肯定明白若無奇襲之利，強攻甚難得手。因此，總司令決定利用眾所皆知的荷蘭東印度公司士兵、水手互看不順眼的現象分化海耶斯陣營，作為他征討的第一步[42]。

他寫了封信，要士兵提防有人背叛[43]。科內里斯指稱韋布・海耶斯之島上的水手密謀出賣同袍。「他們私藏了一具羅盤（你們不知情），以便偷偷駕著小划艇去高島。」*為了「維護正義，懲罰壞人」，他力促士兵交出該島上所有水手以便予以懲罰：「把管事的助手盧卡斯、胖號兵科內利斯、助理科內利斯、聾子米希爾斯（Michielsz）、炮手雅各布斯、斜眼亨德里克、特尼斯・克拉斯（Theunis Claasz）、科內利斯・海爾米赫斯（Cornelis Helmigs）和其他與各位在一塊的水手交給我們。」†這個藥劑師還說，如果士兵願意歸還一艘小船（幾天前阿里斯・揚斯逃離巴達維亞號之墓時搶走的那艘船）[44]，他們和叛變者仍可以是非常「了不起、真誠的兄弟和朋友」——甚至可望享有「更多情誼和夥伴關係」。

從這封居心不良之信的內容，可看出科內里斯一心認定他在阿布羅留斯群島的作為不只正當合理，而且得到法律認可。他以巴達維亞號評議會領袖的身分寫信，似乎希望他的命令得到遵行，甚至以為真的會得到遵行。他說逃到韋布・海耶斯之島保命的難民，其實是「叛變而罪該處死的壞人」，他甚至談到他對海耶斯本人「特別欣賞且信賴」。他對現實如此認識不清的程度，更甚於他追求克蕾謝・揚西時所表現出來的一廂情願。科內里斯認定他是巴達維亞號所有倖存者的法定領袖，相信他的所作所為是上帝所啟發，這樣的心態促使他寫下這封信。

科內里斯挑選達尼爾．科內利森當他的信使，此人是年輕的軍官候補生，第一批叛變受害者中，有幾個人就在他參與下被溺斃。七月二十三日，這名年輕人被送到海耶斯島，在那裡不知靠什麼辦法接觸了六名法蘭西藉「防守者」士兵。科內里斯以這些人為收信人，似乎希望他們比荷蘭籍士兵更易為科內里斯的謊言所動搖。但就連這些法蘭西人都不相信叛變集團真心誠意，未以來使之禮接待科內利森，反倒將他擒住，五花大綁，帶到海耶斯跟前。海耶斯沒收了那封信，把他關起來[45]。

虛情假意的拉攏無效，科內里斯轉而嘗試用強。達尼爾．科內利森不見蹤影兩或三天後，七月最後一個星期期間，澤凡克和范赫伊森糾集了二十人，試圖以武力讓海耶斯就範。誠如海耶斯所料，叛變者的小船在離岸甚遠的海上就曝露行蹤，而且船上的人得又滑、又踉蹌地越過密布海草的潮泥灘，才得以抵達海岸。「防守者」以簡陋武器迎擊，在海灘上打了某種遭遇戰。交手情形為何，未見諸記載，但叛變者的偵察行動似乎失敗收場[46]。澤凡克和范赫伊森可能驚訝於遭遇一群吃得好且武器充足之人團結一致的抵抗；無論如何，在雙方都還未令對方死傷之際，他們就撤退，迅速回到他們的營地討援兵。他們被打了個措手不及，需要新的想法和新的

* 在此，高島一詞似乎指的是澳洲。

† 其中有些人，我們先前已提過。「管事的助手盧卡斯」，就是巴達維亞號失事時，遭阿萊特．揚森在前去酒類儲藏所途中攻擊的盧卡斯．黑赫茨。「助理科內利斯」是科內利斯．揚斯，「炮手雅各布斯」可能是在七月初與亞伯拉罕．亨德里克斯一起旋開酒桶放出葡萄酒、啟動整場叛變的阿里安．雅各布斯。

作法。不幸的是，他們這兩樣都缺。

澤凡克和范赫伊森於八月五日再度登臨韋布．海耶斯島。這一次，他們全員出動，但戰術毫無改進。這些來自巴達維亞號之墓的人再度經由潮泥灘慢條斯理地逼近；「防守者」再度以逸待勞，等著他們進犯。海耶斯在「水深及膝」的淺水區和叛變者交手，阻止他們上岸。叛變者一如上個星期怯戰；雙方又是無人死傷。叛亂集團第二次出擊海耶斯島，一如第一次失敗收場。

那之後，有一段時間總司令未再進攻「防守者」，阿布羅留斯群島上的內戰進入停戰狀態，雖然隨時可能重啟戰火，如此維持了大半個月。有些「防守者」有家人在巴達維亞號之墓，但韋布．海耶斯無意反擊，事後來看他如此謹慎似乎十足合理；在防備充分的陣地裡，海斯耶部安全無虞，但若在較無設防的地方與敵人交手，會遭遇科內里斯的長刀、長矛痛擊。就叛變者陣營來說，他們這時知道若要讓韋布的手下死傷慘重，自己必得冒更大的風險。此事顯然需要從新計議。

八月底，此問題的解決變得刻不容緩，因為情勢已轉為對叛變者不利。每過一天，期盼已久的救援船出現的機率就多一分，而隨著阿布羅留斯群島的雨季已快結束，他們的淡水供給變少。總司令那幫人裡較衝動的人——包括范赫伊森和安德里斯．利班特——為未來得過嚴格配給的苦日子而埋怨[47]。他們這時知道「防守者」有充足的食物和水，嚴正表示他們寧可打仗拿下海耶斯島，也不願在自己的島過愈來愈苦的日子。

科內里斯受迫於壓力，不得不有所行動，開始謀畫第三次伏擊海耶斯。總司令天生愛以計謀來遂行自己的目的，喜愛使詐遠更甚於正面強攻。他無意發動第三度進攻，而是想出假求和的點子——「與他們達成協議，以便以交好為幌子，在時機有利時祭出叛逆罪，殺他們一個措手不及。」[48]他說他願帶著禮物親赴海耶斯島。

科內里斯的計謀比范赫伊森、澤凡克的計畫更狡詐，卻不怎麼高明。他知道海耶斯的手下需要毯子和新衣物——在此群島待了三個月，他們的襯衫和馬褲又破又髒，鞋子因禁不住珊瑚割劃而解體，早已丟掉，代之以用漂流木板砍削成的粗陋木屐[49]——而他自己的手下則需要淡水。巴達維亞號之墓上有多餘的布料，他希望海耶斯以鮮肉和淡水交換布和紅葡萄酒。海灘上的談判會讓他的手下有機會與「防守者」交談、挑撥離開，然後說不定有機會說服其中某些人轉投他的陣營，「作為我們的內應，以協助殺掉其他人」[50]；但科內里斯從未解釋他的手下要如何賄賂對手或促成對方變節，同時又能把海耶斯矇在鼓裡。科內里斯的狡詐原是叛變集團壯大的利器，但這時，由於他未能看清現實，加上一心認定自己站在正義一方，將使他付出慘重代價。

談判於九月二日舉行。前一天，海斯伯特．巴斯蒂安斯已被派去韋布．海耶斯島，傳達求和之議[51]。「防守者」予以親切接待，對此計畫表達了有所保留的興趣；雙方敲定談判日期。這時，科內里斯則把他底下的人（三十七名男子和他們的所有女人）全集中在另外一個小島上，該小島與「防守者」的主陣地遙遙相對，隔著潮泥灘相距約四百碼。然後他帶著少許他最信任的助手越過潮泥灘到海耶斯島，把剩下的叛變集團成員留在該小島上。

科內里斯為何敢於冒如此愚蠢的險？他九月一日先派巴斯蒂安斯傳遞消息的舉動，似乎得到海耶斯陣營肯定，而且總司令篤定認為海耶斯和他的手下真的亟需衣物。前一天偵察回來後，他「很高興地告訴他的手下，如今那些（人）八九不離十逃不出他的手掌心。」[52]他可能也在看了海耶斯手下的衣衫破爛後，深信「防守者」威脅不大。但以科內里斯的個性來看，他似乎也可能過度自信。總司令對自己的說服本事信心十足，因此或許不知道忠於公司者完全不相信他講的話。眼看澤凡克和范赫伊森用武力制伏不了海耶斯，他可能覺得該以身作則讓他的夥伴見識一下如何對付反抗者。當然，他仍堅信有上帝在保護他。

科內里斯帶著五名保鑣來到韋布．海耶斯島：大衛．澤凡克、庫恩拉特．范赫伊森、希斯伯特．范韋爾德倫、瓦烏特．洛斯、科內利斯．彼得斯。「防守者」覺得他的手下「被餓和渴摧殘到非常瘦」[53]，儘管如此仍得對他們嚴加防範，畢竟他們已殺掉共約二十五或三十人。他們照約定帶來布匹和紅葡萄酒。一隊「防守者」上前迎接時，捆好的布被打開，攤在海灘上。眾人喝著葡萄酒，輪流檢視樣品布時，海耶斯和科內里斯交談。總司令滔滔不絕，海耶斯插不上嘴。他「說了許多謊，說他不會傷害哪個人，說他攻打他們全為了水，說沒有必要因為某些人被殺掉而不信任他。」[54]但海耶斯專心聽科內里斯講話時，澤凡克等叛變者「四處走動」[55]，想與個別的「防守者」攀談。他們遵照科內里斯的指示，想收買海耶斯的手下，保證只要他們改投明主，會給他們每人六千荷蘭盾，讓他們分享搶救下來的珠寶。

結果這是要命的大錯。「防守者」早料到對方非真心誠意談判，早對此有所準備。他們未聽進澤凡克等人的話，反倒突然撲上去，科內里斯未有充足的保護貿然登上海耶斯島，為此付出慘重代價。他的保鑣眼見敵眾我寡，抵抗終歸徒勞，於是幾乎未反抗就投降。科內里斯被擒，綁住。只有瓦烏特·洛斯從捉住他的人手中掙脫，上了小划艇逃走。

大衛·澤凡克和他的夥伴這下只有不到兩分鐘可活。隔著潮泥灘，相隔四分之一英哩，剩下的叛變者弄清楚狀況時已經太遲。他們拿起武器，隨時準備救人，但海耶斯和他的手下看到他們過來，即拖著他們新捉的俘虜後撤。「防守者」退回陣地，轉身迎接敵人又一次的來犯，海耶斯迅速打量了情勢。他所擁有的人數優勢大概已消失殆盡，因為每個想掙脫的俘虜都得有至少兩個人看守，以防他們繼洛斯之後脫逃。此外，他的敵人鬥志正高昂，而且只要有機會救出他們的領導人，他們的鬥志大概都會一直如此高昂。該怎麼辦，再清楚不過：他下令殺俘[56]。

只饒科內里斯一人性命；他太重要，既是叛變集團首腦，也可在必要時充當人質，不能貿然殺掉。但澤凡克、范赫伊森、范韋爾德倫，連同倒楣的科內利斯·彼得斯，當場被殺掉。叛變集團其他成員成群跑下小島海灘時，正好目睹他們被殺，此舉的震懾效應正是海耶斯想要的。誰都必須看出「防守者」已作好迎擊準備，任何攻擊都只會導致科內里斯喪命。叛變集團其他成員驚愕於這突如其來的情勢轉變，士氣一下子散掉，於是後撤，兵荒馬亂地退回巴達維亞號之墓。

就在這或許五分鐘的時間裡，阿布羅留斯群島的均勢已永遠改觀。叛變者失去領袖和他的那些主要助手，海耶斯則在這場無關緊要的島嶼內戰裡贏得第一場真正的勝利，令他的手下士氣大振。「防守者」拿到他們很想要的葡萄酒和衣物，因為叛變者被擒時，他們帶來的東西遭棄置在海灘上。某些倖存者也個別受到這一巨變的影響——例如牧師的女兒尤蒂克失去她的兩個保護者：她父親因為自己外交手段的迅速失敗而在無意間被留在忠於公司者陣營，這時人仍在海耶斯島上，她的無緣丈夫范赫伊森，則被韋布・海耶斯的長矛刺穿，死在海灘上。

巴達維亞號上的所有人，際運反差之大，莫過於耶羅尼穆斯・科內里斯。踏上海耶斯之島那天，這位總司令是倖存者公認的主子，得意洋洋行使其生殺大權。他可笑的金邊服裝，讓眾人知道他自視甚高而且地位崇高，相對地，一身破爛的「防守者」似乎只是個下等人。但半小時後，科內里斯終於親身嘗到他加諸巴達維亞號之墓的那種恐怖滋味。他被拉下台，奪去權力，五花大綁，無疑也受到虐待；更糟的是，一度籠罩他的那種無往不勝的光環——他本人肯定信以為真的光環——已被粗暴打掉。

「防守者」給科內里斯安排的住所，讓他更覺受辱。三個月來，他都住在堆滿搶來之衣物與財寶的大帳篷裡，盡情享受搶救下來的食物和酒。如今他被丟進內陸一個石灰岩洞裡，得幫忙處理食物，以便海耶斯的手下食用。「防守者」把捉來的鳥丟進此洞，要關在裡面的科內里斯幫忙拔鳥毛，於是他所住的洞底到處是鳥內臟和羽毛。往下丟給他的鳥，每九隻有八隻得交給韋布・海耶斯，最後一隻才獲准留著，作為他的「工資」[57]。

痛心於九月二日的大挫敗之餘，叛變餘黨在巴達維亞號之墓重新集結，選出新領導。科內里斯的評議會只剩「鑿石工」彼得斯一名成員，而這個準下士無能且不得民心，因此，副商務員幫的三十二名倖存者選新領導人時，捨他而就瓦烏特·洛斯[58]。

洛斯是職業軍人，來自荷蘭共和國的南部城鎮馬斯垂克。他二十四歲，比科內里斯年輕不少，但與科內里斯和他的追隨者不同的是，他的確略懂行軍作戰；在甫遭重挫而人心混亂之際，這點無疑有助於說明他為何被選上。他老早就是科內里斯最寵信的助手之一，參與過數起數人行動，但與總司令不同的是，洛斯並不怎麼喜歡為了殺人而殺人。在他的統領下，巴達維亞號之墓上的殺戮中止，此島上剩下的人*不再時時擔心自己性命不保。

但從大部分方面來看，洛斯的政權與科內里斯的政權差異不大。嚴格配給未廢。來自較下層甲板的女人仍「留供公用」，洛斯住在克蕾謝的帳篷裡，儘管後來會始終堅稱他既沒碰她，也沒和她睡同床[59]。尤蒂克在愛人范赫伊森死了之後也受到善待；也就是說她未受到侵擾，其他叛變者未獲准將她據為己有[60]。

一如科內里斯，洛斯要其他叛變者發誓效忠於他。九月八日簽署的誓約，和科內里斯要求的忠誠誓約差異不大。約略同時，選出了新的巴達維亞號評議會[61]。此評議會的組成不得而知，但無論如何應該會毫無建樹，因為洛斯的唯一策略就是繼續攻打韋布·海耶斯。手下對配給日

* 這時共有四十七人：三十一個叛變者、六個女人、另外十個男人和男孩。

益不滿，促使他更加決意採此策略[62]，但這時誰都看得出「防守者」實力強大且組織完善，不易打倒，因此，洛斯重拾攻擊路線的真實意圖為何，我們並不清楚。最可能成立的解釋，乃是他打算讓「防守者」受到頗嚴重的破壞，迫使他們讓步，尤其食物、水供給方面的讓步。也有可能是他要讓他日益縮小的團夥知道他們有個共同的敵人，希望藉此提振他們的士氣。總之，洛斯決意繼續打下去。在海耶斯島上，巴斯蒂安斯仍致力於透過談判讓雙方停戰——他記載道，「我擬了一份文件，上面載明雙方和平相處，他們（叛變者）不傷害這些好人。」但洛斯對這類繁文縟節不感興趣。巴斯蒂安斯寫道，「他們把它撕成碎片，朝我們衝來。」

第四次進攻韋布．海耶斯島，始於九月十七日早上約九點，在亂無章法且無心戀戰下打了約兩小時，因為雙方實力差距甚大。叛變集團的忠貞成員這時不到二十人，而澤凡克、彼得斯、范赫伊森、范韋爾德倫的喪命，使他們少了四個最優秀的夥伴。剩下的叛變者中，只有洛斯和另外七或八名士兵有豐富的作戰經驗[63]。他們有一群人數較少但也能打仗的炮手、水手支援作戰，但其他活躍的叛變者，若非有病在身，就幾乎還是男孩。此一陣營的追隨者，即另外十二個左右已被新總司令要求宣誓效忠的男子，至目前為止未實質參與過叛變，而且其中至少有部分人是在受脅迫下簽署忠誠誓約。這批人若有機會，很可能會變節投奔韋布．海耶斯。他們肯定不可靠，如果他們一同出擊，大概得全程看著以防變節。其中，某部分的人可能其實留在巴達維亞號之墓，未參與此行動。

另一方面，「防守者」陣營仍有四十六或四十七個戰士。其中一半是士兵，其他是健壯的水手；他們吃得較好，得到較多休息，也享有居高臨下的優勢。在這樣的情況下，難怪洛斯打算靠滑膛槍來扭轉劣勢[64]。叛變者先前已從失事船拖出兩把槍，每把槍若操作得當，一分鐘能開一槍。他們或許希望全程採遠距離作戰，藉此逐一幹掉「防守者」。至於海耶斯的手下，為了找掩護，躲在珊瑚板後面。雙方都不敢近身廝殺，因此整個早上戰事斷斷續續。

到了十一點，情勢開始有變。四名「防守者」中槍；其中三人受了嚴重的皮肉傷，但只有一人，來自埃姆登的十八歲士兵揚．迪爾克斯，受了致命傷。但叛變陣營毫無死傷，因此洛斯的策略看來管用。他維持遠距離作戰，藉此開始緩慢但確切無疑地逆轉他的劣勢。他或許希望只要他的滑膛槍手再展神威，再過幾小時，就能讓對方蒙受更顯著的死傷；如果走到這一步，「防守者」肯定得跳出藏身之地進攻。洛斯認為屆時就得近身肉搏，而他較管用的兵器會占上風。可能下午約三點之前局勢就底定，然後……

就在這時，佩爾薩特和救援船從地平線另一頭駛來[65]。

CHAPTER 8 判刑

「上帝的正義和復仇已展現在他身上。」

——海斯伯特・巴斯蒂安斯

佩爾薩特要薩爾丹號盡可能貼近島嶼航行，以之字形小心搶風航越群島北邊縱橫交錯且凶險的淺水帶[1]。這不容易辦到，直到正午，這艘雅赫特艇才停泊於「高島」東南邊的天然深水道裡，距韋布・海耶斯島仍有兩英哩，距巴達維亞號之墓約四英哩[2]。再往前行又是淺水區，這個指揮官無法更深入群島。

佩爾薩特已抵達阿布羅留斯群島，但不知道會不會找到還活著或已死的巴達維亞號乘客、船員。他看到此島群不只一座島上有煙升起，因此希望——如科內里斯先前所預料的——仍可救出其中部分人，乃至全部人。薩爾丹號一下錨，他就要人把麵包和水搬上該船附載的一艘小船，划往最近的陸地，而該陸地正好就是「高島」的一隅。這段路不遠，薩爾丹號的船員拼命划時，指揮官在小船上往該島的海灘和內陸仔細瞧，尋找有人活動的跡象，結果一無所獲，儘管如此，他還是在小船一擱淺於淺水區時跳上岸，相信可找到倖存者。操槳者跟著上岸——而他們上岸時，佩爾薩特回頭望向海上，看到奇妙的一幕。「一艘很小的船載小艇，載著四名男子」，飛快朝他划來。那艘划艇仍太遠，指揮官無法判定其上坐了誰，但此刻他至少能預期巴達維亞號的故事會有好結局。

• • •

就在「防守者」和叛變者鏖戰正酣時，薩爾丹號突然出現，給正在作戰的雙方帶來戲劇性衝擊。對韋布．海耶斯來說，那似乎代表上帝看不下去而出手相助。就在似乎全盤皆輸時，救星出現，薩爾丹號的到來，讓他和他的手下大大鬆了口氣[3]。對洛斯和其他叛變者來說，佩爾薩特的歸來，代表全然不同的意義：不是生，而是死；不是解救，而是必遭懲罰。他們所有的盤算，全取決於在救援船出現之前解決掉海耶斯的人；如今，這辦法垮掉，他們看到這艘船後，幾乎同時停止戰鬥，慌亂退回他們的營地。與此同時，海耶斯跑向他自己的小船，以便前去將此群島發生的事告訴指揮官，讓其有所防備。

佩爾薩特以之字形搶風航行的方式緩緩穿越淺水區時，巴達維亞號之墓上的叛變者正在辯論接下來該怎麼辦。瓦烏特．洛斯始終不如科內里斯那樣能牢牢控制住手下，缺乏這位總司令矢志實現目標的過人意志。由於未擁有奇襲之利，他無意抵抗。但科內里斯幫的其他成員，包括「鑿石工」彼得斯、揚．亨德里克松、盧卡斯．黑利斯，還不願束手就擒。揚．佩爾赫歐姆催促道，「快，我們不是要拿下那艘雅赫特？」洛斯不同意，回道「我已不想這麼幹」，但佩爾赫歐姆的計畫得到多人支持，才幾分鐘，就有一票帶了多種兵器的叛變者匆匆上了他們最經得起風浪的小船，以最快速度駛往「高島」[4]。

「防守者」和叛變者都想頭一個抵達薩爾丹號旁邊。韋布·海耶斯把他的小划艇泊在他島嶼的北側[5]，以免遭叛變者搶走；他得跑過將近兩英哩（三公里）崎嶇不平的地面，才能抵達他的小划艇，途中會需要穿越許多蕁麻[6]，還有築巢鳥所挖的密密麻麻的地洞，然後得從他的泊地把船划過超過一英哩半（二公里）的海面，才能抵達薩爾丹號。叛變者的小船從南邊奮力划來，要航越差不多一樣長的距離[7]。雙方都不清楚對方在哪裡，不清楚誰會第一個找到薩爾丹號於是，這場叛變的結局，仍在未定之天。

韋布·海耶斯要做的是找到佩爾薩特，把此群島所發生的事告訴他，並讓他相信他所說的那些驚人情事一點也不假，然後在那些殺人凶手把薩爾丹號上的人殺個措手不及之前，先向他們示警。叛變者所希望做的，則是登上薩爾丹號，在該船船員還搞不清楚狀況時出手攻擊。這艘救援船果然如科內里斯所預料，只配備少許人力，以騰出空間載運大批倖存者；她離開爪哇時，船員只有二十六名[8]，其中或許有四分之一和佩爾薩特一同搭上了登島的小船。剩下的水手，若讓武裝的叛變者上了薩爾丹號，還是可能遭制伏；如果他們遭制住，科內里斯幫派就掌握了逃離阿布羅留斯群島的工具。屆時「防守者」將得與「叛亂者」妥協，否則會遭遺棄，叛變者說不定會要救出他們的總司令。至於佩爾薩特——仍站在海灘上，努力想看清楚那艘快速逼近的小船上坐了什麼人——其難題會在於要判定哪一方的話值得相信。

不久，指揮官終於認出小划艇上的人。他後來憶道，他們「划船繞過北角，其中一人，名叫韋布．海耶斯的男子，跳上岸，向我跑來，遠遠喊著：『歡迎，但立刻回船上，因為失事船附近的島上有一票惡棍，那些人有兩艘單桅帆船，打算搶走你的船。』」[9]「防守者」的領導人才剛喘著大氣簡短說明此群島的情況，指揮官就瞬間意識到自己身陷的險境，立即動身欲前去向薩爾丹號示警。佩爾薩特跳上他的小船時，要海耶斯把科內里斯「綁」著帶來給他；然後使勁划向薩爾丹號。

這場與叛變者的速度較量，海耶斯和他的手下贏了第一回合，但贏得不多[10]。佩爾薩特「看到一艘載著人的單桅帆船划過『高島』南角」時，離薩爾丹號還有一段距離。那是叛變者的小船，正以穩定的划槳頻率前進，指揮官剛爬上薩爾丹號的舷側，向船員示警，那艘單桅帆船就划到了薩爾丹號邊。佩爾薩特看一眼那船上的十一人——身穿他們搶眼的制服，衣服上垂著金銀穗帶，他們船上載了許多長刀和短彎刀——就足以讓他相信海耶斯說的不假。他一聲令下，薩爾丹號艉樓上的迴轉炮[11]瞄準叛變者的小船，水手持長矛排列在甲板上。如此加強防備之後，指揮官覺得已隨時可擊退強行登船者。他向那艘小船打招呼，質問「你們為何帶著武器上船？」

這時，單桅帆船裡的揚．亨德里克松和其他凶殘之徒還不願投降。佩爾薩特憶道，「他們回說上了船就會回答該問題」[12]，但這時他已得到示警，不會讓他們上船。接下來陷入短暫的僵持，小船上的人不願放下武器，薩爾丹號的人揚言開火，最終叛變者看清形勢，知道他們圖謀無望，才把武器丟到海裡，空手爬上薩爾丹號。每個人一登上船就被擒住，牢牢綁住，關在艄樓裡[13]。

那天下午，佩爾薩特開始訊問，很想弄清楚襲捲此群島的諸多人禍，然後在得知那麼多人遭殃後驚駭不已。他所掌握的資訊大部分來自「一個叫揚・亨德里克松、來自不來梅的士兵」，亨德里克松立即且爽快坦承奉科內里斯的命令殺了「十七至二十人」。亨德里克松是巴達維亞號上最早加入叛變集團者之一，對科內里斯的種種計謀和計畫有深入瞭解。在指揮官親自訊問下，這名德意志籍叛變者不只很快就透露阿布羅留斯群島上謀殺、屠殺的可怕細節，還透露原本欲奪取巴達維亞號的密謀和船長在此密謀裡扮演的角色。佩爾薩特老早就懷疑船長圖謀不軌，至此終於得到證實。有了這份口供，指揮官接著把其他叛變者一個個叫過來，以亨德里克松的認罪書質問每個人：

> 根據他們的供詞和所有活者的證詞，我們知道他們用各種殘酷手段溺死、謀殺、殺害超過一百二十人，死者有男人、女人，還有小孩，仍活著的主要殺人凶手有：士兵萊內爾特・米希爾斯・范歐斯、軍官候補生明斯特貝格的馬蒂斯・貝爾*、不來梅的士兵揚・亨德里克松、炮手阿森戴夫特的阿萊特・揚森、鎖匠赫歐尼恩的魯特赫・佛雷德里克斯；少年服務生博

默爾的揚·佩爾赫歐姆·德比耶、士兵勒克的安德里斯·尤納斯，以及他們的夥伴。[14]

此外也提到別的名字。大衛·澤凡克、庫恩拉特·范赫伊森、雅各普·彼得斯這三個評議會成員的名字，在訊問過程中出現數次。但揚·亨德里克松和其叛變同夥的證詞，似乎足以確定至少一件事。耶羅尼穆斯·科內里斯是種種紛擾的始作俑者。

海耶斯於那天下午接近傍晚時把科內里斯帶上船。這個總司令在嚴密護衛下抵達。他沒有了手下和權力，淪為如同一件讓人好奇的東西。他頭髮蓬亂，雙手被縛，身上散發腐鳥的臭味，其紅色華服破爛不堪，但即使如此，科內里斯顯然仍保有些許他迷人詭異的氣質，那股把一眾叛變者團結在一塊、使人願意為他殺人的魅力。在石灰岩洞裡拔了兩個星期的鳥毛，也未讓他的靈牙利齒、機敏頭腦或足智多謀的腦子變鈍。沒他精明且比他單純許多的佩爾薩特，不知該如何處置他的前副手。「看著他，我心裡很難過，」[15]指揮官寫道，

> 這個惡棍，帶來那麼多禍害，奪走那麼多人的性命，而且還打算這麼幹下去……我當著（薩爾丹號）評議會的面問他話，問他為何讓魔鬼帶他偏離人性這麼遠，在非饑餓或口渴的情況下，純粹出於嗜血好殺，幹出從未有基督徒如此殘忍幹出的事。
>
> （科內里斯）回道，不該把已發生的事怪在他頭上，該歸咎於已遇害的大衛·澤凡克、庫恩拉特·范赫伊森等人，說他們逼他，要他那樣做；說人為了自保，也不得不想盡辦法；

否認他曾有意協助執行搶奪巴達維亞號的計畫，至於搶下任何可能過來的救援船之議，他說那是澤凡克所提議，他出於自身安全考量才同意，本身無意那麼做。因為，首先，他認定他們無緣得救；（其次）他認定船長雅各布斯打算將指揮官丟到船（大艇）外……他以這番說詞竭力證明自己的清白，以他的三寸不爛之舌說出最中聽的謊言，企圖證明他完全未參與此事，往往搬出會有同樣說詞的（其他叛變者）來支持他的說法。

佩爾薩特當下無法戳破這連番的謊言，在薄暮時停止訊問。還有別的事要做：搶救失事船，制伏仍在巴達維亞號之墓上的其他叛變者。科內里斯被押回位於艄樓的囚室，隔天早上，天還未亮，佩爾薩特搭薩爾丹號的小船到韋布・海耶斯島，提供長刀和滑膛槍給該島上的十名「防守者」。破曉時，他航往「其他惡棍所在」[16]的巴達維亞號之墓，「以將他們擒住、監禁。」此時有六名叛變者待在該島上，包括瓦烏特・洛斯、萊內爾特・范歐斯、馬蒂斯・貝爾；但這些冷酷無情的人看到一船裝備齊全的士兵下到海灘，未抵抗就投降。佩爾薩特要人將他們捆住，立即開始在島上搜尋公司的值錢物，尤其是他三個半月前送到叛徒島上的那箱珠寶。他貯藏的寶物，包括加斯帕爾・鮑丹的大型多彩浮雕，完好無損，令他又驚又喜——他後來寫道，「那時，這些全找到，只有一只戒指和一條金鏈未找到，而那只戒指後來已找回。」[17]尋找值錢

* 佩爾薩特在此把這兩個叛變者的軍階搞混了。范歐斯是軍官候補生，貝爾是士兵。

物的過程中，指揮官的搜索隊也在科內里斯的帳篷裡找到叛變的新證據。他們從幾捆紙裡搜出叛變者向科內里斯和洛斯宣誓效忠的誓約書，以及留供公用的那些女人被迫簽下的承諾書。這些和其他足以定罪的文件交給了佩爾薩特。

在巴達維亞號之墓短暫停留期間，指揮官想必遇過克蕾謝，但他在報告書中完全未提兩人碰面之事。克蕾謝在與瓦烏特・洛斯同住下，度過最後兩星期，自科內里斯被擒後，一直受到較像樣的對待，但經歷過船難、極度口渴和一再遭強暴，她已不是佩爾薩特在巴達維亞號上認識的那位女士。約略同時，想必另有人也重逢團聚——海耶斯的手下揚・卡爾斯滕斯（Jan Carstensz）與其妻子安娜肯・博斯席特斯團聚；小號兵克拉斯・揚斯與其妻子特琳特辛團聚；牧師與其女兒尤蒂克團聚——但團聚時的尷尬、彼此所說的話和彼此如何解釋自己這段時間以來的遭遇，同樣被略過，日誌裡未有論及；一切只能訴諸想像。

那天晚上，隨著搜索完畢，佩爾薩特乘小船去了失事船那兒。天氣出奇平靜無風，薩爾丹號的小船能在危險性不高的情況下靠近失事地點。已沒多少東西可看：

> 我們發現那艘船分解為好多塊躺在那裡，水上的部分，除了一小塊舷牆，都已被水沖走……船頭部有一部分斷裂脫離，半躺在淺水區；還有兩門加農炮脫離炮座躺著，一門是黃銅炮，一具門鐵炮。船的前部旁邊也躺著艉樓的側邊，斷落在炮手室的右舷舷窗口處。然後還有數塊較大或較小的部位，漂離到數個地方，要搶救出許多錢或東西，看來希望不

大。[18]

但萊因德特．亨德里克松的一番話，讓這位正商務員安心了些。他是巴達維亞號的管事，迫於無奈才加入叛變集團。上巴達維亞號之前原以捕魚為業，有天他曾冒險出海去了船失事的地點，看到幾個錢箱躺在船底。這時看來它們還會在那裡，於是佩爾薩特決定下次風平浪靜時再來找它們。

● ● ●

與此同時，指揮官繼續訊問囚犯。根據荷蘭共和國法律，佩爾薩特必須依法盡快懲處罪犯[19]，為此，他召集薩爾丹號的評議會開會，然後予以擴大，加入兩個來自巴達維亞號的人，以組成大評議會，只有大評議會有權審理刑事案。薩爾丹號評議會的成員包括指揮官本人、這艘雅赫特的船長雅各布．雅各布斯．豪滕曼（Jacob Jacobsz Houtenman*）、水手長賽門．尤普宗（Sijmon Yopzoon）、薩爾丹號糾察長的揚．威廉斯．維斯（Jan Willemsz Visch）[20]。巴達維亞號的代表是主舵手克拉斯．黑赫茨和他的副手雅各布．揚斯．霍萊特；至少有一次，海斯伯特．巴斯蒂安斯也被找去出席評議會，以替補某個因要事不克出席者。更值得注意的，受命記錄會議內容的文

* Houtenman，字面意思「木頭人」，用來使他與許多同名者有所區別的一個原始姓；他的名字是當時荷蘭共和國境內最常見的名字之一。

書是薩洛蒙．德尚，而他既是叛變集團一員，也殺過人。德尚不只在訊問犯人和宣判時在旁寫下訊問和判決內容，還在評議會的許多決議上簽了名，從而有助於評議會對曾是他同志的人做出判決。佩爾薩特有可能在訴訟程序快結束時才知道這位助理有罪——這個文書想必會掩蓋其參與殺人之事——但很難相信那些叛變者對他殺人之事默不出聲。或許指揮官對他的這個老同事有著不可以用理性去推敲的信任；但可能性更大的是，德尚是當下所能找到最優秀的抄寫員，找他當文書是不得不然的結果。

自從訴訟程序啟動，這些犯人就被集中監禁於海獅島，比起在薩爾丹號上，他們在那裡作亂的機率較低，訊問則大多在巴達維亞號之墓進行。指揮官逐一召見叛變者——問話、記錄供詞、往往叫證人來核實犯人所言。科內里斯的大部分手下在數天時間裡被審問了數次，以便拿某些犯人的供詞來質問其他犯人。根據薩洛蒙．德尚擬出的摘要，問話對象除了「防守者」，還有一部分來自巴達維亞號之墓的倖存者，但這類證詞寫入記錄者甚少。現存的記述幾乎全出自叛變者之口。

此島上的訴訟程序符合荷蘭共和國的法律規定，但不是今人所認知的那種審理，而且叛變者沒有律師，也沒有權利叫證人來為他們辯護。佩爾薩特的最大難題在於難以從被告取得可靠的證詞，因為聯省共和國的成文法對於證據的構成有相當明確的規定：只有以犯人自願供認的罪狀為本，才能判處該人死刑[21]。而只有少數人會坦然自承犯下死罪，因此大評議會的確有權利於犯人拒絕回答問話或有充分理由懷疑犯人的證詞可能不實時刑求逼供。誠如先前已提過的，經由刑求取得的供詞，本身不能作為呈堂證供，犯人在刑求時說出的話，訊問者都必須在一天內覆述給犯人聽，以確認「出於自願」。有些犯人在這個確認階段全盤翻供。但否認自己的證詞只會招來更多訊問，因此，為了免去更多苦頭，他們大多在後來終會確認其在刑求室作出的證詞屬實。

科內里斯第一個被押去刑求。這個副商務員被帶去薩爾丹號見佩爾薩特時忿忿否認自己有罪，但揚·亨德里克松的供詞大大不利於他，因此，大評議會一開始在巴達維亞號之墓組成時，指揮官即叫人更加徹底查問他，不覺這有何不妥——誠如指揮官所說的，「以在他試圖以漂亮的說詞證明自己無罪，把責任都丟給那些已死而無法回答的人之時，從他身上弄清真相。」

科內里斯若是被囚於尼德蘭，大概會被架上肢刑架，一如將近兩年前畫家托倫齊厄斯的遭遇。但肢刑架笨重且昂貴，荷蘭人在東方的諸多領地較愛用的訊問辦法是水刑[22]。比起肢刑架，水刑的效用幾乎一樣大，又省事得多。水刑既不需要專門設備，也不需要刑求專家；最簡單的水刑，只需一個用來塞入犯人嘴裡的漏斗。但如果有時間且有器具時，更常見的作法是把犯人上半身扒光，張開四肢縛在直立的框架裡——有時用到門框。然後把一個超大號帆布束套套在他頭上，在脖子處綁緊，以讓倒進束套的水不會流掉，束套上緣與他的眼睛齊或高過眼睛。然後，刑求者提著一個大壺爬上框架旁的梯子，開始訊問。

水從犯人頭上慢慢倒下，水就從頭臉淌落進束套裡，直到其下巴浸在水中為止。刑求者若不滿意犯人的回答，就把更多水倒進束套裡，直到犯人的嘴和鼻子最終都浸在水裡。那之後犯人為了呼吸就得把水喝進去；但水位一降低，刑求者就會再加水，於是訊問就在犯人大口喝水、大吸一口氣和刑求者加水的交替中進行。

如果犯人還是否認有罪，而且刑求時間開始拉長，犯人所喝下的水會使他脹得非常厲害，「迫使他喝進去的水全從鼻耳眼流出」（當時某英格蘭作家語）[23]，「最後使他透不過氣而昏厥」。這時刑求者會把犯人解下，逼他吐水，以便再施以水刑。如此灌水三或四次後，這人的身體會「脹到原來的兩或三倍大，雙頰會脹得像大囊袋，雙眼無神盯著，鼓突到額頭之外」，這時他通常會供認刑求者要他供認的所有罪狀。

絕大部分人頂不住水刑這麼久，科內里斯亦不例外。經過數日，動用水刑數次，副商務員漸漸屈服，不只供認其密謀奪取救援船薩爾丹號，還供認了他在巴達維亞號叛變一事上扮演的角色。但他仍像釣鉤上的蚯蚓掙扎。只要知道沒什麼機會誤導偵訊，科內里斯就坦然供認其罪行。他知道佩爾薩特已找到叛變者向他宣誓遵守的誓約文件，爽快承認它們的存在。但碰到沒有其他證據存在，而他就把罪怪在阿里安・雅各布斯或大衛・澤凡克頭上[24]。揚・亨德里克松、萊內爾特・范歐斯、阿萊特・揚森被押來和他對質，他才承認曾下令殺害三十六人；但這位藥劑師始終不承認自己與澤凡克、范赫伊森或希斯伯特・范韋爾德倫殺人之事有關係。然後，九月二十八日，對他的訊問工作終於結束時，他突然全盤翻供——「說他們（證人）說謊，也說他的所有供詞都是在刑求威脅下供認；還說他對謀奪巴達維亞號之事毫不知情」[25]——害得佩爾薩特突然可能得把這整個程序重來一遍。

「於是，」指揮官記載道，

> 由於他供詞反覆不定，耍詐——但許多人當面和他對質，戳破他的謊言——我們再度揚言要用刑，而且質問他既已坦然供認一切罪狀數次，為何還戲弄我們。[26]

科內里斯回以又一個謊言，說他原希望把事情拖到被押到巴達維亞城，「以便再度和他妻子說上話」[27]——但他知道他妻子仍在荷蘭共和國，而佩爾薩特或許不知此事。然後，當指揮官「當著島上眾人的面」宣讀他的說詞和供狀時，科內里斯抱怨仍有個小地方不符事實：「那裡面有阿森戴夫特*、揚・亨德里克松等人對他誣告之處。」[28]那只是又一次動用拖延戰術；佩爾薩特不得不依法把這兩個證人都叫來對質，為此得暫停或許約一小時，等這兩人從海獅島被押過來。

最後，當相關人士被押來並重新確認他們的證詞屬實之後，惱怒的指揮官直接質問科內里斯為何「戲弄評議會，一下子說他們說了真話，一下子說他們全說謊。」[29]從佩爾薩特的語氣或舉止，副商務員終於看清楚自己鬥不過他。他看出再逃避只會招來嚴厲的刑求，於是起碼的真相出爐。德尚此時在其摘要裡以其最拿手的義大利書寫體寫道，「終於招認他是為了活更久

* 指阿萊特・揚森。阿森戴夫特是這位炮手的家鄉。

而那樣做。」[30]

科內里斯未再承受更多刑求，反倒自願承認他的所有證詞皆屬實，九月二十八日下午快結束時，他在他的陳述和供狀上簽字。佩爾薩特最後論道，「他很清楚他的所有作為壞透了，不該被寬恕。」

科內里斯的叛變同謀更快就俯首認罪。有些人，例如揚・亨德里克松，坦然認罪，因此大多免受水刑之苦。其他人，包括魯特赫・佛雷德里克斯和馬蒂斯・貝爾，想隱瞞至少一部分罪行，冀望減輕處罰。為查明真相，他們遭刑求。安德里斯・尤納斯堅稱牧師家人遇害那晚他一直待在牧師家帳篷外，受到的折磨因此甚於大部分人；指揮官懷疑尤納斯隱瞞其在此事裡的作為，這個士兵受了兩次差點溺死的苦刑，其說法才得到相信。但科內里斯的幫眾個個都至少吃了一些苦頭，就連亨德里克松都在試圖佯稱他對科內里斯計畫奪取救援船一事不知情時，受了一次拷問[31]。

在這期間，科內里斯被迫認罪後即出賣同夥，對此，他絲毫不覺內疚[32]。他原本就始終不在意別人的感受，這時更無理由只為了解救曾宣誓效忠於他的手下，讓自己可能受更多折磨。魯特赫・佛雷德里克斯乞求他的總司令證實曾直接命令他殺掉安德里斯・德夫里斯，科內里斯順其所請——但又居心惡毒的補充道，「他百分之百相信魯特赫所幹下的壞事多於他已招認的，因為如果得除掉礙事的人時，他始終非常樂於效勞。」其次，在一次冗長的陳述中，這個副商務員表示萊內爾特・范歐斯涉入八椿謀殺案、海獅島上的第一次屠殺、殺害牧師家人之事，還指出揚．亨德里克松殺了史托費爾．史托費爾斯，指出馬蒂斯．貝爾謀殺了科內利斯．阿爾德斯。然後他說盧卡斯．黑利斯助萊內爾特．范歐斯殺害帕斯希爾．范登恩德和雅各布．亨德里克森、德萊耶爾，還說羅希爾．戴克殺害了亨德里克斯．揚斯。或許無論如何佩爾薩特終會弄清真相；但科內里斯樂於回想起明確的地點、人名和日期，想必有助於查明案情，也讓叛變者尚存的同志之情很快就瓦解。不久，每個人都怪罪於同夥，叛變真相大白。

第一輪訊問時七名叛變者遭到查問。他們的殺人罪行最嚴重——揚．亨德里克松、安德里斯．尤納斯、馬蒂斯．貝爾、萊內爾特．范歐斯、阿萊特．揚森、魯特赫．佛雷德里克斯、揚．佩爾赫歐姆——只有安德里斯．尤納斯，似乎出於自發的衝動，在訊問尾聲脫口而出，說「他非常樂於殺人，不知道自己偏離上帝那麼遠。」[33]其他六人既未交待他們殺人的理由，也完全未表現出悔恨之意。

即使他們那麼做，結局也差異不大。大評議會於九月二十八日發出的裁定，幾乎和佩爾薩特所能作出的裁定一樣嚴厲，對於大體上自願配合查案的人，指揮官未予以寬大對待。每件案子都完全按其事實真相來判決。

巴達維亞號的所有倖存者和薩爾丹號的船員集合於巴達維亞號之墓見證宣判。科內里斯那幫人的倖存成員也在場。當佩爾薩特準備好宣判，主要的叛變者拖著腳步上前聆聽自己案件的裁決結果時，已接近傍晚。

總司令頭一個被叫到名。佩爾薩特以緩慢且鄭重的語氣說道，「由於年約三十歲、藥劑師出身的巴達維亞號副商務員，哈倫的耶羅尼穆斯．科內里斯，犯下叫人髮指的惡行，」

> 做出他所不該做的事，甚至泯滅人性，變成老虎一般……由於即使在摩爾人和土耳其人統治下，這類聞所未聞、令人極度反感的惡行都不會發生，我們，評議會的簽名者……為了讓我們不致遭上帝懲罰，為了洗刷這樣一個聞所未聞的惡徒給基督教蒙上的污名，我們宣判：耶羅尼穆斯．科內里斯應該被帶到一個地方接受法律制裁，在那裡先砍掉他的雙手，然後把他押上絞刑架，用繩子吊死——同時沒收他的所有物品、錢、金、銀、每月工資，以及他在印度這裡所可能向荷蘭東印度公司索討的錢。[34]

那是根據荷蘭共和國法律所能施予的最大刑罰。然後指揮官繼續宣判：揚．亨德里克松、萊內爾特．范歐斯、阿萊特．揚森、馬蒂斯．貝爾被判處砍掉右手然後吊死；其他三名叛變者——揚．佩爾赫歐姆、安德里斯．尤納斯、魯特赫．佛雷德里克斯——受到的刑罰稍輕一些，大概是因為他們犯下的罪行較少，這三個人不截肢就處死，但一如其他所有人，他們會被沒收財產，而且死時會知道，他們所留下的財物，再怎麼稀少，都會由「揚公司」而非由他們的家人來繼承[35]。

佩爾薩特的工作還未結束。在查案過程中，他也對剩下的叛變者有了定見。這時他宣布，他們之中九人會被送到爪哇訊問——「或者視時間和機會，在途中予以懲罰。」他們是瓦烏特．

洛斯、「鑿石工」彼得斯、漢斯・雅各布・海爾威克、達尼爾・科內利森、安德里斯・利班特、漢斯・佛雷德里克、科內利斯・揚森、羅希爾・戴克、揚・威廉斯・塞林斯——在這場慘劇裡，這九人絕非小角色。其他簽署了科內里斯誓約的十九人，曾被懷疑積極參與叛變而遭拘押，這時則獲釋，「日後再做定奪，除非出現不利於他們的事證。」[36]他們大部分人除了向科內里斯宣誓效忠，幾乎沒幹別的壞事——包括無足輕重的人，例如管事萊因德特・亨德里克松、士兵希利斯・菲利浦森（用來將「製網工」科內利斯・阿爾德斯砍頭的長刀，就是經他磨利）、失去兩個至親的漢斯・哈登斯。牧師巴斯蒂安斯也被宣告無罪，至少暫時如此。但其中有數個男子，其與科內里斯的過從，比佩爾薩特當下所瞭解的還要密切但此刻先獲釋者，包括能惹出更多亂子的奧利維爾・范韋爾德倫。

至少指揮官佩爾薩特有韋布・海耶斯可依恃。身為「防守者」的領袖，他原只是個二等兵，這時被升為中士，月薪十八荷蘭盾，比先前漲了一倍[37]。於是，自薩爾丹號抵達阿布羅留斯群島就沒人統領的倖存士兵，這時全歸他管[38]。此舉無疑有助於強化他們對公司（有時不可靠）的忠誠。海耶斯在他島上的主要助手，兩位軍官候補生奧圖・斯密特和阿萊特・揚斯，都被任命為下士，月薪十五荷蘭盾。其實總共有四十八名忠於公司者協助維護了公司在阿布羅留斯群島的利益，但佩爾薩特只升遷了這三人。

• • •

指揮官有其他事要做。他此刻的第一要務乃是從失事地點盡可能搶救財物，但他也得確保他手下的食物、飲水供應無虞[39]，牢牢看守住科內里斯和諸叛變者。搶救工作不易——在他忙於訊問犯人的八天裡，他的潛水伕受阻於強風和洶湧波濤，有七天無法進入失事船——到了九月底，搶救回的財物，就只有兩個錢箱和一盒金屬箔[40]。這樣的天氣至少使叛變者逃不出海獅島，但大評議會的成員也惴惴不安意識到，這些裝滿銀幣、曾誘發叛變的箱子，在回爪哇的航程中還是可能引發亂子。

正是考量到夜長夢多，指揮官開始思索把科內里斯和其黨羽送回遙遠的東印度群島處決是否明智。在薩爾丹號這樣大小的船上，這些叛變者若要作亂，人數綽綽有餘，而且其中最殘暴之人已被判死刑，他們心想終歸要死，還不如在回去受死途中大幹一場或許還有活命機會。佩爾薩特想到要讓隨時等著利用一丁點不滿心理、再去造反的科內里斯活著，提心吊膽載著他橫越將近兩千英哩的海，就覺得很不踏實，於是他迅即斷定，「載著這麼多墮落和半墮落之人一同出海，對這艘船和船上的貨物不無危險。」[41]他推斷，那些半墮落之徒「很可能大受搶救回的財物影響而徹底墮落」，他和他的手下仍可能落得和小海鷗號船長一樣的下場。較保險的辦法是在阿布羅留斯群島就執行絞刑，不久大評議會就決定，隔天，九月二十九日，將幾個首腦解決掉，最為保險[42]。為減少將已豁出性命、什麼都敢幹的人在群島裡成群遷移的風險，處決地點就定在海獅島。

指揮官宣判時未宣布處決日期，科內里斯繼續想方設法替自己爭取更多活命時間。他的下一招是要求處決緩期，「因為他想受洗，以便他有時間為自己的罪孽表達深深悲痛之意，並好好思量他所犯的罪孽，讓他得以在平和且悔罪下死去。」[43]他冷冷估算，此計若成，他或許可多活數星期；但佩爾薩特雖因信教虔誠而同意短暫緩期，卻不想讓這個副商務員多活超過四十八小時。原本處決七犯人的日期是九月二十八日薄暮，後來延到十月一日星期一，但還是未將此日期告知那些死刑犯。

耶羅尼穆斯．科內里斯讓巴達維亞號之墓上的人長達兩個月終日擔心自己性命隨時不保，這時輪到他體會不知自己還能活多久的痛苦，而且他發覺自己受不了這樣的煎熬。這個藥劑師請求牧師海斯伯特．巴斯蒂安斯透露他的處決日期，牧師無法或不願告訴他，他即惱火起來。最後，「牧師說了那個日期（九月二十八日）讓他平靜下來，他表現得像是已得到些許慰藉，比較有勇氣」[44]，但隔天早上這股裝出來的鎮靜迅即消失，科內里斯再度懇求告知他還有幾天可活，說不然他無法做好受死的心理準備[45]。

這一次，佩爾薩特告訴了他。「嘖嘖，就這樣？」[46]科內里斯咕噥道，語氣滿是憤慨。「這麼短短幾天，人怎能表現悔罪之意？我認為應給我八或十四天。」然後，他失去鎮靜，整個勃然大怒，咆哮道：

我很清楚（你）想要我流血，要我的命，但上帝不會容許我死得顏面無光，我百分之百知道，你也會清楚瞭解，上帝會在今晚向我行奇蹟，讓我不致被吊死。

指揮官語帶憂心地寫道，「他整天都是（這樣的）心態」。

科內里斯這時是否真的相信他的上帝會出手救他，是個很有意思的疑問；他若抱持這樣的想法，也算是在預料之中。但佩爾薩特推測，這個藥劑師的自誇之語，意味著他想自殺。他向看守的衛兵發出特別命令，要他們提高警覺，勿讓任何人將可用來自殺的東西偷偷帶給這個犯人。

但在阿布羅留斯群島，無法叫人放心「安全」問題。叛變者的關押地遠離其他倖存者，不必擔心遭人劫囚，但在海獅島上，他們並未被囚禁在今人所理解的那種監獄裡。那裡沒有厚牆囚室把他們關在裡面；他們的關押地就只是帳篷，而且要讓這麼多看守他們的人不與他們交往根本辦不到。在這樣的情況下，尤其是在佩爾薩特仍不清楚叛變集團究竟有多少黨羽之時，要斷絕這些囚犯與外界往來，特別難。科內里斯已有辦法寫下兩封信給他人在尼德蘭的友人，裡面以誇大口吻大談欲加害於他的陰謀，並忿忿宣告自己清白[47]。他請人把這兩封信偷偷帶給巴達維亞號副舵手雅各布．揚斯．霍萊特[48]，冀望他把它們寄回國。結果霍萊特把信交給佩爾薩特，然後信由大評議會打開，發覺其內容「悖離事實，以掩蓋他令人髮指的惡行。」但如果科內里斯能把信送出他的帳篷，他要收到違禁品也不算難。九月二十九日前，這個藥劑師已拿到毒藥，可能是他當初所調製用來殺掉邁肯・卡爾杜斯之子的那批毒藥的剩餘[49]。那一晚他服了毒藥——若非為了實現他自己的預言，就是因為他對上帝出手相救已不抱希望。

結果藥效未如他所希望。佩爾薩特寫道，毒藥藥性不夠強，殺不死人，因為雖然藥效「於凌晨約一點開始發作，讓他渾身痛楚，似乎要死去」，但只是讓科內里斯痛得在地上打滾，未要了他的命[50]。指揮官帶著一絲絲滿意記載道，「懷著如此強烈的焦慮不安，」

他請求給予一些威尼斯解毒糖劑。他的痛苦終於開始有所紓解……但那個夜裡，他還是得被押出他的囚房二十次，因為他所謂的奇蹟除了來自上面，也來自下面。

到了九月三十日週日上午，科內里斯已復原到可以被叫出帳篷和其他囚犯一同聽牧師講道。但只有他拒絕參加，堅決表示不願與這位牧師有任何瓜葛。離排定的處決日不到一天，卻不願在宗教裡尋求慰藉，這令指揮官大感驚訝，直到現在，整件事快落幕，佩爾薩特才開始理解這個副商務員所信仰的異端邪說具有何等的重要性[51]。在接受訊問期間，科內里斯不時冒出奇怪想法，尤其此想法與禁止巴斯蒂安斯在此島上講道有關。這些想法也與他的連番謊言、半真半假的說詞、看不清現實的心態密不可分，因而大評議會的成員似乎大多不把它們當一回事，認為他的神學只是他用來控制其手下的另一套工具而已。佩爾薩特以外的評議會成員是講究實際的直腸子之人，抱持極正統的宗教觀念。面對在此群島真實上演的謀殺、強暴、劫掠之事，他們不覺得有必要去探究純粹意識形態性質的異端邪說的指控。

指揮官的教育程度高於其他評議會成員而且至少具有些許想像力，在阿布羅留斯群島上，或許只有他——這麼晚——終於理解科內里斯的信念不只有助於塑造這場叛變的規模和性質，還理解到這些觀念本身只是更大、更複雜之性格的一部分——而且他顯然認為那是邪惡的性格。佩爾薩特在其日誌裡幾乎擺明不願正視此事的存在，就像蝸牛被人用小樹枝戳了之後縮回其殼裡。而且，一如此蝸牛，指揮官對於觸動到他的東西，認識不夠完整，好似剛瞥見一個被官方的廉價譴責用語（「不信神」[52]、「心思邪惡」[53]、「天生墮落」[54]）掩蓋的真相。針對科內里斯不願上教堂一事，指揮官以虔信口吻寫道，「看看上帝以如何神奇的手法讓所有人親眼看到何謂不信神」[55]，但他真正的用意，乃是要表示他已窺見——可以說是從他的眼睛餘角窺見——一個行事遠遠偏離傳統道德規範的人。

對所有叛變者來說，大限之日正迅速逼近。十月一日拂曉，可怕的暴風雨天氣使預定的處決不得不延期；海浪大到平日可輕易橫渡深水道到海獅島的航程變得險象環生。但這只是暫時的苟活；隔天，風浪較平靜，一群木工過去，開始建造絞刑架。海獅島是巴達維亞號之墓周邊唯一土壤厚到撐得住這類結構體的地方；在深水道西側，接近此小島最南端處，有個理想的登陸地點，而且剛進入內陸不遠的一道隆脊，其上分布的沙子和表面結了乾硬鳥糞的土夠厚，足以插進柱子[56]。木工利用來自薩爾丹號的備用木材，或許也用了來自巴達維亞號的漂流木，完工時，他們搭起兩或三個足以容納七人的大絞刑台。

此工程一完成，即把死刑犯押來。佩爾薩特在那裡督導犯人伏法之事，巴斯蒂安斯則負責安慰那些人，拯救他們的靈魂，如果救得了他們的靈魂的話。自將近一個月前科內里斯被擒以來一直未和他講過話的克蕾謝．揚斯也在場。預定行刑時刻之前一小時，她終於走近到讓科內里斯得以注意到她的地方，某些「防守者」能聽到他們對話的地方。佩爾薩特不在旁邊，未能記錄下這最後一次短暫的相遇；但韋布．海耶斯在那裡，聽到克蕾謝以最強烈的語氣痛罵這個曾控制她自由的男人。這個剛升官的中士後來記載道，「她向科內里斯悲嘆他不顧她意願對她犯下的罪行，以及強姦她之事。科內里斯聽了回道：『妳的確無可指責，因為妳在我帳篷裡待了十二天，我才得逞。』」[57]

此刻，在海獅島上，很想在科內里斯死前當面質問他的人，不只克蕾謝一人。其他被判死刑的叛變者，曾是這位總司令的殺人工具，此時深惡痛絕於他在受訊問時出賣他們，高聲要求先將科內里斯吊死，「以讓他們親眼目睹這個唆使人作惡者死去」[58]。這一要求當然反映了他們的報復念頭，但也反映了他們的一份憂心，憂心如果他們先死，這個藥劑師說不定靠他那張舌燦蓮花的嘴躲掉懲罰。這個副商務員被拖去處決時，他們——亨德里克松、范歐斯、尤納斯和阿萊特．揚森、佛雷德里克斯和貝爾——擠在他身邊，對他發出不屑的噓叫聲。他們看著他在劊子手面前跪下，以便劊子手砍掉他的雙手（據當時某份出版品所述，砍手之刑執行得很粗糙，以槌子和鑿子為工具）[59]。最後他們聚集在絞刑架下，看他被吊死。

聚集在此島上的人，看了這些作惡多端的人在絞刑台上演出的最後一幕。「他們個個彼此叫喊，」[60]佩爾薩特憶道。「有些作惡之人朝科內里斯大喊『報仇！』，科內里斯也朝他們大喊。最後，他向評議會和他們挑釁，說他們有種就去上帝的審判席跟前，還說他想在那裡向他們討回公道，因為在人間他做不成這事。」

牧師在場目睹了這場古怪的對話。「如果世上真有一個最需要上帝寬恕，」他寫道，以免死後受嚴懲的不信神的人，那就是他；（因為）根據他的陳述，他沒做錯什麼事。甚至到了最後，上了絞刑架時，他仍說著：「報仇！報仇！」因此，直到生命結束之時，他仍是個惡人。

然後，比大部分人都有理由恨科內里斯的海斯伯特．巴斯蒂安斯，補上最後的想法。他潦草寫道，「上帝的正義和復仇已展現在他身上，因為他是極其凶殘的殺人犯。」[61]

CHAPTER 9 「打斷骨頭再架在車輪上」

「於是他死時冥頑如故。」

——佛朗西斯科・佩爾薩特

科內里斯並非一下子就斷氣。

在十七世紀，所謂的絞刑架幾乎就只是兩根十至十五英呎（三、四公尺）高、有斜柱支撐的立柱，以及連接兩根立柱的橫梁，犯人就吊在從橫梁垂下的短繩上慢慢給勒死。在活板門和下落板問世之前兩百年，行刑者所需的另外器具就只有一樣：那就是擱在其中一根立柱上的梯子。犯人雙手縛住，被趕上梯子，脖子上已套了絞索。執行絞刑的劊子手把繩索另一端牢牢綁在橫梁上，然後，迅即屈膝往死刑犯的腰背部一頂，使其騰空。少數運氣好的死刑犯因頸子折斷，很快就死亡，但大部分情況下，墜落之勢不足以讓人瞬間斷氣，死刑犯被絞索緊緊勒住。這過程有時拖得很長，最長達二十分鐘，在這期間的大半時候，大部分死刑犯仍有意識。公開處決犯人盛行於歐洲，觀看處決的民眾愛看垂死者猛踢雙腳掙扎的情景。有幸搶到絞刑架近旁位置的民眾，也能目睹慢慢絞死的難堪效應：屎尿失禁，以及在某些死刑犯身上，死時陽具不自主勃起。

有時，行刑當局會想讓死刑犯快點斷氣；或許允許其友人拉他的腿以束緊絞索，而在法蘭西，劊子手得縱身攀住橫梁，「把他的雙腳放進死刑犯被縛住雙手後形成的環孔裡，然後一再用力蕩，藉此結束他的苦難。」[1]科內里斯遭處決時似乎不可能得到此加快解脫的待遇，但除非用了止血帶，他雙手遭砍掉後，會失去意識，在被絞索勒死之前就死去。一般重量的男子（約七十二公斤）可容許的最大失血量約一．四二公升。科內里斯三個月來大半時候靠貧乏的島上食物過活，體重幾可肯定低於該重量甚多。據此推測，他會很快就失去意識，在流失約一．一三公升的血後死去。

一如舊慣，牧師陪死刑犯到絞刑台，希望至少其中某些人會懺悔罪過，但科內里斯不願和他講話，至死毫無悔意。佩爾薩特以嚴峻口吻寫道，「他不甘心就此死去或悔罪，既未向上帝禱告，也未就自己的罪過表現出懺悔之意……於是他死時冥頑如故。」[2]在場目睹他遭處死的科內利斯．揚斯，同樣震驚於科內里斯流著血站在絞刑架旁邊時仍不願認罪的姿態。只有懺悔——和由衷的痛悔——這個叛亂集團的總司令才能補贖其許多罪過，這個「防守者」認為科內里斯那股堅決想必源於他的異端信仰。揚斯寫道，「他死時，一如他生前，不相信有魔鬼或地獄、上帝或天使——托倫齊厄斯的觀念傳播到這麼遠。」[3]

其他叛變者信仰較不堅，沒那麼勇敢。馬蒂斯．貝爾和安德里斯．尤納斯在前往絞刑台途中就沒了勇氣，各自結結巴巴懺悔了罪過，以求良心得安和多活一些時間[4]。貝爾坦承殺害了另外四個男子和一個男孩，坦承某夜「在科內里斯面前」殺了他們，由於殺得又快又狠，連他們叫什麼名字都不知道。死在尤納斯手裡者，幾乎都是女人和小孩。他回想起又一場殺戮，受害者是「又另一個男孩」。那男孩死於巴達維亞號之墓某場定期發生的屠殺期間，而且可以說死得很冤枉。那是特別殘忍無情的罪行：

> 某天夜裡，其他幾個男人遭殺害時，這個男孩因為害怕且因為生病，臨時爬進他們的帳篷，雅各普・彼得斯・科賽因*看見了，（說）「安德里斯，你得幫忙解決這個男孩」。於是他把那男孩拖到帳篷外，用小刀割了他的喉。

其他被判死刑的叛變者——揚・亨德里克松、萊內爾特・范歐斯、阿萊特・揚森、魯特赫・佛雷德里克斯，以棒擊、溺死或刀刺的手段，共殺害了將近四十名巴達維亞號倖存者——受死時較安靜，但在佩爾薩特看來，「死時（全都）非常不信神、不悔罪。」揚・佩爾赫歐姆例外。這個精神已半失常的船上服務生，才十八歲，無法認命接受死亡。上絞刑台途中，他變得歇斯底里，「哭泣，哀號，乞求饒恕，乞求將他放上島嶼，讓他活更久。」這個男孩罪行纍纍，但

* 準下士，科內里斯之評議會的一員，綽號「鑿石工」，科賽因（cosijn）是他的另一個綽號，意為「窗框」。

叫人大呼意外的是，指揮官竟接受佩爾赫歐姆的懇求，同意以其年幼饒他一命。就在絞刑架底下，揚被減刑，刑罰為放逐「到某島或大陸，視情況而定」，然後他被押回臨時獄所。

其他犯人遭處死後的屍體如何處置，巴達維亞號日誌未提及，但在尼德蘭，通常讓死刑犯的屍體繼續示眾以儆效尤。荷蘭省北區各地的死刑犯都在哈倫城牆外絞死，然後屍體一直吊著，直到需要再用到絞刑架才將屍體拆下。然後，屍體還會給綁在附近的木竿上繼續示眾[5]。因此，在阿布羅留斯群島，科內里斯等人的遺體，在行刑隊划船回薩爾丹號時，很有可能還吊在絞刑架上。

隔天，刮起強風。這時，此群島已是春天；已有數千隻羊肉鳥（某種鸌）回來，牠們詭異的號叫聲在夜裡此起彼落，強風不時打斷佩爾薩特的財物搶救作業。暴風雨持續到十月四日為止；然後有了晴朗的一天，趁這一天，失事船上的一具黃銅加農炮被帶回到巴達維亞號之墓。然後，惡劣天氣猛然襲來，有兩個星期，季風使他們只能進行零星的礁區打撈工作。那之後，天氣也只好到「十五至二十天有一天」（薩爾丹號評議會語）可打撈的程度。

在這樣的情況下，佩爾薩特的荷蘭籍、古吉拉特籍潛水伕表現稱職，把他們所能打撈的東西都打撈上來。這六個人毫無防護裝備在極危險水域裡工作，而且時時可能被海浪推去撞岩礁撞得粉身碎骨，但他們還是把公司七個錢箱、大量散落的錢幣、佩爾薩特的許多銀質餐具，以及數箱金屬箔打撈上來[6]。後來又把三個錢箱打撈上岸，但其他兩個錢箱不得不「叫人遺憾地」留在阿布羅留斯群島[7]。其中一個錢箱已找到，座落在船底，但由於有門重炮倒下，把它死死壓在岩礁上，打撈不上來。

打撈的同時，指揮官派數隊水手和「防守者」到此群島的諸島考察，探尋對荷蘭東印度公司來說有價值的東西。科內里斯偷來的珠寶和衣物，連同剩下的配給品和某些商品，都已找回，但佩爾薩特很清楚巴達維亞號失事給公司帶來的損失，堅持即使是最無關緊要的殘渣碎片都要找回來。被派去諸島找東西的人，盡職拾回他們所能找到的每樣東西，從被海水浸濕的亞麻布到生鏽的舊桶箍和釘子，都在其中[8]。

這其實沒必要。佩爾薩特決意取回荷蘭東印度公司的每樣財產，導致一場無意義的意外在十月十二日發生，又奪走五條人命。薩爾丹號船長雅各布・雅各布斯奉命駕一艘小船到礁區，找回已擱淺在那裡的任何貨物。這趟任務的主要目的是找回前一天所看到、位在珊瑚礁上的一小桶醋，然後轉赴此群島的某些外圍小島，尋找來自失事船的漂流木和其他東西。雅各布斯不只帶了他的舵工彼得・彼得斯和薩爾丹號的一名炮手，還帶了兩個原在巴達維亞號上的人一起去：炮手雅各布斯・特維森（Ariaan Theuwissen）和巴達維亞號的副號兵科內利斯・彼得松。這個科內利斯・彼得松幾可肯定就是七月底科內里斯寫給「防守者」那封信中提到的那個「胖號兵科內利斯」，此人經歷叛變者一次出賣未遂和三次攻擊都保住性命。這些人奉命如有可能得在那天晚上回薩爾丹號，但如有必要整夜待在外面，就待在外面。結果他們沒回來，十月十三日下午，克拉斯・黑赫茨在薩爾丹號上最後一次瞥見雅各布斯的船載小艇的身影，當時該艇離岸頗遠，距薩爾丹號約九英哩（十五公里）。不久，起風，大雨襲來。小艇迅即為海霧所吞沒，失去蹤影[9]。

那是最後一次有人見到雅各布・雅各布斯和他的手下。暴風雨刮了兩天，佩爾薩特無法派人搜尋這艘失蹤的小艇，十月十六日，由雅各布・揚斯・霍萊特指揮的一艘小船搜尋了所有外圍島嶼，一無所獲；十一月四日，有人看到大陸上升起數縷煙，讓人打從心底希望那些人已登陸該地，但短暫搜索過澳洲海岸，未找到這批船員存在的跡象。佩爾薩特不得不認定這五個水手已失蹤，停止搜索。

佩爾薩特非找回失事船的貨物不肯罷休，因而直到十一月中旬才結束打撈，距科內里斯遭處死已過了六星期。在這期間，他轄下百名士兵和水手必須看守當初簽署誓約效忠科內里斯的三十名倖存者。叛變集團裡尚活著的最危險人物——包括各自都殺了數人的達尼爾・科內利森和漢斯・雅各布・海爾威克——仍關押在海獅島上，手腳縛住，不與外界往來。但剩下的叛變集團成員未關起來，而由於這些人至少有二十個，再次造反的可能性不能完全排除[10]。在這情況下，難怪佩爾薩特決定在離開阿布羅留斯群島之前處理另外六個還活著的叛變者。

這六人是瓦烏特・洛斯、盧卡斯・黑利斯、羅希爾・戴克、亞伯拉罕・黑赫茨、克拉斯・哈爾曼斯，以及佩爾薩特的文書薩洛蒙・德尚。德尚參與殺害邁肯・卡爾杜斯孩子之事，這時已被查出。洛斯是這群人裡唯一重要的叛變集團成員，被控同意「出任某次謀殺行動的隊長」，攻擊韋布・海耶斯和他的「防守者」，但最初未遭指控殺人。其他五人都已供認殺人，但針對這五人，佩爾薩特和大評議會成員都認為他們有情有可原之處。德尚、黑赫茨、哈爾曼斯被澤凡克和其手下逼著殺人，經查明都是遭脅迫而動手，因此都躲過死刑。戴克和黑利斯又更幸運。兩人殺人都冷血無情，如指揮官在戴克的案子裡所指出的，「心甘情願」殺人，甚至，如佩爾薩特對黑利斯參與殺害佛朗斯．揚斯一事所論道的，「由衷認為自己做得沒錯」。但戴克因年紀輕而免去一死，黑利斯則似乎純粹因為評議會想對他寬大處理而躲過一死。這五個叛變者未被判死刑，反倒都只被判處從船桅的橫杆端往下丟，或者判處受涮過船底之刑，然後「在船桅前挨一百鞭」，以及，就盧卡斯．黑利斯來說，沒收六個月的工資。

相較於科內里斯的下場，這些懲罰算是寬大為懷，而繼科內里斯接掌叛變集團的瓦烏特．洛斯，受到的處置更超乎預期的輕[11]。當時，凡是反叛「揚公司」，都難逃死罪，但出於某個原因，佩爾薩特淡化洛斯作為科內里斯之繼任者的角色。此外，指揮官在宣判時只指出洛斯的確犯了「數起謀殺」罪，但其實他殺了兩個人（巴斯蒂安．海斯伯茨和邁肯．卡爾杜斯），捆綁了至少另外兩人以便將他們溺死，而且應該對「防守者」揚．迪爾克斯死於最後一波攻擊海耶斯之島的行動，負起很大責任。佩爾薩特宣判時也未提到洛斯在誘使薩爾丹號船員上岸以殺掉他們的密謀中扮演的重要角色。佩爾薩特認為，其實洛斯「用他的嘴巴，透過提出建議，所犯下的罪過，多於他用雙手所犯下的」，而且某些因素有利於這個士兵：他救了揚．威廉斯．塞林斯一命，拒絕攻打薩爾丹號，他接掌科內里斯的地位後，巴達維亞號之墓上無人死亡。但整個來看，我們不免推斷，洛斯受到寬大處置，純粹因為他不是耶羅尼穆斯．科內里斯。叛變集團的最後一任領袖未被判處死刑，反倒被判和船上服務生揚．佩爾赫歐姆一起放逐到南方大陸岸上[12]。

•••

一六二九年十一月十五日，薩爾丹號啟航前往東印度群島，船上載著來自巴達維亞號的七十七名倖存者，其中四十五人曾和韋布．海耶斯並肩作戰；三人搭大艇去爪哇，再搭薩爾丹號回阿布羅留斯群島，佩爾薩特是其中之一；其他二十九人若非曾是科內里斯幫一員，就是迫於無奈加入該幫者，或者叛變者的情婦。倖存者裡只有五人是女人（克蕾謝．揚斯是其一），只有一人是小孩。倖存的男人裡，未與叛變者同流合污或簽署科內里斯的服從誓約而能在巴達維亞號之墓保住性命者，不到六人。這些人幾可肯定都是手藝人（但姓名未被提及）：木工、廚子或修桶工。就連科內里斯都知道，這類人活著比死掉有用。至於船失事後保住性命的其他每個男女小孩，都在七月四日至八月十六日這六個星期裡遭殺害。諸島上不再有殺人之事，純粹因為已沒人活著可讓叛變者殺害[13]。

先前幾星期的大風終於平息，轉為美麗宜人的春日天氣，薩爾丹號沿著南方大陸海岸航行，船速甚快，十二月五日就在巴達維亞下錨，距離離開阿布羅留斯群島將近三個星期[14]。因此，這趟返航只用了兩個月前佩爾薩特從東印度群島到該群島所花時間的不到三分之一。

這趟航行只有兩件事值得一提。十一月十六日早上，即離開巴達維亞號之墓後不到一天，佩爾薩特注意到南方大陸上有煙升起。天氣比他第一次沿海岸航行時溫和許多，而且佩爾薩特心想那煙或許是駕薩爾丹號的小船失蹤的雅各布．雅各布斯等人升起的信號火所冒出，於是克服萬難駛入海岸上的一個小灣停靠，距南邊的阿布羅留斯群島將近五十英哩（八十公里）。未找到失蹤水手活動的跡象，但這個地方顯然有人住——登陸隊找到許多赤腳印，但「黑人躲了起來，不讓人看到」，此外，某個溪谷裡有淡水。*佩爾薩特覺得這裡是將揚．佩爾赫歐姆和瓦烏特．洛斯放逐的理想地點，於是該日更晚時，這兩個叛變者被人用小船送上岸，棄置在該溪旁邊坡度甚緩的海岸上[15]。於是，佩爾赫歐姆和洛斯——叫人不可思議地——成了最早在澳洲定居的白人，比一七八七年第一個殖民船團（First Fleet）載著不列顛罪犯至澳洲，早了將近一百六十年。

這兩個叛變者又一次交到難得的好運。放逐孤島之舉被後人美化，寄予浪漫懷想，但實際上往往只意味著慢慢等死。許多遭放逐者被棄置在無水的珊瑚礁上——環境非常類似阿布羅留斯群島裡的島嶼——除了一瓶水、一把槍，別無他物；給槍，意在讓他們把水喝光後可以舉槍自盡。佩爾赫歐姆和洛斯得到的東西多了許多——一船的設備、用以和土著易物的物資、充足的水源，乃至指揮官給他們如何博得所遇之人歡心的指示。他們存活的機率不低。

第二件值得一提的事，直到十一月底才發生，那時薩爾丹號已快要見到爪哇海岸。船上九名叛變者仍未被告知他們遭判處的刑罰。這批人這時懇求佩爾薩特在抵達巴達維亞城之前重審他們的案子，立即宣告判決。這一請求很不尋常，主要因為他們的請求得到其餘船員支持，而

* 有人認為這個地方是威特卡拉溪谷（Wittecarra Gully），位在今日卡爾巴里（Kalbarri）附近默奇森河（Murchison River）河口南邊。

他們之所以如此請求，幾可肯定是因為這些倖存的叛變者知道德尚、黑利斯、洛斯和他們的同夥得到輕判，認為佩爾薩特對他們的處置，會比不留情的東印度群島評議會來得寬大。這一點，他們無疑沒看錯。

佩爾薩特的大評議會成員花了一些時間討論這些人的請求[16]。他們一方面認為總督顧恩大概會希望親自審判這些叛變者。另一方面，又可能有點同情這些人，心想——誠如佩爾薩特在其日誌裡所記載——「不要給諸多要務纏身的總督大人增添麻煩」[17]會不會比較好，「因為我們擔心爪哇戰爭已讓他非常煩心，儘管（我們）希望他沒那麼煩心。」最後談出折衷辦法。把八個造反者帶上來，告以宣判結果。剩下那一人是科內里斯之評議會的僅存成員：倒楣的準下士「鑿石工」彼得斯，叛變集團唯一主要成員。他雙手被縛，上了腳鐐，等著讓總督一嘗親自審問的樂趣。

第一個被叫到大評議會前面者是達尼爾・科內利森。這個充滿幹勁的年輕軍官候補生，在被韋布・海耶斯擒住之前，殺了四個男子，協助殺害另外三人；他被判處涮過船底三次，然後再重重鞭打，還要沒收過去一年工資。漢斯・雅各布・海爾威克拿晨星槌砸破船醫的腦袋，也犯了謀殺罪，被判和科內利森類似的刑罰。未殺人的水手科內利斯・揚森亦然。他的罪行是在巴達維亞號上密謀叛變、協助攻擊克蕾謝・揚西、船失事後洗劫指揮官的艙房。

另外三個曾宣誓效忠科內里斯的人——安德里斯・利班特和漢斯・佛雷德里克這兩位士兵和擔任公司助理的伊斯布蘭特・伊斯布蘭茨——協助殺人，但利班特和佛雷德里克是自願殺人，伊斯布蘭茨是受脅迫而動手。他們的懲罰是從船桅上被丟下三次，然後挨鞭子；利班特與佛雷德里克也被罰以沒收六個月工資。士兵讓．蒂里翁用刀砍開失事船上一只公司錢箱，被判處涮過船底、鞭刑、處以類似金額的罰鍰[18]。

仍有兩個犯人要處置。科內里斯幫派最後一個待處理的成員，奧利維爾．范韋爾德倫，似乎涉嫌重大，包括或許在巴達維亞號上就加入叛變集團。但因有病在身，范韋爾德倫到了巴達維亞號之墓之後，一連數星期只能待在他的帳篷裡，未直接參與諸島上的殺人行動。佩爾薩特顯然覺得他生病後對他凶殘的兄弟希斯伯特仍有很大影響力，但范韋爾德倫受訊問時堅不吐實，只供認和茱西．佛雷德里克斯（被留「供公用」的已婚婦女之一）[19]睡過覺。這些對他的減刑都沒什麼好處；他所受的懲罰——「被從船桅上丟下三次，並挨一百下鞭子」——與罪行嚴重許多的那些人所受到的懲罰一模一樣。

最後一個在薩爾丹號上被判刑的人是法蘭西籍士兵，米奧姆布里的讓．勒努（Jean Renou of Miombry）。他從不是科內里斯幫派的一員，其實是「防守者」之一，在海耶斯之島遭圍期間始終沒有貳心。這個法蘭西人的罪行很特別；他未遭控謀殺或叛變，而是遭控誹謗——由於荷蘭人極看重個人名譽，當時誹謗罪幾乎和謀殺、叛變一樣重。據佩爾薩特所述，勒努對著整個帳篷的人講述茱西．佛雷德里克斯某次短暫造訪海耶斯之島期間，如何樂於向三個男人，包括勒努本人和韋布．海耶斯，投懷送抱，從而破壞了她的名譽。指揮官同意這一指控「傷害非同小可」，主要因為勒努宣稱與茱西翻雲覆雨後「讓他受害」，肯定是讓他染上性病。佩爾薩特說，這個法蘭西人污損一已婚女士的名聲，理該嚴懲。

指揮官在這時候這麼在意一個女人的名譽，而且是水手之妻的名譽，或許有人會覺得訝異。佩爾薩特這麼做，其實很可能不是為了維護那女人的名譽，而是為了保護新英雄韋布・海耶斯的名聲。於是，他判處愛亂說話的勒努從船桅上被丟下三次並挨鞭子——與利班特、佛雷德里克因參與謀殺了兩人而剛受到的懲罰一樣。唯一差別在於勒努未被扣工資。

• • •

自上次一別，巴達維亞城已大不同於佩爾薩特當時所見。這時是雨季，而始終令歐洲人很不舒服的當地氣候，這時來到最令人難以忍受的階段。巴達維亞仍然炎熱，但由於開始下雨，該城也是到處濕漉漉。夏季那幾個月下到城裡的雨水，平均將近六英呎（一千八百毫米），暴風雨暫歇而下一場暴風雨未來這段期間，天氣變得濕熱難耐，似乎會滋生熱病。

佩爾薩特在阿布羅留斯群島期間，此城至少在軍事情況方面有所改善。八月底，果如顧恩所料，巴達維亞二度遭圍城，馬塔蘭的蘇蘇忽南再度率領大軍攻打巴達維亞城堡[20]。但六個星期後的十月二日——即科內里斯和他的手下在海獅島遭吊死那一天——阿袞即如荷蘭東印度公司的巴達維亞城日記所說的，「不光彩且丟臉地」撤兵，巴達維亞隨之解圍。敵人受制於食物短缺，一夜之間拋棄陣地，撤回森林，荷蘭人事後才知敵人已逃走。打贏這場圍城戰，標誌著「揚公司」與馬塔蘭的戰爭就此結束。這場戰爭使東印度群島貿易大衰，摧毀了該城和其周邊地區。但雙方很快就復原；事實上，巴達維亞周邊很快就被叢林收回，因此總督在戰爭結束後不久就懸賞獵殺附近地區的犀牛。到了一七〇〇年，這一賞金的發出已達一個月約三十次。

另一個重大改變出現於巴達維亞城堡內。顧恩未能活到看到他軍隊得勝。這個總督於九月二十一日倒下、去世，得年四十二——就在雅克．斯北科思和荷蘭東印度公司之秋季船隊的其餘船隻在此城外的近岸錨地下錨前一天（佩爾薩特的船隊原是此秋季船隊的一部分）。死因似乎是心臟衰竭[21]。顧恩先前生過病，得過痢疾，但他死得那麼突然，駭人的謠言隨之開始出現。最流行的謠言把他突然心臟病發作歸因於「荷蘭東印度公司」船隊指揮官斯北科思的抵達（「巴達維亞號」所屬的船隊原先即是由斯北科思領導，但他被臨時召回，所以才由佩爾薩特接任）。斯北科思的女兒莎拉，不久前才被顧恩命人在市政廳前鞭打處罰。據說顧恩死前那個下午，正在他住所的陽台上散步，突然看到秋季船隊出現在地平線上。有人說他早就預言，「斯北科思爵士會來接我的位置」，然後怕斯北科思發現自己女兒的悲慘遭遇後會報復於他，因而嚇得倒地不起。

不管他是否真是如此死去，揚．顧恩最後的預言的確成真。雅克．斯北科思於顧恩去世三天後被任命為東印度群島總督[22]。於是，巴達維亞號倖存叛變者的處置，就落在他和檢察官安多奈．范登赫費爾身上。這些叛變者於十二月第一個星期後半下薩爾丹號，似乎很可能立即就被押到此城堡底下可怕的地牢裡。阿里安．雅各布斯此時仍關在那地牢裡，等著進一步處置。

他們共有十四人，其中八人佩爾薩特已處置，另外五人，包括薩洛蒙．德尚和盧卡斯．黑利斯，其案情已在阿布羅留斯群島審理過，最後是唯一仍未被審訊的「鑿石工」彼得斯——曾是科內里斯幫派的中將，但此時已被打回原形，只是個準下士。薩爾丹號抵達巴達維亞時，被薩爾丹號評議會審問過的那些人，至少有一部分已接受過懲罰（佩爾薩特是否已處置過十一月底被宣判的達尼爾．科內利森等人，仍有待商榷）[23]，但就連這些已受過懲罰的人都沒握自己能獲釋。東印度群島總督在其轄地裡擁有不受節制的權力，要怎麼處置，隨他高興。

斯北科思和其評議會成員慢條斯理思考如何處理巴達維亞號案，不管這些人在監獄裡的死活，直到一月底才裁定他們的案子。斯北科思似乎覺得佩爾薩特的處置人過寬大，而且誠如這些叛變者所擔心的，這個總督把佩爾薩特的裁定晾在一旁，絲毫不覺良心上過不去。一六三〇年一月三十一日，科內里斯幫派的倖存者被押出囚室，獲告知他們要為在巴達維亞號之墓犯下的罪行受到更嚴厲許多的懲罰。

絞刑名單上多了五人，其中罪行最重的達尼爾．科內利森，先砍掉右手再絞死。漢斯．雅各布．海爾威克和他一樣上了絞刑架，盧卡斯．黑利斯亦然。薩洛蒙．德尚這個可憐的文書，當初被迫將邁肯．卡爾杜斯奄奄一息的嬰兒勒死，結果受到同樣的處罰；佩爾薩特在阿布羅留斯群島時刻意保護他，但就連德尚與佩爾薩特長久的交情，都不足以使他免遭東印度群島評議會懲處[24]。

第五個被吊死的人，身分始終不明。向叛變集團的成員宣達判決時，斯北科思和其評議會似乎左右為難，既想懲罰科內里斯的所有手下，又覺得其中最年紀最輕、最涉世未深者或許該得到饒恕。處理十七歲的羅希爾．戴克和佩爾薩特在獅子山撿回來的十五歲逃亡者亞伯拉罕．黑赫茨時，他們裁定只有一人該死。而決定誰生誰死的方式本身，就是個折磨。這兩個男孩要「抽籤決定兩人之中誰要受絞刑，而抽到免死籤者要被狠狠鞭打，脖子上戴木枷。」

•••

安德里斯．利班特、漢斯．佛雷德里克、奧利維爾．范韋爾德倫也遭改判。這三個「屢犯小罪者」（佩爾薩特語）被綁在竿子上狠狠鞭打，然後戴上腳鐐手銬，送離巴達維亞，流放三年；協助殺掉三人的佛雷德里克，還被判處戴上重重的木枷。在這樣的情況下，沒有人能捱過漫長的流放以自由之身回來。年輕水手科內利斯．揚森被視為劫匪和參與叛變者，遭鞭打、打烙印。年僅十五歲的克拉斯．哈爾曼斯也遭鞭刑。伊斯布蘭特．伊斯布蘭茨是高級船員而且是唯一一再辯稱受脅迫而做壞事的叛變者，只有他真正得到寬大處置。他的懲罰是站著觀看刑罰的執行，「脖子上戴著木枷」。

最嚴厲的處罰留給「鑿石工」彼得斯[25]。一如科內里斯，這個準下士在巴達維亞號之墓幾乎未親自動手殺人，儘管他協助他人屠殺海獅島上的倖存者，協助統籌謀殺牧師家人之事。但他在巴達維亞號密謀叛變，而且身為科內里斯之評議會的一員，他協助裁定了哪些人該活、哪些人該死。由於海耶斯和佩爾薩特聯手剝奪了爪哇當局懲罰大衛．澤凡克和庫恩拉特．范赫伊森的機會，更別提懲罰科內里斯的機會，他們的所有罪過這時就要由彼得斯一人來承擔，因為儘管他在此叛變裡的角色小於那三人的任何一人，他的罪行如此明確，無法抵賴。一六三〇年一月最後一天，「中將」彼得斯被帶出去「從下往上打斷骨頭，然後身體給架在一個車輪上。」

打斷骨頭再把身體架在車輪上，是荷蘭共和國境內最痛楚、野蠻的處決方法，實際上就是十字架釘刑的一種[26]。就彼得斯來說，這個死刑犯會被脫到只剩一條亞麻質內褲，帶上絞刑台，台上已擺了一個還裝著車軸的大車輪、一條長椅、幾條繩子、一根粗鐵棍。他會給四肢張開綁在長椅上，而且會擺成讓劊子手易於擊打他手腳的姿勢。劊子手會舉起粗鐵棍，全神貫注，逐一打碎犯人的骨頭，從最末梢的手指頭、腳趾頭慢慢往裡打。這番重擊的目的是把手腳骨打到粉碎，以便將彼得斯從長椅抬到車輪上時，他的上臂因已斷成好多截，可以將它們纏繞在輪緣上，他的雙腿則可從大腿處往後扳，將它們硬生生繞過外車輞打結，膝蓋觸及後腦勺。完成後一作業，同時不讓斷掉的股骨外突並不容易，但熟練的劊子手不只自豪於他能讓死刑犯在整個行刑過程中始終完全有意識，還自豪於能把他的骨頭完全打得粉碎，因而讓皮膚完好無損，不被骨頭刺穿。後來此刑罰又有細微的改良，通常會往死刑犯的肋骨再重擊數次，使其每次呼吸都痛苦不堪。

結束這一叫人毛骨悚然的行刑之後，彼得斯的輪子會被直直升起，車軸會被深深插入絞刑台旁邊的地裡，以便群集的民眾目睹「鑿石工」死前的最後時刻。經受過這番折磨，可能要再幾小時才會死去（通常死於內出血）；在巴達維亞之類地方，這個垂死之人的痛苦會因叫人難受的酷熱和會塞滿他眼睛、嘴巴的成群蒼蠅、蚊子而加劇。最強壯之人有時熬到隔天才死，而彼得斯這個肌肉發達、打過仗的陸軍士兵，可能直到一六三〇年二月一日凌晨才昏迷過去。

這個準下士因此是來自巴達維亞號之墓的科內里斯親信黨羽裡最後一個喪命者，隨著他的死，巴達維亞號之墓上的叛變，從某些方面來說，跟著他一起結束。這場叛變奪走了十五個月前從泰塞爾島出航的那船人三分之二的人命——總共三百三十二人，死了兩百一十六個男女小孩，比將近三百年後鐵達尼號乘客、船員的死亡比率稍高一些。即使今日，豪特曼的阿布羅留斯群島上的屠殺，仍是白澳歷史上最血腥的一頁[27]。

• • •

再來該談的，就只有倖存者後來的遭遇。

對十七紳士來說，一六二九年是流年不利的一年[28]。除了損失巴達維亞號這艘嶄新的船和其大部分船貨、兩箱值四萬四千七百八十八荷蘭盾的銀子，佩爾薩特船隊的另一艘船什赫阿文哈赫號，在英吉利海峽被惡劣天候打癱，需要花大筆錢進行大範圍的維修。第三艘來回船，恩克赫伊增市徽號（Wapen van Enkhuizen），十月十二日因彈藥庫遭祝融，在獅子山外海爆炸。倖存者——僅五十七人，其中多人受重傷——被萊頓號救起，而萊頓號在救火時損失了自己的船長和正商務員，在航往巴達維亞途中又因疾病損失一百七十人（全體船員一半多）。倖存者最終不得不停靠蘇門答臘島的西來博爾（Sillebor）港一個月養護病患，為此令十七紳士大為惱火，使萊頓號剩下的高級船員無緣贏得快速駛抵巴達維亞的獎金。

即使如此，這些災難對「揚公司」該年的獲利影響不大，而且拜海耶斯、佩爾薩特和薩爾丹號船員的努力打撈，就連損失巴達維亞號一事，巴達維亞的評議員安東尼奧．范迪門都能淡然處之。「本月五日，雅赫特艇薩爾丹號從南方大陸回來此地下錨停泊，」范迪門於十二月寫道，

帶來來自失事船巴達維亞號的七十四人，以及十箱錢，其中編號三十三那個箱子，有九袋銀幣。又有值五萬八千荷蘭盾的現金和珠寶、一些鍛造銀器、三桶胭脂蟲紅染料*和其他行李……這要感謝上帝，我們沒想到會有這麼好的結局。[29]

附帶的收回貨物一覽表，提到三十二樣東西，包括錢箱、加農炮到一「捆舊亞麻布」。一覽表末尾，列出幾項次要的東西，其中之一是一「個裝滿醋的小桶」，即讓五個人駕著薩爾丹號的小船一去不返的那種桶子。它太不值錢，因此范迪門未費心估量其價值[30]。

• • •

比「鑿石工」彼得斯和他的叛變同黨活得更久的人，之後的境遇得到順遂者並不多。

那位常去擊劍社的知名荷蘭畫家、巴達維亞號謀殺事件背後異端邪說的來源——約翰內斯．范德爾貝克（又名托倫齊厄斯）是少數順遂者之一。有人說托倫齊厄斯是導致科內里斯殺害約一百一十五名男女小孩的元凶，而此人因異端邪說被判二十年，最後只坐了兩年牢就出

來。他的拘禁環境相對較來講較舒適，葡萄酒配給頗優渥，獲准在其囚室裡接見、招待訪客。前來探望他者，包括他已分開十四年的妻子科內莉亞（Cornelia）。她獲准和他同宿，最長一次達兩星期。

托倫齊厄斯仍有一些很有力的友人，在尼德蘭和海外都有，包括荷蘭共和國的執政官（stadholder），奧蘭治公佛雷德里克・亨德里克（Prince Frederik Hendrik of Orange）。這個畫家被判刑後，執政官就曾想方設法讓他獲釋，但未能如願。英格蘭王查理一世也很欣賞范德爾貝克，似乎對他的異端邪說不以為意。一六三〇年，查理一世致函荷蘭省，詢問是否可將托倫齊厄斯遣送到英格蘭。佛雷德里克・亨德里克不顧哈倫市長的反對，同意赦免他，查理則承諾「不會讓（這位畫家）發表其不信神的主張，只讓其發揮藝術才華」。英格蘭大使達德利・卡爾頓（Dudley Carleton）爵士被派去將范德爾貝克帶到英格蘭王廷，相處之後，對這位畫家有了較好的印象，說他「既不像他的友人所說的那麼純潔善良，也不像他的敵人所宣稱的那麼窮凶惡極。」一六三〇年七月十一日，即東印度群島船隊的頭幾艘船帶著巴達維亞號失事的消息來到鹿特丹的四天後，托倫齊厄斯的赦免令簽發，因此，他據認煽動科內里斯叛變一事還來不及為大眾所知，他就已得到自由。如果這些船早幾個星期回來，他是否還能獲釋？會是個很有意思的一個疑問[31]。

* 值錢的鮮紅染料，用壓碎的胭脂蟲製成。

托倫齊厄斯從一六三〇年起待在英格蘭王廷，直到一六四一或一六四二年為止。他似乎——用霍勒斯·沃爾浦爾（Horace Walpole）的話說——「引人反感多於叫人滿意」。他完成的畫相對來講較少。最後，國王給他的津貼因英格蘭內戰爆發而中斷，他於是隱姓埋名偷偷溜回荷蘭省。他阮囊羞澀，但得到他年老母親的接濟。這個畫家死於一六四四年二月，若非得到喀爾文宗當局原諒，就是已遭其遺忘，因為這個哈倫城的大異端埋在阿姆斯特丹新教堂（New Church）受過祝聖的院子裡。

特倫齊厄斯的畫作大部分在其受審期間和那之後，遭官府沒收燒掉，在英格蘭創作的少許畫作不久後就佚失。有好多年，大家認為他沒有作品傳世，但就在第一次世界大戰爆發前，一件傑作重見天日。那是幅靜物畫，呈現一只酒壺和一只水罐分立於一個葡萄酒杯兩側，上方則有一個馬轡，原為查理一世所有。這幅畫於英格蘭國王收藏品一六四九年遭拍賣掉後消失，不知怎麼地回到尼德蘭。一八五〇年左右它在荷蘭共和國境內，其來歷老早遭人遺忘，最後落入恩斯赫德（Enschede）一個叫薩赫瑟（J. F. Sachse）的食品雜貨店老闆手裡。一八六二年一場大火夷平該城，這幅畫奇蹟似未燒毀，一九一三年終於重見天日並被認出——當時薩赫瑟的小孩拿它充當醋栗桶的蓋子。然後此畫得到修復，如今掛在阿姆斯特丹的國立美術館（Rijksmuseum）[32]。

• • •

接任顧恩成為荷蘭東印度公司總督的雅克·斯北科思活到一六五二年，一輩子從事香料貿易，讓他贏得豐厚的財富和名望。他一六三二年晚期回國，離開待了二十五年的東方；自一六〇七年十八歲時離開家鄉，他在尼德蘭只待了十二個月，把大部分心力用於開闢荷蘭人與日本的貿易。返國途中，他以公司的名義奪取了聖赫勒拿（St. Helena）這個無人居住的島，有數年期間這個島是返國的荷蘭香料船喜愛停靠的加注燃料站。但最後，海盜和私掠船得知該島有許多商船可搶，到了一六六〇年代，由於船隻損失數量大增，荷蘭東印度公司不得不放棄他們這塊新領地。

終於回國之後，斯北科思一六四二年成為該公司董事（十七紳士之一），人生最後九年都擔任此職。他死於六十三歲；幾次遠航讓他發了財，遺贈給他的孩子頗豐富的遺產，包括數幅他的肖像畫，而且這些肖像畫出自與林布蘭不相上下的藝術家之手[33]。

斯北科思具一半日本血統的女兒，即因為行為有失檢點而遭顧恩命人鞭笞的女兒，境遇就沒這麼好。她父親回到巴達維亞後，她經過照護恢復了健康，但因為她是歐亞混血兒，他不得不把她遺棄在爪哇，自己一人回尼德蘭（當時荷蘭共和國法律禁止歐亞混血兒進入國內，其用意在鼓勵已於東方娶妻生子的男人留在那裡，藉此減輕荷蘭東印度公司始終無法解決的人力短缺）。這個十五歲就遭父親遺棄的女孩，待在東方，在父親不在期間似乎得到很好的照料。數年後，她有了好歸宿，嫁給名叫甘治士（Georgius Candidius）的改革宗教會牧師。新郎大了她二十歲，兩人一起生活不到十二個月，莎拉．斯北科思就在約一六三六年底左右死於荷蘭人在福爾摩沙的商館，死因不明，得年十九[34]。

• • •

或許有六個積極參與叛變者成了佩爾薩特的漏網之魚，未被繩之以法。其中四人——迪爾克・黑赫茨、揚・揚斯・普爾梅爾（Jan Jansz Purmer）、哈爾曼・南寧斯、水手長的助手——似乎是第一批搭上大艇前往巴達維亞城的水手。其中三人參與攻擊克蕾謝，但他們的名字只在同黨於阿布羅留斯群島受訊問時浮現，不過揚・埃佛茨卻因此事而丟掉性命。佩爾薩特回到爪哇時，這些人已散掉，沒有記錄顯示其中有哪個人受審[35]。

更幸運者是巴達維亞號的正修桶工揚・威廉斯・塞林斯，此人似乎福星高照，總能逢凶化吉。七月十八日對海獅島婦女小孩的可怕屠殺，奪走將近二十條人命，他是行凶者之一，因而至少是謀殺案從犯。然後，八月五日，他已被懷疑可能變節投靠韋布・海耶斯，科內里斯想殺了他，瓦烏特・洛斯親自說情，他才逃過一死。後來，他搭上那艘欲搶下薩爾丹號、欲殺掉薩爾丹號一半船員的那艘小船，因此被拘押於薩爾丹號以便進一步訊問。與他同囚室的諸人——包括雅各普・彼得斯和達尼爾・科內利森——有多人因罪遭處決，其他人則至少挨了鞭刑和涮過船底之刑，但就目前所知，塞林斯未受懲罰。或許他在前往爪哇途中死於自然原因，但佩爾薩特的日誌未提及此事，比較可能的情形是他不知用了什麼辦法竟然讓佩爾薩特相信他的清白[36]。

第六人里克特・瓦烏特斯的遭遇，更加不明。這個不滿於現狀的水手，口風不緊，在船失事後不久就洩漏了科內里斯的計畫。他肯定曾密謀奪取巴達維亞號且參與了攻擊克蕾謝的行動，但他的名字未出現在佩爾薩特的嫌犯名單中，他從未被控任何罪名。這名水手在某個時候消失無蹤，似乎可能被科內里斯叫人殺掉。科內里斯可能在阿布羅留斯群島於某夜命人割了他的喉，以懲罰他的背叛。但沒有證據證明此事，因此或許瓦烏特斯想辦法活了下來，和其他經歷過這位副商務員短暫殘忍統治而保住性命的人一起來到巴達維亞。

• • •

佛朗西斯科·佩爾薩特重拾他的風流作風，儘管為時不長。幾乎是一登上爪哇島——而且肯定在他完成其給東印度群島評議會的報告之前許久——這個正商務員就搭上已婚婦人彼得赫（Pieterge）[37]。彼得赫的丈夫名叫威廉·揚斯，人不在巴達維亞，她趁此機會和別的男人廝混，直到一六二九年十二月她和兩名女性友人與「年輕、行事不顧後果」的克羅克、山姆布里克斯、佩爾薩特一起宴飲作樂被當地的改革宗教會牧師撞見，才有所收斂。彼得赫和佩爾薩特遭神職人員嚴厲警告，整件事被人向巴達維亞的教會評議會告發。牧師的信函清楚指出兩人有超友誼的關係，若非引來教會注意，這關係大概還會繼續一段時日。

但這份警告收到效果，一六三〇年一月底佩爾薩特被叫去東印度群島評議會[38]提交證明其可信任的文書時，兩人似乎已不再往來。晤談之時，想必他惴惴不安。他可能覺得自己會遭評議會嚴厲處分，畢竟他不只未能維持他船上的秩序，還拋棄了數百人，任他們遭科內里斯擺布，自己則搭船前往爪哇求救。但迅速找回巴達維亞號的幾乎所有商品和擒住作亂的副商務員和其手下，他功不可沒，最終佩爾薩特既未遭嚴厲批評，也未大獲讚許，而是被任命為遠征軍的副指揮官，派去蘇門答臘島解遭葡萄牙人圍困的占碑（Jambi）之圍[39]。一六三〇年五、六月他忙著幫助這個胡椒港解圍。

佩爾薩特等九月季風降臨，以便乘著季風回蘇拉特，而遠征占碑以解其圍讓他在等待的空檔不致閒著。意在討蒙兀兒皇帝歡心的銀質「玩具」和他替加斯帕爾·鮑丹運到東方的那件多彩瑪瑙浮雕，都是要送往位於拉合爾的皇廷，佩爾薩特想必非常清楚，只有把這些東西送達目的地，才能重拾十七紳士對他的寵信。在這期間，他所能做的，就是在他寫給雇主——阿姆斯特丹會所的董事會——的報告裡，以他的觀點交待在阿布羅留斯群島發生的事。

巴達維亞號日誌於一六三〇年七月送抵阿姆斯特丹，裡面以長篇幅陳述了叛變的歷程。十七紳士看過之後，覺得佩爾薩特的作為和行為並不出色。但要表達他們的不悅，這時已經太遲。佩爾薩特已快死，很可能就是從好望角出發後差點使他死在巴達維亞號上的那個病，使他此時沒了元氣[40]。

他染上的那個熱病似乎從未減輕，在薩爾丹號上他有許多時候是窩在床鋪裡，「整個人病懨懨，非常慘。」[41]然後他的病情想必有過短暫的消退，在那期間，他參與了遠征占碑的行動，但到了六月中旬，他的健康再度垮掉，被一個拖了很久的絕症擊倒，據公司記錄，九月中旬之前某日，他死於此絕症。當時他約三十五歲，幾乎一半的人生賣給荷蘭東印度公司。

因此，佛朗西斯科·佩爾薩特比科內里斯只多活了十一個月，他的職業生涯在一六二八年夏時似乎前程似錦，但巴達維亞號失事後就此一片黯淡。從某些方面來看，佩爾薩特有幸死在那個時刻。他宣稱比任何西方人都瞭解的印度市場，隨著蒙兀兒皇帝賈汗季一六二七年去世，已有了根本改變；接他皇位的沙賈汗（Shah Jahan）不像他那樣喜愛俗麗不實用的西方產品。荷蘭東印度公司黯然認清佩爾薩特的金銀製玩具不再有銷路。後來有人憶道，它們的成本達六萬左右的荷蘭盾，而就東印度群島評議會成員來說，這場挫敗要百分之百怪在已故的佩爾薩特頭上。他在尼德蘭收到賈汗季去世的消息後，仍執意請人製作這些金銀製物品。

這第二次失利，緊接在損失了巴達維亞號之後發生，幾乎毋庸置疑葬送了佩爾薩特的職業生涯。事實上，該公司駐爪哇的高階行政人員，得接下替這些商品「找到買家」這個吃力不討好的工作，為無法替它們拿到好價錢而氣鼓鼓抱怨。佩爾薩特自信滿滿預估會有五成利潤的銀質餐具，經過六個月徒勞無功的討價還價，一六三二年終於以「慘不忍睹的價錢」在印度脫手，但再怎麼向蒙兀兒人推銷，蒙兀兒人還是對加斯帕爾．鮑丹的古羅馬多彩瑪瑙浮雕興趣缺缺——當初科內里斯就是向他的手下展示這件絕妙的寶石飾物，讓他們對難以想像的豪奢生活生起憧憬，從而願意跟著他打天下。它和佩爾薩特的那些玩具一起到了印度，但找不到買家，到了一六三三年，它已再度落腳於巴達維亞。在亞洲兜售數年未果之後，它於一七六五年在阿姆斯特丹被拿去拍賣。一八二三年，國王威廉一世（Willem I）以五千五百荷蘭盾的價錢買下它，如今可在萊頓的國王錢幣收藏館看到[42]。

就在這期間，佩爾薩特僅存的岌岌可危的形象，已隨著他深入參與非法私人貿易一事遭揭露，而被摧毀淨盡。佩爾薩特死後，他的行李立即遭搜查，結果搜出數種珠寶和其他物品，價值將近一萬三千五百荷蘭盾。公司懷疑他要違反公司禁令，私下出售這些東西以牟取私人利潤[43]。佩爾薩特肯定期望從這類交易中收取佣金。經查，有數樣東西屬加斯帕爾．鮑丹所有，包括第二件多彩瑪瑙浮雕。這件浮雕是新製品，刻成蒙兀兒皇帝的模樣。此事曝光後，鮑丹不得不面見阿姆斯特丹的十七紳士，請求將它們物歸原主，但未能如願。其他東西則屬名叫約翰內斯．多貝爾沃斯特（Johannes Dobbelworst）的另一個商務員所有。這些東西全遭荷蘭東印度公司沒收。

因此，佩爾薩特的早逝，使他的家人失去了他辛苦積攢之財富的大部分。芭芭拉．范杭德爾海登（Barbara van Ganderheyden），佩爾薩特的老母親和他遺囑的主要受益人，最終的確收到兒子的優渥薪水，還有七百七十一荷蘭盾的錢——她兒子之個人財物的價值。但公司把沒收的珠寶賣掉，把賣得的一萬零五百荷蘭盾存入銀行，而儘管范杭德爾海登獲得保證將會拿到相當於三千八百荷蘭盾的補償，公司表明這會是給佩爾薩特家人的最後一筆錢，領了之後，從此與公司兩不相欠。

只不過，這個付款承諾還是始終未兌現。范杭德爾海登一六三五年索領錢款，但顯然沒拿到，因為她一六三八年再度申請。該年年底她已去世，得年大概六十五歲左右。她似乎可能從未見到她兒子辛苦工作所賺的錢[44]。

• • •

韋布・海耶斯先前已被佩爾薩特升為中士，月薪十八荷蘭盾，來到巴達維亞後，又得到更多肯定和獎賞。

他獲委任為公司的陸軍軍官和掌旗官。就一個離開阿姆斯特丹時還是個普通士兵的人來說，這是破格升遷，但他的確當之無愧。身為掌旗官，海耶斯的薪水再調漲，達到月薪四十荷蘭盾（與先前耶羅尼穆斯・科內里斯的薪水差不多），而且公司向他保證，他有機會「視機會和功績」再升遷。

「防守者」也得到獎賞。海耶斯的普通士兵，個個成為軍官候補生，月薪十荷蘭盾——說是獎賞，但似乎有點小氣，因為他們先前二等兵的月薪就有八或九荷蘭盾。他的水手也得到同樣幅度的調薪。此外，東印度群島評議會發了額外的獎勵金，給那些在阿布羅留斯群島「忠貞且虔誠抵抗邪惡」的人各兩個月薪資，這筆獎金相當於每人十至二十荷蘭盾。薩爾丹號的二十四個水手協助佩爾薩特敉平叛變，獲平分一百個西班牙銀圓（共值約兩百四十個荷蘭盾）[45]。

海耶斯到了巴達維亞後就銷聲匿跡。他家鄉溫斯霍滕的檔案未提到他，但該城的檔案極不完備，因而他是否活到回到赫歐尼恩省，沒有確切的答案[46]。或許他搬到別處，娶妻生子，或者在阿姆斯特丹之類擁擠的城鎮住下，畢竟他這時肯定住得起這樣的地方。但同樣可能的是，這個生擒科內里斯的人死於東印度群島某地，或許戰死，但更有可能的是，在某個遙遠的島上戍守某個基地時，死於不明的熱帶疾病[47]。

• • •

一六二九年十二月底，海斯伯特．巴斯蒂安斯寫了一封家書。值得注意的是，他對叛變的敘述——某些地方雜亂無章且簡直前後不一致，而且為了趕上回荷蘭共和國的船隊，寫得很倉促——成為對巴達維亞號之墓上發生的事，唯一獨立超然的記述。這份記述顯示這位牧師仍未從他在該群島的苦難平復過來（「我們剛擺脫如此的不幸，因而思緒仍有些混亂，」他寫道），並在宗教裡尋求慰藉。巴斯蒂安斯最後寫道，「主試煉他的孩子，好看看他們的表現，而我順從主的意旨，承蒙主的恩典，已獲得些許力氣和力量，因為我本來虛弱得幾乎站不起來。」

結果，這個牧師所要經受的試煉還未結束。他在阿布羅留斯群島事件裡的角色，引來雅克．斯北科思和巴達維亞司法評議會的注意。他們不只想知道他是否竭盡所能反對科內里斯和他那些不信神的黨羽，還想知道這個改革宗教會牧師如何向一個抱持異端者宣誓效忠。與巴斯蒂安斯的作為有關的文件，都交給了檢察官，檢察官花了將近四個月調查此案，直到一六三〇年春，這位牧師才被巴達維亞教會評議會認定無罪。即使如此，總督仍對他心存懷疑：四月十八至二十二日，為了教會當局想從布道壇宣告巴斯蒂安斯清白一事，總督與教會當局起了三次衝突。斯北科思顯然認為這個牧師在阿布羅留斯群島展現了糟糕的軟弱。他告訴教會評議會的領袖，如果當初派了更好的人上巴達維亞號，「情況可能就不是那樣」。

於是，巴斯蒂安斯被叫去說明他在巴達維亞號之墓的可疑行為，結果通過檢驗，名譽幾乎毫髮無傷。有了教會評議會的支持，至少表示他從此能在他轄區任何地方傳道，接下來就只剩替他找個合適的教堂。有人說要派他去蘇拉特，但未能成真，在巴達維亞待上頗長一段時日之後，巴斯蒂安斯才被派去遙遠的班達群島，對駐守肉豆蔻產地的部隊執行牧師職務。這個牧師在爪哇所待的時間，超過應該為亡妻服的兩年喪期，因此得以在一六三一年七月續紘，娶了巴達維亞副司法長官的遺孀瑪麗亞．克奈夫（Maria Cnijf）。婚後不久，他前往班達群島，在那裡生活了頂多十八個月，然後在一六三三年春死於痢疾。

在阿布羅留斯群島經歷過那麼多苦難的海斯伯特．巴斯蒂安斯，如今長眠於另一個遭遺忘已久的島上，一個不明的墓地裡。一六三四年夏，他的死訊才傳到巴達維亞，而這顯然未被當成什麼了不得的大事[48]。

•••

從「巴達維亞號之墓」生還且有幸再見到荷蘭共和國的人寥寥可數，而這寥寥幾人裡，牧師女兒尤蒂克的境遇比大部分人慘。

牧師一家九口搭上巴達維亞號，尤蒂克是家中長女，一年多後，來到爪哇，只剩牧師與她相依為命。她來到爪哇時一貧如洗，經歷過壞血病和船隻失事、母親、兩個妹妹、四個兄弟遭殘忍殺害，還被逼當了庫恩拉特．范赫伊森的「未婚妻」兩個月，但保住性命。這時她再一個月就滿二十二歲，而她的苦難還沒結束。

尤蒂克此刻最擔心的事大概會是她的財務困境。她父親遭巴達維亞教會之評議會的調查，使他抵達爪哇後數個月無法工作，而由於這家人已在船失事時失去所有財物，巴斯蒂安斯和他女兒大概難以打平開支。尤蒂克大概會覺得找個人嫁了，可解燃眉之急，而若是在聯省共和國，由於她父親的貧窮和她不再是處女之身，她可能不易嫁出去，但遠東的婚姻市場，情況大不相同。在爪哇，白種女人非常稀有，漂亮單身的歐洲女孩更是稀有。此城的商務員和士兵看到新來的白種女人，無不想據為己有——她們「就像烤過的梨子」誘人[49]——而這個牧師的女兒大概不乏追求者。

遺憾的是即使這時，她仍交不了好運。她來爪哇才幾星期，就碰到一個叫彼得・范德胡文（Pieter van der Hoeven）的男人，便嫁給了他——此男子的職業未見諸記載——她想必希望未來就此有了保障；但結婚不到三個月，他就死掉，給她多舛的人生增添了喪夫這個履歷。她服了整整一年的喪，然後再嫁，這次嫁給烏特勒支的海爾米赫・海爾米希烏斯（Helmich Helmichius），並隨他去了產香料的安汶島。尤蒂克的新丈夫——一個十足平庸的改革宗教會牧師——大概是與她父親相識之人。這一次婚姻維持了一段時間，但一六三四年，海爾米希烏斯死於血痢，使這個女孩孤苦無依、兩度喪夫，此一悲慘遭遇一如前一年海斯伯特・巴斯蒂安斯在評議會的遭遇。

就連荷蘭東印度公司都為她再逢不幸感到不忍，東印度群島評議會發給她六百荷蘭盾，補償她的喪夫和受苦。這筆巨款（或許相當於今日三萬英鎊），使她得以回到多德雷赫特，同時完整保有其第二任丈夫的遺產。一六三五年十月時她已回到家鄉，二十七歲，身體強健之時，她立了遺囑，指名兩個叔伯和一個姑姑同為她的「繼承人」。從這安排來看，尤蒂克與庫恩拉特·范赫伊森的同居和她的兩次婚姻都未生下得以倖存的子女。但這份遺囑的確表明她終於衣食無虞。她留下一千多荷蘭盾分給她的親戚、多德雷赫特改革宗教會的濟貧委員會，以及該城一宗教機構[50]。

多德雷赫特的檔案未有尤蒂克死亡的記載。她很可能第三度嫁人，然後搬離家鄉，或未能倖免於一六三六年襲捲該城之腺鼠疫的毒手。鼠疫大流行使平日的記錄工作一時變得雜亂無章。由於沒有進一步的線索，她最後的際遇，沒人說得準。

• • •

克蕾謝·揚斯為了和她丈夫團聚，橫渡一萬五千英哩（二萬四千公里），到了巴達維亞，卻發現丈夫已死。經歷過這麼多苦難，這時孤零零置身於一個她不該置身且只有少許友人的破敗城鎮。

據某人憶述，她丈夫鮑德溫·范德爾邁倫（Boudewijn van der Mijlen）一六二七年九月被派去緬甸河港若開，為荷蘭人在爪哇的新拓居地買奴隸。他奉命無限期待在那裡，未有記錄顯示他曾回巴達維亞；一六二九年七月該城的檔案提及「阿姆斯特丹的克蕾謝·揚斯」，說她是他最近的親屬時，他肯定已死了。他那時還不到三十歲，而克蕾謝發現自己成了寡婦時剛滿二十八歲[51]。

這位令科內里斯、阿里安・雅各布斯等各類追求者垂涎不已的女人，突然間沒有男人可倚賴。十七世紀時生活很艱難，人活到成年而未喪父或喪母、或未死去一個手足或配偶的情況，很罕見。但即使在那樣的時代，克蕾謝・揚斯所受的苦仍遠超乎尋常，而且她似乎不可能不受個人經歷和失去至親之痛深深打擊。但她有過人的勇氣和毅力，在婚姻市場上顯然仍很受看好，因為一六三〇年十月她嫁給名叫雅各布・科內里斯・寇克（Jacob Cornelisz Cuick）[52]的人。兩人在巴達維亞生活直到約一六三五年——大概就是寇克與荷蘭東印度公司所簽合約到期之時——然後一起回到尼德蘭，一六四一年時兩人仍於尼德蘭生活。

克蕾謝為何留在巴達維亞且再嫁，如今只能訴諸揣測。與尤蒂克不同的是，她有錢——她自己的錢和她第一任丈夫的錢，他在若開這樣偏遠的地方服務，公司積欠他的薪水很可能共達數百荷蘭盾。她仍然漂亮，有資產，若要找個好對象，嫁給該公司的高階行政人員，想必沒問題。但她的新丈夫是個軍人，而且只是個中士。他在蘇蘇忽南率兵圍攻巴達維亞期間打過仗，但沒有范德爾邁倫所擁有的那種社會地位和美好前途。因此，克蕾謝為何挑上他，值得探究。

答案似乎在寇克家鄉萊頓的教會檔案裡。在萊頓，克蕾謝和她丈夫於一六三七年九月至一六四一年十二月當了多達四個小孩的教父教母[53]，而這四個小孩的父母是彼得・威廉斯・寇克和他妻子威廉皮耶・迪爾克斯（Willempje Dircx）。從字裡行間研判，這個彼得・寇克似乎可能是軍人雅各布的兄弟，他的妻子威廉皮耶則可能正是克蕾謝的同母異父妹——二十年前與她一起住在阿姆斯特丹赫倫街的那個溫特亨・迪爾克斯。

當時，專有名詞的拼法有極大變動是稀鬆平常的事，若考量到這一點，克蕾謝的第二任丈夫就似乎可能是她的同母異父的妹妹之丈夫的兄弟。這一發現很可能說明了為何克蕾謝願意下嫁給身分地位低於自己的男人。孤零零置身於沒有友人、全然陌生的城鎮，自然會想找熟面孔。克蕾謝或許在荷蘭省就認識並喜歡雅各布・寇克，這時，比起一個根本不瞭解她多舛人生的陌生人，他很可能是較理想的結婚對象。

克蕾謝・揚斯和她的新丈夫一六四一年後行蹤不明。他們似乎未住在萊頓，因為未有別的跡象顯示他們在該城生活，或許他們在阿姆斯特丹定居，但該城現存的檔案數量太龐大且太雜亂，很難尋找他們兩人的蹤影。可以相當篤定的說，沒有叫雅各布・科內里斯・寇克的人葬在那裡，但關於他妻子的下落，仍可找到一個耐人尋味的線索：一六八一年九月初，有個叫盧克蕾塞亞・范寇伊克（Lucreseija van Kuijck，克蕾謝・揚斯只是她的小名，她原先的全名為盧克蕾齊亞・揚斯）的人死於阿姆斯特丹，該月六日葬於該城[54]。如果這個范寇伊克就是巴達維亞號的克蕾謝，那她就活到超過七十五歲，比那些追求她、迫害她的人都活得久——或許是對她所受之苦難的小小補償。

•
•
•

克蕾謝・揚斯努力於東印度群島打造新人生時，阿里安・雅各布斯仍在巴達維亞城堡蹲地牢。這個船長自一六二九年七月中旬就被關在那裡，他被依據佩爾薩特指控的罪名遭逮捕，因涉嫌叛變而和史萬琪・亨德里克斯一起被拘押。

訊問人員軟硬兼施，雅各布斯就是不開口[55]。他的身體素質想必強過一般人；他不只熬過搭乘無遮蓬的小船到巴達維亞的海上航行，還在骯髒的地牢裡關了很長時間，其間肯定還受到不客氣的訊問，都撐了下來。史萬琪也被人押去就她在巴達維亞號上的作為訊問，但在佩爾薩特人在阿布羅留斯群島而不在巴達維亞城期間，似乎未問出什麼結果。

就連究竟是誰安排埃佛茨和其手下攻擊克蕾謝・揚斯，都未有令公司完全滿意的答案。斯北科思在寫給十七紳士的一封短信中承認，「我們非常懷疑」，

此事是在這個船長知情的情況下發生，甚至在他協助和慫恿下發生；關於此事，他和原是克蕾謝的女僕的另一個女性，已受到檢察官訊問，且已受到司法評議會審問，但由於案情不明，還未裁定是否有罪。[56]

從上述說法研判，雅各布斯似乎始終宣稱自己清白，即使佩爾薩特帶著新的證據和指控從巴達維亞號之墓回來，安多奈・范登赫費爾似乎還是未能得到類似供狀的東西。「我們不認為（雅各布斯）完全不必負責任，」總督語帶審慎的論道，

因為如果他用心公開維護權威和正義，就和他偷偷削弱這兩者一樣用心，船上許多傲慢無禮的行為肯定不會發生，先前那些作為也肯定不會至今仍未受懲罰。

但由於沒有類似供狀的東西，這個船長究竟涉入叛變到何種程度，將永遠是個謎。於是，東印度群島評議會所面對的問題很單純。他們肯定相信雅各布斯犯了那些罪，至少在某種程度上犯了那些罪。但他們也覺得佩爾薩特對巴達維亞號上發生的事和那之後發生的事難辭其咎，對船長管理不力，過失尤其明確。范迪門斷定，唯一可以確定的，乃是「該船陷入完全不信神、墮落的境地，船長和佩爾薩特在此事上面都犯了很大的過錯，願神寬恕他們的罪。」因此，評議會明顯認為，把佩爾薩特的指控照單全收並不明智；由於其他不利於雅各布斯的證詞都來自已死的叛變者之口，只有他完全招認才能定他的罪。而他未完全招認，這個案子可能就這麼無限期僵在那裡。

指控雅各布斯一案就此淪為意志力的考驗。晚至一六三一年六月，雅各布斯仍關在牢裡[57]，而令每個人氣餒的是，儘管終於對他用了刑，他遭指控的罪名仍未得到證實。范迪門喪氣寫道，「失事船巴達維亞號的船長雅各布斯仍關在牢裡，儘管（他）數次請求讓他休息，返回祖國；由於遭有力指控，指他曾有意帶著該船逃走，（他）已受到更嚴厲的訊問。」與此同時，這個評議會成員建議十七紳士審閱與此案有關的文件，「就此事下道命令」。

范迪門的說法表明雅各布斯再遭刑求，而他再遭刑求後的遭遇，如今仍不明。荷蘭東印度公司的檔案未再提到這個船長，令人洩氣的是，他的訊問記錄也全部消失無蹤——若這些書面記錄還在，可能大有助於釐清巴達維亞號上發生的事。雅各布斯似乎不大可能獲釋，如果他遭處決，照理檔案裡應會提及此事。比較可能的下場，乃是他在牢裡傷重不治或病死。這個船長已在巴達維亞城堡底下瘧疾為患的地牢裡撐了兩年——和他搭乘大艇橫渡大海一樣了不起的成就——但要收到十七紳士的回覆，還要再等將近兩年，而那是即使像他這樣強韌的人都捱不過的。

史萬琪．亨德里克斯，克蕾謝的淫蕩女僕，同樣不見於揚公司的檔案裡。她有可能也死於這個堡壘裡，死亡時間可能在一六二九年十二月她已確定遭監禁和一六三一年六月雅各布斯遭獨自監禁這期間。但同樣可能的是，由於沒有證據將她定罪，她無罪獲釋，在東印度群島自謀生活。

如果這樣，這個女孩大概很快就會陷入困境。她找不到工作；在這個新拓居地，本土勞動力充足，幾乎沒人會想找工資高昂的歐洲籍女子當僕人；若要嫁人，她比尤蒂克、克蕾謝遠更難以找到對象。但由於雅各布斯人在獄中而且很可能會就此出不了獄，史萬琪除了嫁人，幾乎沒別的路可走；然後她若留在巴達維亞，再看到尼德蘭的機率，會和其他每個僑居於此的歐洲人一樣渺茫。她若遭監禁，幾乎不可能活命——但即使獲釋，結果很可能仍是：她死在爪哇，而且雖然嫁了人，但本性或許改變不大。

•••

與巴達維亞城堡的骯髒地牢相隔半個地球之遠，從穿過哈倫城貧窮住宅區的一條狹窄擁擠的街道，轉進名叫科內利斯巷（Cornelissteeg）的窄巷，巷裡的房子很小且陳設很差，住在那些房子裡的人大部分是靠手藝謀生者——抬水工、木工、歌手之類。耶羅尼穆斯．科內里斯搭巴達維亞號出航後，她妻子貝萊特亭．雅各布斯德就住在這個糟糕的住宅區裡，而非氣派的大木頭街。

貝萊特亭的生活已大不如前。幾個月前，她還是體面且——就外表看來——富裕的哈倫城中產階級上層人士。如今，她沒了家，沒了店鋪，沒了丈夫。凡是荷蘭東印度公司的高級職員，都可以把一部分薪資撥給他們最近的親屬，因此貝萊特亭不會餓死；但出於人之常情，生活環境如此突然的劇變，肯定令她憤恨不已。

海爾特亭．揚斯德使她的日子更不好過。海爾特亭．揚斯德是貝萊特亭的前奶媽，在科內里斯離家之後許久，仍繼續騷擾她。晚至一六三〇年夏，海爾特亭和她夫丈莫伊塞斯．史塔林赫（Moyses Starlingh），仍不放過她，某天下午貝萊特亭不在家時，他們來到科內利斯巷，當著她鄰居面前，對著她家前門破口大罵，令鄰居相當傻眼。兩人連番辱罵時，有人聽到海爾特亭扯開喉嚨罵了她一貫的罵人穢語；這個奶媽高聲罵道，科內里斯的妻子是豬，長滿梅毒的婊子，如果她膽敢出她家門，海爾特亭會「割下她的臉，丟到地上踩。」罵了老半天，空蕩蕩的屋裡無一絲反應，海爾特亭和她丈夫在那天晚上又來。貝萊特亭還是不在家，莫伊塞斯想破門而入，高聲喊道要在屋裡等她。據鄰居所述（他們的證詞隔天被記錄下來），史塔林赫一副凶神惡煞的模樣，他們擔心他如果闖進屋裡會洗劫財物。

海爾特亭的連珠炮辱罵，肯定意味著科內里斯兒子之死引發的紛爭仍未解決，儘管這時離科內里斯葬了他兒子已將近十八個月。貝萊特亭是否為了她死去的孩子把海爾特亭告上法庭，無法弄清楚，因為哈倫城的司法檔案極不完整。但若查看哈倫市長的檔案，可能有些眉目。市長的檔案往往與下層人民之間小口角的解決有關，而這些檔案所記載的一件事，或許就是上述紛爭。與此相關的那份備忘錄，一六二九年七月六日發出，與一個奶媽和一個母親有關——叫人遺憾的是，未提及此二人的名字。市長要她們兩人就一小孩引發的紛爭達成和解。兩人出庭應訊，奶媽奉命須付給該母親七先令作為補償。如果雙方當事人真是貝萊特亭和一再騷擾她的那個女人，可以推測市長的仲裁只收到短期效果——而在出了人命的情況下，這樣的補償金似乎少得可憐。但十七世紀初期，這或許就是一條嬰兒命的價錢。

接下來的發展仍然不詳；科內利斯巷的騷動是貝萊特亭在哈倫城生活留下的最後痕跡。三個星期後的一六三〇年七月七日，鹿特丹市徽號（Wapen van Rotterdam）把巴達維亞號的慘劇消息帶到荷蘭共和國，過沒幾天，這場叛變的細節就透過小冊子和印刷出版品的悼詞流傳開來。科內里斯在此事件裡的凶殘作風隨之為眾人所知，可想而知他的妻子在哈倫城待不下去[58]。

貝萊特亭回到家鄉？——不管她所謂的家鄉在哪裡——無從知曉。她的不幸人生只留下少許雪泥鴻爪，後人無從知曉她後來的遭遇；一如她謎樣的丈夫，她的生前和死亡都成謎——一個模糊不清的人物，其出身和動機仍然不明，其真正的性格和希望、愛與恨，今人只能訴諸揣測。

• • •

巴達維亞號和其船員在阿布羅留斯群島的那幾座珊瑚小島留下的痕跡，不久就消失無蹤。這艘來回船的木造船體，已被海浪打到幾乎不成船樣，不久就消失於波濤底下。佩爾薩特的旗艦禁不住碎浪不斷拍打和被碎浪推去撞擊珊瑚，木殼板一塊塊崩離，最後其水線以上的構體淪為無數漂浮的碎塊，底艙裡剩下的東西散落於海床。不到一或兩年，唯一讓人知道她來過該地的跡象，乃是被沖上此群島之多岩海灘的船桅、圓材的殘骸。

阿布羅留斯群島則為在那裡生存和死亡的荷蘭人留下較久的見證。佩爾薩特和其手下拼命搜尋對荷蘭東印度公司有價值的東西時，把巴達維亞號之墓上的殘餘物幾乎全搜走。但在韋布·海耶斯島上，有一些船帆碎片留在灌木叢上，風吹來就啪啪作響，「防守者」之住所的殘骸仍在向人訴說他們堅不投降的意志。

也有人類入侵的跡象，但得花點心思才能看出。在此島地底下，有淡水透鏡體（freshwater lenses）漂浮於水坑裡，海耶斯眾人靠這些淡水透鏡體保住性命，但也把它們的淡水抽光，致使一些古井裡的水變得太鹹而幾乎不能飲用。棲居於此島的動物大減，數群尤金袋鼠和海獅在固定不變的生態系裡存活了數千個世代，但在「防守者」與科內里斯那幫人三個月交戰期間，就幾乎被獵殺淨盡。

再來，在海獅島上有七具遺體。遭處死的叛變者，其遺體被留掛在薩爾丹號木工為他們匆匆打造的簡陋絞刑架上，當繩子被挾帶雨水、含有鹽份的大風侵蝕而終於腐爛斷掉，那些屍體的肉大概已被島上的鳥啄食殆盡。不久，絞刑架也會倒下，除了留下成堆的骨頭和木頭在海灘變白、碎裂，幾乎不會留下別的東西。

在深水道對岸，荒涼、貧瘠的巴達維亞號之墓上，出現了一個更奇怪的改變。失事船的倖存者登上此島時，發現那是個不毛之地。它的沙質土壤太貧瘠，養不活多少生命，風把島上刮得乾乾淨淨，長久以來幾乎寸草不生。但一六三〇年代初期，在珊瑚露頭之間冒出數塊新的灌木叢，它們在沒有厚厚土壤且沒有鳥巢和垃圾的地方生根立足。至少十年期間，此島北部草木叢生。

這一出乎意料的生意盎然，要歸因於地表下面一或兩英呎的變化。遭科內里斯殺害者，其遺體就長眠在這地層的淺墓穴裡。隨著遺體腐化，亨德里克．德尼斯、邁肯．卡爾杜斯、牧師的家人和其他所有罹難者把他們的養分注入土裡，為茶樹灌木和蒲公英的孢子提供了新的沃土，不久數個地點都冒出一小圈頑強的草木，標出每個埋葬坑的所在地。好多年裡，這些植物從屍體慢慢吸取養分，其四處摸索的根如又黑又密的網將它們裹住。它們靠這些屍體維持生命，直到它們消失為止，從而把死亡化為生機，把入土化為重生[59]。

結語　南方大陸的海岸上

「他們會被當成惡棍和理該處死的罪犯送到岸上，以（透過他們）確切掌握這塊陸地上的情況。」

瓦烏特．洛斯和揚．佩爾赫歐姆這兩個叛變者，一六二九年十一月十六日遭放逐到杳無人煙的海灘上，就此音訊全無[1]。

他們短期存活的機率頗大。威特卡拉溪谷位於甘托姆灣（Gantheaume Bay）南端，是西澳洲海岸上少數能找到水的地方之一[2]。南半球冬天時，有條小溪流過這溪谷，流入海岸邊的鹽沼，這溪谷靠近海岸處的水微鹹、不好喝，但往上游約兩英哩（三公里）處有泉水，只要敢往內陸走，大概就能找到這個穩定的淡水水源——甚至乾季時也有水。水量更大的默奇森河在南邊僅數英哩處，而此地區食物雖不豐，但由於可取得水，許多當地原住民來到此區域。當地居民為南達人（Nanda），耕種為生，種植山藥，定居在村落裡。他們如果願意，能救助洛斯和佩爾赫歐姆，讓他們活下來。

兩人的生死取決於他們的第一個且最重要的決定：待在原地，還是駕著他們的小船，沿海岸北航。對他們來說，前往東印度群島，沒有道理；荷蘭人的殖民地太遠，這樣一艘小船到不了，而且即使到了那裡，一上岸就會遭處死。唯一的替代方案是前往沿海某地點，該地點位在南緯約二十四度處，六月十四日佩爾薩特看到那裡的岸上有人。但那個地點位在他們北方將近兩百英哩（三百二十公里）處，洛斯和佩爾赫歐姆都沒有導航本事，也不是老練的水手，他們的船——佩爾薩特稱之為舢舨——似乎是在巴達維亞號之墓上用漂流木草草建造的小船[3]。他們若駕著這小船航行大洋，幾乎百分之百丟掉性命。

但如果他們留在原地，必然不久就會碰上當地人。佩爾薩特預見到這個可能性，於是特意給了他們珠子和「一些紐倫堡根（Nurembergen）」——紐倫堡根是廉價的木造玩具，德意志城鎮紐倫堡當時就以生產此類玩具而聞名——「以及（用鐵和銅製成的）小刀、響鈴、小鏡子」。根據與好望角的布須曼人打交道的經驗，荷蘭人知道「野蠻人」非常珍愛這些東西。佩爾薩特告誡洛斯和佩爾赫歐姆，能送人的東西不多，勿一下子就送光——「在與黑人搞熟之前，只給他們少許東西」，但要以信賴和體諒之心對待當地人。「如果他們接下來帶你們進村子見他們的首領，」佩爾薩特接著指示道，

要勇敢去。在陌生地方，人會交好運；如果你們有上帝守護，他們不會傷害你們，反倒因為他們從未見過白人，會好禮相待。

這兩個叛變者是否聽進佩爾薩特的勸告，只能訴諸揣測。在阿布羅留斯群島，洛斯的表現已表明他既有膽識，也有領導本事，腦筋與心智成熟程度或許足以讓他在與南達人打交道時有機會保住性命。相對地，暴躁的佩爾赫歐姆年紀較輕，性情較不穩定許多，很可能成為他的負擔。兩人被放逐到海灘上，沒有任何武器在手，為了找到食物，需要當地原住民幫忙，若和原住民的關係沒打好，將會任人宰割。沒有當地人的善意，他們肯定被送上岸不久就會喪命，若非遭打死，就是慢慢餓死。

說到荷蘭人與原住民友善合作，情況看來不妙。雅赫特艇小野鴿號（Duyfken）是最早把人送上澳洲的荷蘭船——而且就目前所知，很可能是第一艘看到此大陸的西方船隻[4]。一六〇六年夏，小野鴿號探索卡奔塔利亞灣（Gulf of Carpentaria）的東岸，一半船員死於土著攻擊。在她之後，又有安海姆號（Arnhem）和佩拉號（Pera）在一六二三年過來，因一再試圖於約克角半島捉住當地某些獵人押上船帶走，挑起當地人對白人毫不掩飾的敵意。安海姆號於此趟踏查過程中遭奇襲，損失了十人，包括其船長和一個被原住民「大卸八塊」的助理[5]。

澳洲北部海岸在地理上和西部沿海地區相隔甚遠，文化上差異甚大，因此南達人極不可能知道上述那些與白人遭遇之事，但荷蘭水手與澳洲土著的初期相遇充斥濃濃的猜忌和敵意，洛斯和佩爾赫歐姆得到當地人熱情接待的機率不大。歐洲人喜歡把澳洲原住民視為凶狠、原始、狡詐，他們兩人幾可肯定也抱持同樣心態；澳洲原住民則把白人視為蒙皮奇（munpitch），即與死去不久之人的遺體有密切關係的愛搗亂的鬼魂。可想而知，互信的基礎再薄弱不過[6]。

但在給洛斯和佩爾赫歐姆的指示中，佩爾薩特清楚提醒他們四至七月間「有船抵達南方大陸時」，要「密切留意」船隻，從而給了他們些許獲救的希望[7]。後來，偶爾有荷蘭船奉指示留意這兩人生存的跡象，如果找到他們而他們想上船，就讓他們上船。一六三六年，有個叫黑赫特・托馬斯・波爾（Gerrit Thomasz Pool）[8]的人，奉命統領小阿姆斯特丹號（Cleen Amsterdam）和小韋塞爾號（Cleen Wesel）這兩艘雅赫特，探索澳洲已知的整段海岸；他的航行指南提醒他，「佛朗西斯科・佩爾薩特於一六二九年把兩名依法判處死刑的荷蘭罪犯送上岸，如果他們還活著，得以現身，可以讓他們上船。」但離抵達西澳洲海岸還很久，波爾就在新幾內亞遇害，而一六四四年被派去繞航這塊大陸的阿貝爾・塔斯曼（Abel Tasman）*[9]也收到與巴達維亞號失事、這兩名叛變者、荷蘭東印度公司下落不明的錢箱有關的具體指示，但他還未抵達阿布羅留斯群島就折返[10]。

塔斯曼收到的命令，清楚表示公司對這兩個巴達維亞號倖存者最感興趣之處，在於希望他們會取得關於這塊紅色大陸之內部資源的寶貴資訊；貝阿克省和該地黃金儲量無可限量一說，這時還未淪為無稽之談。這個偉大的航海家若真的抵達這兩人被送上岸的地方，會找到什麼？著實引人遐想。一六四四年佩爾赫歐姆和洛斯若還活著，會只有三十三和三十九歲。一六九七年荷蘭探險家威廉・德佛拉敏赫（Willem de Vlamingh），在威特卡拉泉（Wittecarra spring）旁邊找到一間用心打造、有斜屋頂的土屋。它的建造風格大不同於在該區域常見的風格，自此一直有人（在沒有確切證據下）表示它想必是荷蘭人所建。如果屬實，它幾可確定是這兩個巴達維亞號叛變者所建，若派人上岸找水，可能會遇到科內里斯的人[11]。

• • •

結果，「揚公司」或其他人都未真的著手去查探這兩個叛變者的下落，但洛斯、佩爾赫歐姆在澳洲不會孤單太久，因為後來又有人流落該地。在荷蘭東印度公司的兩百年歷史裡，其航往巴達維亞的船隻，每五十艘就損失一艘，返航船隻的損失比例則是將近二十分之一，總共損失兩百四十六艘[12]。其中至少三艘，可能多達八至十艘，在澳洲西岸失事。已知至少另有七十五個荷蘭人，或許多達兩百人，因此流落南方大陸。

其中第一起失事發生於一六五六年，從阿姆斯特丹出發的來回船金龍號（Vergulde Draeck），該年擱淺於離海岸三英哩（五公里）、今日伯斯市北方約五十英哩（八十公里）的岩礁上[13]。六十八名船員上了陸地，後來一艘救援船的三人冒險進入灌木地帶尋找他們時也失蹤[14]。這些人裡至少有某些人大概存活了一段時日，因為自該船擱淺以來，已有多種看來來自荷蘭的人造物——從船殼外板到一件有中國龍盤繞其柄腳的香爐——出現在失事地點附近的內陸地區[15]。

金龍號之後是一七一二年失蹤的南村號（Zuytdorp）†[16]，所有船員兩百人亦人間蒸發。一九二〇年代，有人在阿布羅留斯群島北邊、卡爾巴里（Kalbarri）和鯊魚灣之間發現一失事地點，

* 塔斯馬尼亞島（Tasmania）因他而得名。

† 此船根據澤蘭省某地名取名。

南村號的遭遇才真相大白。比南村號失事早了將近八十年，巴達維亞號的佩爾薩特沿著一段連綿不斷的海崖航行，始終找不到登陸地點。南村號同樣被迫緊貼著那段海崖航行，然後被暴風雨推著，船尾撞上礁石，船身傾側，不久船體裂為三截。隨著龍骨遭扯斷，重炮和船貨猛然脫離原來位置，在船體裡四處滾動，其船桅若非斷掉就是倒下，大部分船員很可能在船靜止下來之前就被壓死，或者在奮力游上岸時淹死在大浪裡。但似乎有約三十人保住性命，奮力游上海岸，其中有些人攀著船桅殘塊或糾結成團的索具游到陸地，有些人可能跋涉到威爾井（Wale Well）[17]。威爾井是澳洲原住民的營地，位在失事地北邊約三十英哩（五十公里）處，有永久居民兩百人。一九九〇年，有支隊伍以金屬探測器探索了此井周邊地區，找回一個老舊的荷蘭菸草盒蓋。那蓋子以黃銅製成，上面刻了萊頓城圖案，可能是此船某倖存者之物[18]。

第三艘且是最後一艘已知葬身於澳洲海域的來回船是澤威克號（Zeewijk）[19]。此船於一七二七年六月擱淺於阿布羅留斯群島的最南端，全體船員一百五十八人約三分之二保住性命，在數個島紮了營，由正舵手領導的十二人上了澤威克號的大艇，欲航至巴達維亞。結果大艇未抵達目的地，剩下的船員利用船骸，終於造了一艘單桅帆船，駕著該船如願抵達巴達維亞，但那艘大艇上的人，下落始終成謎。他們同樣可能也被吹送到南方大陸上[20]。

於是，到了一七二八年，已至少有三艘來回船的水手因失事流落澳洲海岸。這些人困在全然陌生的環境裡，遠離他們所知道和珍愛的每樣人事物，無望再看到巴達維亞，更別提再看到尼德蘭。其中只有少許人知道自己置身何處；這塊未知之地的面積、其嚴酷環境、其上的居民、其獨一無二的野生動物，全非當時歐洲人所知曉，而且只會有少許倖存者充分認識到自己的處境有多危險，或將他們與他們的目的地隔開的地理屏障有多巨大。其中大部分人大概死於他們上岸處近旁，因為食物或飲水用盡，或在等待始終不見蹤影的救援船到來期間遭當地人殺害。有些人肯定在往北走時遭遇不幸——一七九〇年代，從雪梨附近的英格蘭罪犯流放地逃出的囚犯，相信只要幾個星期就能從新南威爾斯走到中國[21]，而十七、十八世紀的荷蘭普通海員，在這方面的見識絕大部分不會比此更高明。但最耐人尋味的可能情況，或許是有些被困在這座紅色大陸中心的倖存者得到原住民接納，透過婚姻關係成為他們部落的一分子，在內陸某地——離荷蘭的風車和運河一萬五千英哩（二萬五千公里）處——度過漫長且料想不到的人生。

過去兩百年間，偶爾有些蛛絲馬跡浮現，讓人覺得那些流落澳洲大陸的人，至少有部分人的確在澳洲內陸存活下來[22]。斯旺河（Swan River）殖民地創立於一八二九年，是不列顛在西澳洲的第一個永久性新拓居地。而在此殖民地創立初期，數度有人向官方報告說沿海地區住著淺膚色原住民的部落。這些說法類似在美國內陸據說常有「白印第安人」之說，通常被視為旅人的胡謅而未得到正視。但在西澳的幾件事例裡，證據即使不夠有力，至少耐人尋味。探險家格雷戈里（A. C. Gregory）說一八四八年在默奇森河區域遇見一個部落，該部落民的「特徵大不同於一般澳洲人，膚色既非黑色，也非銅色，而是大多為奇怪的黃色，並混有歐洲血統。」格雷戈里未找到證據證明他們擁有其他澳洲原住民所不知的技術，為此頗為失望。十三年後，《伯斯報》（Perth Gazette）報導有人遇見「白皮膚」、「有淺色長髮披垂在肩膀上」的土著。據大牧場工人愛德華・科內利（Edward Cornally）的說法，在加斯科因（Gascoyne）、默奇森（Murchison）、阿什伯頓（Ashburton）三河沿岸可遇見這類人。還有幾個十九世紀作家也表示，在南達人裡，金髮稀鬆平常。黛茜・貝茨（Daisy Bates）這個引發爭議的澳洲作家，十九世紀晚期和二十世紀初期與西澳、南澳的幾個原住民部落一起生活了四十年，對加斯科因流域和默奇森流域的居民作出類似的論斷。「荷蘭人的濃眉大眼、鬈曲金髮和粗壯身材，絕不會認錯，」她認為。這些部落的人也被認為具有其他據稱係歐洲人特徵的特點，例如藍眼睛、身材高大、易禿頭。

這類純軼事性質的說法，可信程度難以評論[23]，如果貝茨等早期觀察家的說法為真，他們所看到的人比較可能是金龍號或南村號船員的後代，而非洛斯、佩爾赫歐姆的後代。但歷來諸多證據的確間接表明，這兩名叛變者在南方大陸內陸活下來的確有其可能性。因此，這兩人，一如庫克船長和一七八七年起定居澳洲的不列顛流放罪犯，同是今日澳洲的創建者，至少從象徵意義來看是如此。如果他們真的活到足以和西海岸原住民結為朋友，他們可能娶當地女人為妻，活得比佩爾薩特和海耶斯還久，繁衍出如今仍生活在澳洲、但不知自己為他們之後人的子孫。

• • •

曾有好幾年，巴達維亞號的失事地點和科內里斯的短暫王國所在諸島的位置，幾乎和流落南方大陸的荷蘭水手的遭遇一樣不明。這不足為奇。過去，阿布羅留斯群島鮮少有人造訪；佩爾薩特離開此群島時，失事船本身已幾乎完全消失於波濤底下；即使在十七世紀，關於這個地點的斷簡殘篇，相對來講也較少。

巴達維亞號的故事本身太血腥，太驚心動魄，不會很快就遭人遺忘；十七世紀的書籍和小冊子，使這個故事繼續活在人們腦海裡，至少在荷蘭共和國境內是如此，而在十八世紀的東印度群島遊記和歷史書裡，此故事仍鮮活呈現。阿里安·雅各布斯駕著該船的大艇橫渡大洋抵達爪哇的偉大事蹟，也曾為後人所記得——諷刺的是這艘小船從阿布羅留斯群島到巽他海峽的航路，在紀堯姆·德利爾（Guillaume de l'Isle）一七四〇至一七七五年間所繪的世界地圖上，被標示為「佩爾薩特的航路」。但到了十九世紀初期，一六二九年事件已為人所淡忘。耶羅尼穆斯·科內里斯只是個情節已快被忘光的夢魘，巴達維亞號的失事地點則不再為人所知。

直到一八四〇年，「豪特曼的阿布羅留斯群島」才終於被不列顛皇家海軍的水道測量隊標示於海圖上，公眾對巴達維亞號的興趣才再度燃起。從事此測量工作者是皇家海軍上尉洛特·史托克斯（Lort Stokes）[24]，其所搭的船隻就是查爾斯·達爾文所搭的老船，皇家海軍艦艇小獵犬號（Beagle）。而且過了這麼久，才有人將這個群島清楚劃分為南北綿延共約五十英哩（八十公里）長的三個島群，標示在海圖上。史托克斯看過荷蘭東印度公司的航行記錄，知道巴達維亞號和澤威克號都葬身於阿布羅留斯群島某處，因此，在最南邊那個島群的某個大島上發現古老失事船骸一事，自然而然引發他一探究竟的念頭。「在西南部，」他寫道，

> 發現了一艘大船的橫梁，而澤威克號的船員……說在這裡見到一艘船的殘骸，因此，這個殘餘物幾可確信為巴達維亞號所有……於是，我們把我們暫時的泊地稱作巴達維亞路，把這整個島群稱作佩爾薩特島群（Pelsart Group）。[25]

古老船骸發現所在的島，被命名為佩爾薩特島，那根橫梁的發現地，則被稱作失事點（Wreck Point）——殘餘物包含「一根很粗的木橫樑」和「一排小型的小口寬肚玻璃瓶（demi-john）」，「木樑有一只大型鐵螺栓貫穿，螺栓已遭腐蝕，輕輕一碰，很快就剝落為只剩一根鐵絲」，玻璃瓶則「已待在那裡兩百一十年，瓶身半埋在土裡，爬進瓶子而死在裡面的昆蟲、動物遺骸，積在瓶裡到了和瓶口差不多一樣的高度。」史托克斯繼續往北走，把位於中間的諸多小島命名為復活節島群（Easter Group），因他於一八四〇年復活節星期日遇見這些小島。最北邊的島群則被稱作瓦拉比島群（Wallabis），有袋動物沙袋鼠（wallaby）只在此島群最大兩座島上發現，因此得名。

於是——至少就公眾來說——巴達維亞號最後長眠地的謎團已解開，而佩爾薩特島即科內里斯等人的失事所在地一說，則自此為眾人所認可。直到開始有完整記述此叛變的英語作品問世——一八九七年伯斯市某報刊出關於此主題的十七世紀小冊子，該書以英譯文呈現[26]——才開始有人懷疑上述說法，因為根據佩爾薩特島群的地理，如果把佩爾薩特島視為巴達維亞號之墓，就無法令人滿意的標定海獅島、韋布·海耶斯島或「高島」的所在位置。一九三八年，有支由報社籌組、以記者馬爾孔・尤倫（Malcolm Uren）為隊長的考察隊，把佩爾薩特島群最北邊的島嶼槍島（Gun Island）[27]假定為科內里斯的總部所在地，試圖藉此解決這難題。但即使這樣，這說法似乎只能牽強地解讀佩爾薩特日誌裡陳述之事，尤倫和其同事不得不思考澤威克號船員所見到的失事船殘骸或許根本非來自巴達維亞號。它可能來自過去數十年在印度洋失蹤之數艘荷蘭來回船的其中一艘——或許是荷蘭騎士精神號（Riddershap van Holland，一六九四年）、命運號（Fortuyn，一七二四年）、或阿赫特克爾克號（Aagtekerke*，一七二六年）[28]。

直到一九六〇年代初期，巴達維亞號的失事地點終於重見天日，才結束這一混亂局面。第一個認識到此船必然躺在阿布羅留斯群島中別處的人，是小說家亨莉埃塔・德雷克—布羅克曼（Henrietta Drake-Brockman）。一九五五至一九六三年，她發表了對此主題的看法。亨莉埃塔・德雷克—布羅克曼對巴達維亞號感興趣，源於她早年和布羅德赫斯特（Broadhurst）家締結的友誼。布羅德赫斯特家族長期持有特許權，讓其得以在阿布羅留斯群島開採鳥糞，在採掘過程中，他們在佩爾薩特島群挖出許多荷蘭人造物——舊瓶子、壺罐和烹煮器具，以及一把手槍和兩具人類骸骨——並認為它們想必來自巴達維亞號。德雷克—布羅克曼小時候就著迷於科內里斯的故事，長大後，她自己著手研究，與尼德蘭、爪哇境內的檔案機關通信。她頭一個指出，佛朗西斯科・佩爾薩特在其待在阿布羅留斯群島期間清楚看過並描述過沙袋鼠，因而巴達維亞號想必

* 船名來自澤蘭省某村村名。

在瓦拉比島群失事。這個島群位於洛特．史托克斯所提的位置北邊將近五十英哩（八十公里）處，通往該島群的航路，有三個大型珊瑚礁扼守，即晨礁（Morning Reef）、午礁（Noon Reef）、晚礁（Evening Reef）。這個小說家最初認為會在此島群中央的午礁上某處，找到巴達維亞號的船骸[29]。

德雷克—布羅克曼在一九五五年發表的某篇文章中首度提出其看法[30]，最初未得到普遍認可。但第二次世界大戰後，阿布羅留斯群島成為重要的小龍蝦漁場，漁民開始在瓦拉比島群的島嶼上搭設短期居所。一九六〇年，其中一個漁民，外號「老爸」的馬滕（O. 'Pop' Marten），在午礁東邊兩英哩處的小島煙火島挖洞以埋樁時，挖出一具人骨。一位到此替人看病的醫生證實那是人骨，不久，兩名警員從澳洲大陸的傑拉爾頓（Geraldton）過來，把遺骸放進紙板箱帶走，以便檢查。約略同時，馬騰找到一件「白鑞器皿」，就躺在他所挖的洞附近。後來查明那是孔拉特．德羅舍爾（Conrat Droschel）所製之小號的喇叭口，德羅舍爾則是十七世紀的德意志籍樂器製造者，住紐倫堡。這件白鑞器物表面的銘文，不只標出製造者的姓氏Dorschel，還標出此件小號的製造日期：MDCXXVIII，即一六二八年。那是表明煙火島這個普普通通的島就是巴達維亞號之墓的第一個明證[31]。

馬滕找到的東西，使巴達維亞號受到某種程度的關注。伯斯市報人休．愛德華茲（Hugh Edwards），不穿潛水衣裸潛的經驗很豐富，發起一支小型考察隊到該島群，在礁區旁尋找巴達維亞號失事的證據，結果未能找到，而在阿布羅留斯群島作業的其他漁民則被告知，附近可能有艘著名的「東印度船」的殘骸，要他們留意。結果，只過了三年，三年後的一九六三年六月，巴達維亞號的殘骸就得到確認。

發現者是另一個阿布羅留斯群島漁民戴夫・強森（Dave Johnson）和來自傑拉爾頓的潛水伕麥克斯・克蘭默（Max Cramer）。其實，一九六〇年下半年，強森在海底安置捕蝦籠時，就已在無意中遇見失事船骸。接下來三年裡，他數次回到該地，用玻璃筒鏡，從水面尋找該船骸，找到一批壓艙石和散落於船底、看似加農炮殘骸的東西。他在煙火島上建了一間石棉牆小屋，有天，他在小屋附近挖洞時，也找到一個人類顱骨。強森未把這些發現告訴他人，後來，克蘭默和其兄弟來到阿布羅留斯群島尋找失事船骸，他才決定把自己所知告訴他們，然後用他的船載這兩名潛水伕出海到失事地點。一九六三年六月四日，即這艘來回船擱淺於此群島整整三百三十四年後，麥克斯・克蘭默成了第一個下水到巴達維亞號的人[32]。

她躺在晨礁東南端，二十英呎（六公尺）深的水裡，距亨莉埃塔・德雷克—布羅克曼所建議的地點約兩英哩（三公里），靠強森和其他約二十名阿布羅留斯群島小龍蝦漁民的幫忙，克蘭默打撈出一個大青銅炮。炮身上刻有荷蘭東印度公司的識別標誌和字母A，字母A表明它原屬該公司的阿姆斯特丹會所。這一發現足以讓大部分人相信已真的找到巴達維亞號。前面提到的伯斯市報人休・愛德華茲組織了另一支考察隊，這一次得到西澳博物館和皇家澳洲海軍支持。不久，晨礁的秘密開始揭開。

打撈的潛水伕發現巴達維亞號躺在礁石上的一個淺凹地。她水線以上的建築構體已全部不

見，殘餘的船體表面蓋著厚厚的珊瑚固結物。「經過那麼多年，」愛德華茲寫道，

> 大海已為這艘老船挖了一個墓穴。最初，六月四日早上天未亮，她的龍骨猛然撞上珊瑚，把佛朗西斯科．佩爾薩特震落床鋪，在珊瑚礁上劃出一道溝。大海擴大、沖刷這道口子，我們來到這裡時，那裡已被大海挖出一個船形的坑，坑長兩百呎（六十公尺），深十二呎（四公尺）。如今，大浪打過來，在此坑上方形成漩渦和翻湧的白色泡沫，殘缺不全的巴達維亞號躺在那裡，受到它們局部保護，不致受到巨浪和暴風雨傷害……坑底躺著那具青銅炮、數個帶有長尖狀物的十二呎錨——此船除了船頭錨、船尾錨，還帶了八個備用錨——和埋在土裡的奇妙東西。遭壓碎、壓扁的殘餘船體被具有保護作用的珊瑚蓋住，我們會從那層珊瑚底下挖出這些被埋住的東西。[33]

打撈失事船殘骸，花了十餘年才完成，但最終從這片礁石和周遭島嶼找回許多東西。最引人注目的發現，包括在海裡泡了三百多年仍幾乎完好無損的一大部分船尾；一六二九年六月四日被揚．埃佛茨和其手下推入海裡的另外十五具加農炮；充當壓艙物的一百三十七塊巨大砂岩。這些砂岩原本要運到巴達維亞，組成城堡的門廊。還打撈出其他多種人造物：藥劑師的罐子和船醫的研缽（大概原為佛朗斯．揚斯所有）[34]；罐狀臭彈、手榴彈和槍用彈丸；一個絲質長襪的後跟；來自佩爾薩特錢箱的錢幣。也有較私人的物品：一批阿里安．雅各布斯的導航

器具；佩爾薩特所特別訂購要賣給印度皇帝之銀器的一部分，包括一個三角形的鹽瓶和一套銀質床柱；一個用來封箋的印章。此印章有頭字母GB，想必原是牧師海斯伯特・巴斯蒂安斯之物。如今，這些東西可在佛里曼特爾（Fremantle）西澳海事博物館（Western Australian Maritime Museum）展示的巴達維亞號人造物裡看到。這批收藏品裡最精彩的東西是這艘來回船的船尾和城堡門廊。這個船尾被扶正、受到精心保存且按原樣修復，城堡門廊則是在將近四百年後首度被重組成原樣，高超過二十五英呎（八公尺）。

海象惡劣時不可能潛入海裡打撈，愛德華茲考察隊的人即在瓦拉比島群仔細搜索，以找到更多關於巴達維亞號倖存者的證據，但所獲不多。珊瑚碎礫裡幾乎沒東西可找，但愛德華茲和其夥伴的確將長島確認為佩爾薩特的海獅島，一年後，在煙火島正西邊約五英哩處的西瓦拉比島（West Wallabi），他們找到韋布・海耶斯之住所的殘餘[35]。

早在一八七九年，有個叫佛里斯特（Forrest）的測量員就注意到此島上有兩間長方形「小屋」，如今這兩間「小屋」仍可見到。其中一間位在離開海岸剛進入內陸之處，靠近「屠殺角」（Slaughter Point），這個位置居高臨下俯瞰從巴達維亞號之墓和海獅島過來的水路。另一間較深入內陸，位在一平坦石灰岩平原中央，靠近此島中心。兩間「小屋」都以珊瑚板為建材，以半隨意的方式堆疊成，高約三英呎（九十公分）。靠近海的那個結構物有一道內牆，將其分隔為兩個幾乎一樣大的「房間」。這間「小屋」相當大，從一頭到另一頭將近三十英呎（九公尺），而六英呎（一・八公尺）的寬度，足以讓當時的一般荷蘭男子四肢大張躺在裡面。加上帆布作為「屋頂」，這間「小屋」大概能住十二至二十人。靠近內陸那間「小屋」，蓋得較簡略，有一間房間，房間幾呈方形，而且與另一間「小屋」不同的，是它在側邊開了一個出入口。它的所在位置乍看很荒涼，但其實離此島最大的水源之一僅數碼。

在靠海岸那處遺址，挖掘出萊茵河地區粗陶器的殘片、鐵魚鉤、用一塊鉛片簡單打造成的一個長柄勺。有件古陶器上刻了阿姆斯特丹的盾形徽章，證實至少這間「小屋」出自韋布．海耶斯之手。它的選址考慮到軍事需要，所在位置扼守海灣的中間段，因此，進犯者距此島還數英哩遠，其進犯意圖就能被防守者識出。科內里斯的叛變者上岸之後，還得爬上一個六英呎（一．八公尺）高的小岩壁，才能離開海灘，抵達這間「小屋」。海耶斯和其手下居高臨下，擊退來犯之敵的勝算很大。

這一切使人不由得覺得這間靠海岸的「小屋」其實是堡壘，造來保護「防守者」，使免遭叛變者的滑膛槍所傷。其珊瑚牆的確從頭到尾未開出入口，這個建築似乎曾長期有人駐守。考察人員在附近找到兩個火坑和許多燒焦的沙袋鼠、海獅骨頭——研判足以讓四十人約三個月不致餓肚子。

位在內陸那間「小屋」，引發的爭議大過靠海那一間。它建在基岩上，因此無法挖掘，但仔細篩濾過其周邊的地表碎礫，未能找到曾有荷蘭人住過的證據。有人主張它建於十九世紀晚期；一八四〇年，洛特．史托克斯從附近的水源取水時，似乎未注意到什麼建築跡象，一九六〇年代就此建築詢問老漁民，他們都說記得在一九〇〇年左右看過挖鳥糞者使用這間小屋。

傾向於認為它造於十七世紀者，指出測量員佛里斯特於一八七九年即已指出此建築的存在，那時，還未開始以組織的形式開採西瓦拉比島上的鳥糞。有個間接證據似乎表明此建築與海耶斯有關連：從靠近海岸的那間「小屋」，看不到這個位在內陸的「小屋」，但人們已在這兩者之間的中途發現一座用珊瑚板堆成的石堆。從這石堆頂上，可清楚看見這兩間「小屋」，因此，這個石堆或許是建來讓內陸的「小屋」得以看到靠海堡壘所發出的信號。但不管真相為何，不管與這個內陸「小屋」有關的爭議為何，靠海那間「小屋」的來歷如今似乎已弄清楚。這個用珊瑚板凌亂堆砌出的建築，其實是歐洲人在澳洲居住的第一個證據。

• • •

巴達維亞號在澳洲重見天日，接連也使這艘「東印度船」在尼德蘭重獲關注。許多人受了巴達維亞號的故事啟發，威廉．佛斯（Willem Vos）是其中之一。他是技術高超的船木工，專精建造木帆船。一九七〇年代，來自西澳海事博物館的考古人員正在從晨礁打撈巴達維亞號的船尾時，沃斯有了建造一艘全尺寸巴達維亞號複製船的念頭。此計畫將為年輕工匠提供就業機會，且有助於保住就要失傳的傳統技藝。

眾人只花了六個月多一點的時間就完成巴達維亞號的複製品，但光是到達安放巴達維亞號複製船的龍骨的階段，就花了佛斯將近十年。前面幾年花在募集資金——複製巴達維亞號花掉超過一千五百萬荷蘭盾，合四百六十萬英鎊，比原船的造價超過一百五十倍——和爬梳檔案資料，以找出當時的平面圖和草圖。後來發現要研究出荷蘭東印度公司如何建造其船隻，比起替此營造計畫尋找金主一樣難；十七世紀荷蘭共和國的船木工，造船憑藉經驗法則，不靠平面圖，甚至連造「東印度船」亦然。來回船的船體大小一般來講遵照十七紳士所立下的定制，但每艘船都獨一無二，在許多小地方上不同於同款船。

最後，佛斯弄到一六七一和一六九七年編成的荷蘭造船專著的複本，這些複本，加上更早的草圖，使他稍微有些信心知道如何繪製複製船的圖樣。新巴達維亞號的龍骨，一九八五年十月在荷蘭萊利斯塔德（Lelystad）專門為了複製巴達維亞號所設立的工場裡安放上了龍骨，此工場蓋在從須德海填土造出的新生地上。最初，營造工程磕磕絆絆，但漸漸地，現代的船木工變得比較熟練，在這過程中重新找到許多已失傳的技法，從而更加瞭解巴達維亞號原船的建築師揚·萊克森的工作方法。佛斯和其團隊成員因此得以為正在澳洲絞盡腦汁將打撈出的船尾段重組還原——從事所謂的「重建與實驗的考古學」——的考古學家，提供有用的資訊，並反過來從那些考古學家那裡得知這艘來回船實際船體的更多構造細節。

第二艘巴達維亞號於一九九五年四月下水，至今已吸引四百多萬遊客參觀。她完全適宜航海，雖然沒有乘客、船員和會使她如原船一樣擁擠、忙碌的許多設備，上船走一趟，卻能清楚窺知當年「東印度船」船上的生活情形。侷促的空間、船體內的陰暗、露天廁所的骯髒、最下層甲板叫人難以置信的不舒服，全部清楚呈現於參觀者眼前；冬天時，則是缺乏暖氣和採光。想到要在這船上生活六至九個月，睡在甲板上，吃儲存在桶裡的肉，喝滯濁、帶點綠色的水，就叫人望而卻步[36]。

・・・

自一九六〇年以來，煙火島上的挖掘已使更多骨骸重見天日，據知有約七十人死在巴達維亞號之墓，其中已有多達十九人的遺骸從三大遺址挖出。一直有傳言說曾有當地漁民無意中碰見其他墓穴，但碰見之後都只是把找到的骨頭重新掩埋，他們覺得這樣較為妥當。

出土的部分遺骸足以道出事情真相。遭科內里斯下毒手者，都未得好死。他們的遺體被丟入墓坑草草掩埋，只有一具遺體例外。許多遺骸不只帶有曾遭施暴的明確跡象，還帶有更早時生病、受傷、營養不良留下的傷疤。這些遺骸為一六二〇年代驅使男女前往東印度群島的貧困和走投無路，提供了無聲的證言。

三具遺骸為男性，一具為女性；其他遺骸發育還很不完全或受損太嚴重，無法判定性別。至少有七具遺骸在同一個墓坑找到，他們的遺體被草草丟入墓坑裡，因而擠在一塊，上面只蓋了薄薄的土。另有兩具成年男性遺骸，並排葬在離前一墓坑有點距離之處，第三具遺骸（十八歲）也躺在附近。據說，最後這具遺骸被人發現時，有顆滑膛槍彈丸躺在胸腔裡。如果屬實，它應該是揚・迪爾克斯的遺骸。他是叛變者最後一次進攻韋布・海耶斯島時中槍的「防守者」，而且據說是在整個叛變過程中唯一死於槍傷者。

這些巴達維亞號乘客的遺骸呈現這艘來回船之乘客與船員非常典型的生前情況：年紀最大

者是個年約四十或四十五歲的男子（或說不定是個身形壯碩的女人），年紀最小者死時只有五或六歲。數具遺骸顯現壞血病的跡象，許多具遺骸的牙齒看起來像被島上的粗礪食物所挾帶的沙子刮擦過。那個年幼小孩的牙齒因壓力過大導致有磨牙的現象[37]。

身形最完整且保存最好的遺骸，出土於最早期的巴達維亞號考察期間。它是在戴夫·強森的煙火島上房子的東邊角落找到，面朝上埋在約十五吋（約四十公分）深的土裡。那是一名高大男子的遺骸——身高逼近六英呎（一·八）——死時年紀在三十至三十九歲之間*，想必來自相對較窮的人家：這具遺骸上帶有營養不良所導致的那種生長抑制線；牙和顎因疾病而嚴重受損，或許是壞血病所造成。骨性贅疣布滿骨盆局部地方；似乎是死前數年胃部下方挨了一記重擊所致。這個罹難者身上的傷未得到好好治療；帶著這些傷的人大概時時發疼。

阿拉納·巴克（Alanah Buck）博士是來自伯斯市西澳病理學和醫學研究中心的鑑識科學家，他在一九九九年詳細檢查了這具遺骸，發現此人在遭右撇子攻擊者重擊頭部後死亡，而且攻擊者站在他幾乎正前方動手。這記狠狠的重擊，似乎是用長刀施予的，因而在此罹難者的顱骨上留下一道兩英吋（五公分）深的裂口，造成的腦震盪可能嚴重到要了他的命；最起碼這個傷害會把他打昏，使他大量流血。碰上這樣的攻擊，人通常會舉起手臂護頭和臉，從而造成前臂骨頭受傷，但在這名死者的前臂骨頭上，竟未有這類傷害的痕跡，因此這名死者似乎無法自衛。他可能被科內里斯的幾個手下制住，或被打個措手不及。如果他遭遇這第一擊後還沒死，很有可能在昏迷時遭人用刀捅死或割喉。

這名死者的身分仍然不詳。有可能是被科內里斯認為不夠勇敢，於是遭殺害的雅各普・亨德里克森・德萊耶爾。這具遺骸表明，死者的骨盆傷從未完全癒合，帶著此傷的人走路想必一跛一跛。但在此遺骸上找到的傷口數，與佩爾薩特日誌上提到的傷口數並不吻合。根據該日誌，揚・亨德里克松拿小刀捅德萊耶爾的胸膛，「把兩把小刀捅斷成數截」，捅他的頸子時，另外兩把小刀也捅斷成數截，最後才割斷他的喉嚨。如此暴力的攻擊想必在肋骨和脊椎上造成缺口和刮痕，但在這具遺骸上看不出這類損傷的跡象[38]。

另有三具巴達維亞號人體遺骸，經巴克和鑑識牙醫史蒂芬・諾特（Stephen Knott）博士檢查顯示，死於科內里斯之手的人，有許多人的死狀更為駭人。有名三十出頭歲的男子，遭人用木棒或斧柄由下往上重擊了一次。重擊的力道被他的兩顆門牙吸收，有顆犬齒被強行往上推進超過一英吋，穿過頜，進入鼻腔。其旁邊的右上門牙遭重擊，上折九十度，因此其牙刃這時直直朝著外面。然後這名死者在腦側挨了另一記重擊，就此一命嗚呼。這次重擊力道極大，足以將顱骨板接合處的骨縫打開，使其立即昏迷、死亡。

第二位罹難者是個年幼時飽受營養不良之苦的十六或十八歲女孩。她遭人用鋒利且刀身輕薄的武器——或許是短彎刀——斜劈過她的顱骨頂部。攻擊者大概從她後方出手，刀片削下薄薄一片顱骨。這女孩大概遭打昏，但未被打死；攻擊者出手時，她可能扭身閃躲，因此未能一

＊ 愛德華茲的團隊原認為他不到二十歲，並推測這具遺骸的主人可能是安德里斯・德夫里斯。

擊要她的命，也或者說不定想殺她的那個人，動手時出於某個原因而有所遲疑。這番解讀或許意味著受害者是邁肯・卡爾杜斯，行凶者是安德里斯・尤納斯，但根據巴達維亞號日誌的陳述，卡爾杜斯是被瓦烏特・洛斯用斧頭打破她腦袋而喪了命，而遺骸上不見這類攻擊的跡象。由於缺乏其他明顯的外傷，無法判定這個女孩究竟如何死的；她可能遭勒死，用刀捅死，或溺死。唯一可以確定的，乃是同樣沒有跡象顯示她能自衛。

第三個受害者的顱骨，如今陳列於傑拉爾頓的海事博物館，帶有最大的傷口。它也是在強森家的近旁挖出——此受害者的其餘部分仍躺在該屋地基裡。這具顱骨的主人似乎是接近四十歲的男子，被人用一把小斧頭橫劈過後腦勺。這一橫劈砍穿骨頭，把骨頭碎片砍進腦子裡。這第一擊很可能就要了他的命，但這名受害者往前倒下時——或遭推倒時——攻擊者又送上兩記重擊，務要置他於死地。這兩記重擊都鎖定枕骨區的中間部位，打破顱骨最厚的地方，使腦膜裸露。受害者大概很快就一命嗚呼，幾可確定死於大量失血。

傑拉爾頓顱骨的主人已被初步認定為亨德里克・德尼斯，即牧師的妻子和孩子遭殺害那一晚，被揚・亨德里克松用棍棒打死的那名助理；其傷口與佩爾薩特在日誌裡提到的傷口吻合，而德尼斯死時很可能接近四十歲，與這具顱骨的主人相符。一九九九年秋，史蒂芬・諾特運用已被認可的鑑識技術，以受害者的顱骨為本，用黏土重建其生前面容。重建出的面容顯示，這個因為消瘦而身高有點縮水的男子臉型寬大，顎強而有力，原本有張俊俏的臉。重建此人五官時，諾特刻意將其造得頗端正；但用泥土塑造死人的鼻、耳、唇時，只能訴諸揣測，由於沒有下顎，於是就拿從煙火島出土的另一個下顎替代。不過，諾特的努力成果可以算是首度揭露一個和佩爾薩特、科內里斯一同搭上巴達維亞號之男子的接近相貌。由於沒有他十七世紀的頭髮和衣物，複製出的德尼斯——或者不管此顱骨主人是誰——的容貌顯得奇怪。一六二九年七月二十一日那一夜，他想必是寒冷、饑餓、害怕、無武器防身，在自己帳篷裡閃躲一個揮舞斧頭的男子。他當時的處境，叫人難以想像。

• • •

阿布羅留斯群島上的死亡總數，佩爾薩特的說法前後不一[39]。一六二九年十二月過了一半時，他寫了報告給十七紳士，在此報告中表示科內里斯和其手下殺了一百二十四個男女小孩，在另一封信中則說「超過一百二十人」[40]。荷蘭東印度公司的檔案裡，保存了一份交待更詳細但未注明日期的短箋。根據此短箋，人數縮水為一百一十五：九十六個「受雇於荷蘭東印度公司」的男子和男孩、十二個女人、七個小孩。

最後那個數目大概較正確，但還是夠嚇人。*喪命者往往是最無力自衛者——搭上巴達維亞號的小孩，只有兩人保住性命，其他人都遇害[41]，女人有將近三分之二遇害[42]——而阿布羅

* 佩爾薩特的日誌未能解開此謎團；該日誌提到共有一百零八人喪命，但佩爾薩特未把亞伯拉罕・亨德里克斯或喪命的「防守者」迪爾克斯列入死亡名單，針對七月十三日被安德里斯・德夫里斯殺害的生病的無用之人，始終未給出精確數字。

留斯群島上的漫長殺戮，在荷蘭東印度公司歷史上絕無僅有。最駭人的，或許是受害者大部分被自己所認識之人所殺害。行凶者奉他人命令殺人，而下令者殺人的理由，即使在今日都幾乎叫人無法理解。

佩爾薩特想把此群島上的大部分罪行怪在船長頭上[43]。他認為阿里安．雅各布斯是巴達維亞號叛變一事的主要教唆者，認為科內里斯整理雅各布斯的想法和作為，「把他們相似的才智和看法合為一體」。但船長不在群島期間所發生的事，不能怪在船長個人頭上，就連佩爾薩特都不得不同意，阿布羅留斯群島上的殺戮，出自科內里斯的統籌和領導。佩爾薩特似乎為自己未能弄清楚科內里斯為何出現這樣的行徑感到苦惱，在其日誌裡，數次將這位副商務員稱作「特倫齊厄斯的信徒」[44]或「伊比鳩魯的信徒」[45]，好似這說明了他為何有那些作為。弄清楚佩爾薩特使用這兩個詞意欲表達什麼，會很有意思，因為他未解釋它們的意義，但佩爾薩特把這兩個詞當成可互通之詞來用，以指稱「把自我滿足當成最高的善、不顧他人應享的權利而我行我素、恣意妄為之徒」。日誌不含訊問記錄，我們無從知曉科內里斯本人是否曾自稱托倫齊厄斯的弟子，而「托倫齊厄斯信徒」和「伊比鳩魯信徒」這兩個詞可能只是佩爾薩特的含糊批判性用語——簡單且快速界定其批判對象的略語，其在一六二九年時所傳達的意涵比今日所傳達的意涵還要廣。另一方面，安東尼奧．范迪門也認為科內里斯在此群島「奉行托倫齊厄斯的信念」[46]，雖然這個說法很有可能就是來自佩爾薩特。不過，有個不知名姓的巴達維亞號水手的確說，科內里斯還在巴達維亞號之墓時，「據稱是托倫齊厄斯的信徒」[47]。

如果科內里斯真的曾試圖以托倫齊厄斯的哲學為生活圭臬，唯一可以確定的是他嚴重歪曲了托倫齊厄斯的看法。托倫齊厄斯明顯離經叛道的看法，我們所知不多，儘管，誠如前面已提過的，他或許是伊比鳩魯的信徒，而且很可能是諾斯底教徒[48]。但若認為這位畫家與玫瑰十字會會員（Rosicrucians）或「自由思想者」（Libertines）關係密切，肯定是看走眼；托倫齊厄斯或許不相信聖經裡的故事，而且（一如科內里斯）不認為有地獄存在，但沒有證據顯示他和科內里斯一樣認為人所做的每件事，包括謀殺，都是上帝所命定。把阿布羅留斯群島上發生的事怪在他頭上，有失公允[49]。事實上，凡是欲從哲學角度解釋巴達維亞號叛變之事，都必然失敗，因為它們無法說明為何這個副商務員如此不在乎他人死活。此疑問的答案似乎在科內里斯本人的想法裡。

我們對這位哈倫城藥劑師所知太少，無法完全重建他的性格。與科內里斯的童年有關的資料，都已佚失。他成年後在哈倫度過的歲月，我們只能透過他偶爾與律師打交道之事略知一二，而巴達維亞號的航行記錄，雖然詳細許多，卻本來就不可靠。佩爾薩特日誌裡的科內里斯無疑是喪心病狂之徒。這位副商務員替自己辯解時所說的話，有許多未記錄於該摘要中，而且有些證詞是刑求之下取得。此外，科內里斯接受訊問時，只要能誤導訊問者當然會那麼做，把他所說的完全當真，並不明智。因此，耶羅尼穆斯．科內里斯至今仍是謎樣人物，一如一六二九年的他。

例如，對於他的個性，我們幾乎談不上確切掌握。他顯然腦筋很好，如果記憶力差，腦筋不好，他不可能成為合格藥劑師。他受過良好教育，精通不只一種語言——他想必不只會說荷語，還會說拉丁語，或許還會說佛里西亞語。他伶牙俐嘴，往往很好相處，佩爾薩特說他「很會講話」[50]，善於和人打成一片，在漫長遠航期間會很好相處的那種人。

但科內里斯運用他膚淺的魅力討好他人，然後操控那些人。海斯伯特．巴斯蒂安斯記述這位副商務員遭處決的情景時，說其他叛變者把他們的前老大斥為「唆使人作惡者」，與佩爾薩特對此事的記述一致。科內里斯精於利用他人來遂行自己的目的，這點毋庸置疑。但他在某些重要方面也軟弱，十足無能。他不敢親自動手殺人——巴達維亞號上唯一死在他手裡者是個毫無反擊之力的嬰兒——而且他被擒時毫無抵抗，乖乖就範。他沒有識人之明；在國內，住在哈倫時，他雇了一個精神失常的女人替他老婆接生，雇了一個有病的乳母代他老婆哺育小孩，在阿布羅留斯群島，他大大低估韋布．海耶斯的能耐。此外，科內里斯對制定詳細計畫興趣缺缺，很少未雨綢繆。這一缺點，或許在他對自己藥房管理不善而倒閉一事上，就露出端倪，但在巴達維亞號之墓上則肯定鮮明呈現。在該島，叛變集團疏於看好他們的小船，讓海耶斯的「防守者」有兩個多星期來防備他們來犯，未能利用自身的優勢武器殲滅「防守者」。科內里斯的戰略規畫一塌糊塗，但他妄自尊大，不可一世，於是，自封為總司令，一身奇裝異服，想贏取克蕾謝．揚斯的芳心，冒險帶著少許保鑣踏上韋布．海耶斯島，因而輕易被擒，終至喪命。

其他跟這名副商務員之個性有關的資訊，未見於日誌，但還是能根據已知事實推斷。科內里斯似乎行事衝動，動不動就覺得無聊；阿布羅留斯群島的謀殺，特別是較晚期的謀殺，有許多是他一時興起而下令動手。其他人的苦難，他絲毫無動於衷；他就站著看人死去，不理會他們的一再求饒。因為船隻失事和高級船員離去，使得平日會有的束縛皆消失，自此，科內里斯照自己的道德準則過日子。他採納「自由思想者」的信條，很可能不是因為什麼宗教信念，而是因為那些信條反映了他已有的感受。

從這角度來看，耶羅尼穆斯・科內里斯幾可肯定是個精神變態者；沒有良心、不知悔恨之人，所作所為完全不受常人自我克制力約束。精神變態者一詞經過多年來的濫用，已使其喪失許多原有的意涵——以致於凡是凶狠的罪犯如今常被人扣上這標籤——但真正的精神變態者不是無法自制的惡人，這類人反倒是能控制自己「身為人類該有」的情緒，結果令人不寒而慄。他們所真正欠缺的東西是同理心，即理解或在意他人感受的能力[51]。

英屬哥倫比亞大學的羅伯特・海爾（Robert Hare）博士，擬出如今廣被用於診斷此病症的「精神變態核對表」（psychopathy checklist），指出：

> 大部分臨床醫師和研究人員知道，依據傳統的精神病觀點，無法理解精神變態。精神變態者並非迷失方向或與現實脫節，也未有其他大部分精神病所明顯表現出來的妄想、幻想或強烈主觀困擾。與精神病患者不同的，是精神變態者很理性，知道自己在做什麼，為什麼做那些事。他們的行為出於自由行使的選擇。[52]

換句話說，精神變態者懂得是非對錯之別。他搶劫、傷人或殺人，不是因為他不知道自己在做什麼，而是因為他不在乎他的作為給他人的危害。因此，被裁定有罪的精神變態者，不是送到精神病院，而是送進監獄。

沒有愧疚之感是精神變態者最鮮明的特性。一般罪犯作惡仍受明確的行為準則規範；他們或許拒斥與外界的日常往來，但仍受「是非觀」約束，例如，這類男人或從未傷害女人或小孩，或者寧可坐牢也不願向當局出賣同夥。精神變態者根本不這麼想。如果違反眾所公認的一切規範對這類人有利，這類人會這麼做。他會搶奪自己父母的財物，拋棄自己妻小，絲毫不覺悔恨。53

精神變態者的其他重要症狀，包括能言善道和見識膚淺、行事衝動、沒有責任感。精神變態者愛騙人，愛操縱人，喜歡對人頤指氣使。大部分這類人善於社交，有時很能說服人，儘管他們也「沒完沒了地、未經深思熟慮地，事事」說謊。謊言遭揭穿時，他們依舊表現出一貫若無其事的樣子；如果某個謊言被戳破，他們會編造另一個謊言來遮補，而且往往是不相關的謊言。他們沒有預先規畫的能力，偏愛天馬行空的幻想，不愛切合實際的短期目標。最重要的，是誠如海爾所解釋的，

精神變態者的自負自大到了自戀且離譜誇大的地步，自我中心和自認享有特權的心態十足驚人，自認是宇宙的中心，高人一等，理所當然該按照自己的規則生活。54

精神變態者行事如此，因為他們的感受力不像他人那麼廣、那麼深刻。他們似乎冷漠、無情，雖然很可能會有短暫的強烈情緒表達，「細心的觀察者只覺得他是在演戲，覺得表象底下幾乎空空如也。」[55]

科內里斯顯然表現出上述的許多症狀。他能言善道、他腦筋靈活、他有華而不實的大計畫、他擅於操縱他人，這些都是精神變態者的特性。他似乎想到做什麼就去做，未細思其後果，而且不時因未能未雨綢繆而吃了虧。此外，綜觀佩爾薩特對此叛變的記述，無一處表明科內里斯對自己所作所為的真心悔恨，反倒一再合理化自己的作為，直到上了絞刑架依然如此。

但這位總司令所說的話或所做的事，並非完全符合精神變態者的定義。他等了將近兩星期才逼克蕾謝・揚斯就範，很少有精神變態者會這麼做，而且大部分精神變態者若置身阿布羅留斯群島，應該會積極參與殺人之事。但話說回來，佩爾薩特的日誌和牧師的信再怎麼說也不是令人完全滿意的資料，或許他們忽略了其他符合精神變態者的行為，所以不見於他們的敘述裡。無論如何，種種證據其實都已有力指出科內里斯是精神變態者。

他為何成了精神變態者？這就較難解釋。即使今日，這類人是先天如此還是後天所造成，答案也是莫衷一是。有些心理學家認為精神變態其實是腦部受損所致，另有心理學家認為其症狀在幼兒時顯現，肇因於悲慘的養育環境。唯一可以確定的一點，是此症狀在十七世紀時應不如今日常見。今人的估計暗示，現今美國人患有精神變態的比例高達一百二十五分之一——也就是全國共有兩百萬精神變態者，光是紐約就有十萬。但同樣的那些調查顯示，中國的精神變態者較美國少了許多，在強烈追求個人自由和瞬間滿足的社會，精神變態最容易發生。如果此說屬實，在黃金時代的荷蘭共和國內，此症狀不可能普見，因為當時的荷蘭共和國極強調服從社會規範以及當個好公民。巴達維亞號上的大部分人，想必從未遇過「精神變態特性」如此顯著的人。就科內里斯所處的時代來說，他是異類中的異類。

此外，登上這艘來回船之前，科內里斯的病大概就已無法改善。從來沒有「治療」精神變態之事，因為有此病症者，「不覺得自己有心理或情緒毛病，」海爾說。

他們覺得沒理由改變自己的行為，以符合他們所不認同的社會規範。（他們）不是「脆弱」之人。他們的想法和作為都出自堅如磐石、極力抗拒外來影響的個性……許多人受到家人或友人的善意保護，不被自己的作為所傷害；他們的行為不受約制和懲罰。其他人則善於安然過日子，未給自己帶來太多不便。

因此，即使科內里斯在此趟東航之後保住性命，他的行為也不會改變。他會繼續冷漠、算計、無情度過餘生。精神變態者如果體認到修正自己行為後，生活會過得更如意，或許會開始修正行為，但他們不會「康復」。他們的病情絕不會好轉，而且無法被治癒[56]。

•
•
•

還有個疑問尚未解開：什麼因素驅使科內里斯在巴達維亞號上叛變？從我們現今對他精神變態的瞭解來看，沒理由認為這個藥劑師登上巴達維亞號時已懷有搶奪該船的意圖。非常有可能，是他一時興起的，而且很可能是在好望角時聽到阿里安．雅各布斯的埋怨，使他首度有了叛變的念頭。

因此，從某個方面來說，佩爾薩特認為雅各布斯是這件事的最關鍵人物，說得沒錯。科內里斯若是和另一個船長同船，或搭另一艘船，幾可肯定會順利抵達香料群島，途中不會惹出亂子——而且到了那裡，他很可能發達成功。他的精神變態可能不會被該公司只顧自身利益的職員注意到，因為儘管科內里斯想必會想對他的雇主欺騙、說謊，但大部分該公司職員也是騙子、說謊之人。事實上，相較於充斥東印度群島那些小偷小摸之徒，精神變態者擁有某些優勢：他偷搶東西時，會比一般人更狠、更不顧後果，而且更執著於此，於是如未遭制止，很快就會發了財。屆時，科內里斯或許會眼高手低，被人看破手腳，而名譽掃地。但他不必為了達成他的目的而殺人，至少就不會迎來在阿布羅留斯群島慘死的下場。

如今事隔將近四百年，那些島嶼在這段期間幾乎沒變。在這樣的地方，過去的幽靈仍在徘徊。十月薄暮，滿月高掛天上，海獅島的陰影裡仍可能瞥見耶羅尼穆斯．科內里斯。將他帶到這群島的西南風，把他掛在那裡的屍體吹得搖來晃去；絞索的結緊緊打在他一耳下方，頭已詭異地彎到一邊。繩子在呻吟，整個絞刑架嘎吱作響，但它發出的聲音，沒有人聽得到，羊肉鳥（某種鸌）無休無止的尖叫聲把那聲響蓋了過去。

誌謝

為寫成《巴達維亞號之死》，我花了許多研究工夫，若沒有許多人協助——爽快付出且令我感激的協助——本書不可能完成。

我要特別感謝我的研究助理，阿姆斯特丹的碩士Henk Looijesteijn。她為我在尼德蘭各地檔案館研究大量原始資料，她的發現讓我對巴達維亞號和其船員、乘客的瞭解大增。

我也非常幸運得到其他許多人寶貴的幫助。在澳洲，佛里曼特爾市西澳海事博物館的兩位碩士Marit van Huystee與Juliütte Pasveer，慷慨提供他們晚近在煙火島的考古成果；Marit也非常好心讀過原稿，提供意見。Prospero Productions公司的Ed Punchard告訴我許多有關阿布羅留斯群島的情況。伯斯市Western Australian Centre for Pathology and Medical Research的Alanah Buck博士和Stephen Knott博士，說明了從此島所挖出遭科內里斯殺害者的骸骨，能助我們對巴達維亞號叛變者和他們的凶殘手段有所瞭解；Max Cramer和傑拉爾頓的Abrolhos Helicopters的職員，在我匆匆走訪此悲劇發生地期間，給了我幫助。

在尼德蘭，萊頓大學教授Femme Gaastra講述了他對荷蘭失事船倖存者在澳洲內陸可能倖存一事的研究，而鹿特丹伊拉斯謨斯大學的F. W. M. de Rooij博士，探討了澳洲出現紫質症病例所代表的意涵和碰上船難的荷蘭人融入原住民社會的可能性。Gabrielle Dorren和哈倫市立檔案館（Gemeente Archief）的Paul van Dam，在我研究科內里斯常去之地的期間，對我助益尤大。

本書精裝版問世後，系譜學家且是專攻佛里西亞東北部地區的阿姆斯特丹歷史學家Hans Zijlstra找上我。他在阿姆斯特丹、霍恩、佛里西亞的檔案館裡找出別的有關科內里斯的資料，我很感謝他把他這一研究的成果與我分享。我的經紀人Patrick Walsh從一開始就深信此書值得一寫，在最後撰寫階段給我大力支持。我了不起的主編Rachel Kahan，和Patrick一樣深信此出書計畫的價值，給了我寶貴的鼓勵和意見。

至於得從頭至尾確保一切順利的Penny和Efion，我所能說的就只有感謝，我希望這本書未辜負她們的付出。

注釋

注釋中所用的縮寫詞

ALE——Authorisatieboecken（官方許可書），在GAL
ARA——Algemeen RijksArchief（國家檔案總館），海牙
CLE——Certificaatboecken（所有權證明書），在GAL
DB——Henrietta Drake-Brockman, Voyage to Disaster（《航向災難》）
fol.——folio（頁碼）
G——Philippe Godard, *The First and Last Voyage of the Batavia*（《巴達維亞號的第一次暨最後一次航行》）
GAA——Gemeente Archief（市立檔案館），Amsterdam（阿姆斯特丹）
GAD——Gemeente Archief（市立檔案館），Dordrecht（多德雷赫特）
GAH——Gemeente Archief（市立檔案館），Haarlem（哈倫）
GAL——Gemeente Archief（市立檔案館），Leeuwarden（呂伐登）
HTI——Hypotheekboecken Tietjerksteradeel（Tietjerksteradeel抵押書），在RAF
ibid.——出處同上
idem——同前
JFP——Journal of Francisco Pelsaert（佛朗西斯科．佩爾薩特的日誌），一六二九年六月四日～十二月五日，在ARA；印刷版在DB和R
LGB——'Copy of an original letter, by Gijsbert Bastiaensz…'（〈海斯伯特．巴斯蒂安斯的一封親筆信……〉，在OV，印刷版在DB和R
nd——未注明日期
np——未標注頁數
NKD——Notulen van de Kerkeraad van Dordrecht（多德雷赫特教會評議會的檔案）
ONAD—Oud-Notarieel Archief（舊律師檔案館），Dordrecht（多德雷赫特）
ONAH—Oud-Notarieel Archief（舊律師檔案館），Haarlem（哈倫）
op. cti.—前引著作
OV——*Ongeluckige Voyagie, Van't Schip Batavia*…（《巴達維亞號的倒楣航行》(1647)；印刷版在G
R——V. D. Roeper編，*De Schipbreuk van de Batavia, 1629*（《一六二九年巴達維亞號

的失事》)

r—Recto(書的右頁)

RAF——RyksArgyf Fryslan(佛里西亞省立檔案館)

TR Transportregisters(股權轉讓登記簿),在GAD

v—Verso(書的左頁)

當時關於「巴達維亞號」事件的出版情況

巴達維亞號失事是十七世紀非常轟動的事件,當時引來不少關注。一些談此事的小冊子隨之出版,其中有些小冊子在失事消息剛剛傳抵聯省共和國之時出版,另有一些則出版於二十年後旅遊文學在尼德蘭境內突然人氣大增之時。其中最暢銷的小冊子出了數版,流通想必相對較廣。因此,在事發後的三十或四十年裡,這場叛變始終頗為人知,至少在聯省共和國境內是如此。

十七世紀下半葉期間,巴達維亞號的故事漸漸被人遺忘,愈來愈少人提到這場叛變。直到十九世紀晚期,才再度得到關注。當時,阿布羅留斯群島成為鳥糞貿易中心之一,隨著人們在島上挖掘,開始有被認為來自該船的人造物出土(但最終查明那些東西來自更後期、較不為人知的失事船);那之後,談論此事的出版品開始在尼德蘭和澳洲境內再度出現。巴達維亞號沉船殘骸在一九六三年重新被發現,世人對此事的興趣大增,談論此事的重要歷史著作正好同時問世,即使如此,在過去四十年裡,巴達維亞號的故事還是鮮為人知,只有在與她關係密切的這兩個國家(荷蘭和澳洲)境內除外。二十世紀最後二十五年,失事所在地得到徹底挖掘,大大增加了我們對此船的認識。過去八年,有數本談巴達維亞號遭遇的荷蘭文、德文書籍問世,但未有英文書籍出版,這是第一本利用從尼德蘭各地省立檔案館新發現的資料寫成的書。

親身見聞錄

流傳至今的巴達維亞號災難記述,寫得非常詳細,而且以如此早發生的事來說,如此詳細的程度誠屬罕見。此外,倖存至今的證據,從數個不同視角講述此船的遭遇。這些記述,再怎麼零碎片斷,畢竟出自搭乘該船大艇航抵東印度群島之人筆下,或者出自一位躲過叛變者獵殺的荷蘭東印度公司商務員之手,或者出自另一位在巴達維亞號之墓保住性命者之手。最重要的,是我們能看到在訊問期間或剛結束訊問時被記載下的叛變者本人的供詞。

我們能有這些記述參閱,誠屬幸運。涵蓋荷蘭黃金時代的檔案,如今仍是卷帙浩繁,但它們所含的資料大多與有產階級的作為有關,至於未擁有地產且只有少許錢的那些人——亦即構成巴達維亞船員與乘客之大多數的那些人——他們的生平大多未有記錄存世。當時也沒有報紙記載轟動一時的大事,或沒有記者想弄清楚巴達維亞號倖存者的遭遇。總而言之,佛朗西斯科·佩爾薩特在「巴達維亞號之墓」上將聽取的證詞所寫下的摘要,乃是歷來以任何種語言寫下且倖存至今的叛變紀錄中最完整的記述,因為能把

一大票叛變者同時擒住並審問，相對來講很少見。

佩爾薩特對此事的記述，記載在這位船隊指揮官的巴達維亞號處女航手寫日誌裡，該日誌如今和其他聯合東印度公司的文件一起保存在海牙的國家檔案總館（Algemeen RijksArchief）。這份日誌已裝訂成冊，與每年從東印度群島收到之書信的冊子擺在一塊，如今編在名叫ARA VOC 1098這一冊的頁碼232r-317r。佩爾薩特更早寫下的一冊日誌，與巴達維亞號從阿姆斯特丹到阿布羅留斯群島的航行有關，船隻失事後，佩爾薩特的房艙遭洗劫，此冊日誌被叛變者丟入海裡而遺失。現存的記述涵蓋一六二九年六月四日失事到同年十二月佩爾薩特返回東印度群島這期間的日子。

日誌的內容和語氣，因為不同段落而有很大差異。在某些段落，和傳統的航海日誌沒什麼兩樣；在其他段落，則是對叛變發生後不久自身經歷的親筆記述。但這份手稿的主要內容是佩爾薩特訊問巴達維亞號叛變者過程的冗長摘要，之後再附上對罪犯者下達的司法裁定，那些裁定看來幾乎是一字不差被記錄下來。

日誌的編排大略按照時間先後順序。但從文件的編排來看，明顯可看出它們並非同時寫成。每個叛變要角個別處理，先是記述九月第三個星期其中某人受訊問的過程，緊接著是九月二十八日對該人發布的司法裁定，然後回頭記述下一人的訊問過程，依此模式編排。在這份記述匯編的某處（ARA VOC 1098, fol. 278v），撰寫者在他先前於某頁底部留下的空白處，塞進與叛變者馬蒂斯·貝爾有關的額外證詞，那是他在遭處決當天做出的證詞。這或許表明日誌是在九月二十八日宣判和十月二日吊死叛變要角這期間，以目前讀者見到的文字寫下。另一方面，證詞份量非常龐大，因此，較有可能的情況，或許是所有記述是在訊問期間粗略寫下，然後在之後打撈作業進行時，乃至倖存者航行到東印度群島期間（從十一月中旬到十二月五日），再謄抄到日誌上。若然，或許編纂者在寫下他對叛變者的訊問過程時把貝爾的供詞擺錯地方，於是在這份供詞終於從他書桌的成堆文件裡冒出來時，他不得不把它插入手寫稿裡。

無論如何，把佩爾薩特的日誌視為在事發當時對巴達維亞號叛變一事自發性寫下的記述，並不明智。編纂日誌時想必甚為用心，而且在編纂過程中肯定有所修訂。因此，日誌裡的訊問記錄，就只是摘要——以第三人稱敘述的摘要——而非一字不差記錄下每個囚犯所說的話。

由於荷蘭法律制度的怪癖——特別看重罪犯的供詞——親眼目睹阿布羅留斯群島上之不尋常情事的一般乘客，其證詞在日誌裡幾無存在餘地；尤其，值得注意的——但不足為奇的——聽不到巴達維亞號上女乘客的聲音。此外，其他資料——或許有許多資料——遭完全略去，是完全有其可能的，而略去的原因，若非看來不相關，就是對某些重要人物不利。最後，切記，日記是編纂來給聯合東印度公司阿姆斯特丹會所的董事過目。佩爾薩特和巴達維亞號的其他高級船員的前途——如果還有前途可言的話——由這些董事決定。以為撰寫日誌時撰寫者沒把這些考量在放在心上，那就太天真。

對日誌撰寫者的身分所作的研究，讓人覺得日誌在撰寫期間可能有某種程度的修訂。根據聯合東印度公司檔案裡倖存的一封佩爾薩特的信（ARA VOC 1098, fol.

583r-584r），我們知道他的字跡通常擠得很緊而潦草且沒有自信，而報告並非以這樣的筆跡寫成，而且在這報告的許多地方，提到佩爾薩特時以第三人稱稱之。因此，巴達維亞號日誌似乎是由這位指揮官的一位文書寫成，而且這個文書幾可肯定就是迫於無奈加入叛變集團的薩洛蒙．德尚。日誌裡的筆跡與聯合東印度公司所持有的佩爾薩特論蒙兀兒印度一文裡的筆跡吻合，從而支持了前述論點，因為我們已知道該文出自德尚的編纂。因此，值得注意的，是把科內里斯的追隨者名單抄寫進日誌時，雖然按照慣例以職級高低逐一寫下名字，但相對來講職級算高的德尚，其名字卻始終出現在名單底部。由此研判，這個倒楣的文書似乎竭盡所能讓自己與叛變者劃清界限（R42-47）。於是，把佩爾薩特的日誌稱作「他的」日誌，嚴格來講就不符事實，儘管為了簡單起見，我常這麼做。

仍以手稿形式存世至今的唯一另外一份叛變記述，乃是以一組軼事的形式流傳下來的第三手資料。這些軼事與荷蘭人赴東印度群島的航行有關，與海爾德蘭省小港哈爾德韋克（Harderwijk）市的檔案一起保存。這份手稿（Gemeente Archief Harderwijk, Oud Archief 2052, fol. 30-37）含有未見於其他史料的阿布羅留斯群島上所發生之事的部分細節——例如韋布雷赫特．克拉森游到失事船取水之事，以及科內里斯被囚在石灰岩坑裡被迫拔鳥毛的軼事。這位不知名姓的編纂者似乎可能是從巴達維亞號某船員那裡得知這些事。根據上下文脈絡來判斷，這些軼事似乎在約一六四五年寫下（R 22-28, 57）。

還有四份親身見聞錄曾經付印，保存在當時和之後不久的幾份小冊子裡。其中最重要者由阿姆斯特丹書商以撒克．科默林（Issac Commelin）匿名出版。科默林的《聯合尼德蘭特許東印度公司的起源和進程》（*Origin and Progress of the United Netherlands Chartered East-India Company*），出版於一六四五年，催生了荷蘭共和國境內，對遠赴異地的航行見聞之風靡。

此書賣得頗好，科默林（一五九八～一六七六）隨之推出《巴達維亞號的倒楣航行》（*Ongeluckige Voyagie, Van't Schip Batavia*）。這是內容非常緊湊且飾以銅版凹雕版畫的小冊子，不只詳述科內里斯叛變之事，還記述了另兩趟航行。此書最初由阿姆斯特丹印刷者揚．揚斯於一六四七年出版，以佩爾薩特未發表的日誌為本。日誌內容經重新編排，且在有必要從第三人稱改成第一人稱時予以改寫。此書包含一段簡短的插入文字（OV (1647) pp. 59-60），那是據稱出自韋布．海耶斯但未出現在聯合東印度公司檔案的一段話。這份頗令人費解的證詞，在第八章的注釋裡有所討論；顯而易見的，是它很可能真的來自海耶斯。

佩爾薩特的手稿照理應會歸檔在阿姆斯特丹會所裡，揚斯如何得以看到該手稿，可以說仍是個謎；但已知這位小冊子的作家與聯合東印度公司數個董事過從甚密，科默林更早的出版品，就含有以官方資料為本的記述，想必他從該公司的職員那兒偷偷地或從其他他方買到那些資料。無論如何，《倒楣航行》一書賣得頗好，接下來二十年重新出版了數次，使巴達維亞號之名在荷蘭一直家喻戶曉。科默林的著作也很快就遭其他出版商盜印（這在當時司空見慣）；一六四八年，阿姆斯特丹的尤斯特．哈特赫斯（Joost

Hartgers）出版了他所編訂的版本，以海斯伯特·巴斯蒂安斯的一封長信補充佩爾薩特的手稿。這封長信從這位牧師的視角描述巴達維亞號之墓上發生的事。此信的原稿已佚失，但根據內證，此信似乎不假。兩年後，烏特勒支的盧卡斯·德夫里斯（Lucas de Vries）出版了第三個版本，包括他所編訂的巴達維亞號上忠於公司者得到的獎賞清單（C. R. Boxer's 'Isaac Commelin's "Begin ende voortgangh"'，收錄於*Dutch Merchants and Mariners in Asia 1602-1795*, pp. 2-3, 5, and DB 4-5, 78-79，含有更多關於科默林、揚斯和數個版本之《倒楣航行》的資訊）。

其他三份現存的記述，擁有在巴達維亞號叛變消息初傳抵尼德蘭不久後問世的優勢，但篇幅短了許多。第一份是當時典型的「消息歌」（news song），以《巴達維亞號某些水手幹下最駭人謀殺的悲慘消息》（*Droevighe Tijdinghe van de Aldergrouwelykste Moordery, Geschiet door Eenighe Matrosen op't Schip Batavia*）之名問世，是匿名出版的小冊子，含有一篇說明性質的小序和一首十六節的歌。這首消息歌未含有不見於其他原始資料的東西，但其中的資訊非常詳細，因此可合理推測此出版者從某個巴達維亞號倖存者那兒直接取得其資訊（R 227-230）。另外兩份記述出現在《從哈倫到萊頓的運河船上某商務員和某萊頓市民的談話》（*Leyds Veer-Schuyts Praegjen, Tuschen een Koopman ende Borger van Leyden, Varende van Haarlem nae Leyden*）這本匿名出版的小冊子裡。其中一份記述是封匿名信，日期注明為一六二九年十二月，撰寫者曾和佩爾薩特同搭巴達維亞號的大艇到巴達維亞，再同他一起回到阿布羅留斯群島。這封信提到科內里斯是佛里西亞人，而佩爾薩特的日誌完全未提到此事，但根據我的研究，此說似乎屬實。有人認為這封信出自巴達維亞號正舵手克拉斯·黑赫茨之手，這很有可能，但沒有證據支持（R 49, 61）。第二封，日期為一六二九年十二月十一日，出自原在海獅島、後來逃去投靠韋布·海耶斯者之手。這封信也匿名，但撰寫者大概是助理科內利斯·揚斯（R 48）。

當時的其他原始資料

巴達維亞號故事之主要人物的背景資料，得自當時荷蘭共和國的檔案。當時各城市保存市民受洗、結婚、死亡的登記簿，而且這些資料如今大體上仍保存於市鎮或省的檔案機關裡。在仍保有這些資料的地方，通常能找到關於當地市民的基本生平資訊，儘管在某些例子裡，這類記錄似乎會誤導人——受洗記錄就是個很好的例子。受洗記錄是改革宗教會的文件，因此未記錄天主教徒、門諾派教徒和其他屬於少數族群之教派成員的出生日期。

在許多城市，收藏有許多律師文件的檔案機構也保存下來這些文件，這些檔案機構往往是歷史學家尋寶的好地方。當時的荷蘭共和國人不容個人名譽有一絲玷污（原因後文會談），因此，幾乎每個有地產或錢的人，都偶爾找律師記錄下引發爭議的事，以備未來打官司之用。於是，法律記錄讓我們得以一窺原本我們完全無從得知其生平之人的生活。可想而知，那些記錄下來的事情算不上其當事人平常會做的事，但還是重要，如果記錄的內容很有趣，那往往也能從當時人覺得無關緊要的瑣碎事情裡，得出許多有用

的資訊。

書籍

以巴達維亞號為題的書籍，最值得一提者是亨莉埃塔．德雷克—布羅克曼（Henrietta Drake-Brockman）的《航向災難》（*Voyage to Disaster*），一九六三年出版於澳洲。此書內容編排雜亂，行文瑣碎，索引也做得很差，但刊出許多原始資料，包括——極為重要的——佩爾薩特日誌的第一份完整英譯。德雷克—布羅克曼也花了很大心力研究當時荷蘭共和國的檔案——就網路和電子郵件問世之前多年、住在西澳洲的人來說，是很費力的一件事。德雷克—布羅克曼的研究成果，叫人不能不佩服，如果說她對科內里斯生平的發掘成果甚微，她在賦予血肉給阿里安．雅各布斯、克蕾謝．揚斯和此故事裡的其他主要人物的生平上，則成就甚大。《航向災難》問世至今已四十年，仍是所有對巴達維亞號有興趣者必讀的原始資料。

更晚近，哈倫學者維貝克．魯伯（Vibeke Roeper）重編了佩爾薩特的日誌，以供林斯霍滕協會（Linschoten Society）在尼德蘭出版。她的學術性著作《巴達維亞號失事》（*De Schipbreuk van de Batavia*），刊出一些來自聯合東印度公司檔案而未被德雷克－布羅克曼和其合作夥伴注意到的文獻，對有志於瞭解此主題者大有益處。

幫忙找到巴達維亞號失事地點的休．愛德華茲，寫下第一部以這整件事為本的歷史小說。他的《冤魂之島》（*Islands of Angry Ghosts*），對失事船和煙火島上墓坑的早期挖掘工作，給了第一手的記述，因此特別珍貴。更晚近，菲利浦．高達（Philippe Godard）在《巴達維亞號的第一次暨最後一次航行》（*The First and Last Voyage of the Batavia*）這本自行出版的書籍中，探討了大致一樣的主題。此書所增添的新東西甚少，但刊出數百幀諸島、人造物的彩色照片和相關文獻，大大造福對巴達維亞號的悲劇有興趣讀者。

引文小記

現有關於巴達維亞號的主要原始資料，大部分已出版—— H. T. Colenbrander與W. Ph. Coolhaas編纂的第一批官方文獻，《揚．顧恩》（*JP Coen: Bescheiden Omtrent Zijn Bedrijf in Indië*, The Hague: Martinus Nijhoff, 7 vols. 1920-1952），以及羅伯與德雷克—布羅克曼所編纂出版的日誌本身。後者含有大量支持性資料，包括Coolhaas所編的原始資料。比起親訪尼德蘭境內的檔案館，大部分讀者會覺得入手上述書籍省事得多，因此，提到主要的原始資料時，我也附帶提到適合參閱的印刷版本。在注釋裡，這些印刷版本以[R]、[DB]的簡稱出現，分別代表羅伯、德雷克—布羅克曼的書，其後附上相關的頁碼。德雷克—布羅克曼的書一直是我最主要的參考資料，純粹因為我的母語是英語；此書比羅伯的書早問世三十年，但值得指出的，為西澳海事博物館服務的荷蘭籍語言學家Marit van Huystee，說德雷克—布羅克曼這本書的譯者E. D. Drok，其譯文幾乎各方面都很出色。

前言 晨礁

對巴達維亞號在海上最後幾小時和剛失事後情況的詳細介紹，主要取材自佩爾薩特本人的記述，JFP 408 June 1629 [DB 122-128]。我根據此時期荷蘭人的標準航海程序，作了一些次要的揣測——關於此標準航海程序，見 Jaap Bruijn, F.S. Gaastra and I. Schöffer, *Dutch-Asiatic Shipping in the 17th and 18th Centuries* (The Hague: Martinus Nijhoff, 3 vol., 1979-1987) and C. R. Boxer, 'The Dutch East Indiaman: Their Sailors, Navigators and Life on Board, 1602-1795,' *The Mariner's Mirror* 49 (1963)

1 Boxer, 'The Dutch East Indiaman,' p. 93.

2 如今已不可能發掘到許多關於巴達維亞號船長的資訊。德雷克—布羅克曼，在《航向災難》頁61-63記載了他一六一六年起職業生涯的基本細節。他家鄉迪爾赫丹（Durgerdam）倖存的檔案少之又少。我們知道他結過婚（或者他此次出海時已婚），知道他妻子是荷蘭女子——根據JFP 19 Sep 1629 [DB 162]，巴達維亞號的某個副舵手是他老婆娘家那邊的人——但儘管迪爾赫丹此時期的結婚登記簿保存下來，裡面卻完全未提到名叫阿里安・雅各布斯之人結婚之事。

3 阿里安・雅各布斯的服務記錄，最早只能探明到一六一六年，該年他被擢升為水手長；Drake-Brockman, op. cit., p.61。但這是高階職務，要升到這職務，幾可肯定需要多達十年的海上服務資歷，很可能需要更長許久的資歷。雅各布斯的年紀同樣不詳，但他的服務記錄，加上他在好望角對耶羅尼穆斯・科內里斯講的話（見第四章），讓人覺得他比正商務員佩爾薩特（三十四歲）年長許多。一六二九他的年紀大概在四十五歲前後，若說五十歲，也不無可能。

4 佩爾薩特對巴達維亞司法評議會的聲明，20 July 1629, ARA VOC 1098, fol. 223r-224r [R 214]。佩爾薩特說阿里安・雅各布斯未理會瞭望員的示警，此說沒理由懷疑，因為船長本人簽署了佩爾薩特的聲明，證實其所言不假。

5 我們不該以為阿里安・雅各布斯和漢斯・博斯席特特別粗心大意，以致讓巴達維亞號觸礁。夜裡要看到低伏的礁石本就不易，此時期的檔案有許多關於船隻天黑後失事的類似例子。聯合東印度公司船隻澤威克號，一七二七年在阿布羅留斯群島南部失事，也是因為其船員犯了和雅各布斯一樣的錯而葬身大海：「……我們問坐在前桅下帆横桁上的瞭望員有沒有看到激浪，他答半個小時前就看到激浪，但以為那是海面反照的月光。」Louis Zuiderbaan, 'Translation of a journey by an unknown person from the Dutch East Indianman Zeewijk, founderedon Half Moon Reef in the Southern Abrolhos, on 9 June, 1727'（打字稿，複本在西澳海事博物館），一七二七年六月九日的記載。同樣地，西班牙籍海洋歷史學家帕布洛・佩雷斯—馬萊納（Pablo Pérez-Mallaína）舉出一個幾乎一模一樣的事故。那發生在一五八二年的「新西班牙」船隊某夜接近墨西哥的韋拉克魯斯（Veracruz）時，有艘「船由一位行事衝動魯莽、想頭一個進入韋拉克魯斯的船長統領，但漆黑夜色中，亮晃晃的怪東西讓他吃了一驚，

他本以為那是曙光，最後才弄清楚那是礁石激起的要命白色浪花，然後船撞上這礁石，斷為數截。『因為曾有半個小時，（船長）看到海水變白，類似碎浪的泡沫，於是要水手提高警戒……他們都說那是日光。』」Pérez-Mallaína, *Spain's Men of the Sea: Daily Life on the Indies Fleets in the Sixteen Century* (Baltimore: John Hopkins University Press, 1998), p. 179.

6 根據JFP 4 June 1629 [DB 122]，在「天亮前約兩小時」出事，而德雷克—布羅克曼將當時的時節和當地最常見的天候考慮在內（op. cit., p. 122），推斷出事的時間可能約凌晨四點。我認為想必要稍早一些，因為四點會換班，而雅各布斯似乎非常不可能值大清早的班。

7 佩爾薩特的聲明，一六二九年七月二十日 [R 212-214]。

8 一九七〇年代挖掘此船，發現巴達維亞號往左倒下，左舷側觸地。失事船的殘骸在一淺凹地裡找到，該凹地位在晨礁西南角東邊約八百碼處，船尾離海床有約六英呎（一・八公尺）的顯著落差。Hugh Edwards, *Islands of Angry Ghosts* (New York: William Morrow, 1966), pp. 134-135; Jeremy Green, *The Loss of the Verenigde Oostindische Compagnie Retourschip Batavia, Western Australia 1629: an Excavation Report and Catalogue of Artefacts* (Oxford: British Archaeological Reports, 1989), p. 5.

9 這一數據假定巴達維亞號一百五十名水手裡有五十人輪流值班。這艘船啟航時，載了三百三十二人（巴達維亞號船上人員名單，ARA VOC 1098, fol. 582r [R 220-221]），但十人死於航行途中——就這個時期來說，死亡人數是低的。

10 JFP 4 June 1629 (Đ 122-123)。巴達維亞號的各種尺寸，見Willem Vos, *Batavia Cahier I: De Herbrouw van een Oostindiïvaarder; Bestek en Beschrijving van een Retourschip* (Lelystad: np, 1990)。

11 JFP 4 June 1629 (DB 123).

12 這些錨最後被海洋考古學家從離失事船有段距離處打撈回。OV裡的一幅木版畫，描繪一條纜繩從巴達維亞號船尾的一個炮眼放出去。這種把船拖離礁石的古老方法，如今有時仍用，人稱拉錨脫困（kedging off）。

13 荷蘭人的測深鉛錘，長約十八英吋（四十五公分），一端內凹成碗狀，測深度時會將具黏性的獸脂油填入凹洞裡，碰到軟質海底時會黏上泥或沙。在未知水域，工作人員每隔一段固定時間從船頭甩出鉛錘，然後大聲唱出深度，向值班的高級船員回報結果。關於水深測量詳情，見Governor-General in Council, Batavia, 9 July 1629, in H. T. Colenbrander, *JP Coen: Bescheiden Omtrent zijn Bedrijf in Indië*, V, pp. 756-757 [DB 44]。

14 Boxer, 'The Dutch East Indiaman,' p. 82.

15 Hugh Edwards, 'Where Is Batavia's Graveyard?,' in Jeremy Green, Myra Stanbury, and Femme Gaastra (eds.), *The ANCODS Colloquium: Papers Presented at the Australia'Netherlands Collquium in Maritime Archaelogy and Maritime History*

(Fremantle: Australian National Centre of Excellence for Maritime Archaeology, 1999), pp. 88-89.

16 這是東瓦拉比島（佩爾薩特日誌裡的「高島」），以一座五十英呎（十五公尺）高的小山為島上最高點，比起瓦拉比島群的其他任何島，這座島從遠處就能見到。

17 JFP 4 June 1629 [DB 124].

18 事實上，巴達維亞號船員的表現，比起他們當時的其他水手，沒有比較好，也沒有比較差。一六二〇年代——甚至此後兩百年裡——或許每七人只有一人識水性，而且不管是哪艘船，船員在失事後仍謹守紀律的情況，少之又少。船長自保性命的可能性，比堅守崗位直到船上之人全部獲救，要高出許多。水手往往強占小船逃命，任由乘客葬身大海。沒有公認的極端情況應對守則供水手遵循。沒有所謂的「婦孺優先」之說，攜帶足以讓「東印度人」這類大船的所有乘客和船員活命的救生艇之議，在當時被視為荒謬。見 Edward Leslie 在 *Desperate Journeys, Abandoned Souls: True Stories of Castaways and Other Survivors* (London: Papermac, 1991) 裡，所舉的數個例子。至於當時西班牙人的看法，見 Pérez-Mallaína, op. cit., p. 214-215。

19 佩爾薩特的聲明，一六二九年七月二十日，ARA VOC 1098, fol. 223r-224r [R 212-214]。

20 JFP 4 June 1629 [DB 124-125]。根據佩爾薩特的日誌（ibid.）和他抵達巴達維亞後的聲明，食物比水多了許多——麵包有六十六加侖（當時的荷蘭人以體積度量食物數量），水則是十七．五加侖。

21 最初，根據聯合東印度公司一貫力求精確的作風，總價值被估為兩萬零四百一十九荷蘭盾和十五個史多佛幣（stuiver，二十個史多佛合一荷蘭盾）。後來這一數據，出於不明原因，被往上修正為五萬八千荷蘭盾（見第五章）。Antonio van Diemen to Pieter de Carpentier, 30 November-10 December 1629, ARA 1009 [DB 42, 49]。

22 JFP 4 June 1629 [DB 124].

23 阿萊特．揚森的訊問記錄，JFP 19 Sep 1629 [DB 194-196]；萊內爾特．米希爾斯．范歐斯的訊問記錄，JFP 23 Sep 1629 [DB 185-186]；馬蒂斯．貝爾的訊問記錄，ibid. [DB 189]；對科內利斯．揚森的司法裁定，JFP 30 Nov 1629 [DB 242]；對讓．蒂里翁的司法裁定，ibid. [DB 243]。

24 JFP 5-8 June 1629 [DB 125-128].

25 J. A. Heeres, *The Part Borne by the Dutch in the Discovery of Australia 1606-1765* (London: Luzax, 1899), pp. 12-18; Günter Schilder, *Australia Unveiled: The Share of Dutch Navigators in the Discovery of Australia* (Amsterdam: Theatrum Orbis Terrarum, 1976), pp. 75-76.

26 Green, Stanbury, and Gaastra, op. cit., p. 99。

27 JFP 5 June 1629 [DB 125-126].

CHAPTER 1——異端分子

此前從未有人寫過耶羅尼穆斯・科內里斯的完整生平，我們不得不利用現存的荷蘭檔案裡，尤其是哈倫的舊律師檔案館（Old Solicitors' Archive）和呂伐登的市立檔案館的檔案裡，提及他的零散資料，把他的故事拼湊出來。對荷蘭再洗禮派教義最有用的總論性專題論著，仍是Cornelis Krahn, *Dutch Anabaptism: Origin, Spread, Life and Thought, 1450-1600* (The Hague: Martinus Nijhoff, 1968)，但James Stayer的*Anabaptists and the Sword* (Lawrence, KA: Coronado Press, 1976)，專門探討再洗禮派對暴力、對與國家之關係的看法。關於托倫齊厄斯醜聞的細節，我倚賴Govert Snoek未出版的博士論文，*De Rosenkruizers in Nederland: Voornamelijk in de Eerste Helft van de 17de Eeuw. Een Inventarisatie* (University of Utrecht, 1997)，以及A. Bredius的傳記作品，*Johannes Torrentius* (The Hague: Martinus Nijhoff, 1909)、A. J. Rehorst, *Torrentius* (Rotterdam: WL & J Brusse NV, 1939)。關於玫瑰十字會的獨特歷史和他們據認抱持的信念，我倚賴Snoek的著作和Christopher McIntosh, *The Rosy Cross Unveiled: The History, Mythology and Rituals of an Occult Order* (Wellingborough: The Aquarian Press, 1980)，至於一六二〇年代哈倫城的社會結構，我倚賴Gabrielle Dorren的著作，尤其是'Communities Within the Community: Aspects of Neighbourhood in Seventeenth Century Haarlem,' *Urban History* 25 (1998)。對尼德蘭醫學史的探討，最詳盡者莫過於Brockliss and Jones的晚近著作*The Medical World of Early Modern France* (Oxford: Clarendon Press, 1997)。我以這本著作作為瞭解荷蘭共和國之醫學界的指南，但不盡然照單全收。

1 Jaap Bruijn, F. S. Gaastra, and I. Schöffer, *Dutch-Asiatic Shipping in the 17th and 18th Centuries* (The Hague: Martinus Nijhoff, 3 vols., 1979–1987), I, 170; Giles Milton, *Nathaniel's Nutmeg: How One Man's Courage Changed the Course of History* (London: Hodder & Stoughton, 1999), p. 242.

2 被引用於Bruijn等人所編的*Dutch-Asiatic Shipping*, I, p. 151。當時有人說，聯合東印度公司的軍人是「來自德意志深處的鄉巴佬」，另據當時流行於神聖羅馬帝國的一句俗話，「即使是把自己父母打死的人，都是去東印度群島的絕佳人選。」C. R. Boxer, *The Dutch Seaborne Empire 1600–1800* (London: Hutchinson, 1965), p. 135; R. van Gelder, *Het Oost-Indisch Avontuur: Duitsers in Dienst van de VOC, 1600–1800* (Nijmegen: SUN, 1997), p. 149.

3 早期的權威文獻，一般都願意接受科內里斯是哈倫人之說，認為他生於該城，且在登上巴達維亞號出海之前住在該城。但當時有段附帶提到他的文字，說他是佛里西亞人（巴達維亞號倖存者的匿名信，刊印於Anon., *Leyds Veer-Schuyts Praetjen, Tuschen een Koopman ende Borger van Leyden, Varende van Haarlem nae Leyden* (np [Amsterdam: Willem Jansz], 1630) [R 236]。而做研究期間，我發現許多與佛里西亞人有關的資料，證實了上述說法。

4 P. H. Breuker and A. Janse (eds.), *Negen Eeuwen Friesland-Holland: Geschiedenis van een Haat-Liefdeverhouding* (Zutphen: Walburg Pers, 1997), pp. 15–17, 20, 30–31, 42–43, 120–121.

5 科內利斯・耶魯恩斯生於一五六八或一五六九年，一五九五年四月他二十六歲時娶賽茨克・道韋斯（Sijtske Douwes）為妻，道韋斯即是科內里斯生母。當時耶魯恩斯住在't Water，即今日阿姆斯特丹市中心的丹拉克大街（Damrak）。這對新人的結婚公告有在該城宣讀，但該公告提到賽茨克時說她是呂伐登的居民，因此他們究竟在哪裡結婚，沒人說得準。這家人何時搬到多克姆，也有待商榷。耶魯恩斯於一六一二年十月三十日獲接納為多克姆市民，宣誓效忠於他的新家鄉並繳了一筆錢以取得此特權，而他很可能是在該年更早時來到多克姆。但有些自治市要新遷入者住了數年才願承認其為合格市民。

科內里斯的母親娘家，有可能——但非百分之百確定——與藥劑師這一行有關連。科內里斯以赫伊特・道韋斯（Griete Douwes）的財產繼承人之一的身分，出現在菲士蘭省的檔案裡（赫伊特・道韋斯大概是他母親的親戚），與科內里斯共同繼承這筆遺產的赫伊特兒子賽布蘭特（Sijbrant），似乎與呂伐登的藥劑師有往來；見RAF HTI 89, fol. 83v。關於科內利斯・耶魯恩斯在朗茨梅爾出生和他娶賽茨克・道韋斯之事，見DTB 762a, Bannregisteren, GAA。關於他一五九五年成為呂伐登市民一事，見Burgerboek Leeuwarden M226 fol. 56, GAL。關於他成為多克姆市民一事，見'Cornelis Jerouns, apotheker geboortig van Lansom uit Hlooandt', Burgerboek Dokkum 1612, Streekarchivariaat Noordoost Friesland, Dokkum。我要感謝阿姆斯特丹的Hans Zijlstra提供上述資料的一大部分。關於當時呂伐登的人口，見Jonathan Israel, *The Dutch Republic: Its Rise, Greatness and Fall, 1477-1806* (Oxford: Oxford University Press, 1998), p. 332。

6 ibid., p. 686-690.

7 ibid., p. 43-45。科內里斯想必上過拉丁學校，因為嫻熟拉丁語是吃藥劑師這碗飯的主要先決條件之一。多克姆的拉丁學校創立於一五四五年，聲譽卓著。

8 Harold Cook, *The Decline of the Old Medical Regime in Stuart London* (Ithaca, NY: Cornell University Press, 1986), pp. 48–49.

9 Brockliss and Jones, *The Medical World of Early Modern France,* pp. 44, 74–75。關於聖費亞克，見*The Catholic Encyclopaedia,* vol. 6 (New York: Robert Appleton Company, 1909)。

10 Paul Zumthor, *Daily Life in Rembrandt's Holland* (London: Weidenfeld & Nicholson, 1962), pp. 141–143.

11 關於他的生卒年份和職業，見CLE I, fol. 2; CLE II fol. 297, 441; HLE 23, fol. 233。關於他的身分地位，見ALE 1611–1624, fol. 206, 270, 280, 437, 540, 719. All in GAL。關於他出任科內里斯在菲士蘭省的代理人，見ONAH 129, fol. 63。科內里斯對賽布蘭

特．道韋斯的作為表示異議，因為後者似乎未經與他同有繼承權的科內里斯同意，就把科內里斯母親在貝赫姆的地賣給魯特赫黑斯特（Lutgegeest）某個叫霍森．烏貝斯（Goossen Oebes）的人。

12 在哈倫，藥劑師要當學徒三年，二十五歲之前不得成為正式藥劑師——至少就一六九二年的規定（現存最早的規定）來說是如此。見D. A. Wittop Koning, *Compendium voor de Geschiedenis van de Pharmacie van Nederland* (Lochem: De Tijdstroom, 1986), p. 131。一六二三至一六二四年時科內里斯大概已二十五歲。

13 Brockliss and Jones, *The Medical World of Early Modern France*, esp. pp. 9–10, 164–165, 175, 188–189, 191。Brockliss和Jones在書中所說的，大部分適用於尼德蘭境內的情況。

14 一六二八年，哈倫城四萬人口，只有九名內科醫生。A. T. van Deursen, *Plain Lives in a Golden Age: Popular Culture, Religion and Society in Seventeenth Century Holland* (Cambridge: Cambridge University Press, 1991), p. 237.

15 見Brockliss and Jones, *The Medical World of Early Modern France*, pp. 160–162; Cook, *The Decline of the Old Medical Regime in Stuart London*, p. 134; Sarah Bakewell, "Cooking with Mummy," *Fortean Times* 124 (July 1999): 34–38。附帶一提，真正的「木乃伊粉」（mummy）用人肉製成一說，其實不實。原本的「木乃伊粉」是含瀝青的黑色物質，叫作mumia，被人認為有療效，盛行於古波斯。希臘人認為埃及人拿它來替屍體防腐，久而久之，mumia一詞的原意遭遺忘。經防腐處理的埃及人屍體開始被人稱作mummy，被認為與mumia所據稱的療效有密切關係。

16 Watson, *Theriac and Mithridatium: A Study in Therapeutics* (London: The Wellcome Historical Medical Library, 1966), pp. 4–5, 98, 102–104; Charles LeWall, *Four Thousand Years of Pharmacy: An Outline History of Pharmacy and the Allied Sciences* (Philadelphia: JB Lippincott, 1927), pp. 215–218; Brockliss and Jones, *The Medical World of Early Modern France*, p. 160。對現存處方的分析，顯示解毒糖劑含有香脂成份，因此有輕微的抗菌特性，而香脂的存在或許可說明它為何如此受歡迎。

著名日記作家約翰．伊夫林（John Evelyn）一六四六年親眼見過威尼斯解毒劑的調製，並將所見記錄下來。他寫道，這種藥在一場重大活動中調製，每年一次。這個活動具有「公共節慶的所有特性。威尼斯的所有公共廣場和醫院、隱修院的庭院，都為了此活動搖身一變為大型的露天劇場，用大量的錦緞、希波克拉底和蓋侖的半身像、大型錫釉陶罐予以美化，錫釉陶罐則要用來盛接這珍貴的藥物。重要人物一身華服，在群眾鼓掌聲中走動，現場氣氛歡欣、期待。

「在某些城市，調製此藥之前，會把成份示眾一連三天，供任何人檢視。第四天，真的動手製作解毒糖劑之前，最高教會當局祈求上帝賜福，城裡的內科醫師龍頭致詞讚頌。只有地位最高、獲授予解毒糖劑製作者（Triacanti）之職務的藥劑師，可以調製解毒糖劑，而且全程在重要的內科醫師監督下。」

17 Wittop Koning, *Compendium voor de Geschiedenis van de Pharmacie van Nederland*, pp. 90, 172, 206.
哈倫 S. Groenveld, E. K. Grootes, J. J. Temminick et al., *Deugd Boven Geweld. Een Geschiedenis van Haarlem 1245–1995* (Hilversum: Verloren 1995), pp. 144, 172–174, 177.

18 ONAH 129, fol. 78v。關於張嘴頭像木雕，見 Witlop Koning, *Compendium voor de Geschiedenis van de Pharmacie van Nederland,* pp. 97–98。科內里斯的名字未出現在當時哈倫城有地產者的名單上，因此推測這棟房子是租來的。

19 他的鄰居願意在律師面前為他的人品和誠實作證，而誠如後面會提到的，當時並非每個哈倫市民都願意為鄰居做這種事。

20 ONAH 129, fol. 78v。哈倫市民簿（poorter-boecken）大概會有關於科內里斯在該城生活的其他詳情，但此文獻未存世。科內里斯出現在哈倫的原因，可能與一樁重大紛爭有關係。一六二三至一六二七年，這場紛爭破壞了多克姆市政會和當地藥劑師之間的關係。此紛爭第一次見諸記載，出現在一六二三年十一月十五日，當時多克姆的市政會委員對該城的藥劑師發布了一項禁制令，禁止他們中傷市政會——看來他們想必被指控幹了這樣的事。一六二七年，市政會針對一些已被告上法院但不願出庭應訊的藥劑師下達進一步的禁制措施，同年，多克姆數個藥劑師被禁止在該城執業。這一紛爭發生的時間與科內里斯來到哈倫的時間（想必若非一六二六年，就是一六二七年）極為一致，因此，推斷科內里斯大概是被趕出多克姆的藥劑師之一，似乎說得通。關於此紛爭的詳情，見 L. Meerema, 'De geneeskundige situatie in Dokkum van de 16e tot de 20e eeuw: Apothekers.' *De Sneuper* 15 (2001) pp. 182-183。

21 科內里斯・耶羅尼穆斯與貝萊特亨的結婚公告，一六二六年二月四日在多克姆首度宣讀（DTB 171, Ondertrouwregister Gerecht Dokkum (1605-1628), RAF，二月二十二日在霍恩第三次宣讀。在霍恩城的婚姻登記簿裡，科內里斯被說成「年輕男子」，貝萊特亨被說成「年輕女兒」，意味著兩人此前都未結過婚；這份登記簿也是我們得知貝萊特亨完整姓氏的主要原始資料：Jacobs Van der Knas。結婚日期是一六二六年三月二十九日，但霍恩的登記簿指出，這對新人獲准在城外結婚，因此說不準是在哪裡舉行結婚典禮（DTB Hoorn Trouw, 1579-1811, Streekarchief Westfriesland, Hoorn）。也見 Hans Zijlstra, 'Was de onderkoopman van het VOC schip Batavia, Jeronimus Cornelisz, een Fries?', *De Sneuper* 16 (2002)。當時，霍恩有數個叫雅各布的藥劑師，包括一位叫雅各布・雅各布斯的人，貝萊特亨可能是其中一人的女兒，但目前尚未找到更多姓「Van der Knas」者的跡象。霍恩是聯合東印度公司的七大港之一，因此，為藥劑師提供了不少機會，對他們來說，香料是他們開店營業必備的材料——欲瞭解這點，見 J. Steendijk-Kuypers, *Volksgezondheidszorg in de 16e en 17e eeuw te Hoorn. Een bijdrage tot de beeldvorming van social-geneeskundige structuren in een stedelijke samenleving* (Rotterdam: Erasmus Publishing, 1994) pp. 307-309。關於貝萊特亨懷孕、生病和她的女僕，見 ONAH 129, fol. 78v; ONAH 99, fol. 131; ONAH

130, fol. 159, 198。關於她的年齡，見ONAH 130, fol. 219v，在此文獻中，她被含糊稱作「年輕母親」；如果這時她和科內里斯同年紀（二十九或三十歲），不會被如此稱呼。關於荷蘭女人的外表，見Van Deursen, op. cit. p. 81-82。關於當時分娩死亡率，見Brockliss and Jones, op. cit. p. 62。

22 見ONAH 130, fol. 159。此文獻提及一六二八年四月二十八日貝萊特亨坐在店裡。

23 ONAH 131, fol. 12。殘餘的胞衣在生產五天後終於被一個「聰明的女人」拿掉。這個女人是貝萊特亨之女僕的母親。ONAH 99, fol. 134v。

24 Simon Schama, *The Embarrassment of Riches: An Interpretation of Dutch Culture in the Golden Age* (London: Fontana, 1991), pp. 538–540.

25 GAH，下葬記錄簿 70，fol. 83v。

26 母親得梅毒且未治療，其生下的孩子約七成患有先天性梅毒。先天性梅毒這個病很好認，其病原菌梅毒螺旋體（T. pallidum），透過胎盤感染胚胎，小孩生下來時已得了梅毒。症狀最初或許隱伏不見，可能在五星期後才顯現。此病的早期跡象包括嬰兒出生後頭幾個星期出血性鼻塞、出生後一或兩個星期出現梅毒疹，以及唇裂和肛裂。

過去人們曾認為染有梅毒的奶媽能透過奶水將梅毒傳給受她們照顧的嬰兒；而路德維希二世（Ludwig II），臭名遠播的「瘋狂巴伐利亞國王」，就曾盛傳被他的奶媽傳染了梅毒。這一傳染方法如今被認為莫須有。但醫學著作承認嬰兒不無可能在出生後不久經由第三方染上此病。傳染方式是受感染者身體上的開放性傷口接觸了梅毒病原菌。Luger研究了一九六八年從維也納傳來的三個嬰兒染梅毒的病例，發現嬰兒不可能經由性交感染，故很可能是場所擁擠和不衛生的居家環境所致。Eisenberg等人已報告了芝加哥二十個非經性交感染梅毒的類似病例。H. Eisenberg, F. Plotke, and A. Baker, "Asexual Syphilis in Children," *Journal of Venereal Diseases Information* 30 (1949): 7–11; A. Luger, "Non-Venereally Transmitted 'Endemic' Syphilis in Vienna," *British Journal of Venereal Diseases* 48 (1972): 356–360; K. Rathblum, "Congenital Syphilis," *Sexually Transmitted Diseases* 10 (1983): 93–99。

27 在當時的荷蘭共和國，女人若經由丈夫染上性病，可以此為由要求離婚（Schama, op. cit. p. 406）；而且，在一六二〇年代的哈倫，若沒有鄰居的善意與尊敬，難以存活。一如聯省共和國的其他許多城市，哈倫是個充斥外地人的城鎮。自一六〇〇年以迄此時，哈倫人口已增加了三分之一，因為共和國與西班牙戰爭期間，從南尼德蘭逃來的難民，使此城人口大增。還有些人，包括科內里斯和或許他的妻子，從共和國的其他地方移來，帶來形形色色的宗教觀點、社會習俗、不同程度的財富。移入此城的一萬個移民，大部分人在危難時沒有家人或朋友可求助，因此，特別需要來自街坊（gebuurte）的協助。

哈倫城確認的這類街坊有將近百個，科內里斯居住的大木頭街有多達五個街坊。在這些迷你社會裡，名譽非常重要。沒有名譽，就不可能有信用，而由於名聲不好的人會讓所在的街坊蒙羞，整個街坊的人都很在意丟臉之事。只有從這個時

空環境的角度出發，才能充分理解科內里斯和貝萊特亨為何拼命洗刷外界對他們染有梅毒的猜疑，還自己清白。見Gabrielle Dorren, "Burgers en Hun Besognes. Burgemeestersmemorialen en Hun Bruikbaarheid als Bron voor Zeventiende-Eeuws Haarlem," *Jaarboeck Haarlem* (1995): 58; idem, *Het Soet Vergaren: Haarlems Buurtleven in de Zeventiende Eeuw* (Haarlem: Arcadia, 1998), pp. 12–13, 16, 22–23, 27–29; idem, "Communities Within the Community," pp. 178, 180–183.

28 Israel, op. cit. p. 478-479。

29 Schama, op. cit. p. 343-344；Geoffrey Cotterell, *Amsterdam: The Life of a City* (Farnborough: DC Heath, 1973), p. 118.

30 ONAH 99, fol. 159v。根據現存文獻，未有叫這名字的人出現在哈倫的出生簿、結婚簿或下葬登記簿裡。但歷史學家Gabrielle Dorren指出有個叫奧圖．佛赫爾（Otto Vogel）的人存在，此人來自阿姆斯特丹，是個極有錢的穀物商人，定居哈倫，冀望藉此改善他病妻的健康。這個佛赫爾一六〇四年時已在哈倫，當地要人數次催逼他成為他所定居之城鎮的正式市民，都未如願。最後，佛赫爾被這催逼惹惱，揚言將帶著他——姓名不詳——的兄弟離開該城。這個兄弟似乎有可能是科內里斯的洛特。"De Eerzamen. Zeventiende-Eeuws Burgerschap in Haarlem," in R. Aerts and H. te Velde (eds.), *De Stijl van de Burger: Over Nederlandse Burgerlijke Cultuur vanaf de Middeleeuwen* (Kampen: Kok Agora, 1998), p. 70。

31 關於貝萊特亨的狀況，見以下諸人的證詞：Gooltgen Joostdr, 3 May 1628 (ONAH 130, fol. 159); Aeffge Jansdr, Ytgen Hendricxdr, Grietgen Dircksdr, and Wijntge Abrahamsdr, 18 June 1628 (ONAH 130, fol. 198); Maijcke Pietersdr van den Broecke, 6 July 1628 (ONAH 130, fol. 219); Willem Willemsz Brouwerius（科內里斯的內科醫師）, 8 August 1628 (ONAH 99, fol. 131); Aeltgen Govertsdr, 9 August (ONAH 99, fol. 134); and Aecht Jansdr and Ytgen Henricxdr, 11 August 1628 (ONAH 99, fol. 134v)。關於海爾特亨的狀況，見以下諸人的證詞：Jannitge Pietersdr, Willem Willemsz, Grietgen Woutersdr, Hester Ghijsbertsdr, Jannitgen Joostsdr, and Elsken Adamsdr, 27 July 1628 (ONAH 60, fol. 99); Elsken Adamsdr, 11 August 1628 (ONAH 99, fol. 135v)。

32 ONAH 60, fol. 99。有個叫Cornelia Jansdr的女人問海爾特亨，迪爾克斯是誰，海爾特亨據說答道：「一個愛嫖女人的齷齪鬼」。從此紛爭的來龍去脈來看，把這聯想成她的前情人帶有性病亦無不可。

33 ONAH 99, fol. 131; ONAH 130, fol. 159.

34 Aeltgen Govertsdr應這位奶媽的要求向律師Sonnebijl作了證，後來稱律師代她提出的證詞不盡屬實。她說她當時就提出抗議，而當時也在場的Sonnebijl妻子對此反駁道：「哎呀，女人，誰寫東西不出錯——妳以為我丈夫就沒靈魂可失去？」ONAH 99, fol. 134。叫人遺憾的，Sonnebijl檔案已佚失，我們因此無從知曉在這場糾纏甚久的紛爭裡海爾特亨那一方的看法。

35 ONAH 130, fol. 159.

36 ONAH 99, fol. 150。此次的律師是 Willem van Triere。

37 沒有確切的證據證明耶羅尼穆斯的祖先是再洗禮派信徒，但 V. D. Roeper (ed.), *De Schipbreuk van de Batavia, 1629* (Zutphen: Walburg Pers, 1994), p. 14, and Philip Tyler, "The BataviaMutineers: Evidence of an Anabaptist 'Fifth Column' Within 17th Century Dutch Colonialism?" *Westerly* (December 1970): 33–45，先前就已推測他有在門諾派族群裡生活過的背景。他似乎未受洗一事，顯然具有深意（關於未受洗一事，見JFP 28 Sep 1629 [DB 211]；在現存的呂伐登、貝赫姆或哈倫的城市檔案裡，也未有受洗的跡象）。或許更值得注意的，哈倫城的檔案表明他的妻子貝萊特亨是再洗禮派信徒（在ONAH 130, fol. 159，海爾特亨．揚斯德連番辱罵她，包括罵她是「門諾派婊子」）。此外，科內里斯的父母未在教堂裡成婚，而是在治安法官面前成婚——這意味著他們想必也是不信奉國教者，而是路德會教友、天主教徒或再洗禮派信徒（DTB 762a, Bannregisteren, GAA）。

38 Israel, op. cit. p. 656。

39 ibid., p. 372-383.

40 William Estep, *The Anabaptist Story: An Introduction to Sixteenth-Century Anabaptism* (Grand Rapids, MI: William B. Eerdmans, 1996), pp. xi, 14–28, 171; Stayer, *Anabaptists and the Sword,* p. 290; Norman Cohn, *The Pursuit of the Millennium: Revolutionary Millenarians and Mystical Anarchists of the Middle Ages* (Oxford: Oxford University Press, 1970), p. 253; Israel, op. cit. p. 84–95, 656; Van Deursen, *Plain Lives in a Golden Age,* pp. 307, 311.

41 Krahn, *Dutch Anabaptism,* pp. 114–115, 120–124, 130, 135–150; Stayer, op. cit. p. 191–193, 227–280; Cohn, op. cit. p. 259–261.

42 Krahn, op. cit. p. 148, 154; Israel, op. cit. p. 92–96, 655–656.

43 Israel, op. cit. p. 85–90.

44 揚．范巴騰堡生於一四九五年左右，後來成為今上艾瑟爾（Overijssel）省某鎮的鎮長。一五三〇年代初期，他皈依再洗禮派，菲士蘭省和赫歐尼恩兩省境內大批教友奉他為領袖。他原本支持據有明斯特的激進再洗禮派信徒（明斯特派），但一五三五年，有一群他的追隨者力促他自封為「新大衛」，不久，他就創立一個全然獨立自主的新教派，此教派很快就成為早期所有再洗禮派團體裡最極端的一支。

巴騰堡派相信世上每個人、每樣事物都是上帝所有，也相信他們是上帝選中的孩子。按照他們的神學，世上每樣東西都隨他們處置；甚至認為殺掉「異教徒」會令他們的上帝高興（在他們眼中，凡是非他們教派成員者，都是「異教徒」）。一五三五年明斯特派（Münsterite）領導階層宣布關閉救贖之門。巴騰堡派認為，在此年後才加入其教派者將永遠不能受洗，但這些男女還是會在即將到來的世界末日後保住性命，在即將到來的上帝王國裡以再洗禮派菁英之僕人的身分重生。巴騰堡派對一夫多妻

制和財產的看法也和激進明特斯派一致；所有女人，以及所有財物，都共有。的確有一些婚姻按照巴騰堡派理念締結，而范巴騰堡保有從該派眾多未婚女人裡挑選一人，送給值得獲贈妻子的該教派成員為「妻」的權利。但這類婚姻能被同樣輕易終結，偶爾這個先知的確命令不情不願嫁了人的女人回來服務巴騰堡派其餘的男人。

范巴騰堡似乎贏得至少數百男人效忠。但教派裡的成員得發誓嚴守秘密，入會得經歷痛苦的儀式，以確保他們若被擒，頂得住刑求，因此他的追隨者究竟有多少，始終是個謎。巴騰堡派不公開集會，其成員獲教主特許，可以用路德會教友或天主教徒的身分示人；在明斯特城遭攻陷後的數年裡，他們在神聖羅馬帝國與尼德蘭交界沿線地區上教堂，過著看來和常人無異的生活。他們靠展示於自己房子或衣服上的秘密符號，或者靠某種髮型，來識別彼此。范巴騰堡被擒並遭以火刑處死之後，他們才終於聚在一塊，在萊頓織工科內利斯．阿珀曼（Cornelis Appelman）領導下，侵擾神聖羅馬帝國邊境地區又至少十年。這時，這個團體已勢力大衰，僅剩下核心成員兩百人，其中大部分人靠血親或姻親的紐帶團結在一塊。

阿珀曼仍然活躍，直到一五四五年被擒為止。他行事比范巴騰堡還極端，自封「最高審判者」（The Judge），他的追隨者，凡是不願參與他的犯罪活動，或在殺人、搶劫或縱火上不夠賣力，都會被他殺掉。一如范巴騰堡，他宣揚並實踐一夫多妻制，但增添一細則，讓他教派的女人若決定改嫁給在巴騰堡派的等級體系裡更高級的男人，隨時可離開現任丈夫。

「最高審判者」死後，巴騰堡派分裂為數個小團體，其中一個團體「埃姆利希海姆的孩子」（Children of Emblichheim），活躍於一五五〇年代。它的唯一信條似乎是向異教徒報仇；有次，其成員捅死一百二十五頭屬於當地某隱修院的乳牛。從巴騰堡派分出來最後一個且是最大一個支派，是「約翰．威廉斯的人」（Folk of Johan Willemsz）。這個教派存續到約一五八〇為止，靠在荷—德交界的韋塞爾（Wesel）周邊鄉村搶劫、殺人為生。威廉斯遭以火刑處死時，此教派殘部逃到菲士蘭省。L. G. Jansma, *Melchiorieten, Münstersen en Batenburgers: een Sociologische Analyse van een Millenistische Beweging uit de 16e Eeuw* (Buitenpost: np, 1977), pp. 217–235, 237, 244–275; Jansma, "Revolutionairee Wederdopers na 1535" in MG Buist et al. (eds.), *Historisch Bewogen. Opstellen over de radicale reformatie in de 16e en 17e eeuw* (Groningen: Wolters-Noordhoff, 1984), pp. 51–53; S. Zijlstra, "David Joris en de Doperse Stromingen (1536–1539), in ibid., pp. 130–131, 138; M. E. H. N. Mout, "Spiritualisten in de Nederlandse reformatie van de Zestiende Eeuw," *Bijdragen en Mededelingen Betreffende de Geschiedenis der Nederlanden*111 (1996): 297–313。

45 Govert Snoek, *De Rosenkruizers in Nederland: Voornamelijk in de Eerste Helft van de 17de Eeuw. Een Inventarisatie*（未出版的博士論文，University of Utrecht, 1997）, pp. 164–173。阿姆斯特丹這個會社於一六一五年蒂博爾暫時搬到克萊夫（Cleves）時關閉，因此科內里斯不可能參加過此會社。但蒂博爾於一六一七年回荷蘭共和國，似

乎定居於萊頓，一六二六年死於該地。儘管沒有證據證明科內里斯在那裡遇過這位擊劍大師，但不無可能；無論如何，他很可能參加過某個探類似理念的知性沙龍。

46 Israel, op. cit. p. 345, 347-348.

47 巴達維亞號日誌把科內里斯與托倫齊厄斯關係密切，視為理所當然，偶爾稱他為「托倫齊厄斯的信徒」。對此觀點的討論，見「後記」。

48 Snoek, op. cit. p. 78-79.

49 ibid., p. 89-90, 91, 94；ONAH 99, fol. 159；Bredius, *Johannes Torrentius*, p. 42。萊納爾茨親眼見過科內里斯所擬、將其所有財物轉讓給洛特．佛赫爾的法律文件，而此事太丟人，他想必只找一位至交好友副署該文件。

50 Roeper, op. cit. p. 14.

51 Antonio van Diemen to Pieter de Carpentier, 30 November–10 December 1629, ARA VOC 1009, cited in Henrietta Drake-Brockman, *Voyage to Disaster* (Nedlands: University of Western Australia Press, 1995), p. 50。在此我該坦承，沒有直接證據證明這兩人相識，而且科內里斯．耶羅尼穆斯的名字未出現在與托倫齊厄斯最終被捕、受審有關的訴訟程序檔案中。但在一個境內的菁英人數和哈倫城的菁英人數相當（或許一千人）的城鎮，如果兩個抱持如此獨特觀點的人不相識，那會叫人很訝異。

52 Bredius, *Johannes Torrentius*, pp. 1–3, 12, 22–26, 29–31, 34–35, 45–46, 49, 58; Rehorst, Torrentius, pp. 11–14, 15–16, 78–80; Zbigniew Herbert, *Still Life with a Bridle* (London: Jonathan Cape, 1993), pp. 82–100; Snoek, pp. 60, 67–68, 71, 80–83, 87, 90, 101, 171。他於一五八九年生於阿姆斯特丹，父親因是阿姆斯特丹新監獄的第一個入監者而出名；他母親，西蒙特亨．盧卡斯德（Symontgen Lucasdr），在丈夫被囚、遭流放期間，始終對他不離不棄，而且比他活得久。

根據這位畫家的憤怒岳父所收集的證詞，托倫齊厄斯的財力支付他妻子的贍養費綽綽有餘，但他就是不願付。他始終穿著絲質、絲絨、緞子材質的衣物，擁有一或兩匹馬。有次他主動表示願把科內莉亞接回來，但條件是他能「餵飽她一天，打她三天。」

53 Bredius, op. cit. p. 25.

54 伊比鳩魯（西元前約三四一～前約二七〇年）是希臘化時期的大哲學家之一，唯物主義者，主張世界的基本組成物質是不可分割的原子，解釋自然現象時不訴諸神秘主義，不相信有靈魂。因此，他認為人生在世的主要追求是快樂。伊比鳩魯本人不是享樂主義者，反倒認為真正的快樂來自對自己欲求的克制和對怕死心態的克服。但他的追隨者不久就以縱情聲色而著稱，他的觀點自然被荷蘭省的喀爾文宗牧師深惡痛絕。

55 Snoek, op. cit. p. 80-82.

科內里斯的哲學，見 JFP 28 Sep 1629 [DB 153]；對安德里斯．尤納斯的司法裁定，見 JFP 28 Sep 1629 [DB 203]；對揚．佩爾赫歐姆的司法裁定，見 JFP 28 Sep 1629 [DB 209]; JFP 30 Sep 1629 [DB 212]。

56 Cohn, *The Pursuit of the Millennium,* pp. 149–151, 156, 166–167, 170, 172–173, 178, 182–184, 287, 301.

57 ibid., p. 148, 151, 178.

58 McIntosh, *The Rosy Cross Unveiled*, p. 71。當時這位哲學家住在阿姆斯特丹。

59 玫瑰十字會成員活躍於巴黎一說，出現在一六二三年在法國首都廣為流傳的書籍和海報中，見Snoek, op. cit. p. 61-62, 108。數本書裡說海牙和阿姆斯特丹境內有玫瑰十字會基層組織，而此說似乎源於十九世紀的騙人話。ibid., p. 182-184; McIntosh, op. cit. p. 69.

60 Snoek, op. cit. p. 62-63, 103-108；Herbert, op. cit. p. 86.

61 Snoek, op. cit. p. 62-64；Bredius, op. cit. p. 17-18.

62 Bredius認為，將托倫齊厄斯送審，意在強調哈倫城統治菁英的正統地位，並在數個鄰近城市仍縱容開明的阿米尼烏斯觀點之際，支持「該城自認是荷蘭省諸多嚴守喀爾文宗教義之城市的龍頭老大」的論點。op. cit. p. 28。

63 Snoek, op. cit. p. 79-80。日期並不一致；托倫齊厄斯的追隨者離開該城之日，據認不會晚於九月十九日，但耶羅尼穆斯・科內里斯可能逗留到更晚，而且晚至十月九日（哈倫城檔案顯示此日他拜訪了他的某個律師），他肯定若非仍待在哈倫，就是已回到該城。

CHAPTER 2——十七紳士

荷蘭東印度公司的歷史，對尼德蘭和遠東許多國家都相當重要，而且已得到充分研究，並有大量文獻可供佐證。與聯合東印度公司的航運和其赴東方的航行有關的統計資料——就英語著作來說——在Jaap Bruijn等人所編的三卷本《十七、十八世紀的荷蘭－亞洲航運》（*Dutch-Asiatic Shipping in the 17th and 18th Centuries*, The Hague: Martinus Nijhoff, 1979–1987）裡，得到總結和詳述。荷蘭語讀者則也會參閱Femme Gaastra的全面性專題論著《聯合東印度公司的歷史》（*De Geschiedenis van de VOC* , Zutphen: Walburg Pers, 1991)。比起任何同類的英語著作，Gaastra的著作內容更完整、更新。Kristoff Glamann的著作，《一六二〇至一七四〇年的荷蘭－亞洲貿易》（*Dutch-Asiatic Trade 1620–1740*, Copenhagen: Danish Science Press, 1958），出版較早, 如今在許多方面已過時，但仍不容忽略。欲瞭解荷蘭「東印度人」大貨船的建造詳情，見Willem Vos的著作和Robert Parthesius的五卷本叢書《巴達維亞號筆記本》（*Batavia Cahiers*, Lelystad: np, 1990-1993）。後一著作完整且記實地描述了Vos晚近重建一艘巴達維亞號時代之全尺寸來回船的過程。這一令人欽佩且極講究實效的重建工程，使許多早期的造船工法重見天日，《筆記本》則探討了許多由於缺乏來自該時期的相關記實著作而原本會一直沒有人提供答案的疑問。關於佛朗西斯科・佩爾薩特的生平，我大多倚賴D. H. A. Kolff著作的導論，以及H. W. van Santen晚近編訂出版的「佩爾薩特的蒙兀兒帝國」編年史和論文，即*De Geschriften van Francisco Pelsaert over Mughal Indiï, 1627: Kroniek en*

Remonstrantie (The Hague: Martinus Nijhoff, 1979) 一書。

1 Jonathan Israel, *The Dutch Republic: Its Rise, Greatness and Fall, 1477–1806* (Oxford: Oxford University Press 1998), pp. 114–116, 328–332; Geoffrey Cotterell, *Amsterdam: The Life of a City* (Farnborough: DC Heath, 1973), pp. 18–24。另一個難題在於沼澤地。沼澤地的存在，使城牆裡每棟新房子都只能蓋在由多根四十二英呎（十二公尺）長之木樁構成的地基上，每根木樁都得靠人力往下推到沼澤底。這樣的工法需要非常多的木樁；堰廣場（Dam）上的王宮，蓋在一萬三六五九根木樁上。見 William Brereton, *Travels in Holland, the United Provinces etc. . . . 1634–1635* (London: Chetham Society, 1844), p. 66。阿姆斯特丹在十七、十八世紀時商業非常發達，但如今荷蘭最大港卻不是它，而是鹿特丹，何以致之？原因就在阿姆斯特丹對外交通不便。

2 Jonathan Israel, *Dutch Primacy in World Trade, 1585–1740* (Oxford: Clarendon Press, 1989), pp. 6–17, 45–48。還有別的因素，其中最重要者可能是一五七〇年代聯省共和國對安特衛普的長期封鎖。荷蘭軍艦截斷整個沿海地區的航行，中斷通往該城的河運。一五八四年後，通往該城的各大陸上通道也落入叛軍之手，使該城貿易大衰，促成阿姆斯特丹進一步成長。

3 Bruijn et al., *Dutch-Asiatic Shipping*, I, pp. 2, 189–192; Bernard Vlekke, *The Story of the Dutch East Indies* (Cambridge, MA: Harvard University Press, 1946), pp. 57–62; Glaman, op. cit. p. pp. 13, 16–17, 74–75; Giles Milton, *Nathaniel's Nutmeg: How One Man's Courage Changed the Course of History* (London: Hodder & Stoughton, 1999), pp. 3–4.

4 倫敦人口約二十三萬，巴黎人口約三十萬，馬德里人口介於兩者之間。這三個城市的人口都比阿姆斯特丹多上許多，巴黎則肯定是整個十七世紀期間歐洲最大的城市。其他與阿姆斯特丹人口相當的歐洲城市，只剩里昂、那不勒斯、羅馬。安特衛普的人口因低地國北部七省反西班牙王統治的戰爭而少了一半，離開該城的約四萬人，很大比例投奔聯省共和國的城鎮。科內里斯在世時，荷蘭共和國其實是歐洲都市化程度最高的國家；一六〇〇年時，荷蘭共和國四分之一人口住在居民超過一萬的城鎮，而在英格蘭，僅十分之一。Israel, *The Dutch Republic*, pp. 115, 219。

5 當時，置身海上時，沒有可靠的方法測定所在經度，要在這樣的時代決定西、葡兩國在世界另一頭的勢力範圍在何處交界，並非易事。在西班牙國王於一五二九年以三十五萬達克特（ducat）幣的價錢，將他對香料群島的領土聲索權賣給葡萄牙之前，兩國有過數場爭執。關於 Francis Xavier 的觀點，見 Vlekke, op. cit. p. 62。

6 范林斯霍滕頭腦聰明又喜歡探求未知事物，在其待在東印度群島期間，特別留心蒐集有關葡萄牙在東方之殖民地的情報，似乎在僑居亞速群島期間無意中找到這些航行指南。Charles Parr, *Jan van Linschoten: The Dutch Marco Polo* (New York: Thomas Y. Cromwell, 1964), pp. xvi–xvii, 6, 19, 33, 45–48, 80, 176, 180, 189. 附帶一提的，正是出

於范林斯霍滕的建議，荷蘭人把重點擺在境內沒有葡萄牙人貿易站的爪哇島。

7 Israel, *The Dutch Republic*, pp. 344–8。後來，帕烏（一五六四～一六三六）成為政界重要人物，成為一嚴守喀爾文宗教義之派系的領袖。這個派系推翻荷蘭省議長（advocate of Holland）約翰・范奧爾登巴內費爾特（Johan van Oldenbarnevelt）的政權，一六一九年將他斬首。

8 Israel, *Dutch Primacy in World Trade*, pp. 61, 67–69; Vlekke, op. cit. p. 62–63; Milton, op. cit. p. 28–29, 52–65.

9 「遙遠地方公司」是較直譯的譯法。Israel, *Dutch Primacy*, pp. 67–68; Bruijn et al., *Dutch-Asiatic Shipping*, I, pp. 1–5, 59; Milton, op. cit. p. 52–65; Vlekke, op. cit. p. 67。

10 Miriam Estensen, *Discovery: The Quest for the Great South Land* (Sydney: Allen & Unwin, 1998), p. 62; Milton, op. cit. p. 59.

11「第一船隊」的船員死亡率驚人；生還者只有三分之一。

12 Israel, *Dutch Primacy*, pp. 67–69; Bruijn et al., *Dutch-Asiatic Shipping*, I, pp. 3–4; Vlekke, op. cit. p. 70.

13 設立股份公司之議是極高明的解決辦法，但若非聯省共和國是個聯邦共和國，此議不可能落實。事實上，更早年前，就已有人創下這方面的先例，欲創立一個由八家涉及幾內亞貿易的公司所組成的卡特爾。但此舉未能成功，因為澤蘭省的諸公司最終決定保有各自的獨立自主權。Israel, op. cit., p. 61, 69–71; Bruijn et al., *Dutch-Asiatic Shipping*, I, pp. 4–5. 聯合東印度公司贏得獨占地位和官方支持，但為此付出不少代價；為拿到第一次的特許經營權（為期二十一年），該公司花掉兩萬五千荷蘭盾。因該公司在聯省共和國與西班牙的戰爭中協助有功，一六二三年共和國當局讓該公司的特許權免費延展類似期限，但十七世紀末，為了四十年的延展期，該公司又花掉三百萬荷蘭盾。Glamann, op. cit. p. 6。隨著該公司的生意愈做愈大，科內里斯和他的同僚所必須買賣的東西變得更多樣。香料仍是東印度群島貿易的主要商品，但多年來，聯合東印度公司將買賣的商品擴及來自印度與中國的棉布與絲織品，擴及染料，乃至擴及來自日本的銅和銀。這方面的獲利也甚好；例如，棉布的賣價通常比其在東印度群島的買入價高了八成至十成，賺頭高達五倍之事偶有所聞。

14 見Bruijn et al., *Dutch-Asiatic Shipping*, I, pp. 15-19。

15 Glamann, op. cit. p. 13, 16-24, 74-76, 91-93, 134；Vlekke, op. cit. p. 57-61；Milton, op. cit. p. 3, 18, 58, 80.

16 Israel, *Dutch Primacy*, p. 73；Vlekke, op. cit. p. 75-77.

17 John Keay引用於 *The Honourable Company: A History of the English East India Company* (London: HarperCollins, 1993), p. 34。

18 C. R. Boxer, *The Dutch Seaborne Empire 1600–1800* (London: Hutchinson, 1965), pp. 45–46。歐洲諸國政府回報以鄙視，數年後，荷蘭共和國派去瑞典覲見查理十世的特使，放言高論宗教自由，這個國王據說從其口袋抽出一枚金幣，當著這位外交官的

面揮舞，說Voilà votre religion（「這就是宗教」）。

19 Israel引用於*Dutch Primacy*，頁105。

20 Israel, *The Dutch Republic*, pp. 347–348.

21 此世紀下半葉，正商務員的薪水一般是每月八十至一百荷蘭盾，或者一年一千一百荷蘭盾，比在尼德蘭本土一般商人賺的錢還少。副商務員的薪水為正商務員的一半，助理則只有其四分之一，因此，在為該公司服務期間，多虧免費食宿的供給，他們的薪水才足以支應基本的生活需求。Boxer, *The Dutch Seaborne Empire*, pp. 201, 300。

22 佛朗西斯科・佩爾薩特父不詳，但他母親是芭芭拉・范杭德爾海登。她結過兩次婚，有三個小孩——生於一五八八年左右的安娜・佩爾薩特（Anna Pelsaert）和佛朗西斯科，以及烏伊肯（Oeyken）。烏伊肯比她哥哥小五歲，因此生於一六〇〇年左右。三個小孩都跟著芭芭拉的第二任丈夫迪里克・佩爾薩特（Dirick Pelsaert）姓。迪里克是德意志裔，本籍亞琛，但與芭芭拉的婚姻維持不久，當時的記錄證實她的三個小孩是前一次婚姻所生的小孩（voorkinderen），但前一次婚姻的詳情尚未查明。芭芭拉的父親迪里克・范杭德爾海登（Dirick van Gander heyden）把佛朗西斯科・佩爾薩特養大，靠著替南尼德蘭數個貴族遺孀、女繼承人、隱修院擔任遺產管理人為生，生活算小康。他於一六一三年秋去世，葬在安特衛普，但他生前似乎未住在那裡。他的表兄弟，米德堡的漢斯・范辛克爾（Hans van Ghinckel），把佛朗西斯科・佩爾薩特引見給聯合東印度公司。Kolff and van Santen, *De Geschriften*, pp. 4–7。

23 很不尋常的，是佩爾薩特交了一千荷蘭盾的保證金給該公司，才得到該公司任用。這大概因為他就當時標準來看仍未成年——當時不到二十五歲。Kolff and van Santen, *De Geschriften*, p. 7。

由於系譜學家H. F. Macco的錯誤說法，關於佩爾薩特之祖先、親戚、個人歷史的錯誤資料已經以訛傳訛，積非成是。他在*Geschichte und Genealogie der Familen Peltzer* (Aachen, np, 1901)一書的頁323，說佩爾薩特是聯合東印度公司的大董事亨德里克・布勞威爾（Hendrik Brouwer）的姻親，其實不然。那個被稱作布勞威爾之親戚的「佛朗索瓦・佩爾薩特」（Francoys Pelsaert），來自奧伊彭（Eupen），似乎根本不是我們這裡所談的佩爾薩特；Kolff and van Santen, *De Geschriften*, p. 7。叫人遺憾的，亨莉埃塔・德雷克－布羅克曼在其《航向災難》（*Voyage to Disaster*, Nedlands, WA: University of Western Australia Press, 1995）的頁13-14，把Macco的錯誤說法照搬進去，然後此說法隨著此書的傳播，全面進入她關於巴達維亞號的著作裡。

24 聯合東印度公司的海外貿易基地逐漸發展，最後劃歸三大區。東印度群島總督直接管轄香料群島，而香料群島是該公司最重要的領地，構成「東區」。設於日本、中國、福爾摩沙的商館構成「北區」，一六〇六年建立的蘇拉特則成為「西區」的行政中心。「西區」包含位於波斯和科羅曼德爾沿海地區的貿易中心。亞格拉的商館館長瓦烏特・赫滕（Wouter Heuten）去世後，佩爾薩特於一六二三接掌其職，隔年去職。他第一次帶去蘇拉特（一六二三年）的貨物，包括一百四十六包布匹、十五包靛藍染料、

三個女奴。Kolff and van Santen, *De Geschriften*, pp. 7–12, 13, 17–19, 25–28; Drake-Brockman, op. cit. p. 11, 15–20, 21n.

25 佩爾薩特待在這城市時，大約是蒙兀兒皇帝沙賈汗開始建造其最著名紀念性建築「泰姬瑪哈陵」的六年前。

26 Drake-Brockman, op. cit. p. 21-27.

27 他生於一五八五年，卒於一六四〇年，寫下荷蘭人在西非、北印度貿易史之日誌，至今仍是了解這段歷史的重要依據。他能有這番成就，有一部分要歸功於赫阿德．雷因斯特（Gerard Reynst）的贊助——雷因斯特最後成為東印度群島總督。但一六二六至一六二七年，范登布魯克和佩爾薩特已因為佩爾薩特懷疑他的朋友打算把他在印度之成就的大半功勞攬在自己身上而明顯失和。范登布魯克靠他那份日誌而名留青史，但晚近有人研究他為聯合東印度公司效力那幾年的表現，發現他雖在外交工作上大獲好評，卻因記帳不完善——馬虎且叫人看不懂，而臭名遠播於當時。這一缺點究竟是他真的無能所致，還是存心要掩蓋個人私自的買賣行為，難以論斷。K. Ratelband (ed.), *Reizen naar West-Africa van Pieter van den Broecke, 1605–1614* (The Hague: Martinus Nijhoff, 1950), pp. xxii–xxxiv, xliii–xlv; Kolff and van Santen, *De Geschriften*, p. 48; W. P. Coolhaas (ed.), *Pieter van den Broecke in Azië* (The Hague: Martinus Nijhoff, 1962), p. 4。

28 Kolff and van Santen, *De Geschriften*, pp. 53–57。佩爾薩特對當地人真心感興趣一事，格外不尋常。誠如某歷史學家所指出的，「去東印度群島的普通人，未學過、也不懂外語。離開阿姆斯特丹之前，他對亞洲所知甚少，通常以道聽途說為依據——或者他根本完全不懂。根據他與聯合東印度公司所簽的合約，他在東方只需服務幾年……他應盡的職責就只是在短暫僑居海外期間賺錢。但這一因素，加上他的社會和教育背景，會使他連要與他接觸的亞洲環境、對亞洲的文化事物生起興趣，都極不可能。」Peter Kirsch, "VOC—Trade Without Ethics?" in Karl Sprengard and Roderich Ptak (eds.), *Maritime Asia: Profit Maximisation, Ethics and Trade Structure c. 1300–1800* (Wiesbaden: Otto Harrassowitz, 1994), p. 198。

29 L. Blussé, "The Caryatids of Batavia: Reproduction, Religion and Acculturation Under the VOC," *Itinerario* 7 (1983): 57, 65; Jean Gelman Taylor, *The Social World of Batavia: European and Eurasian in Dutch Asia* (Madison, WI: University of Wisconsin Press, 1983), pp. 8, 12, 14–16.

30 Kolff and van Santen, *De Geschriften*, pp. 19–21, 24, 31; Ratelband, op. cit. p. 91–92; Coolhaas, op. cit. p. p. 5.

31 Kolff and van Santen, *De Geschriften*, pp. 32–3；關於丁香油的特性和用途，見M. Boucher, "The Cape Passage: Some Observations on Health Hazards Aboard Dutch East Indiamen Outward-bound," *Historia* 26 (1981): 35。

32 引用於Boxer, *The Dutch Seaborne Empire*, p. 205。

33「結果是上自總督、下至船上少年服務生，每個人都私下作買賣，而且每個人都知情，」博克舍（Boxer）說。「（這些人）在東方的上司通常不會告發他們屬下，因為他們自己也幾乎必然深深牽連其中。」ibid., p. 201-202。英格蘭東印度公司，表面上採取較開明的作法（一六七四年起准許職員把自己要賣的貨物帶上船，職員全部私貨可占約定之載運貨物重量的百分之五），但其實好不了多少；見Keay, op. cit. p. 34-35；Ralph Davies, *The Rise of the English Shipping Industry in the Seventeenth and Eighteenth Centuries* (Newton Abbot: David & Charles, 1971), p. 147。

34 Kirsch, op. cit. p. 199.

35 ibid., p. 200.

36 他把別人該付給他的利息加在他所買進之靛藍染料的價錢上，藉此讓他個人活動的紀錄絲毫不留痕跡，得以不致敗露。不管是十七紳士，還是佩爾薩特在聯合東印度公司蘇拉特商館的上司，都未能掌握當地市場詳情，因此都無從質問他所付的買價。Kolff and van Santen, *De Geschriften*, pp. 33–34。

37 Geoffrey Cotterell, *Amsterdam: The Life of a City* (Farnborough: DC Heath, 1973), p. 86.

38 Boxer, *The Dutch Seaborne Empire*, p. 51; Kirsch, op. cit. p. 198–199; Bruijn et al., *Dutch-Asiatic Shipping*, I, p. 147。「獲敘用為助理、商務員或正商務員，不是什麼了不得的事，」Kirsch論道。「不管當上什麼職級，都與能力或道德沒什麼關係或毫無關係。那只是個標籤，靠賺大錢贏來的。」

39 他生於一五八一或一五八二年，卒於一六六一年，是以撒克．馬薩（Isaac Massa，一五八六～一六四三）的姻親。馬薩是富商，靠與俄羅斯貿易發了財，是蒂博爾的擊劍社的一員。Govert Snoek, *De Rosenkruizers in Nederland, Voornamelijk in de Eerste Helft van de 17de Eeuw. Een Inventarisatie* Ph.D. thesis, University of Utrecht, 1997), pp. 72–77, 164。

40 聯合東印度公司的高級船員和普通船員，一般來講招人都不易，但聘一位新手當副商務員，還是很不尋常。這是相對較高階的職位，一般來講授予在公司擔任較低階的助理或文書至少半年且認真盡職之人。在許多較小的船上，副商務員會是船上最高階的聯合東印度公司職員，由他來指揮船長，由他來和東方有經驗的當地商人從事以物易物的交易。因此，即使是出身良好者，如果權勢不夠大，剛進此公司時，往往也只是當個助理，要經歷數年觀摩上司，學會商務員的本事。佛朗西斯科．佩爾薩特從助理幹起，在這個職級幹了四或五年，然後晉升為副商務員（Kolff and van Santen, op. cit. p. 6-7）。但此時他的年紀比科內里斯小了許多，而科內里斯算不上特例。有些人得貴人之助，際遇更好；在非洲歷練過數年的彼得．范登布魯克，其實是在赫阿德．雷因斯特推薦下，一進該公司就當正商務員。雷因斯特是著名製皂業者之子，日後會當上東印度群島總督。Ratelband, op. cit. p. xxxi, xxxiv。

41「拉朋堡島」很久以前就成為阿姆斯特丹市的一部分，如今只以一個街名和一個廣場存在著。那裡的船塢始建於一六〇八年，在那之前，聯合東印度公司的阿姆斯特丹

會所，把造船業務發包給民間造船業者。即使在那之後，六個會所仍根據自己的設計書各自造船，而且不同船塢所造的船，有微妙差異，甚至有時有相當大的差異。關於巴達維亞號的建造或其建造費用，未有記錄存世，但她是遵照一六二六年三月十七日的一道指令建造。考慮到當時的建造時間平均為八或十二個月，聯合東印度公司似乎要花十二至十八個月才能將她建成。一如荷蘭共和國的所有「東印度人」大貨船，她建造時並非依照一組詳細的平面圖，而是依循經驗法則。這艘船以濕材為建材——荷蘭的船木工覺得風乾材太硬而難用。本書中尺寸以英呎表示，比起原本的船木工所用的阿姆斯特丹呎，英呎要稍大一點（一阿姆斯特丹呎合十一英吋，即二十八公分）。從人力角度看，建造此船需用掉約十八萬三千個人時。P. Gretler, "De Peperwerf," in R. Parthesius (ed.), *Batavia Cahier 2: De Herbouw van een Oostindiïvaarder* (Lelystad: np, 1990), pp. 58–64; Willem Vos, "Een Rondleiding Door een Oostindiïvaarder," in *Batavia Cahier 4: Een Rondleiding door een Oostindiïvaarder* (Lelystad: np, 1993), pp. 3–45; A. van der Zee, "Bronmen voor Oostindiïvaarders: Het VOC-Boekhoundjournaal," in R. Parthesius (ed.), *Batavia Cahier 3: De Herbouw van een Oostindiïvaarder* (Leylystad: np, 1990), p. 61; Jeremy Green, Myra Stanbury, and Femme Gaastra (eds.), *The ANCODS Colloquium: Papers Presented at the Australia-Netherlands Colloquium on Maritime Archaeology and Maritime History* (Fremantle: Australian National Centre of Excellence for Maritime Archaeology, 1999), p. 71; Bruijn et al., *Dutch-Asiatic Shipping,* I, pp. 37–9, 93; Philippe Godard, *The First and Last Voyage of the Batavia* (Perth: Abrolhos Publishing, nd, c. 1993), pp. 56–66; C. R. Boxer, "The Dutch East-Indiamen: Their Sailors, Their Navigators and Life on Board, 1602–1795," *The Mariner's Mirror* 49 (1963): 82; H. N. Kamer, *Het VOC-Retourschip: Een Panorama van de 17de- en 18de-Eeuwse Scheepsbouw* (Amsterdam: De Bataafsche Leeuw, 1995), pp. 30–38, 218–219。

42 八至十二個月或許較接近平均值，但還是了不起的成就。

43 Pablo Pérez-Mallaína針對十六世紀西班牙商船發表的看法，同樣適用於十七世紀的荷蘭「東印度人」大貨船。「一艘多層甲板的船……構成一個浮動的集合體，集當時人類巧思所達成的不可思議之成就於一體。（這類船）名副其實的展現了西歐的技術發展情況。他們是當代最複雜的機器。」*Spain's Men of the Sea: Daily Life on the Indies Fleets in the Sixteenth Century* (Baltimore: Johns Hopkins University Press, 1998), p. 63。

44 Jaap Bruijn and Femme S. Gaastra, "The Dutch East India Company's Shipping, 1602–1795, in a Comparative Perspective," in Bruijn and Gaastra (eds.), *Ships, Sailors and Spices: East India Companies and Their Shipping in the 16th, 17th and 18th Centuries* (Amsterdam: NEHA, 1993), p. 185; Davies, op. cit. p. 49.

45 Bert Westera, "Geschut voor de Batavia," in Robert Parthesius (ed.), *Batavia Cahier 2: De Herbouw van een Oostindiïvaarder* (Lelystad: np, 1990), pp. 22–25.

46 Bruijn et al., *Dutch-Asiatic Shipping*, I, 27–28, 95.

47 此時唯一值得一提的出口品是鉛和汞。

48 這個城門後來經過打撈重見天日，而且被修復了，如今可在Fremantle的西澳海事博物館（Western Australian Maritime Museum）看到。欲更加瞭解詳情，見Marit van Huystee, *The Lost Gateway of Jakarta* (Fremantle: Western Australian Maritime Museum, 1994)，以及本書「後記」。

49 尤其是著名的西班牙銀圓（stukken van achten）。這些銀圓來自西班牙人在南美洲的礦場，其白銀成份純度高，錢幣的價值很受世人相信，但隨著荷蘭人於一六二〇年代初期重啟對西班牙的戰爭，這一優質錢幣的供給中斷，聯合東印度公司不得不出口較不受好評的荷蘭、德意志錢幣。白銀需求久久不墜，在一六二〇年代令十七紳士特別頭大。偶爾一場難得一見的海戰大勝，或許可為「揚公司」弄來大量剛鑄造的西班牙幣；一六二八年，海軍上將皮特·海恩（Piet Hein）就在古巴外海捕獲整支西班牙船隊。但巴達維亞號是在這筆財寶開始流通之前出航，船上載的是來自北德意志諸公國的形形色色錢幣。由於諸公國大量私鑄銀幣，競相貶值，出現史稱kipper- und wipperzeit的瘋狂經濟行徑（約一六〇〇至一六二三年），北德意志地區已因為生產遭切除邊緣的錢幣和貶值的硬幣而惡名在外。Glamann, op. cit. p. 41-51；Phillip Playford, *Carpet of Silver: The Wreck of the Zuytdorp* (Nedlands, WA: University of Western Australia Press, 1996), pp. 10, 43–45。關於kipper- und wipperzeit，見Charles Kindleberger, "The Economic Crisis of 1619 to 1623," *Journal of Economic History* 51 (1991)。「揚公司」成功開闢東印度群島貿易，最終給荷蘭共和國經濟帶來大麻煩。眼見大量白銀被外運到東方，議會不得不立法規定流入本國的銀塊再轉口出去的數量不得超過三分之二。Stan Wilson, *Doits to Ducatoons: The Coins of the Dutch East India Company ShipBatavia, Lost on the Western Australian Coast 1629* (Perth: Western Australian Museum, 1989), pp. 3–11。

50 Kolff and van Santen, op. cit. p. 11.

51 ibid., p. 29，37-41；耶羅尼穆斯·科內里斯的供狀，JFP 19 Sep 1629 [DB 163–4]; Henrietta Drake-Brockman, *Voyage to Disaster* (Nedlands, WA: University of Western Australia Press, 1995), pp. 32–33。

52 德永赫（一五九四～一六七四）為聯合東印度公司掌理位於布爾漢普爾（Burhanpur）的新拓居地，印度經驗比佩爾薩特少了許多。他本籍阿爾克馬爾（Alkmaar），一六一三至一六四八年為聯合東印度公司效力。十九世紀，他因出現在某部大受歡迎的歷史小說裡而聞名於尼德蘭，但紅過一陣子就遭人遺忘。Kolff and van Santen, op. cit. p. 28–29。

53 Drake-Brockman, op. cit. p. 61.

54 ibid., p. 21-32; Kolff and van Santen, op. cit. p. 1-2, 44.

55 這些銀質餐具刻劃了會讓穆斯林皇帝覺得熟悉的情景，例如：有件一英呎（三十公

分）高的銀罐，從失事地點打撈上來，如今陳列在西澳海事博物館，上面刻劃了伊斯蘭的淨化儀式。參照，V. D. Roeper (ed.), *De Schipbreuk van deBatavia, 1629* (Zutphen: Walburg Pers, 1994), pp. 10, 13。

56 Drake-Brockman, op. cit. p. 36.

57 由於印度洋上的盛行風，正常情況下，經爪哇航往印度，會比直航印度，更快抵達目的地。直航的話，從好望角到蘇拉特路上，要對抗逆風和逆流。

58 一五八九年生於多德雷赫特，父親是來自南尼德蘭的移民。一六〇七年十二月，斯北科思以副商務員身分航往東印度群島。他去了日本，在該地開闢了新貿易，成為平戶島荷蘭商館的首任館長（一六一〇～一六一三和一六一四～一六二一）。一六二七年被召回尼德蘭，親自向十七紳士簡報日本的情況，然後奉命統領一六二八年秋赴東印度群島的主秋季船隊。W. P. Coolhaas, "Aanvullingen en Verbeteringen op Van Rhede van der Kloot's De Gouveneurs-Generalen Commissarissen-Generaal van Nederlandsch-Indiï (1610–1888)," *De Nederlandsche Leeuw* 73 (1956): 341; F. W. Stapel, *De Gouveneurs-Generaal van Nederlandsch-Indiï in Beeld en Woord* (The Hague: Van Stockum, 1941), p. 19。

CHAPTER 3——大洋的客棧

關於巴達維亞號東航的頭一段航程，未有詳細的記述存世。這艘船的日誌和寄回國的書信，留在好望角的一個「郵寄石」底下，但似乎已佚失，肯定未送到尼德蘭；佩爾薩特本人的書信文件，在阿布羅留斯群島遭作亂的水手丟入海裡。因此，我筆下的某些細節來自一般的荷蘭人經驗，而對一六二〇年代晚期典型航程的描述，則以數份資料為本，例如Jaap Bruijn et al., *Dutch-Asiatic Shipping in the 17th and 18th Centuries* (The Hague: Martinus Nijhoff, 3 vols., 1979–1987) and Bruijn's "Between Batavia and the Cape: Shipping Patterns of the Dutch East India Company," *Journal of Southeast Asian Studies* 11 (1980)。

1 此船的正確名稱是Maeght van Dort（意為「多德雷赫特的聖母馬利亞」），但似乎通常以此暱稱為人所知。

2 每年有三大船隊航往爪哇——一個在四月，另一個九月，最後一個在聖誕節。聖誕節船隊始終最浩大，其船員要捱過艱苦的荷蘭冬天，但等到他們接近赤道時，一般來講會有頗強的風把他們帶過赤道無風帶，船隊在好時節抵達東方卸貨、修補，然後十一月開始返航。復活節時出航的船，在歐洲海域享有較佳的天候，但一旦抵達大西洋，情況就較不利。九月船隊則在荷蘭人正舉行秋季重要節慶時出發，因此，此時出發的船隊被稱作節慶船隊（kermis fleet）。在當時，節慶船隊是剛剛才有的東西，一六二八年一年只有兩艘船在這個初秋時節被派去東方。雅克・斯北科思和佛朗西斯科・佩爾薩特所統領的船隊，就是在此時節出發，由此可看出，雅克・斯北

科思和佛朗西斯科・佩爾薩特統領的船隊，其出航時間不符聯合東印度公司平常的航運模式。Bruijn et al., *Dutch-Asiatic Shipping*, I, 62–3; Bruijn, "Between Batavia and the Cape" p. 252。

3 R. van Gelder, *Het Oost-Indisch Avontuur: Duitsers in Dienst van de VOC, 1600–1800* (Nijmegen: SUN, 1997), p. 149。在論喬治王時代（一七一四至約一八三〇～一八三七年）不列顛皇家海軍的著作裡，N. A. M. Rodger描述了百餘年後一個不列顛男孩對於被「加入木造世界」一事的初步印象，而此印象與巴達維亞號給人的初步印象頗為類似。這個男孩說，船上的生活幾乎每個方面都和陸上的生活大不相同；水手有自己的社會、禮儀和穿著。「我也無法想像自己置身於什麼樣的世界，到底是和神靈為伍，還是和魔鬼為伍。一切都讓我覺得奇怪，不同的語言，奇怪的說話方式，我覺得自己始終在睡夢中，從未真的醒來。」*The Wooden World* (London: Fontana, 1988), p. 37。

4 長約二十英呎（六公尺），寬約十五英呎（四公尺），艙內挑高頗高，但一如船尾的每個房艙，其陡斜的地板使其在任何海域都充滿危險。

5 關於她使用暱稱一事，見GAA，受洗登記簿40，fol. 157 (30 January 1622)，其中記載了她第一個兒子的出生。

6 關於他的婚姻，見GAD，一六〇四年二月十日結婚登記簿17（1604–1618）。關於他孩子的下葬，見GAD，一六一三年九月下葬登記簿（1692）。這份登記簿既未明確交待這小孩的名字，也未交待其性別，但可能在此時下葬者，只有兩人，即彼得・海斯伯茨（Pieter Gijsbertsz，一六一〇年三月受洗）和赫絲特（Hester，一六一二年七月受洗），關於赫絲特，見GAD 下葬登記簿3（1605–1619）。JFP裡附帶提及巴斯蒂安斯的一段文字（談耶羅尼穆斯・科內里斯的句子，一六二九年九月二十八日），把他的另一個小孩韋勒邁因特希（Willemijntgie）說成他家「排行中間的女兒」，因此，那時似乎只有三個女孩還活著，於是一六一三年下葬的那個小孩想必是赫絲特。關於馬拉磨坊，見GAD, TR 747 fol. 95。這個磨坊於一六〇四年五月七日購自磨坊主科內利斯・希利斯（Cornelis Gillisz）的遺孀內爾特亨・威廉斯德（Neeltgen Willemsdr）。關於海斯伯特買來供馬吃草的地，見ONAD 23, fols. 252–252v，根據此文獻記載，這個牧師從瓦爾法倫・范阿克爾（Walvaren van Arckel）租了五摩根（morgen）的地（一摩根合二・五英畝），地在附近的村子迪伯爾丹（Dubbeldam）。巴斯蒂安斯透過其妻子在Steechoversloot街也擁有別的房產，而Steechoversloot就是他和他家人在多德雷赫特住的那條街；見GAD TR 766, fol. 99v。關於這個牧師擔任多德雷赫特教會評議會十長老之一，見GAD NKD 3, fol. 38v; NKD 3, fol. 115; ibid., fol. 158v; ibid., fol. 248; NKD 4, fol. 48。或許可表明海斯伯特・巴斯蒂安斯之身分地位的文獻，相對來講較多。他的名字於多德雷赫特之律師檔案的索引裡出現了十五次；關於他替人出庭擔保，見ONAD 3, fol. 21v；關於他擔任一六一六年某仲裁委員會一員，見ONAD 53, fol. 63；關於他一六一八年九月擔任威廉・揚斯・斯萊納爾

（Willem Jansz Slenaer）的遺囑執行人，見ONAD 54, fol. 23v。

7 唯一已知出自這個改革宗教會牧師筆下且留存至今的遺物，是他於一六二九年十二月寫的信。他在該信中描述了他在巴達維亞號上的經歷。此信被放進《巴達維亞號的倒楣航行》（*Ongeluckige Voyagie, Van 't Schip Batavia*）這本小冊子的二版（一六四九年）裡，此後提及此份文獻，一律簡稱之為LGB。

8 LGB.

9 Israel, *The Dutch Republic*, p. 382.

10 事實上，聯合東印度公司整整兩百年歷史裡，只有九百個改革宗教會牧師在東方服務。C. R. Boxer, *The Dutch Seaborne Empire 1600–1800* (London: Hutchinson, 1965), pp. 114–117。

11 海斯布雷赫茨大概生於一五五〇年代，因為他在一五七五年四月結婚。他妻子叫哈斯肯．揚斯德（Haesken Jansdr）。兩人生了至少五個小孩。老大海斯伯特似乎生於一五七六年。他妹妹伊莉莎白生於一五八〇／一五八一年，但想必早夭，因為同名字的第二個女兒於一五八八年二月受洗。次子科內利斯生於一五八三年初期，三子叫赫伊赫（Huich）或胡赫（Hugo），生於一五九五年二月。巴斯蒂安．海斯布雷赫茨於一六〇六年四月五日前某日死於多德雷赫特；他妻子活比他久，一六二四年四月才入土。她和海斯布雷赫茨似乎很可能在一五八八至一五九五年間搬離多德雷赫特一段時間，因為從老二伊莉莎白出生到胡赫出生，這中間有很長一段空白，而且年份注明為一六〇六年的一份哈斯肯的遺囑，提到另兩個孩子——名叫威廉的兒子和名叫阿赫內特（Agnete）的另一個女兒——而在多德雷赫特的檔案裡，找不到這兩人。還有一個兒子，揚，名字出現在胡赫．巴斯蒂安斯的遺囑裡，該遺囑擬於一六一四年七月，而在海斯布雷赫特．巴斯蒂安斯那封從巴達維亞寄來之信（LGB）的開頭，他再度被提到，同時還提到一個原本不為人知的姊妹莎拉。巴斯蒂安．海斯布雷赫茨的小孩，因此可能共有九個。不然，他可能是哈斯肯的第二任丈夫，她的幾個小孩可能是前夫所生。GAD，受洗登記簿1 (1574–1587)，2（1587–1604）；下葬登記簿1697。關於哈斯肯的遺囑，見ONAD 3, fol. 423，關於胡赫的遺囑，見ONAD 20, fols. 240r–240v。海斯伯特．巴斯蒂安斯的名字也未見於多德雷赫特城的受洗登記簿。關於他的年齡，見ONAD 27, fol. 23。

12 關於史海朋斯家族的歷史，見GAD, Familie-archief 85。此文獻是與Matthijs Balen的祖先有關的一本筆記本，全書未編頁碼，書中有個段落談史海朋斯家族的系譜。根據此文獻，瑪麗亞似乎是她父親兩次婚姻所生十二個子女裡的老么。她父親於一五五五年娶了布魯塞爾的伊莉莎白．范雷勒亨（Elisabeth van Relegem），約一五七〇至一五七二年梅開二度，娶了尤迪特．威廉斯德（Judith Willemsdr）。彼得．史海朋斯來自列日省的伯林厄（Beringe），因此很可能是迫於西班牙人對南尼德蘭非天主教居民的迫害而四處流散的人口之一。他女兒瑪麗亞的出生日不詳，但大概是一五八〇至一五八一年左右。她的最年長同父異母兄赫阿德．史海朋斯（Gerard Schepens，

一五五六～一六〇九）也是個喀爾文宗牧師，但十六歲才加入改革宗教會。海斯伯特・巴斯蒂安斯於一六〇九年十一月當了赫阿德之女兒卡塔莉娜（Catharina）的教父。赫阿德的兒子撒繆爾（Samuel）跟著父親的腳步，也入了改革宗教會。同樣很有趣的一點，瑪麗亞的諸多堂表兄弟姊妹裡，有個叫埃瑪努爾・斯韋爾茨（Emanuel Sweerts）的人，是住在阿姆斯特丹的鬱金香出口大戶。

13 一六二九年一月七日揚・科內里斯（Jan Cornelisz）和馬爾滕・彼得斯（Maerten Pietersz）這兩位磨坊主，從巴斯蒂安斯的債主那裡買走磨坊和土地。GAD TR 766, fol. 99v。

14 巴斯蒂安斯於一六二八年九月十一日接受阿姆斯特丹長老監督會甄試，通過後立即被派去東印度群島。殖民地教會事務由該會掌理。GAA, ANHK（阿姆斯特丹長老監督會檔案）3, fol. 91–92v。

15 他的妻子在一六二四年五月懷了他的最後一個小孩（GAA，受洗登記簿40，fol. 294），一六二七年九月時他已人在巴達維亞城（Drake-Brockman, *Voyage to Disaster*, p. 65n, citing W. P. Coolhaas, *JP Coen: Bescheiden Omtrent zijn Bedrijf in Indië*, VII, p. 1174），這間接表明他離開尼德蘭的時間不會晚於一六二六年秋。范德爾邁倫家族的歷史，被J. H. van Balen記錄於他的*Geschiedenis van Dordrecht*裡，但該文獻完全未提到一個叫鮑德溫的小孩。范德爾邁倫氏是聯省共和國的統治階層裡有權有勢的家族，此家族的一個分支發跡於多德雷赫特，但在武爾登未找到曾有非長子後裔的家系住在那裡的跡象。

16 克蕾謝的早年生平已被德雷克—布羅克曼運用荷蘭的檔案資料拼湊出來（Drake-Brockman, op. cit., pp. 63–9）。但德雷克—布羅克曼不知道揚斯有過小孩。她小孩的短暫生命記載於城鎮檔案裡：GAA，受洗登記簿6（Old Church），fol. 60；40（New Church），fols. 157, 294。該城的下葬登記簿未記載這些小孩死亡之事，但如果這些小孩死於出生後不久，這就談不上不尋常。巴達維亞號出航時，不無可能有一個或更多個小孩還活著，託給親戚照顧（這個親戚說不定是克蕾謝的姊姊莎拉，畢竟莎拉是兩個小孩的教母而且是她唯一在世的親戚），但克蕾謝在她丈夫去世後仍留在東方一事（見第十章），叫人強烈覺得她出航時他們已死。

17 她父親是揚・梅內爾茨（Jan Meynertsz），下葬於一六〇二年八月十六日。城鎮課稅記錄顯示他死時，他和妻子只有一個小孩，那人想必是克蕾謝的姊姊莎拉。梅內爾茨的遺孀史帖法妮・尤斯滕德（Steffanie Joostendr），服了應有的喪期後，一六〇四年改嫁。她的第二任丈夫迪爾克・克萊嫩（Dirck Krijnen）是個鰥夫，在荷蘭海軍官拜上校。他帶著第一次婚姻所生的女兒溫特亨（Weijntgen）與她共組家庭。史帖法妮死於一六一三年五月，然後一如她的第一任丈夫，葬在新區（Nieuwe Zijds）禮拜堂。她被安葬於自己的墓裡，表明她想必頗有錢。迪爾克・克萊嫩似乎於一六二〇年時已死，因為那時克蕾謝的事已交由阿姆斯特丹官方的孤兒財產管理所（Orphan Chamber）掌理，而且她已有個叫雅各布・雅各布斯（Jacob Jacobsz）的教堂司事當

她的監護人，此人也在她結婚時幫忙主持宗教儀式。她的姊姊莎拉嫁了兩次，生了五個小孩。兩姊妹的事，記載詳細，因為這兩個女孩最終成為她們舅公尼古拉斯・范德爾勒爾（Nicholas van der Leur）的財產繼承人，繼承了大筆錢。根據荷蘭共和國法律，這筆遺產由阿姆斯特丹市的孤兒財產管理所管理。克蕾謝出生的房子，當時叫白天使（White Angel），如今仍在，目前地址是113 Nieuwendijk, Amsterdam (Drake-Brockman, op. cit., pp. 63–69, 273)。關於克蕾謝的婚姻，見 GAA，結婚登記簿969 (Old Church 1619–20), fol. 433，此文獻也記載她當時住在赫倫街（Herenstraat）。理論上，當時的荷蘭共和國女人可在十二歲就結婚，但實際上，在阿姆斯特丹，女人平均結婚年齡為二十四或二十八歲，而且儘管該城半數新娘子的年紀為二十至二十四歲，當時人把十八歲視為性成熟的年紀。因此，克蕾謝結婚算很早。Gabrielle Dorren, *Eenheid en Verscheidenheid: De Burgers van Haarlem in de Gouden Eeuw* (Amsterdam: Prometheus/Bert Bakker, 2001), p. 41; Simon Schama, *The Embarrassment of Riches: An Interpretation of Dutch Culture in the Golden Age* (London: Fontana, 1987), p. 436。

18 Drake-Brockman, op. cit., p. 65n, citing Coolhaas, op. cit. p. 1186.

19 阿萊特・揚森的供狀，JFP 19 Sep 1629 [DB 196]。

20 Bruijn et al., *Dutch-Asiatic Shipping*, I, p. 161.

21 Charles Parr, *Jan van Linschoten* (New York: Thomas Y. Cromwell, 1964), p. xxxii.

22 安德里斯・尤納斯的供狀，JFP 24 Sep 1629 [DB 201]。

23 耶羅尼穆斯・科內里斯的訊問記錄，JFP 19 Sep 1629 [DB 165]；一六三〇年一月二十八日被宣判死刑，ARA VOC 1099, fol. 49。

24 關於他的外貌、高貴地位和在海爾德蘭省的出身，見LGB；關於他的家庭背景，見 W. J. d'Ablaing van Giessenburg, *De Ridderschap van de Veluwe* (The Hague: Martinus Nijhoff, 1859), p. 78 and *De Ridderschap van het Kwartier van Nijmegen* (The Hague: Van Stockum, 1899), pp. 157, 164; A. P. van Schilfgaarde, *Register op de Leenen van her Huis Bergh* (Arnhem: Gouda Quint, 1929), pp. 253–254。在登韋德（Den Werd）的一五六〇至一五六五年采邑檔案裡，有頗大一段空白，因此無法篤定說顧恩拉特・范赫伊森是此家族一員，但似乎可能是。

25 范韋爾德倫家是望族，至少自西元一五〇〇年起就住在奈梅亨。這個家族除了生出一些備受敬重的上校或上校以上軍階的陸軍軍官，還生出數個海爾德蘭省騎士階級成員。「希斯伯特」一名在此家族裡很常見，但不管是參與巴達維亞號叛變的那個希斯伯特，還是他的兄弟奧利維爾，都無法在現存的家譜裡找到。范韋爾德倫家這兩兄弟有可能是被迫到東印度群島闖天下的私生子。Van Welderen collection, Centraal Bureau voor Genealogie, The Hague；對奧利維爾；范韋爾德倫的司法裁定，JFP 30 Nov 1629 [DB 245]。

26 Boxer, *The Dutch Seaborne Empire*, pp. 69–73; Van Gelder, op. cit., pp. 148–55.

27 此時吊床使用還未普遍，但至少巴達維亞號的某些船員，包括水手長揚．埃佛茨和數名士兵，有吊床。阿萊特．揚森的供狀，JFP 19 Sep 1629 [DB 195]。

28 Bruijn et al., pp. 2, 60–63.

29 Bruijn, "Between Batavia and the Cape," p. 259。計算此距離時考慮到荷蘭船為了善用順風而從未走兩點間最短路線一事。

30 見Bruijn et al., *Dutch-Asiatic Shipping, I, 56* and F. J. Tickner and V. C. Medvei, "Scurvy and the Health of European Crews in the Indian Ocean in the Seventeenth Century," *Medical History* 2 (1958): 41.

31 關於西佛里士蘭號，見 A. J. C. Vermeulen, "Onrust Ende Wederspannigheyt: Vijf Muiterijen in de Zeventiende Eeuw," pp. 33–34, in Jaap Bruijn and E. S. van Eyck van Heslinga (eds.), *Muiterij, Oproer en Berechting op de Schepen van de VOC* (Haarlem: De Boer Maritiem, 1980)。關於南村號，見Phillip Playford, *Carpet of Silver: the Wreck of the Zuytdorp* (Nedlands, WA: University of Western Australia Press, 1996), pp. 45–55。

32 船尾房艙也用來裝載返國航程時最值錢的船貨。Kristoff Glamann, *Dutch-Asiatic Trade 1620–1740* (Copenhagen: Danish Science Press, 1958), p. 24指出，有名聯合東印度公司的武器管理員不得不和一箱肉豆蔻蛋糕、兩小箱鳥巢、一罐靈貓香、十五大包茶葉同擠一間很小的房艙。也見 H. N. Kamer, *Het VOC-retourschip: Een Panorama van de 17de- and 18-de-Eeuwse Scheepsbouw* (Amsterdam: De Bataafsche Leeuw, 1995), pp. 24–30; Bruijn et al., Dutch-Asiatic Shipping, I, pp. 43, 179–187；從失事船救回之錢和物品的清單，ARA VOC 1098, fol. 529，由V. D. Roeper 編訂出版，*De Schipbreuk van de Batavia, 1629* (Zutphen: Walburg Pers, 1994), pp. 218–219; Marit van Huystee, *The Lost Gateway of Jakarta* (Fremantle: Western Australian Maritime Museum, 1994). 有些可靠的說法估計巴達維亞號這般大小的來回船，載貨容積高達一千噸。

33 M. Barend-van Haeften, *Op Reis met de VOC: De Openhartige Dagboeken van de Zusters Lammens en Swellengrebel* (Zutphen: Walburg Pers, 1996), p. 53.

34 Pablo Pérez-Mallaína, *Spain's Men of the Sea: Daily Life on the Indies Fleets in the Sixteenth Century* (Baltimore: The Johns Hopkins: University Press, 1998), p. 132.

35 Bruijn et al., *Dutch-Asiatic Shipping,* I, 161; Boxer, *The Dutch Seaborne Empire 1600–1800,* p. 76; Van Gelder, op. cit., p. 159；關於底艙那層污物，見Philip Tyler, "The *Batavia* Mutineers: Evidence of an Anabaptist 'Fifth Column' within 17th century Dutch Colonialism?" *Westerly* (December 1970): p. 44。

36 Van Gelder, op. cit., p. 159; N. A. M. Rodger, *The Safeguard of the Sea* (London: HarperCollins, 1997), p. 408; J. J. Keevil, C. S. Lloyd, and J. L. S. Coulter, *Medicine and the Navy, 1200–1900* (4 vols., Edinburgh, 1957–1963), I, p. 183; M. Barend-van Haeften and A. J. Gelderblom (eds.), *Buyten Gaets: Twee Burleske Reisbieven van Aernout van*

Overbeke (Hilversum: Verloren, 1998), p. 94.

37 Pérez-Mallaína, op. cit., p. 140.

38 參照Barend-van Haeften, op. cit., pp. 35, 61, 66。

39 據說船上食用的肉含鹽比例非常高，因而用濃鹽水煮過後，其鹽份其實變少。用鹽醃肉時必須用岩鹽；今日餐桌上任人隨意取用的精製食鹽太快就封住肉的汁和味，因而肉類處理不佳，入口苦澀。「東印度人」大貨船上供應的食物，還有燕麥片粥、很快就變質的奶油、荷蘭起司——荷蘭起司用最稀薄的脫脂乳製成，質地非常硬，因而曾有水手用它來刻出備用紐扣。C. R. Boxer, "The Dutch East-Indiamen: Their Sailors, Their Navigators and Life on Board, 1602–1795," *The Mariner's Mirror* 49 (1963): 94–95; Sue Shepherd, *Pickled, Potted and Canned: The Story of Food Preserving* (London: Headline, 2000), pp. 26–28, 34, 44–48, 54–56, 67, 85, 196–197, 198–199; N. A. M. Rodger, *The Wooden World*, pp. 82, 92。關於當時人對馬鈴薯的看法，見Paul Zumthor, *Daily Life in Rembrandt's Holland* (London: Weidenfeld & Nicholson, 1962), p. 71。關於貨艙偶爾要人命，見*The Wooden World*, p. 106。

40 Bruijn et al., *Dutch-Asiatic Shipping*, I, 160; Boxer, *The Dutch Seaborne Empire*, pp. 74–75; Willem Vos, "Een Rondleiding Door een Oostindiïvaarder,' *Batavia Cahier* 4: Een Rondleiding door een Oostindiïvaarder (Lelystad: np, 1993), p. 4；也見Pérez-Mallaína, op. cit., pp. 141–3, 149。

41 總督赫阿德・雷因斯特（Gerard Reynst）一六一四年在獅子山外海船上所說的話，被博克舍引用於*The Dutch Seaborne Empire*, p. 74.

42 Jeremy Green, *The Loss of the Verenigde Oostindische Compagnie Retourschip Batavia, Western Australia 1629: An Excavation Report and Catalogue of Artefacts* (Oxford: British Archaeological Reports, 1989), p. 177; Van Gelder, op. cit., pp. 165–6; M. Barend-van Haeften, *Op Reis met de VOC*, pp. 66, 72.

43 N. A. M. Rodger, *The Safeguard of the Sea*, p. 325.

44 例如，在Belvliet號（一七一二年）的罹難者中，有個叫馬蒂斯・魯洛夫斯（Mattys Roeloffsz）的人，留下的家當是「少許菸草、一些短煙管、一些零星東西——以公開拍賣的方式賣掉，共賣得……兩個荷蘭盾和十個史多佛幣」，炮手史特文・迪爾克斯（Steven Dircksz）留下的家當，則是「一套亞麻內衣和內褲、一套藍條紋內衣和長褲、一件值班時穿的暖大衣、一件舊床墊、一件舊毛衣、兩件白襯衫、一件藍襯衫、一雙新鞋、一只舊英格蘭帽、一條手帕、一把剪刀、一把小刀」，共值十六荷蘭盾十八個史多佛幣。巴達維亞號許多船員所帶上船的家當不大可能比這還多。Playford, *Carpet of Silver*, pp. 51–52；也見Barend-van Haeften, *Op Reis met de VOC*, pp. 60, 63。

45 LGB.

46 Bruijn et al., *Dutch-Asiatic Shipping*, I, 60–1.

47 Adam Jones (ed.), *West Africa in the Mid-Seventeenth Century: An Anonymous Dutch*

Manuscript (London: African Studies Association, 1994); Joe Alie, *A New History of Sierra Leone* (London: Macmillan, 1990), pp. 13–37; V. D. Roeper (ed.), *De Schipbreuk van de Batavia, 1629* (Zutphen: Walburg Pers, 1994), p. 15.

48 對亞伯拉罕・黑赫茨的司法裁定，JFP 12 Nov 1629 [DB 232]；巴達維亞號船上人員名單，nd (1629–30), ARA VOC 1098, fol. 582r. [R 220]。

49 Bruijn et al., *Dutch-Asiatic Shipping*, I, p. 65，有描述「車轍」。Van Gelder, op. cit., pp. 60, 165–166，探討了玩樂和遊戲；Green, op. cit., p. 163，描述了找回巴達維亞號某些煙管與火鉗之事；關於巴達維亞號可能的航路，詳述於Jaap Bruijn and Femme S. Gaastra, "The Dutch East India Company's Shipping, 1602–1795, in a Comparative perspective," in Bruijn and Gaastra (eds.), *Ships, Sailors and Spices: East India Companies and Their Shipping in the 16th, 17th and 18th Centuries* (Amsterdam: NEHA, 1993), p. 191 and Bruijn, "Between Batavia and the Cape," p. 255。關於被困住的動物、乾糞便、熔化的蠟燭，見M. Barend-van Haeften and A. J. Gelderblom, op. cit., pp. 70–71。關於在海上擔心失火——在帆船時代，火是一大威脅——見Pérez-Mallaína, op. cit., p. 180。關於用尿洗衣，見Rodger, *The Safeguard of the Sea*, p. 107。關於老鼠，見ibid., p. 70。關於蝨子，見 ibid., p. 132, *Ships, Sailors and Spices* p. 203, Barend-van Haeften and Gelderblom, op. cit., p. 53 and Van Gelder, op. cit., p. 159。關於丹麥人捕殺蟑螂，見M. Boucher, "The Cape Passage: Some Observations on Health Hazards Aboard Dutch East Indiamen Outward-Bound," *Historia* 26 (1981): 24。

50 關於當時壞血病的數種療法，見，例如，英格蘭船醫約翰・伍道爾（John Woodall）的著作《船醫的助手》（*The Surgeon's Mate*, 1617）。伍道爾寫道，「檸檬汁是很貴的藥，試驗證明效果良好……要在早上服用，兩或三匙……如果再喝下一匙烈酒到冷冷的胃，更好。」但這位船醫也認為壞血病是「脾、肝、腦阻塞所致」，建議喝蛋奶酒預防。他也在書中其他地方建議，任何收斂劑在治療此病上都有同樣功效——大麥湯加肉桂皮是他建議的另一個療法。J. J. Keevil, C. S. Lloyd, and J. L. S. Coulter, *Medicine and the Navy, 1200–1900* (4 vols., Edinburgh, 1957–1963), I, pp. 220–221。聯合東印度公司不願調查果汁是否有療效，原因之一是當時人認為柑橘汁會使血液濃稠到危險程度。F. J. Tickner and V. C. Medvei, "Scurvy and the Health of European Crews in the Indian Ocean in the Seventeenth Century," *Medical History* 2 (1958)。也見Boucher, op. cit., pp. 26, 29–31；關於巴達維亞號的喪命人數，見佩爾薩特所擬的上船人員名單，ARA VOC 1098, fol. 582r [R 220–221]。

51 Van Gelder, op. cit., pp. 167–168.

52 Pérez-Mallaína, op. cit., pp. 164, 170–171; CR Boxer, "The Dutch East-Indiamen," pp. 98–99.

53 關於女人人數，見佩爾薩特所擬的上船人員名單，ARA VOC 1098, fol. 582r [R 220–221]。船上女人包括克蕾謝和她的女僕史萬琪・亨德里克斯；牧師的妻子瑪麗

亞・史海朋斯、她的三個女兒、她的女僕韋布雷赫特・克拉森；寡婦黑爾西・威廉斯（Geertie Willemsz）；年輕母親邁肯・卡爾杜斯；懷孕少婦邁肯・蘇爾斯（Mayken Soers），這兩人的丈夫很可能是士官或普通士兵或普通船員；法蘭西籍或瓦龍裔女孩克勞汀・帕圖瓦；陸軍下士的妻子勞倫齊亞・托馬斯；揚娜肯・希斯特、安娜肯・博斯席特斯，安娜肯・哈登斯，三人都是炮手之妻；茱西・佛雷德里克斯和特琳特辛・佛雷德里克斯兩姊妹（特琳特辛是正號兵之妻）；廚子之妻、糾察長彼得・揚斯之妻、馬格德堡的克拉斯・哈爾曼松之妻。關於聯合東印度公司對女人所採的方針，以及鼓勵男人與東印度群島當地女人交往一事，見L. Blussé, "The Caryatids of Batavia: Reproduction, Religion and Acculturation under the VOC," *Itinerario* 7 (1983): 60–61, 62–63, 65, 75; Taylor, *The Social World of Batavia,* pp. 8, 12–14。引自東印度群島總督揚・顧恩的話，被Taylor引用於頁12。引自雅克・斯北科思的話，被博克舍引用於"The Dutch East-Indiamen," p. 100。

54 耶羅尼穆斯・科內里斯的供狀，JFP 19 Sep 29 [DB 161]。

55 一同抵達好望角的諸船，其船名在一封信裡得到披露。這封信寫於一六二九年十二月十一日，寫者是一位匿名的巴達維亞號船難倖存者，被放進以下的小冊子裡出版：Leyds Veer-Schuyts Praetjen, *Tuschen een Koopman ende Borger van Leyden, Varende van Haarlem nae Leyden*（np [Amsterdam: Willem Jansz], 1630）。

56 英格蘭人與荷蘭人以「郵寄石」的形式留下這些造訪記錄。郵寄石是他們在海岸撿拾的岩板，上面刻有他們的船名、船長名和抵達的日期。郵寄石有兩個功用，一者在海灘上標出每艘「東印度人」大貨船的船員要寄回國之文件與家書的擺放位置。這些文件與家書用臘布包好，以防被雨水打濕，在海灘上等返國船隻找到它們，然後帶回歐洲。再者，它們證明船上的人已終於安然抵達「大洋的客棧」——當時，去程或返程船隻在途中消失得無影無蹤之事司空見慣，因此，傳達安然抵達的消息非常重要。郵寄石往往是表明某船消失在印度洋還是大西洋的唯一證據。參照R. Raven-Hart, *Before Van Riebeeck: Callers at South Africa from 1488–1652* (Cape Town: C. Struik, 1967), pp. 116, 207。關於一六二九年好望角一地情況、霍屯督人和野生動物，見ibid., pp. 14–21, 23, 38, 95, 120, 122–124, 175; Bruijn and Gaastra, *Ships, Sailors and Spices*, p. 192; Boxer, *The Dutch Seaborne Empire 1600–1800*, pp. 242–246。關於此船隊的抵達、離去日期，見Bruijn et al., *Dutch-Asiatic Shipping*,II, 60。關於佩爾薩特上岸和船長喝醉之事，見耶羅尼穆斯・科內里斯的供狀，JFP 19 Sep 1629 [DB 161]，以及佩爾薩特「就副商務員耶羅尼穆斯・科內里斯決意用其數個計畫殺害這所有人的起因、理由、意圖和此事從頭至尾的發生方式發出的簡短聲明」，JFP nd [DB 162–3]。（根據前一供狀，阿森戴夫特號是雅各布斯登臨拜訪的船隻之一，但根據後一聲明，此船是薩爾丹號。我較中意原來的說法）。關於一六二〇年代船隻在好望角停靠的平均天數，見Bruijn et al., *Dutch-Asiatic Shipping*, I, 69。巴達維亞號之護航船隊裡的另一艘船，霍恩分會的雅赫特艇「克萊恩・大衛號」（Klein David），要駛往印

度的普利卡特（Pulicat），似乎未停靠桌灣。Bruijn et al., Dutch-Asiatic Shipping, II, 60–61。

57 根據佩爾薩特的日誌，這個船長「為自己辯解道，他一方面喝醉了，另一方面他不知道會有人把那類事看那麼重。」JFP nd [DB 248]。

58 Ibid.，以及耶羅尼穆斯・科內里斯的供狀，JFP 19 Sep 1629 [DB 162]。

CHAPTER 4 ——未知的南方大陸

現存關於巴達維亞號叛變之初期階段的資料，只能在佩爾薩特的日誌裡找到。其中許多資訊來自刑求逼供，而——鑑於這場叛變很可能大大傷害這位船隊指揮官的職業生涯——叫人遺憾的，是這些證詞從未得到確證。因此這些記錄下來之證詞的正確性仍有待商榷；但來自日誌的陳述，內容前後一致，而且——在某些地方——非常駭人，因而似乎不可能是憑空捏造。

1 「就副商務員耶羅尼穆斯・科內里斯決意……殺害這所有人的起因、理由、意圖……發出的簡短聲明」，JFP nd [DB 248-251]；揚・亨德里克斯的訊問記錄，JFP 17 Sep 1629 [DB 178]。

2 誠如史上最了不起的東印度群島總督揚・顧恩，論及聯合東印度公司的商船船長時所說的，「他們說，『幾個月過去，在海上我們是老大和主子，但在印度我們只是僕人……看看我們能不能弄到一筆豐厚的獎金。』被C. R. 博克舍引用於"The Dutch East-Indiamen: Their Sailors, Their Navigators and Life on Board, 1602–1795," *The Mariner's Mirror* 49 (1963): 90。

3 菲利浦・高達（Philippe Godard）在《巴達維亞號的第一次暨最後一次航行》（*The First and Last Voyage of the Batavia, Perth: Abrolhos Publishing*, nd, c. 1993）頁81–85表示，雅各布斯未犯下叛變罪，巴達維亞號上發生的事全是耶羅尼穆斯・科內里斯和他的黨羽搞出來的。的確，荷蘭當局後來即使用刑，也無法確定這個船長參與叛變，而且的確難以解釋已萬事俱備的叛變為何未在巴達維亞號離開好望角後不久，此船仍在可輕易抵達馬達加斯加、模里西斯之類港口之時，就在船上發動。還有些人也覺得這名船長在船失事後，未在他和佩爾薩特同搭無遮蓬小船往巴達維亞城途中將佩爾薩特殺掉一事不可置信。關於這些論點的進一步探討，見第六、第九章。支持阿里安・雅各布斯有罪的論點，即我傾向於接受的論點，在於已知的叛變者後來接受訊問時發出的指控。指控雅各布斯是叛變者的人，除了耶羅尼穆斯・科內里斯，還有揚・亨德里克斯和阿萊特・揚森，而且牧師巴斯蒂安斯和船隊指揮官佩爾薩特都聽到他參與叛變的傳言。把船長牽扯進來，對這些人來說，得不到什麼大好處，只有佩爾薩特和科內里斯例外，而且他們的陳述驚人一致。由於缺乏雅各布斯在巴達維亞受訊問的記錄（似已佚失），此事將永遠是個公案。揚・亨德里克斯的訊問記錄，JFP 19 Sep 1629 [DB 178]；對阿萊特・揚森的司法裁定，JFP 28 Sep

1629 [DB 198]；斯北科思呈董事會的文件，15 Dec 1629, ARA VOC 1009，被Drake-Brockman引用於 *Voyage to Disaster*, pp. 62–63。

4 簡短聲明」，JFP nd [DB 249-251]。

5 科內里斯與貝萊特亨·雅各布斯德的婚姻是否美滿，或他是否愛她，我們不清楚。碰上嬰兒早夭之事，不管哪個父母，自然都會有段時間哀慟逾恆，除了一般人會有的愧疚、絕望之感，這對父母很可能還為了替自己兒子挑了這個奶媽之事和他們藥房生意不佳的原因，互相指責。科內里斯不在家，貝萊特亨顯然一貧如洗，不得不搬到位於哈倫市更糟糕許多之城區的一條巷子裡（見第九章）。若說這對夫妻分開時形同水火，也不算離譜。

6 Jaap Bruijn and E. S. van Eyck van Heslinga (eds.), *Muiterij, Oproer en Berechting op de Schepen van de VOC* (Haarlem: De Boer Maritiem, 1980), pp. 7–8, 21–22, 26。關於對西班牙「東印度人」大貨船的同性質研究，見Pablo Pérez-Mallaína, *Spain's Men of the Sea: Daily Life on the Indies Fleets in the Sixteenth Century* (Baltimore: Johns Hopkins University Press, 1998), pp. 211–212。聯合東印度公司營運兩百年，至少碰上四十四起叛變，頭一起於一六一一年發生在米德堡號（Middelburg）上。巴達維亞號上的叛變則是其中最凶殘的叛變。與此最近似的造反，一六五二年發生在西佛里士蘭號上。這場叛變的首腦是正舵手雅各布·阿倫琛（Jacob Arentsen），由於導航本事差，船長死時，他未被納入船長人選名單。阿倫琛糾集了六十人，密謀殺掉其他高級船員，把船駛到義大利。叛變事泄，為船上忠於公司的高級船員所知；正舵手遭槍斃，四名他的同夥被丟到海裡。在這樁叛變裡，一如在巴達維亞號的叛變裡，船上有女人一事被認為是引發此亂的部分原因。十八世紀，在溫特宏特號（Windhond）上，也有一群人打算搶船，改行當海盜，而且這次真得如願。*Muiterij*, pp. 22, 31–34。

7 Ibid., pp. 28–31.

8 Boxer, "The Dutch East-Indiamen," pp. 98–99; C. R. Boxer, *The Dutch Seaborne Empire 1600–1800* (London: Hutchinson, 1965), p. 71。但的確有過拿小刀打架之事，而且不只發生在聯合東印度公司的船上。有位鑽研西班牙財寶船隊的權威學者，估計伊比利半島的水手有一半人身上帶有這類鬥毆留下的疤。Pérez-Mallaína, op. cit., pp. 220–221。

9 Bruijn and van Eyck van Heslinga, op. cit., pp. 23–4; Pérez-Mallaína, op. cit., p. 206.

10 還有一個船長的親戚，他的姻親，也在巴達維亞號上服務。他是兩個副舵手之一。佩爾薩特的日誌在這點上交待不清楚，但船長所指想必若非希利斯·佛朗斯，就是雅各布·揚斯。無論如何，這個人未被告知叛變之事，雅各布斯向科內里斯私下透露，他「信不過」他。耶羅尼穆斯·科內里斯的供狀，JFP 19 Sep 1629 [DB 164]。

11 在莫尼肯丹（Monnickendam）所作的研究，未找到關於巴達維亞號水手長的新資訊。在該鎮現存寥寥可數的公證檔案裡，他算不上是重要人物，而且莫尼肯丹的出生、結婚、死亡登記簿，起始時間分別是一六四一、一六四三、一六五〇年。但徹底爬

梳聯合東印度公司位於海牙的檔案，不無可能找到他早期為該公司服務的某些細節。

12 Pérez-Mallaína, op. cit., p. 82。水手長的職務表徵通常是一只哨子，那是他用來協調船員活動的東西。水手長是高級船員，但許多擔任此職者不識字，至少在英格蘭擔任水手長者是如此。有人算出一五八八年英格蘭的水手長只有三分之一簽得出自己名字。N. A. M. Rodger, *The Safeguard of the Sea* (London: HarperCollins, 1997), p. 309。

13 K. R. Andrews引用於 *The Last Voyage of Drake and Hawkins* (London: Hakluyt Society, 2nd series vol. 142, 1972)，以及Rodger引用於op. cit., p. 309。

14 關於拉人入夥的方法，證據甚少。阿萊特・揚森後來遭刑求後供認，「在船上時科內里斯來找他，問他要不要一起動手奪船。」科內里斯在遭捆綁、作好用刑準備之後證實此事。揚森本人也提到他與雅各布斯的關係。阿萊特・揚森的供狀，JFP 19 Sep 1629 [DB 194–195]。關於更多片斷性細節，見耶羅尼穆斯・科內里斯的供狀，JFP 19 Sep 1629 [DB 161–162]；揚・亨德里克斯的供狀，[DB 162–163]；亨德里克斯與揚森的更多供狀，JFP 28 Sep 1629 [DB 196–197]；對阿萊特・揚森的司法裁定，JFP 28 Sep 1629 [DB 198]（此文獻順帶提到他在聯省共和國殺了一人）。船失事之後將叛變之事外泄者是里克特・瓦烏特斯（見第五章）。在此應該指出的，是科內里斯後來受訊問時多次改變他的說法，最初說船失事之前他對叛變之事毫不知情，但不利於他的證據使他無法狡賴。

15 JFP 2 Oct 1629 [DB 213].

16 耶羅尼穆斯・科內里斯的供狀，19 Sep 1629 [DB 162]；揚・亨德里克斯的供狀，FP 19 Sep 1629 [DB 162–163]。

17 德雷克—布羅克曼在《航向災難》（*Voyage to Disaster*）頁40寫道，巴達維亞號在一場暴風雨中與護運船隊裡的其他船分開，但她未提到此說出處，我也未能在主要的原始資料裡找到證據證實此說。事實上，據牧師巴斯蒂安斯的說法，巴達維亞號只是和其他船「走散」；LGB。有個來自此船的匿名水手寫道，船隊裡其他四艘船「漂離」；一六二九年十二月十一日的信，收錄於匿名作者，*Leyds Veer-Schuyts Praetjen, Tuschen een Koopman ende Borger van Leyden, Varende van Haarlem nae Leyden* (np [Amsterdam: Willem Jansz], 1630) [R 232–233]。德雷克—布羅克曼想到的暴風雨，可能是離開泰塞爾島第一天使船隻分開的那場暴風雨。

18 此船只有巴達維亞號一半大，可能是新式高速護衛艦之一，當時荷蘭人剛引進這類護衛艦來幫忙打擊有西班牙人在背後支持的敦刻爾克海盜。Bruijn et al., *Dutch-Asiatic Shipping,* II, pp. 60–61; Rodger, op. cit., p. 390。

19 揚・亨德里克斯的供狀，JFP 19 Sep 1629 [DB 162–3]。

20 關於其症狀詳情，未有文獻存世，只有含糊的說法暗示那是佩爾薩特先前就已有過之熱病的復發。德雷克—布羅克曼在《航向災難》頁32推測是瘧疾。這不無可能，但終究是揣測之詞。

21 在霍恩的檔案機關所作的研究，未能找到此人留下的明確痕跡。叫人遺憾的，此人

的名字在當時的荷蘭共和國是常見的人名之一。該城的律師檔案雖然編了索引，一六六〇年之前的資料卻極不完整。

22 他們的器材或許最能說明他們身兼二職的特性。佛朗斯・揚斯帶了一大一小可疊在一塊的兩個黃銅碗。其中一個銅碗用於給他的客人刮鬍子，碗沿有道缺口，缺口大小正好可塞進客子的脖子。另一個銅碗用於替他的病人放血，碗沿缺口正好可放進病人的手臂。一九七〇年代有人從阿布羅留斯群島的海底打撈出這些銅碗。Jeremy Green, *The Loss of the Verenigde Oostindische Compagnie Retourschip Batavia, Western Australia 1629: an Excavation Report and Catalogue of Artefacts* (Oxford: British Archaeological Reports, 1989), pp. 95–96。

23 病號檢閱在主甲板上進行，一天兩次，分別是即將晨禱和晚禱之時或剛晨禱、晚禱之後。糾察長拿短棍擊打主桅，並唱出以下句子，藉此召喚病人前來集合

Kreupelen en blinden 跛腳的和眼睛看不見的
Komt laat U verbinden 來接受包紮
Boven bij den grooten mast 主桅旁集合
Zult gij den Meester vinden 在那裡你們會找到船長

船醫自然易染上各種傳染病，他們的制式器材之一是用來把可能從病人床上跳上他們衣服的蝨子掃掉的刷子。M. Boucher, "The Cape Passage: Some Observations on Health Hazards Aboard Dutch East Indiamen Outward-bound," *Historia* 26 (1981); Jaap Bruijn and Femme S. Gaastra, "The Dutch East India Company's Shipping, 1602–1795, in a Comparative Perspective," in Bruijn and Gaastra (eds.), *Ships, Sailors and Spices: East India Companies and Their Shipping in the 16th, 17th and 18th Centuries* (Amsterdam: NEHA, 1993), p. 202; Iris Bruijn, "The Health Care Organization of the Dutch East India Company at Home," *Social History of Medicine* 7 (1994): 371–372。到了十七世紀下半葉，來回船一般配備三名船醫，因此巴達維亞號配備的船醫其實少於正常編制。

24 Iris Bruijn, op. cit., p. 371。比起打算在陸上執業的外科醫生所要接受的檢定考試，這些考試較容易通過，而且被刻意調低考試難度，以吸引外科醫師為聯合東印度公司效力。並非每個會所都堅持辦這類考試，但至少有個會所（澤蘭會所）早在一六一〇年就開始這類檢定。25.G. A. Lindeboom, "Medical Education in the Netherlands 1575–1750," in C. D. O'Malley (ed.), *The History of Medical Education* (Berkeley, CA: University of California Press, 1970), p. 201.

26 Boxer引用於"The Dutch East-Indiamen," p. 97。十七世紀晚期，有一段期間，聯合東印度公司船醫得定期寫日誌，返國時交給十七紳士。這份檔案讓後人得以瞭解為「揚公司」效力之船醫的每日活動詳情。

27 當時的英格蘭船醫威廉・克勞茲（William Clowes）陳述了獲認可的截肢方法：

- 船醫應具備非常堅固的手術台。
- 應有一名助手跨坐在病人身，按住病人雙臂。

- 應有另一個助手跨坐在要截掉之那條腿的大腿上，將腿牢牢按住，並綁上止血帶，以使那條腿失去知覺，止住血液流動。
- 用於割斷骨頭和組織、肌肉、肌腱的特別鋒利的鋸子、雙刃截肢小刀、解剖刀。
- 要用塞子或粉替斷掉的血管止血，將血管縫合，包紮傷口。

克勞茲還說，這方法導致的失血量可少至四盎斯。J. J. Keevil, C. S. Lloyd, and J. L. S. Coulter, *Medicine and the Navy, 1200–1900* (4 vols., Edinburgh, 1957–1963), I, p. 133。

28 Ibid., pp. 32, 200; Iris Bruijn, op. cit., p. 367.

29 Laurence Brockliss and Colin Jones, *The Medical World of Early Modern France* (Oxford: Clarendon Press, 1997), p. 160n.

30 Bruijn et al., *Dutch-Asiatic Shipping*, I, p. 161. 病人的康復通常想必得歸功於病室裡較佳的食物供給甚於醫療品質。Boxer, "The Dutch East-Indiamen," p. 97; Pérez-Mallaína, op. cit., p. 183。

31 這段引言和本書此節某些背景資料，取自佩爾薩特「就副商務員耶羅尼穆斯．科內里斯決意用其數個計畫殺害這所有人的起因、理由、意圖和此事從頭至尾的發生方式發出的簡短聲明」，JFP nd (Dec 1629?) [DB 248-254]。

32 Ibid.

33 阿萊特．揚森的供狀，JFP 19 Sep 1629 [DB 196]。

34 Boxer, *The Dutch Seaborne Empire,* p. 136.

35 阿萊特．揚森的訊問記錄，JFP 19 Sep 1629 [DB 194–197]。

36「簡短聲明」，JFP nd (Dec 1629?) [DB 250]。

37 耶羅尼穆斯．科內里斯的供狀，JFP 19 Sep 1629 [DB 164]。

38「簡短聲明」，JFP nd (Dec 1629?)。

39 阿萊特．揚森的訊問記錄，JFP 19 Sep 1629 [DB 194–197]。

40 Ibid.；對別名「豆子」之科內利斯．揚森的司法裁定，JFP 3 Dec 1629 [DB 241–243]；某匿名倖存者的信，一六二九年十二月，發表於 *Leyds Veer-Schuyts Praetjen, Tuschen een Koopman ende Borger van Leyden, Varende van Haarlem nae Leyden* (np [Amsterdam: Willem Jansz], 1630)。

41 至少佩爾薩特這麼認為，儘管這個男孩在叛變期間其實未殺過人，最後受了相對較輕的懲罰。對哈倫之科內利斯．揚森的司法裁定，JFP 3 Dec 1629 [DB 241–243]。

42 阿萊特．揚森的訊問記錄，JFP 19 Sep 1629 [DB 194–197]。埃佛茨向這些人保證，這攻擊只是要「捉弄一下」，他們可能因這說法而較放心大膽去幹。也見安東尼奧．范迪門寫給彼得．卡朋蒂爾（Pieter Carpentier）的信，15 Dec 1629, ARA VOC 1009，被德雷克－布羅克曼引用於《航向災難》, pp. 62–63。這封信談到與攻擊克蕾謝之事有關的陳述和附件，但叫人非常遺憾的，是這些陳述和附件已佚失。因此，在現存提到此案的少許信件或巴達維亞號日誌裡，未有讓人聯想到此攻擊的直接陳述，儘管這整個攻擊行動具有明顯的性意涵。但把克蕾謝．揚斯抹黑是在無遮蔽的

地方進行，地點靠近「大房艙」而且幾乎就在舵手的工作位置旁邊，因此動手過程應該只有數秒，沒有時間施予性攻擊或強暴。

43 阿萊特・揚森的訊問記錄，19 Sep 1629 [DB 195]。據說，這個炮手說，「我不想和這事有任何瓜葛，因為那之後肯定會有麻煩上身。」據記載，埃佛茨回道，「沒的事」，「不管會有什麼後果，我會一肩承擔。」這個水手長果真一語成讖；見第六章。

44「簡短聲明」，JFP nd ? Dec 1629 [DB 250]。

45 Ibid。

46 佩爾薩特的日誌接著寫道，「因此，當指揮官把犯下此罪行者囚禁起來，他們會闖進房艙，把指揮官丟到海裡，藉此奪下此船。」「簡短聲明」，JFP nd ? Dec 1629 [DB 250]。

47 關於馬達加斯加島上海盜巢穴的詳情，見 Jan Rogozinski, *Honour Among Thieves: Captain Kidd, Henry Every and the Story of Pirate Island* (London: Conway Maritime Press, 2000), pp. 54–68 and David Cordingly, *Life Among the Pirates: The Romance and the Reality* (London: Little, Brown, 1995), pp. 173–175。他們的大本營是東北岸外的聖母馬利亞島（Isle Sainte Marie）。雅各布斯和科內里斯打算駕船去那裡，那時距馬達加斯加成為印度洋上最大的海盜基地還有將近七十五年。他們若如願，會以聖母馬利亞島的大型天然良港作為泊地，從那裡出海襲擊沿著印度洋岸航路行駛的船。他們所討論的另兩個可能的基地，模里西斯島和聖赫勒拿島，當時還無人居住，但偶爾走訪此二島並利用它們來休息和補足食物、水的行經水手，已在此二島上放養了牲畜。

48 阿萊特・揚森的訊問記錄，JFP 19 Sep 1629 [DB 195]。

49 赫阿德・德尤德（Gerard De Jode）的地圖集《世界之鏡》（Speculum Orbis Terrae）指出：「這個地區至今還是幾乎未被查明，因為第一次、第二次航行之後，所有船都避免航行到那裡，因此至今仍不確定那是大陸還是島。水手把這地區稱作新幾內亞，因為其海岸、狀態和情況在許多方面類似非洲的幾內亞……在這地區之後是龐大的南方陸地，這塊陸地——一旦探明——會是第五個大陸，因為它被認為非常遼闊……。」Günter Schilder, *Australia Unveiled: The Share of Dutch Navigators in the Discovery of Australia* (Amsterdam: Theatrum Orbis Terrarum, 1976), pp. 268–269。"Terra Australis Incognita"（未知的南方大陸）一詞，出現在亨里庫斯・洪第烏斯（Henricus Hondius）一六三〇年著名世界地圖裡（ibid. pp. 320–321）。亞伯拉罕・奧特利烏斯（Abraham Ortelius）的《世界圖像》（*Types Orbis Terrarum*，約1600年），則有 "Terra Australia Nondum Cognita" 之語（ibid., pp. 266–267），此外還有數種大同小異的說法。

50 Ibid., pp. 7–10; Miriam Estensen, *Discovery: The Quest for the Great South Land* (Sydney: Allen & Unwin, 1998), pp. 5–9.

51 原住民於約七萬年前來到澳洲，駕著筏子或橫越最後一個大冰河期創造出的陸橋抵達該地。發現此大陸的歐洲人究竟是誰，仍未有定論。Kenneth McIntyre, *The Secret*

Discovery of Australia: Portuguese Ventures 200 Years Before Captain Cook (Medindie, South Australia: Souvenir Press, 1977)，認為是葡萄牙人，並提出理由證明此說——葡萄牙人在帝汶的基地距南邊的澳洲僅數百英哩。

52 威尼斯人其實在描述馬來西亞和印尼。

53 J. A. Heeres, *The Part Borne by the Dutch in the Discovery of Australia 1606–1765* (London: Luzac, 1899), p. iv; Schilder, op. cit., pp. 23, 78n; Estensen op. cit., pp. 9, 87.

54 Heeres, p. xiii; Estensen, p. 126.

55 Heeres, pp. xiii–xv; Estensen, pp. 126–7; Boxer, "The Dutch East-Indiamen," p. 91.

56 一如他們之前的葡萄牙人，荷蘭人不想讓他人知道他們的新航路。晚至一六五二年，發給東航船隻的航行指南（seynbriefen）仍以手寫而非印刷，試圖藉此防範機密情報外泄。針對這段航行所發的指示，相對來講較單調貧乏——離開好望角後往東航行一千荷哩（mijlen）——約四千六百英哩（七千四百公里）——然後轉北。行經阿姆斯特丹島或聖保羅島旁海域的船，能從水中出現的海草約略掌握自己所在位置，但若沒有這個判斷依據，何時該轉北，大抵就只能靠猜測。太早轉北的船所碰上的困難，使情況更為棘手；這類船會駛至蘇門答臘海岸，而該地的盛行風是東風，於是它們會被吹離它們在爪哇的目的地。Bruijn et al., *Dutch-Asiatic Shipping*, I, p. 61; Boxer, "The Dutch East-Indiamen," p. 87; Boxer, *The Dutch Seaborne Empire*, p. 164; Jaap Bruijn, "Between Batavia and the Cape: Shipping Patterns of the Dutch East India Company," *Journal of Southeast Asian Studies* 11 (1980): 256–257; Jaap Bruijn and Femme S. Gaastra, "The Dutch East India Company's Shipping, 1602–1795, in a Comparative Perspective," in Bruijn and Gaastra (eds.), *Ships, Sailors and Spices: East India Companies and Their Shipping in the 16th, 17th and 18th Centuries* (Amsterdam: NEHA, 1993), p. 188; Jeremy Green, *Australia's Oldest Shipwreck: the Loss of the Trial, 1622* (Oxford: British Archaeological Reports, 1977), p. 4。

57 此船船長是阿姆斯特丹的迪爾克·哈爾托赫（Dirck Hartog），他曾在一件錫鑞餐具上刻字紀念他的發現，並將該餐具留在鯊魚灣北端島上之峭壁頂上的木樁上，如今該島就因他得名迪爾克·哈爾托赫島。後來，有個叫威廉·德佛拉敏赫（William de Vlamingh）的商船船長，在一六九六年發現它，將它帶到巴達維亞。此餐具保存至今，位在阿姆斯特丹。Schilder, op. cit., pp. 60–61, 294–295。

58 船長名字是哈維克·范希勒霍姆（Haeveck van Hillegom）。Heeres, op. cit., pp. 10–13; Estensen, op. cit., p. 130。

59 荷蘭來回船的迴轉圈，據估計約五·五英哩，而且此類船無法用船舵改變航向，無法以偏離風向超過六度的角度前進。Phillip Playford, *Carpet of Silver: the Wreck of the Zuytdorp* (Nedlands, WA: University of Western Australia Press, 1996), pp. 69–70。

60 Schilder, op. cit., p. 105; Estensen, op. cit., pp. 155–156.

61 布魯克斯未因損失「試驗號」和大部分船員遭究責，不久就獲任命統領另一艘英格蘭東印度公司的船，穆恩號（Moone）。一六二五年，在多佛岸外，他把穆恩號駛至擱淺境地，他的危險無能自此表露無遺。這一次他因刻意讓他的船失事而入獄。

「試驗號」船骸的所在位置，仍未有定論。大部分史學家和海洋考古學家認為她擱淺於蒙特貝洛群島（Monte Bello Islands），一九六九年，潛水人員從里奇礁（Ritchie Reef）的一艘船上找到十個老錨、五門加農炮、一些花崗岩壓艙物，該礁位於蒙特貝洛群島東北邊少許距離處。這些東西被認定來自試驗號。當地環境惡劣，因而不可能找回大部分人造物，更晚近，有人認為打撈出的東西可能與一六二〇年代英格蘭「東印度人」大貨船不相符。Green, *Australia's Oldest Shipwreck*, pp. 1, 16–17, 21, 48–51; Graeme Henderson, *Maritime Archaeology in Australia* (Nedlands, WA: University of Western Australia Press, 1986), pp. 20–21; J. A. Henderson, *Phantoms of the Tryall* (Perth: St. George Books, 1993), pp. 24–45, 76–92; Estensen, pp. 140–141。

62 水手用「東印度人」大貨船所配備的多種導航儀器——星盤、十字杖（cross-staff）、背對觀測杖（back-staff）來測量太陽的高度。根據一份一六五五年聯合東印度公司設備清單，會有多種儀器送上船供船長和正舵手使用。這份船貨清單包括三個圓星盤、兩個半圓星盤、一對通用星盤（astrolabe catholicum，用來解決球面幾何難題）、十二件圓規、四個十字杖、四個戴維斯四分儀、許多海圖和手冊。

經葡萄牙人改良的星盤是這三大導航工具裡最重要的原型。巴達維亞號帶了至少四個——從失事地點打撈出的數量。阿里安・雅各布斯駕著大艇到爪哇時，幾乎百分之百帶了另一個。Green, *The Loss of the Verenigde Oostindische Compagnie Retourschip Batavia*, p. 83。

63「東印度人」大貨船船長的首要職責是導航，但誠如日期標注為一七〇三年的一份文件所說明的，船長在「計算緯度、測量太陽高度、檢查羅盤的變化程度、改變航向上，以及在與船隻導航有關的其他任何事物上」，應與其他人合作。Boxer, "The Dutch East Indiamen," p. 87。

另外一個難題在於緯度線彼此平行，而經度線隨著船隻駛離赤道愈遠，會彼此貼得更近。巴達維亞號航行到極南處，沿著咆哮西風帶邊緣前進時，走過每度經度所花的時間，會比在更北邊處少了許多。於是，往東航越南大洋時更容易低估行經的距離。巴達維亞號大概會帶四種沙漏——用來測量值班時間的四小時沙漏，以及一小時沙漏、三十分鐘沙漏、三十秒沙漏。後來有人重新計算，終於發現為了精確測出經度，三十秒沙漏應裝上可流二十八秒的沙，而非可流三十秒的沙，因此雅各布斯所算出的經度會有七度的偏差，即使他掌握他所需的其他每樣資料皆然。當時唯一實際可行的辦法是根據磁偏角算出經度。荷蘭學者佩特魯斯・普蘭西烏斯（Petrus Plancius，一五五二～一六二二）發展出一套運用此原則的「東方測定」（eastfinding）法，並出版偏差表供水手依循，但他的成果不夠精確，無法保證精準。

64 Playford, op. cit., p. 31。當時大部分人認為這是世上最高的山。

65 英格蘭人的作法較精準許多，用到一塊拴在長繩上的木頭。繩上的結使英格蘭水手得以更精確算出任何特定時間裡行走的距離。Green, *The Loss of the VOC Retourschip Batavia*, pp. 10–11。

66 荷蘭人導航本事較佳，原因之一在於聯合東印度公司的海圖較精良。聯合東印度公司創立初年，就任命了第一個地圖繪製員。Boxer, "The Dutch East Indiamen," p. 87; Boxer, *The Dutch Seaborne Empire*, p. 164; W. F. J. Mörzer Bruyns, "Navigation of Dutch East India Company Ships around the 1740s," *The Mariner's Mirror* 78 (1992): 143–146。

67 這時期的荷蘭海圖定期更新，以將新發現納入其中。聯合東印度公司的首席地圖繪製員赫塞爾．黑赫茨（Hessel Gerritsz），繪製了一幅相對較完整的已知南方大陸海岸圖，年份注明為一六一八年（Schilder, op. cit., pp. 304-305）。這幅地圖將一六二八年為止在澳洲附近海域發現的島礁納入其中，因此巴達維亞號於該年秋天駛離荷蘭時，佩爾薩特不可能入手此地圖。就連這份地圖都把阿布羅留斯群島畫成狹長一串列島，因此未確實標出它們的確切位置或輪廓。

68 他來自豪達（Gouda），一五七一年出生於該地，後來和他的兄弟一起隨荷蘭第一船隊抵達東印度群島。在蘇門答臘作戰時被擒，然後學會馬來語，獲釋時寫下史上第一部荷語—馬來語字典。德豪特曼後來成為摩碌加群島的行政長官（一六二一～一六二三），一六二七年死於阿爾克馬爾。

69 德豪特曼的唯一意見是：「遠離這片淺水區，因為它的所在位置，對於想走訪此陸地的船非常危險。它至少十荷哩（四十五英哩）長；位在二十八度二十六分處。」J. P. Sigmond and L. H. Zuiderbaan, *Dutch Discoveries of Australia: Shipwrecks, Treasures and Early Voyages Off the West Coast* (Adelaide: Rigby, 1979), p. 39。也請見Schilder, op. cit., pp. 75–76, 100, 112–113. 聯合東印度公司的航行指南的確提到這些島的存在，要海員小心提防。

CHAPTER 5——虎

本章的材料幾乎全依據現存的主要原始資料：佩爾薩特的日誌、幾位倖存者的信、哈爾德韋克手稿（Harderwijck MS）。但第一手的材料有了後來的考古證據予以補強。探討此主題的重要著作，幾乎都是在佛里曼特爾的西澳海事博物館（Western Australian Maritime Museum）和國立海洋考古學卓越中心（National Centre of Excellence for Maritime Archaeology）的支持下完成，但伯納丁．漢尼班（Bernadine Hunneybun）未出版的論文《煙火島上的陰謀詭計》（*Skullduggery on Beacon Island, University of Western Australia*, 1995）和索菲亞．博蘭加（Sofia Boranga）談阿布羅留斯群島南部澤威克號倖存者之營地的著作，《槍島上社會組織的確認》（*The Identification of Social Organisation on Gun Island*, Post Graduate Diploma in Archaeology dissertation, University of Western Australia, 1998），讀來也頗有趣味。在西澳海事博物館的圖書館，可找到這兩部論文。

1 Jeremy Green, *The Loss of the Verenigde Oostindische Compagnie Retourschip Batavia, Western Australia 1629: An Excavation Report and Catalogue of Artefacts* (Oxford: British Archaeological Reports, 1989), p. 3，將此群島的天氣概述如下：夏季大多吹南風，四成時間風力五至六級。一至三月間會有氣旋，冬天時風向不定，偶爾有高達八至十二級的大風。春天，天氣變好，風力變弱，成為和風，風向不定。氣候為溫帶氣候，除開下雨之時，凍餒的機率相對來講較低。也見Hugh Edwards, *The Wreck on the Half-Moon Reef* (New York: Charles Scribner's Sons, 1970), pp. 94–95; Boranga, *The Identification of Social Organization on Gun Island*, p. 5; Hunneybun, *Skullduggery on Beacon Island*, pp. 1–5; Jeremy Green, Myra Stanbury, and Femme Gaastra (eds.), *The ANCODS Colloquium: Papers Presented at the Australia-Netherlands Colloquium on Maritime Archaeology and Maritime History* (Fremantle: Australian National Centre of Excellence for Maritime Archaeology, 1999), pp. 89–91。

2 考古學家認為一六二九年此島上的灌木叢會比現今少了許多，一九四六年起漁民在此構築家園，創造出一組擋風牆，從而使該島得以長出更多植物。

3 JFP 4 June 1629 [DB 124]。其實從未有人分析過倖存者的組成，將其分門別類；我的分類係根據佩爾薩特日誌裡所有提及此事的資料，對其徹底檢視之後得出。耶羅尼穆斯·科內里斯曾間接論及初期將倖存者分為數個群體之事，寫道，他的手下對他宣誓效忠，「拋掉過去所有承諾……包括同志關係、同居一帳的關係和其他關係。」一六二九年八月二十日的叛變者誓約，JFP 19 Sep 1629 [DB 148]。

4 這是被Bruijn等人引用於*Dutch-Asiatic Shipping*第一冊（頁155）的最早期比例，年份為一六三七年。就巴達維亞號或一六三七年前時期來說，未有這方面的確切數據，但根據佩爾薩特日誌裡提及外國人的語句，倒是能認出船員裡至少有八個法蘭西人、一個英格蘭人、一個丹麥人、一個瑞士人、七個德意志人。外國人總數想必高於此，但由於佩爾薩特習慣將所有人名改為荷蘭語形式，光從人名看不出這點。

5 揚斯擔任第一屆倖存者評議會領袖之說，出於我的推測；日誌對此事鮮有論及。他成為這個營地的首領，似乎很有可能，這不只因為他職級較高，由他出任領袖，天經地義，還因為日誌裡有兩個小地方隱隱暗示這個船醫的不幸遭遇（見第七章）係與科內里斯的主要助手澤凡克衝突未解所致。這是什麼樣的衝突，日誌未披露，但只有可能肇因於揚斯聲稱其對倖存者擁有某種程度之管轄權一事。這個船醫始終不是科內里斯之評議會的一員，因此推測他原是遭科內里斯罷黜的那個評議會的領袖，似乎最合理。

6 見C. R. Boxer, *The Dutch Seaborne Empire 1600–1800* (London: Hutchinson, 1965), pp. 300–302裡，一六四五至一七〇〇年薪水等級表。根據這些等級表，並考慮到一六二九至一六四五年的通膨而採用該書中較低的估計值，巴達維亞號上的較高階職位和高階人員的月薪似乎大略如下：

人名	職級	月薪
佛朗西斯科・佩爾薩特	正商務員	八十～一百荷蘭盾
阿安里・雅各布斯	船長	六十荷蘭盾
耶羅尼穆斯・科內里斯	副商務員	三十六荷蘭盾
克拉斯・黑赫茨	正舵手	三十六荷蘭盾
佛朗斯・揚斯	船醫	三十六荷蘭盾
？	船木工	三十荷蘭盾
雅各布・揚斯・霍萊特	副舵手	二十四荷蘭盾
阿里斯・揚斯	船醫的助手	二十四荷蘭盾
？	木工的助手	二十四荷蘭盾
揚・埃佛茨	水手長	二十二荷蘭盾
萊因德特・亨德里克松	管事	二十荷蘭盾
？	武器管理員	二十荷蘭盾
？	廚子	二十荷蘭盾
？	製帆工	十八荷蘭盾
大衛・澤凡克	助理	十六荷蘭盾
揚・威廉斯・塞林斯	正修桶工	十六荷蘭盾
彼得・揚斯	糾察長	十四荷蘭盾
哈爾曼・南寧斯	舵工	十四荷蘭盾
加布里爾・雅各布松	陸軍下士	十四荷蘭盾
「鑿石工」雅各普・彼得斯	陸軍準下士	十二荷蘭盾
魯特赫・佛雷德里克斯	鎖匠	十二荷蘭盾
庫恩拉特・范赫伊森	軍官候補生	十荷蘭盾

幹練水手（able seaman）月薪約十荷蘭盾，普通水手七荷蘭盾，普通兵九荷蘭盾，少年服務生四荷蘭盾。在諸多水手和工匠裡，木工相對來講特別受看重——漫長東航期間，來回船要保持完好，船木工不可或缺。

7 V. D. Roeper, *De Schipbreuk van de Batavia, 1629* (Zutphen: Walburg Pers, 1994), pp. 30–31; Henrietta Drake-Brockman, *Voyage to Disaster* (Nedlands, WA: University of Western Australia Press, 1995), pp. 11–12.

8 JFP 5 June 1629 [DB 125].

9 這是我個人的推測，是以船隻失事後倖存者的典型行為為依據。見，例如，Alexander McKee在*Death Raft: the Human Drama of the Medusa Shipwreck* (London: Souvenir Press, 1975), pp. 117–119所描述的美杜莎號（Medusa）倖存者的行為。美杜莎號是法國運輸船，一八一六年在茅利塔尼亞附近海域擱淺。

10 Harderwijk MS [R 22–24]; JFP 16 Sep 1629 [DB 145]; Nathaniel Philibrick, *In the Heart*

of the Sea: The Epic True Story That Inspired Moby Dick (London: HarperCollins, 2000), pp. 127–129.

11 Harderwijk MS [R 22]；一六二九年十二月十一日的匿名信，發表於 Leyds Veer-Schuyts Praetjen, *Tuschen een Koopman ende Borger van Leyden, Varende van Haarlem nae Leyden* (np [Amsterdam: Willem Jansz], 1630) [R 233]。撰寫此信者說死者為九個孩童和一個女人。

12 LGB.

13 她大概一如她的雇主來自多德雷赫特。該城的人靠海謀生的比例甚高，這或許可以說明為何這個女孩水性這麼好。Harderwijk MS [R 22–23]。

14「就副商務員耶羅尼穆斯・科內里斯決意⋯⋯殺害這所有人的起因、理由、意圖⋯⋯發出的簡短聲明」，JFP nd [DB 251]；一六二九年十二月十一日的匿名信，op. cit. [R233]。

15 一六二九年十二月十一日的匿名信，op. cit.，提到有人「光著身子在激浪裡游」。

16 JFP 17 Sep 1629 [DB 145].

17 JFP 17 Sep 1629；「簡短聲明」，op. cit. [DB 145, 158, 251].

18 JFP 12–14 June 1629 [DB 129].

19 一九九二年的測試性挖掘，揭露了巴達維亞號倖存者營地的位置。Green, Stanbury, and Gaastra, *The ANCODS Colloquium*, p. 111.

關於倖存者如何把自己組織起來，此船日誌著墨甚少，但澤威克號（葬身在阿布羅留斯群島的另一艘來回船，見「後記」）船員所留下的營地已得到挖掘，從中為瞭解巴達維亞號的人員如何搭建他們的營地提供了不少線索。

澤威克號營地的主要特點之一，在於高級船員繼續掌控從失事船搶救下來的物資，把它們存放在遠離普通船員的地方。他們在他們島上的最高點紮營，把搶救下來的食品和水都存放在那裡。士兵住在另一個地方，位於約一百碼外的海灘上，但普通水手和下級船員都被安排在士兵營地的另外一端，兩者距離遙遠，似乎是因為他們對高級船員的權威、乃至性命構成重大威脅。

澤威克號倖存者的例子，也為瞭解接下來發生的事提供了一些線索。船長和正商務員都在島上，但由於食物和水短缺，島上時時苦於紀律難以維持。下級船員和水手有時不同意高級船員有權配給食物和水，至少有三次幾乎等同叛變的情事，使高級船員不得不把原本應配給的物資分掉。

澤威克號高級船員和聯合東印度公司行政人員的人數，只及於其他倖存者人數的八分之一，似乎靠著和士兵結成鬆散同盟，解決維持紀律的難題。有人分析過在數個地點找到的動物骨頭，發現這艘來回船的士兵得到的配給，比下級船員好了許多，下級船員的主食是海獅肉。士兵配備武器以守衛存放食物和水的帳篷，藉此換取特權。即使如此，高級船員仍常常管不動水手。下級船員仍掌控澤威克號的小船，用它隨意繞行諸島。沒有跡象顯示他們在他們的主營地儲備了食物，而且似乎可能利

用他們高人一等的經驗和本事獵捕動物供自己食用，因此吃了不少新鮮食物。巴達維亞號倖存者營地的秩序似乎不大可能這麼好。澤威克號船上沒有女人和乘客，而且高級船員與普通船員一同滯留在島上。相對地，巴達維亞號倖存者的組成較多樣，而且沒有當然領袖。如果和澤威克號的例子相比較，就巴達維亞號的倖存者組成來說，紀律很快就會蕩然無存，下級船員會變得幾乎管不住。前述三次近乎叛變的情事，第一次發生於下級船員和水手強行將一・五奧姆（aum）的葡萄酒分給眾人之時；另一次發生於「所有下等人和下級船員」下令將一奧姆的葡萄酒，以及五個荷蘭球形乾酪（Edam）、六桶鹹魚、一些菸草，讓他們平分之時。第三次，水手長、炮手、水手長的助手從儲藏所取走麵包和豬肉桶，分給每個下級船員十二條。而且高級船員本身也未能抗拒食物的誘惑；有天，一名高級船員和數名下級船員搶走大艇，划到遠處，然後船上的人享用掉大量食物、飲料和菸草，而非把它們拿去和同僚共享。最後，澤威克的大艇啟航前往爪哇時，其船上人員的組成用抽籤決定，因為普通船員堅持這麼辦。Boranga, op. cit., pp. 6–9, 31–33, 93–104; Edwards, op. cit., pp. 107–108, 110–112, 118–119.

20 JFP 17 Sep 1629 [DB 145].

21 能取得的諸多原始資料裡未提到這樣一個帳篷，但儲藏帳是幾乎每個失事船倖存者（包括澤威克號倖存者）之營地必有的設施，因此，推斷巴達維亞號之墓上也有一個儲藏帳，似乎說得過去。

22 一六二九年十二月十一日的匿名信 [R 232]。

23 這一估計值係根據標準每日配給量——三品脫（一・五公升）的水——算出。R. van Gelder, *Het Oost-Indisch Avontuur: Duitsers in Dienst van de VOC, 1600–1800* (Nijmegen: SUN, 1997), p. 158。

24 日誌裡同樣未明確提及此事，但我覺得先前的作者大概淡化了「巴達維亞號之墓」上食物短缺的後果。即使在叛變末期，此島上的人數已少到只剩約五十人時，島上仍實行嚴格的配給（耶羅尼穆斯・科內里斯的訊問記錄，JFP 17 Sep 1629 [DB 159]），而且韋布・海耶斯和他的手下看到進犯的叛變者骨瘦如柴，大為吃驚（一六二九年十二月十一日的匿名信 [R 233]）。流落島上不到兩星期，食物大概就開始不足；澤威克號倖存者所登上的島，比巴達維亞號之墓大了許多，但他們登島不到十天，就把島上的海獅殺光（Boranga, op. cit., p. 34)。他們的人數不到一百（Edwards, op. cit., p. 103），因此，巴達維亞號倖存者的處境肯定更嚴峻。六個星期後出現在牧師帳篷裡的「海獅肉」（對安德里斯・利班特的司法裁定，JFP 30 Nov 1629 [DB 244]），很可能來自別處，尤其是這群人因造了筏子而得以再度離島活動之後。

25 這是我個人的猜測，但七月四日評議會違逆科內里斯的意見，惹得他勃然大怒（見下文），似乎代表他原先自認為自己的建議會得到他人乖乖服從一樣，才會有這樣的反應。

26 Philippe Godard 在 *The First and Last Voyage of the Batavia* (Perth: Abrolhos Publishing,

nd, c. 1993) 一書頁132說，科內里斯始終不是此船倖存者第一屆評議會的成員，但佩爾薩特在其「簡短聲明」(op. cit. [DB 251]) 中具體表示，七月四日時，評議會就是「他的」評議會，那時，第一屆評議會還未遭解散，澤凡克、范赫伊森、彼得斯還未被任命為評議會新成員。在LGB中，巴斯蒂安斯寫道，這個副商務員是「經選舉產生的首領」。這個藥劑師職級那麼高，若未成為評議會的領袖，反倒叫人驚訝。

27 JFP 19 Sep 1629 [DB 146].

28 這一行為係根據巴斯蒂安斯的陳述和今人對精神變態者之性格的深入瞭解(見「後記」)推斷出。這個副商務員在這期間究竟做了什麼未見諸記載，如今不得而知。

29 LGB。

30「簡短聲明」(op. cit. [DB 251])。科內里斯說瓦烏特斯「在巴達維亞號失事那天」就說出謀反之事；耶羅尼穆斯・科內里斯的供狀，JFP 19 Sep 1629 [DB 162]。關於這個參與叛變者後來的遭遇，見第九章。

31 揚・亨德里克松的訊問記錄，JFP 19 Sep 1629 [DB 164]。

32 耶羅尼穆斯・科內里斯訊問記錄的摘要，JFP 28 Sep 1629 [DB 153]。

33 JFP 17 Sep 1629 [DB 143]; JFP 28 Sep 1629 [DB 152-153].

34 LGB.

35 希斯伯特是奧利維爾的弟弟，而奧利維爾二十二歲。對奧利維爾・范韋爾德倫的司法裁定，見JFP 30 Nov 1629 [DB 245]。

36 魯特赫・佛雷德里克斯的訊問記錄，JFP 20 Sep 1629 [DB 205]。

37 在巴達維亞號上據說積極參與謀反的人數(不超過十二至十五人)和在阿布羅留斯群島上擺明加入叛變集團的人數(二十五至三十五人)，有明顯的差異。

38 叫人遺憾的，是我們對澤凡克的背景一無所知。他大概來自澤凡克(今澤凡／Zevang，阿姆斯特丹北邊不遠處的鄉村地區)，但由於未掌握更詳細的資料，要探明他的祖先，只會是白費工夫——或至少極花時間——也未有人在更早的聯合東印度公司檔案裡找到他的名字。搭巴達維亞號出海，頗有可能是他的第一次航行。他幾可確定出身良好——日誌裡數次提到他時，稱他「范澤凡克」(Van Zevanck)，這意味著他的家族擁有地產，至少有權利要人將他的家族視為尼德蘭紳士階級一員——但唯一可以確定的是他想必受過教育，大概很年輕。

39「簡短聲明」[DB 251]。

40 Ibid., [DB 252]。

41 這出自對佩爾薩特某段話的解讀。他曾順帶提到這個副商務員「使出如此這般的詭計以使他們無法去巴達維亞」，對此，我們除了作上述解讀，想不出他還能有什麼別的意思。「簡短聲明」[DB 251]。一七二七年，澤威克號倖存者利用他們的來回船的殘骸，建造了一艘頗大的單桅帆船，駕著該船成功抵達爪哇。

42 還找到佩爾薩特寫的一封短信，短信塞在某個桶子下面。這些倖存者據此得知他們先前猜測的事，即他們的指揮官已駕船去南方大陸找水。JFP 6 June 1629 [DB 127]。

43 佩爾薩特的日誌未解釋此島名的由來。關於此島的命名和位置，見 Green. et al, *The ANCODS Colloquium*, pp. 99–100.

44 LGB。

45 日誌未給出確切數字，但似乎是四十五人；十八名男子和男孩七月十五日死於此島，十六個女人、男孩和小孩死於七月二十一日，此外，有人說，三個男孩被擒，約八個逃掉。另一個說法認為這群人不只四十五個——或許六十個——但這必然不符事實；如果JFP裡對這幾場殺戮的記述無誤，這些殺戮開始時，「巴達維亞號之墓」上想必剩下約一百三十人。關於更大的估計人數，見一六二九年十二月十一日的匿名信[R 232]。

46 揚·亨德里克松的訊問記錄，JFP 19 Sep 1629 [DB 179]。

47 海耶斯和他的手下在這些島待了約二十天才找到水（JFP 20 Sep 1629 [DB 149]）。他們先是登上後來被稱作「高島」的地方，然後，在那裡找不到水源之後，他們涉過潮泥灘，來到後來成為韋布·海耶斯之島的地方（LGB）。他們發出的信號，似乎七月九日就已有人注意到，當天彼得·揚斯等一票人突然離開叛徒島，欲前往「高島」，經科內里斯的手下攔阻才未成行（對揚·亨德里克松的司法裁定，FP 28 Sep 1629 [DB 183]）。由此推斷，海耶斯大約在六月二十日登上「高島」。

48 此詞來自LGB。

49 Ibid.

50 赫歐尼恩省立檔案館裡，溫斯霍滕（Winschotn）市的受洗、結婚登記簿，一六四六年才開始有資料記載，下葬登記簿則是一七二三年才開始有資料記載；目前尚未找到海耶斯早年生活留下的痕跡。溫斯霍滕的婚姻契約檔案，一六〇八年就開始將婚姻契約收錄歸檔，但其中未到找到海耶斯的名字。查了現存一六二四至一六二八年這期間律師檔案裡的簽名，也一無所獲，但海耶斯可能根本太窮、太卑微，而不需要請律師。不然就是他可能並非來自赫歐尼恩省。「韋布」是佛里西亞人的名字，即使在當時都很罕見，如今則已遭棄用，因此，或許海耶斯和科內里斯是同鄉。如果他得以活到返回尼德蘭，憑他的財力，可能會留下較多活動痕跡，但至今還是未找到他留下的痕跡。例如，在阿姆斯特丹的下葬登記簿裡，未有名叫韋布·海耶斯的人在該城下葬的記載。

51 這名副商務員後來寫信給海耶斯那批人裡的法蘭西籍傭兵，說他「特別欣賞且信賴韋布·海耶斯」。他寫這封信意在分化海耶斯所統領的「防守者」，而科內里斯闡述他的理由時，大概會覺得至少得讓對方覺得他此言發自肺腑。他似乎不大可能撒下彌天大謊，把他和海耶斯根本不相識說成相識，因為那會使他的其他某些說詞跟著受到懷疑。科內里斯寫給Jean Hongaar等人的信，見23 July 1629, in JFP 19 Sep 1629 [DB 149]。

52 佛朗西斯科·佩爾薩特寫道，「他的作法既無法得逞，也不會為上帝或掌權者所接受。」但對科內里斯來說，它們根本是理所當然的事。JFP 3 Dec 1629 [DB 239]。關

於科內里斯的想法，見JFP 17–28 Sep 1629 [DB 143, 153, 160]. 關於救援船將會載來的人數，見JFP 28 Sep 1629 [DB 153]。

53 他可能就是那個參與攻擊克蕾謝·揚斯的亨德里克斯，但無法百分之百確定。

54 佩爾薩特的「簡短聲明」，JFP nd [DN 251]。

55 Ibid。

56 佩爾薩特說這些人七月四日被判刑（對耶羅尼穆斯·科內里斯的司法裁定，JFP 28 Sep 1629 [DB 173]），但說他們七月五日遭處決（對達尼爾·科內利森的司法裁定，JFP 30 Nov 1629 [DB 240]），說澤凡克等人也是在這天加入評議會（「簡短聲明」，JFP nd [DN 251]），同時清楚暗示木工是被科內里斯的評議會判刑。日誌裡這幾則記載肯定有一則不對。也見對漢斯·佛雷德里克的司法裁定，JFP 30 Nov 1629 [DB 244]。

57 此事似乎發生於七月四日，而非德雷克—布羅克曼所建議的七月三日，因為若是七月三日，這些人遇害時間會早於科內里斯下令處決亨德里克斯和雅各布斯斯之前。范歐斯的供狀表明，科內里斯於七月三日下令殺害這些人，但隔天才動手，這大概意味著科內里斯知道他要先對亨德里克斯和雅各布斯斯控以偷竊罪。揚·科內利斯是其中唯一的荷蘭人，來自烏特勒支省的阿默斯福特（Amersfoort），利班特和普通兵揚森是德意志人，文瑟爾（Wensel）是丹麥人。萊內爾特·范歐斯供狀，JFP 23 Sep 1629 [DB 186]；對馬蒂斯·貝爾的司法裁定，JFP 28 Sep 1629 [DB 192]；對魯特赫·佛雷德里克斯的司法裁定，JFP 28 Sep 1629 [DB 206–207]；對達尼爾·科內利森的司法裁定，30 Nov 1629 [DB 240]。佩爾薩特對這些人遇害之事有數則記述，而且這些記述有點亂。有的記述說這些人在筏子上被捆住，另有記述說他們被帶到叛徒島，在那裡被捆住，拖進海裡溺斃。

58 對揚·亨德里克松的司法裁定，JFP 28 Sep 1629 [DB 182–183]；對馬蒂斯·貝爾的司法裁定，JFP 28 Sep 1629 [DB 192–193]；魯特赫·佛雷德里克斯的訊問記錄，JFP 28 Sep 1629 [DB 205]。

59 對馬蒂斯·貝爾的司法裁定，JFP 28 Sep 1629 [DB 192–193]；魯特赫·佛雷德里克斯的訊問記錄，JFP 20 Sep 1629 [DB 205]。

60「簡短聲明」，JFP nd [DN 252]。在LGB中，巴斯蒂安斯還說科內里斯「裝作沒看見」那些火。

61 我認為揚斯因看到海耶斯升起的火才想要離開該島，儘管日誌裡未提到此點；佩爾薩特確信糾察長那批人離開該島後才遭攻擊，而且似乎認定若非看到煙火信號，他們不會離開。這場屠殺已知的發生日（七月九日）和海耶斯的手下已找水找了「二十天」一說——他們想必在六月二十至三十日之間某日被送上「高島」——相一致，從而似乎吻合這假設。糾察長何時遇害，也未見諸記載，但我認為他若是那些跳海溺斃的不知名姓者之一，日誌會提到，而由於他未能活到登上巴達維亞號之墓，我推斷他在淺水區遭人以本書所述方式殺掉。

一般來講，有關揚斯那批人遭屠殺之事的記述，或許是最零星分散而可以在佩爾薩特日誌各處找到的記述。對此事的記述，未有一則前後一致；重要細節散落於許多供狀和司法裁定裡。主要見耶羅尼穆斯·科內里斯的訊問記錄，JFP 22 Sep 1629 [DB 167]；對耶羅尼穆斯·科內里斯的司法裁定，JFP 28 Sep 1629 [DB 173]；揚·亨德里克松的訊問記錄，JFP 19 Sep 1629 [DB 179]；對揚·亨德里克松的司法裁定，JFP 28 Sep 1629 [DB 183]；安德里斯·尤納斯的訊問記錄，JFP 24 Sep 1629 [DB 200]；對安德里斯·尤納斯的司法裁定，JFP 28 Sep 1629 [DB 203]；魯特赫·佛雷德里克斯的訊問記錄，JFP 20 Sep 1629 [DB 205]；對魯特赫·佛雷德里克斯的司法裁定，JFP 28 Sep 1629 [DB 207]；對盧卡斯·黑利斯的司法裁定，JFP 12 Nov 1629 [DB 233]。

62 安德里斯·尤納斯的訊問記錄，JFP 24 Sep 1629 [DB 200]。

63 沒理由可證明這些人很想成為殺手，因為他們幾乎無人參與此群島上的暴力行動。

64 揚斯從未簽署叛變者的誓約（見第七章），因此只有在日誌裡含糊的暗示性說法和他參與海獅島上屠殺（見下文）之事中，看出他參與科內里斯的行動。

65 希萊特希·哈登斯七月八日遇害。JFP 19 Sep 1629 [DB 146]；對揚·亨德里克松的司法裁定，JFP 28 Sep 1629 [DB 183]。希萊特希·哈登斯未積極參與任何叛變活動，未有記載說他殺害或傷害過哪個人。但他簽署了前後兩份叛變者誓約，在第一份誓約中，他的簽名排在魯特赫·佛雷德里克斯、科內利斯·彼得斯、盧卡斯·黑利斯之上，在第二份誓約中，則排在佛雷德里克斯和黑利斯之後，但在彼得斯、奧利維爾·范韋爾德倫、揚·佩爾赫歐姆之前。科內里斯交給佩爾薩特的「最無辜」叛變次角色名單裡，明顯未有他的名字。最後，他是在薩爾丹號終於出現在阿布羅留斯群島時試圖奪下這艘雅赫特的船員之一（見第八章）。由此看來，他似乎不只是較早就被科內里斯拉入夥的人之一，還是較積極參與叛變的人之一。佩爾薩特未說明希萊特希·哈登斯喪命的原因；本書所述原因是我的看法。耶羅尼穆斯·科內里斯的訊問記錄，JFP 19 Sep 1629 [DB 146, 165, 166]。

66 這句引言直接取自一六二九年七月十二日所有叛變者簽署的誓約本文（見第七章）。JFP 19 Sep 1629 [DB 147]。

67 LGB。

68 耶羅尼穆斯·科內里斯的訊問記錄，JFP 22 Sep 1629 [DB 167]；對耶羅尼穆斯·科內里斯的司法裁定，JFP 28 Sep 1629 [DB 173-174]；對阿萊特·揚森的司法裁定，JFP 28 Sep 1629 [DB 198-199]。科內里斯和他的手下如何處理這些屍體，我們所知不多。十七世紀初期的醫學看法認為屍體會產生能引發瘟疫和熱病的毒氣，叛變者顯然想辦法埋葬了至少一部分遭他們殺害的人，在此島中央（此處土壤最厚）挖了墓坑。這些淺墓坑全都不到約兩英呎深，裝了多達七或八具屍體。在水邊殺人時，叛變者很可能把屍體丟進海裡。二〇〇〇年六月十三日，在澳洲伯斯市的Western Australian Centre for Pathology and Medical Research，與阿拉納·巴克（Alanah Buck）博士的訪談錄。

69 他遇害於七月十日。揚·亨德里克松的訊問記錄，JFP 19 Sep 1629 [DB 179]。

70 遇害時間與范登恩德和德萊耶爾（下文）遇害時間一樣，他們三人共睡一帳篷。Ibid. [DB 180]。

71 在七月十四日遇害。據揚森的回憶，「科內里斯親自過來把他叫到帳外，說『去把木工，阿普考的亨德里克·克拉斯叫出帳，說他得來見我，然後他到帳外時，你得在德夫里斯幫忙下把他割喉』，兩人把此事辦成。」阿萊特·揚森的訊問記錄，JFP 19 Sep 1629 [DB 196]。

72 對佛雷德里克和范韋爾德倫的司法裁定，JFP 30 Nov 1629 [DB 244–5]。佛雷德里克和亨德里克松都來自不來梅。

73 揚·亨德里克松的訊問記錄 JFP 19 Sep–28 Sep 1629 [DB 179–181]；對盧卡斯·黑利斯的司法裁定，JFP 12 Nov 1629 [DB 233]。

74 揚·亨德里克松的訊問記錄，JFP 19 Sep 1629 [DB 180]。

75 佩爾薩特的日誌鮮少著墨於倖存者平日吃什麼。但如果來自巴達維亞號的人和此時期一般的荷蘭水手沒什麼兩樣，那麼，在能選擇的情況下，他們會先吃他們熟悉的醃肉，然後吃海獅，最後吃鳥或魚。船失事後，高級船員（就巴達維亞號來說，就是「叛變者」）和普通人在日常食物上似乎涇渭分明。Boranga深信，從佩爾薩特島幾個營地遺址找回的動物骨頭，她能確切認出其中七成六的骨頭來自何種動物。根據她所重建的澤威克號倖存者的日常食物（op. cit., pp. 97, 103），這艘來回船於一七二七年在該島觸礁後，困在該島的幾群人吃掉的食物如下：

%	桶裝牛肉	桶裝豬肉	海獅	鳥	魚
高級船員	60	17	22	1	—
下級船員	12	12	72	3	1
士兵	24	17	49	9	1

這份分析表肯定壓低了魚在這三群人之日常食物裡所占的份量——挖掘時找到魚骨的機率較低——而且偏愛熟悉的食物甚於魚肉的心態明顯可見，但大致上的模式是如此的。挖掘人員未找出普通水手的營地，對此，Boranga推斷他們大概被分成幾個小群體，被要求住在離主營地一段距離之處，而且他們的營地後來毀於鳥糞開採。考古學家的發現與澤威克號兩位倖存高級船員所寫之日誌裡的說法——食物平均分配給此島上各群體——相牴觸。但這些日誌提到，普通水手—— common hands，相當於「巴達維亞號之墓」上忠於聯合東印度公司那些人——最早動手捉鳥、吃鳥，這肯定表示他們配給到的食物最少。

76 佩爾薩特的記錄裡，凡是獲准上臨時充數的筏子和船載小艇下海的人，都是已簽署效忠科內里斯之誓約的人。

77 二〇〇一年初，有人代表伯斯市的電視節目製作公司Prospero Productions，用金屬

探測器搜索海獅島，結果找到一件這類武器的殘骸。釘和繩都老早就不見，但經過精心處理的鉛條，其奪命的用途再清楚不過。請見二〇〇一年五月，與Ed Punchard的訪談。

78「從失事船救回的金錢、物品清單」，ARA VOC 1098 fol. 529r–529v [R 218–219]。在一封歷經數個星期才寫成的長信裡，安東尼奧．范迪門於數個段落將此箱東西的價值定在兩萬至六萬荷蘭盾之間，從而使人猜測那個鑲綴了寶石的金色框曾在某時遭劫走。但在這封長信裡，愈往後，箱中物的價值就估得愈高，而非愈低，因此這說法似乎站不住腳。最高的估值似乎最可靠。Van Diemen to Pieter Carpentier, 30 Nov–10 Dec 1629 [DB 42, 49, 51]。

79 十七紳士看到此物件的素描時，肯定很滿意。關於利潤，見聯合東印度公司與鮑丹所簽合同，18 Dec 1628 [DB 88]。載明的佣金是售價的兩成八。也見A. N. Zadoks-Josephus Jitta, "De lotgevallen van den grooten camee in het Koninklijk Penningkabinet," *Oud-Holland* 66 (1951): 191–211; Drake-Brockman, op. cit., pp. 84–93。德雷克—布羅克曼也認為有件值錢的瑪瑙瓶是佩爾薩特要賣的貨物之一。這只瓶子當時是彼得．保羅．魯本斯所有，現藏於美國巴爾的摩的Walters Art Gallery。她以這個當時的證據（雖然證據力有點弱）來支持此說法，後來的研究者跟著採納她對該證據的解讀，但我認為不能百分之百篤定這件魯本斯瓶曾出現在阿布羅留斯群島。關於這件瓶子已知的身世，見Marvin Chauncey Ross, "The Rubens Vase: Its History and Date," *Journal of the Walters Art Gallery* 6 (1943): 9–39。

80 安德里斯．尤納斯的訊問記錄，JFP 27 Sep 1629 [DB 202]。

81 Edwards, op. cit., p. 169. 這種鸌原文是"mutton bird"（字面意思「羊肉鳥」）其實是十八世紀的口語說法，大概因其肉味似羊肉而得名。此名係早期定居諾福克島（Norfolk Island）的不列顛人所創，其他移民把此鳥稱作「飛綿羊」（flying sheep）。在西澳洲，這種鸌叫 Puffinus tenuirostris, 即短尾剪水鸌；在紐西蘭，mutton bird 一詞指的是P. griseus，即烏剪水鸌。

82 揚．亨德里克松的訊問記錄，JFP 19 Sep 1629 [DB 180]；對揚．亨德里克松的司法裁定，JFP 28 Sep 1629 [DB 183–184]；萊內爾特．范歐斯的訊問記錄，JFP 23 Sep 1629 [DB 187]；對亞伯拉罕．黑赫茨的司法裁定，JFP 12 Nov 1629 [DB 232]；對克拉斯．哈爾曼斯的司法裁定，JFP 12 Nov 1629 [DB 233–234]。

83 對揚．亨德里克松的司法裁定，JFP 28 Sep 1629 [DB 183–184]。

84 萊內爾特．范歐斯的訊問記錄，JFP 23 Sep 1629 [DB 187]；對揚．亨德里克松的司法裁定，JFP 28 Sep 1629 [DB 183–184]。

85 佩爾薩特只提到五人（揚．亨德里克松的供狀，JFP 19 Sep 1629 [DB 180]），但一六二九年十二月十一日那封匿名信說十個，後者的說法大概較可信。此島上遇害的人數總計如下：島上似乎有約四十五人，十八人肯定在第一波攻擊時遇害。第二波攻擊時，四個女人全部喪命；十五名少年服務生裡十二名遇害；另外三人裡，兩個人

後來被解決掉（見下文）。最後剩下八人下場不明。

86 死在他手裡的男孩是佛朗斯．佛朗茲，來自哈倫。對亞伯拉罕．黑赫茨的司法裁定，JFP 12 Nov 1629 [DB 232]。

87 對馬蒂斯．貝爾的司法裁定，JFP 28 Sep 1629 [DB 193]；安德里斯．尤納斯的訊問記錄，JFP 24 Sep 1629 [DB 200–201]；對安德里斯．尤納斯的司法裁定，JFP 28 Sep 1629 [DB 203]；對揚．佩爾赫歐姆的司法裁定，JFP 28 Sep 1629 [DB 210]。

88 佩爾赫歐姆這個少年服務生，在佩爾薩特的日誌裡，既被稱作揚．范博默爾（Jan van Bemmel），又被稱作揚．佩爾赫歐姆．德比耶（Jan Pelgrom de Bye）。「博默爾」指的是位於瓦爾河（River Waal）邊的札爾特博默爾（Zaltbommel），十七世紀時只被稱作博默爾（Bommel），而巴達維亞號的揚似乎是「佩爾赫歐姆．德比耶」這個貴族家族裡的次要成員。這個家族的長子支系，大本營就在今北布拉班特（Northern Brabant）省的布瓦勒迪克（Bois-le-Duc）境內。此家族第一個見諸記載的成員一三七五年從博默爾來到那裡。「揚」是此家族常見的名字（在本書揚．佩爾赫歐姆所處的時代，布瓦勒迪克市有個高級市政官名叫Jan Pietersz Pelgrom de Bye）。巴達維亞號的揚可能出自非長子支系，或者說不定是不得不去東方闖天下的私生子。見 *Geschiedenis van het Geslacht Vaasen*, vol. 8（未發表的手稿，未注明日期，二十世紀），Centraal Bureau voor Genealogie, The Hague, mainly fol. 141–152。

89 對安德里斯．尤納斯的司法裁定JFP 28 Sep 1629 [DB 203]。我根據尤納斯一六二九年九月二十四日的訊問記錄[DB 201]，在pregnant之前加入heavily一詞（「肚子已很大」）；這兩個版本的陳述在其他方面大體上一模一樣。

90 馬蒂斯．貝爾的訊問記錄，JFP 23 Sep 1629 [DB 190]。

91 對克拉斯．哈爾曼斯的司法裁定，JFP 12 Nov 1629 [DB 233–234]；對伊斯布蘭特．伊斯布蘭茨的司法裁定，JFP 30 Nov 1629 [DB 246]。伊斯布蘭茨不走運；另兩個迫於無奈加入叛變集團者——管事萊因德特．亨德里克松和水手恩克赫伊增的黑赫特．威廉斯——與他同在這艘小艇上，但他們未被要求參與殺人，於是在叛變遭破獲時得以免遭處罰。

92 與科內里斯同時代的人將他與尼祿相提並論；對一六二九年十二月十一日那封匿名信[R 232]的署名者來說，他拋棄海獅島上那批人的行徑，是「尼祿或其他暴君會想幹」的事。

93 事實上，佩爾薩特的日誌在幾個地方說德尚不是助理，而是副商務員（對薩洛蒙．德尚的司法裁定，JFP 12 Nov 1629 [DB 231]）——這說法很奇怪，而且為何這麼說，原因不明，因為已有科內里斯為副商務員，而來回船照理只有一個副商務員。

94 Ibid.

95「巴達維亞號上人員表」，ARA VOC 1098, fol. 582r [R 220].

96 對耶羅尼穆斯．科內里斯的司法裁定，JFP 28 Sep 1629 [DB 172–173]。

97 LGB。巴斯蒂安：GAD，受洗登記簿3 (1605–1619), June 1606；瓦烏特．洛斯的訊

問記錄，JFP 24 Sep 1629 [DB 225]。彼得：GAD，受洗登記簿3, March 1610。約翰內斯：Ibid., December 1615。魯蘭特：GAD，受洗登記簿4 (1619–41), May 1621。尤蒂克：GAD，受洗登記簿3, January 1608。韋勒邁因特希：Ibid., October 1614。阿赫內特：Ibid., March 1618。關於此家庭早年在多德雷赫特生活的詳情，見第三章。失事後，父親和小孩暫時分處兩地，但在巴達維亞號之墓重聚，LGB。

98 另外一個能在佩爾薩特的日誌裡查出且確定未婚的女人是韋布雷赫特．克拉森，但她身為僕人，大概遠不如尤蒂克那麼吸引男人目光。另位一名女人瑪雷特希．勞伊斯（Marretgie Louys），是否有丈夫或孩子，未有明確記載，但或許可以推測，她能上船，大概是某船員的妻子。

99 LGB。此事究竟發生於她家人遇害之前還是之後，有點不清楚，因為牧師未明確交待。但他的確指出，在范赫伊森死於九月二日之前，尤蒂克和他在一起「約五個星期」（見第七章），這麼一來，兩人訂定婚約的日期就是約七月二十九日，也就是她家人遇害（七月二十一日）的一星期後。但兩人顯然在她家人遇害之前就有親密關係。

100 安德里斯．尤納斯的供狀，JFP 27 Sep 1629 [DB 204]。

101 Ibid；對耶羅尼穆斯．科內里斯的判決，JFP 28 Sep 1629 [DB 174]；揚．亨德里克松的供狀，JFP 19 Sep 1629 [DB 180–181]；對揚．亨德里克松的判決，JFP 28 Sep 1629 [DB 184]；馬蒂斯．貝爾的供狀，JFP 23–24 Sep 1629 [DB 190–191]；瓦烏特．洛斯的供狀，24 Sep 1629 [DB 224–225]；尤蒂克．海斯伯茨德的證詞，JFP 27 Oct 1629 [DB 225–226]；對安德里斯．利班特的判決，JFP 30 Nov 1629 [DB 243–244]。

102 揚．亨德里克松的供狀，JFP 19 Sep 1629 [DB 181]。巴達維亞號一罹難者的顱骨，現收藏於傑拉爾頓博物館（Geraldton Museum），被認定為可能是德尼斯的顱骨；見Juliïtte Pasveer, Alanah Buck, and Marit van Huystee, "Victims of the Batavia Mutiny: Physical Anthropological and Forensic Studies of the Beacon Island skeletons," *Bulletin of the Australian Institute for Maritime Archaeology* 22 (1998): 47–48。我對這些傷口的描述，大體上依據二〇〇〇年六月十二日我與伯斯市西澳病理醫學中心（Western Australian Centre for Pathology and Medical Research）的阿拉納．巴克博士訪談的內容。這具顱骨（顎部已失蹤，身體的其餘部分仍埋在煙火島上某漁民之住家的地基下面），編號BAT A16136，一九六四年攝製某部重現巴達維亞號故事的雷視節目時出土（Hunneybun, op. cit., section 4.11），二〇〇〇年鑑識牙醫史蒂芬．諾特（Stephen Knott）博士以此顱骨為本，用黏土重建其生前面貌。其他詳情，見「後記」。此顱骨主人為德尼斯之說出於推測；其傷口與日誌裡所述吻合，但關於其身體的處理，交待並不清楚。一般來講，在此島至今挖掘出的諸多遺體上所找到的性別、年齡、傷口，與佩爾薩特日誌裡對謀殺、埋葬的描述並不怎麼吻合，倖存者的回憶和這位正商務員之記載的正確程度因此受到懷疑。

103 安德里斯．尤納斯的供狀，JFP 24–27 Sep 1629 [DB 201–202]；對安德里斯．尤納斯的判決，JFP 28 Sept 1629 [DB 202–204]。尤納斯一再否認他那晚進入過牧師家帳

篷，但爽快承認殺了邁肯．卡爾杜斯。

104 阿里斯．揚斯的證詞，JFP 27 Sep 1629 [DB 196–7]；對阿萊特．揚森的判決，JFP 28 Sep 1629 [DB 199]。

CHAPTER 6——大艇

菲利浦．佛雷福德（Phillip Playford）對阿布羅留斯群島和鯊魚灣之間的西澳洲海岸線，描述最為出色。我覺得讓．蓋爾曼．泰勒（Jean Gelman Taylor）的《巴達維亞城的社交圈：荷屬亞洲境內的歐洲人和歐亞混血兒》（*The Social World of Batavia: European and Eurasian in Dutch Asia*, Madison, WI: University of Wisconsin Press, 1983)，在重現十七世紀初期巴達維亞城的風貌上特別有用，而史普奧特（R. Spruit）的《揚．彼得斯．顧恩》（*Jan Pietersz Coen: Daden en Dagen in Dienst van de VOC*, Houten: De Haan, 1987)，是探討這位傑出且富爭議的東印度群島總督的諸多著作裡，內容最新穎的權威性著作。關於莎拉．斯北科思和她愛人彼得．科滕胡夫（Pieter Cortenhoeff）那樁離奇情事，目前所能找到記述相當完整的唯一著作，是黑赫琛（C. Gerretson）的《平反顧恩》（*Coen's Eerherstel*, Amsterdam: Van Kampen, 1944)。從黑赫琛覺得必須把此書取名《平反顧恩》的緣由看來，正點出二十世紀歷史學家對這位最傑出的荷蘭帝國建造者普遍持負面評價的現象。

1 數年前，在尼德蘭，有人根據當時的平面圖，重建了此船。我在雪梨看過它，當時，在萊利斯塔德（Lelystad）建造的全尺寸巴達維亞號複製船（見「後記」）已駛到雪梨，作為二〇〇〇年奧運慶祝活動的一部分；大艇看來很小，似乎根本容不下四十八人。在菲利浦．高達（Philippe Godard）的《巴達維亞號第一次暨最後一次航行》（*The First and Last Voyage of the Batavia*, Perth: Abrolhos Publishing, nd, c. 1993）頁150，可找到此重建之大艇的照片。

2 佩爾薩特一六二九年六月八日的決定，JFP [DB 127–128]。

3 談到科內里斯手下的諸多原始資料裡，都未見到水手長的助手和南寧斯的名字——兩人都是積極參與叛變者，因此他們若非搭上這艘大艇，就肯定是巴達維亞號失事時溺斃的十二人之一——後者的可能性較低。關於大艇上其他乘員，見Antonio van Diemen to Pieter de Carpentier, 30 Nov–10 Dec 1629, ARA VOC 1009 [DB 42–43]；佩爾薩特一六二九年六月八日的決定，JFP [DB 127–128]。

4 JFP 8 June–7 July 1629 [DB 128–133]; Phillip Playford, *Carpet of Silver: The Wreck of the Zuytdorp* (Nedlands, WA: University of Western Australia Press, 1996), pp. 69–71; Godard, op. cit. pp. 149–156。德佛拉敏赫的看法，被佛雷福德引用於*Voyage of Discovery to Terra Australis by Willem de Vlamingh in 1696–97* (Perth: Western Australian Museum, 1999), pp. 49–50。

5 JFP 14 June 1629 [DB 129–30]。浪還是太強，小船無法登陸，但六個水手還是克服

萬難游過猛浪，上了岸。結果白忙一場；未找到水，甚至未見到太陽西沉時肯定還在該區域的原住民。太陽西沉時，佩爾薩特記下一件駭人之事：「看到四個男子手腳並用爬向（我們的人）。我們的人從一凹地出來，上到一高島，突然離他們更近，他們猛然跳起來，全速逃離。我們在小船上把這看得一清二楚；他們是黑皮膚的野人，全身赤裸，一絲不掛。」

6 JFP 15–16 June 1629 [DB 125n, 130].

7 先前聯合東印度公司的船母獅號（Leeuwin）的水手長發現了此河。JFP 16 June 1629 [DB 131]; Günter Schilder, *Australia Unveiled: The Share of Dutch Navigators in the Discovery of Australia* (Amsterdam: Theatrum Orbis Terrarum, 1976), p. 77。

8 JFP 16 June 1629 [DB 131].

9 倖存者的信，一六二九年十二月，匿名發表於*Leyds Veer-Schuyts Praetjen, Tuschen een Koopman ende Borger van Leyden, Varende van Haarlem nae Leyden* (np [Amsterdam: Willem Jansz], 1630) [R 235-236]。關於布萊的航行，見John Toohey, *Captain Bligh's Portable Nightmare* (London: Fourth Estate, 1999), pp. 62–64, 72–78。關於心理問題，見S. Henderson and T. Bostock, "Coping Behaviour After Shipwreck," *British Journal of Psychiatry* 131 (1977): 15–20。Henderson和 Bostock特別用心研究了一九七三年漂流於澳洲附近海域十人的情況，清楚表達了「對至親摯愛的掛念」（attachment ideation）的重要：他們寫道，「在這整個苦難期間，最顯著的行為是這些人心心念念牽掛著妻子、母親、孩子、女友之類至親摯愛之人……每個倖存者都說那是他們所經歷過最有益的意識內涵」（頁16）。相對地，有個在漂流五天後死去的人，其他人說他已「認輸放棄」。

10 JFP 17 Sep 1629 [DB 143–4].

11 佩爾薩特的聲明 op. cit。

12 JFP 3 Jul 1629 [DB 133].

13 Taylor, *The Social World of Batavia*, pp. 3–32; Jaap Bruijn et al., *Dutch-Asiatic Shipping in the 17th and 18th Centuries* (The Hague: Martinus Nijhoff, 3 vols., 1979–1987), I, pp. 123–124; C. R. Boxer, *The Dutch Seaborne Empire 1600–1800* (London: Hutchinson, 1965), pp. 189–193, 207; Bernard Vlekke, *The Story of the Dutch East Indies* (Cambridge, MA: Harvard University Press, 1946), pp. 87, 91–92; Spruit, *Jan Pietersz Coen*, pp. 48–58.

14 他生於一五八七年一月，十三歲小小年紀被送去羅馬學習經商。六年後回聯省共和國，簽約受雇於聯合東印度公司，當上副商務員，年僅二十。一六一一年再回尼德蘭，向十七紳士呈上一份報告，以毫不留情的口吻說明他在東方所目睹公司職員的無能。董事會看過之後大為讚賞，將他提拔為正商務員，一六一二年要他統領由兩艘船組成的小船隊再去東方。他減少他轄下船隻靠岸的次數，藉此提升航行效率，提供船員檸檬和李子以維持船員健康，從而降低壞血病發生率。這些作為使他更為十七紳士所欣賞，一六一三年十七紳士任命他為東印度群島貿易總管（director-general），

在該地區，位階僅次於總督。六年後，顧恩接任總督，擔任該職直到一六二三年，一六二七年九月再任該職，直到一六二九年去世為止。顧恩表現出色，受到董事會大大獎勵。一六二四年，第一任總督任期結束時，十七紳士授予他聞所未聞的高額獎金兩萬荷蘭盾——足以讓顧恩一輩子不愁吃穿，討個好老婆。Spruit, op. cit., esp. pp. 9–10, 16–18, 41–44。

15 Spruit, op. cit., pp. 47–50, 71–73; Jonathan Israel, *Dutch Primacy in World Trade, 1585–1740* (Oxford: Clarendon Press), pp. 172–176; Giles Milton, *Nathaniel's Nutmeg: How One Man's Courage Changed the Course of History* (London: Hodder & Stoughton, 1999), pp. 286–287, 298–314。英格蘭人能在香料群島保住一個立足點，主要得歸功於一六一九年七月荷蘭共和國和英格蘭王國政府締結的所謂的防禦條約（Treaty of Defence）。此約明訂東印度群島的物產三分之一歸英格蘭東印度公司所有，簽署之時，聯省共和國當局還未完全知曉顧恩在東方的成就。簽約消息終於傳到爪哇時，這個總督可想而知怒不可遏。但到了一六二八年英格蘭東印度公司終於放棄其在巴達維亞的據點時，該公司在東印度群島的商館，只剩位在萬丹、望加錫、蘇門答臘的商館。

16 Spruit, op. cit., pp. 74, 80–82.

17 似乎值得一提的，是這些英格蘭人手邊的武器只有三把刀和兩枝滑膛槍。Ibid., pp. 89–92; John Keay, *The Honourable Company: A History of the English East India Company* (London: HarperCollins, 1993), pp. 47–51; Milton, op. cit., pp. 318–342。

18 Boxer, op. cit., p. 191.

19 op. cit., pp. 92–105; Boxer, op. cit., pp. 190–192; Vlekke, op. cit., pp. 88–89, 94; Israel, op. cit., p. 181。阿袞攻打巴達維亞城，有葡萄牙人暗中支持。馬塔蘭就是今日的日惹（Jogjakarta）。

20 比例沒那麼高。此公司在一六〇二至一六二四年損失了四艘船，接下來二十五年間會再損失十六艘（十四艘失事、兩艘落入他人之手），也就是在一六〇二至一六四九年間每百次航行損失約三艘。Jaap Bruijn et al., op. cit., I, p. 75。

21 歷史學家伯納德．佛萊克（Bernard Vlekke）的看法，被Drake-Brockman引用於op. cit., p. 45。

22 顧恩起訴此案，主要是為了減輕荷蘭人在爪哇人眼中形象受損的程度。莎拉的愛人，掌旗官彼得．科滕胡夫（Pieter Cortenhoeff），向一些奴隸行賄，以便進入這女孩的房間，兩人亂搞的消息因此為當地人所普遍知曉。莎拉．斯北科思的生父是雅克，而佩爾薩特所該駕船前去會合的船隊，就由雅克統領。她有一半的日本人血統，一六一七年生於日本平戶市。Taylor, *The Social World of Batavia*, p. 16.

23 一六二九年七月九日總督在評議會的會議記錄，被德雷克－布羅克曼引用於op. cit., p. 44。佩爾薩特待在巴達維亞期間，也被檢察官安多奈．范登赫費爾訊問此災難的確切情況。佩爾薩特的聲明，op. cit。

24 J. A. Heeres, *The Part Borne by the Dutch in the Discovery of Australia 1606–1765* (London: Luzac, 1899), p. 52; Schilder, op. cit., p. 100; Miriam Estensen, *Discovery: the Quest for the Great South Land* (Sydney: Allen & Unwin, 1998), p. 152。顧恩所估計的距離，在此以英哩表示；他的原文以荷哩表示，每荷哩約合四．五英哩。

25 正常的話，此評議會有八人，但當時其實有六人未出席。剩下的兩人也談不上獨立客觀。范迪門是未償清債務的破產者，為躲債逃到東印度群島，而儘管有此污點，顧恩在董事會面前力保他，因為他看出范迪門很能幹；因此，范迪門能爬上高位，全要歸功於這位總督。弗拉克是顧恩的姻親。Gerretson, op. cit., p. 64。

26 一六二九年七月十五日令，被德雷克－布羅克曼引用於op. cit., pp. 257–258。

27 Drake-Brockman, op. cit., pp. 46, 63.

28 他於一六二八年七月來到巴達維亞，三個月後被任命為檢察官。他的主要職責是抑制私下貿易的猖獗，而為鼓勵他勇於任事，董事會已答應，他向私下貿易者裁課的罰金，三分之一歸他。這個新任檢察官勇於任事，連東印度群島評議會的成員都因私下貿易挨了他罰款。他因此很快就成為巴達維亞城裡最被痛恨的人。Gerretson, op. cit., p. 68-70。

29 一六二九年七月十三日總督在評議會的會議記錄，被引用於ibid., p. 46。

30 JFP 15 Jul–16 Sep [DB 134–141]; Drake-Brockman, op. cit., pp. 46–47.

31 OV; JFP 28 Sep 1629 [DB 157]; Drake-Brockman, op. cit., p. 68；佩爾薩特的聲明，op. cit。

32 JFP 17 Sep 1629 [DB 141].

CHAPTER 7 ——「誰想被捅死？」

就此章的資料可信度來說，海斯伯特．巴斯蒂安斯的家書特別不可或缺，那是巴達維亞號之墓上生活的唯一親身見聞錄。韋布．海耶斯之島的地理、地質、考古方面的資料，取自西澳海事博物館的數份出版品，而我探討與佩爾薩特回到阿布羅留斯群島一事密切相關的諸多事件時，汲取了Jeremy Green, Myra Stanbury, and Femme Gaastra在他們所合編的以下著作裡提出的看法：*The ANCODS Colloquium: Papers Presented at the Australia-Netherlands Colloquium on Maritime Archaeology and Maritime History* (Fremantle: Australian National Centre of Excellence for Maritime Archaeology, 1999).

1 LGB; J. Mooij, *Bouwstoffen voor de Geschiedenis der Protestantsche Kerk in Nederlands-Indië* (Weltevreden: Landsdrukkerij, 1927), I, 328.

2 在他給巴達維亞教會評議會的證詞中，巴斯蒂安斯說他在阿布羅留斯群島繼續講道。這麼說肯定對他自己有利，因為——誠如後面會提到的——他在巴達維亞號叛變期間據認軟弱的行徑，已使他可能在東印度群島失業。日誌裡數個地方提到禁止作禮拜（參照對安德里斯．尤納斯的司法裁定，JFP 28 Sep 1629 [DB 204]），因此如果

這個牧師所言不假，大概是指他在韋布．海耶斯之島的時候。但在哈爾德韋克手稿（Harderwijk MS）裡，有一處提及在此島所舉行的宗教儀式；見下文。Mooij, op. cit., p. 328。

3 對揚．亨德里克松的司法裁定，JFP 28 Sep 1629；揚．佩爾赫歐姆的訊問記錄，JFP 26 Sep 1629 [DB 184, 209]; Mooij, op. cit., p. 308。

4 這份摘要由薩洛蒙．德尚寫下，但大概是由佩爾薩特口授。JFP 30 Sep 1629 [DB 212]。

5 Norman Cohn, *The Pursuit of the Millennium: Revolutionary Millenarians and Mystical Anarchists of the Middle Ages* (Oxford: Oxford University Press, 1970), pp. 148–197.

6 Harderwijck MS [R 26].

7 Ibid.

8 Ibid.

9 後來，當科內里斯迫於情勢開始除掉他手下可能與他分庭抗禮之人時，「他公開撕掉議定的誓約，藉此開除掉那些人，於是，那些必須死的人，都在當晚遭殺害，然後出爐了一份新協議。」關於此事和誓約本身，見 JFP 19 Sep 1629；耶羅尼穆斯．科內里斯的訊問記錄，同日期 [DB 147–148, 166]。

10 二十五人簽了第一份效忠誓約，三十六人簽了第二份誓約，不包括科內里斯本人。他們的名字列出如下；注意排名的變動，有時排名變動似乎意味著在群體裡地位的變動。原來的名單列出大部分人的職業和本籍，在此不得不將其略去。寫下這兩份文件的德尚，在兩份名單上都把自己擺在最底下，無疑是為了盡可能讓自己和叛變者劃清關係，儘管以他的職級，他本來必然排在較前面。最後，請注意，在第一份誓約上，科內里斯以群體之一員的身分簽了名，他的身分是同級中居首位者，但第二份誓約以他為宣誓效忠對象，他是公認的領導人。來自 JFP 19 Sep 1629 [DB 165–7]。第二份名單上新增的成員以＊標出。

第一份誓約，一六二九年七月十六日

Hieronomus Cornelisz
Coenraat van Huyssen
Jacop Pietersz
David van Zevanck
Isbrant Isbrantsz
Olivier van Welderen
Gÿsbert van Welderen
Jan Pelgrom de Bye
Jan Hendricxsz
Lenert Michielsz van Os
Mattys Beer
Allert Janssen
Hans Hardens
Rutger Fredricx
Gerrit Willemsz
Cornelis Pietersz
Hans Jacob Heijlweck
Lucas Gellisz
Reyndert Hendricx
Daniel Cornelissen

Wouter Loos
Gerrit Haas
Jan Willemsz Selyns
Jeuriaen Jansz
Hendrick Jaspersz
Salomon Deschamps

第二份誓約，一六二九年八月二十日

Coenraat van Huyssen
David van Zevanck
Jacop Pietersz
Wouter Loos
Gÿsbert van Welderen
Gijsbert Bastianesz*
Reyndert Hendricx
Jan Hendricxsz
Andries Jonas*
Rutger Fredricx
Mattys Beer
Hans Frederick*
Jacques Pilman*
Lucas Gellisz
Andries Liebent*
Abraham Jansz*
Hans Hardens
Olivier van Welderen
Jeuriaen Jansz
Isbrant Isbrantsz
Jan Willemsz Selyns
Jan Egbertsz*
Cornelis Pietersz
Hendrick Jaspersz
Gillis Phillipsen*
Tewis Jansz*
Hans Jacob Heijlweck
Gerrit Haas
Claas Harmansz*
Allert Janssen
Rogier Decker*
Gerrit Willemsz
Abraham Gerritsz*
Jan Pelgrom de Bye
Lenert Michielsz van Os
Salomon Deschamps

11 若說這些人濫殺無辜，絕不過份。例如貝爾聲稱從未殺過女人，其實他殺了巴斯蒂安斯的一名女兒，也幫忙殺了他的妻子。他殺小孩時也未顯露一絲遲疑。馬蒂斯．貝爾的訊問記錄，JFP 23 Sep 1629 [DB 190]。

12 佩爾薩特一回到阿布羅留斯群島，亨德里克松立即公開坦承此殺害人數，簡直像是在吹噓自己有多厲害。JFP 17 Sep 1629 [DB 143]。

13 叛變者一六二九年八月二十日的誓約 [DB 147]。

14 JFP 19 Sep 1629 [DB 147].

15 對揚．亨德里克松的司法裁定，JFP 28 Sep 1629 [DB 184]。

16 對馬蒂斯．貝爾的司法裁定，JFP 2 Oct 1629 [DB 193]。

17 對奧利維爾．范韋爾德倫的司法裁定，JFP 30 Nov 1629 [DB 245]。

18 對瓦烏特．洛斯的司法裁定，24 Sep 1629；對萊內爾特．范歐斯的司法裁定，JFP 28 Sep 1629 [DB 188–189, 225]。

19 揚・佩爾赫歐姆的訊問記錄，JFP 26 Sep 1629 [DB 209]。

20 LGB。

21 日誌寫道，科內里斯把克蕾謝為妾「兩個月」。他是在九月二日被海耶斯的手下擒住（見下文），因此這間接表示他在七月上旬開始與她同睡一帳，但澤凡克與克蕾謝的談話讓人覺得她在七月二十二日之前並未與他睡在一塊。對耶羅尼穆斯・科內里斯的司法裁定，JFP 28 Sep 1629 [DB 176]。

22 Simon Schama, *The Embarrassment of Riches: An Interpretation of Dutch Culture in the Golden Age* (London: Fontana, 1987), pp. 437, 439–440，描述了此時期荷蘭人對男女情愛的憧憬。為了擄獲克蕾謝的芳心，科內里斯自然把自己已婚這個礙事的羈絆拋到九霄雲外；這時他想必已體認到不管阿布羅留斯群島上的情勢如何演變，他再無機會回到哈倫。

23 韋布・海耶斯等人的證詞，一六二九年十月二日，OV [DB 68-69]。這份證詞未出現於佩爾薩特的日誌裡，首次發表於以撒克・科默林（Issac Commelin）一六四七年的小冊子裡。誠如德雷克－布羅克曼所指出的，這或許是捏造的文件，用以消除外界懷疑她對科內里斯太百依百順的說法；但根據其注明的日期，有內在證據表明它至少寫於它據稱已被寫下之時，即這位藥劑師遭處決那天。

24 揚・佩爾赫歐姆的訊問記錄，JFP 26–28 Sep 1629 [DB 209–211]。

25 後來有人憶道，那天晚上「鑿石工」彼得斯也在場，但未直接動手殺人。或許，身為科內里斯之評議會的一員，他不受懷疑；或許，身為澤凡克的上司，他根本不可能被命令去幫忙殺人。

26 對耶羅尼穆斯・科內里斯的司法裁定，JFP 28 Sep 1629 [DB 174]。

27 耶羅尼穆斯・科內里斯的供狀，JFP 23 Sep 1629；對揚・亨德里克松的司法裁定，JFP 28 Sep 1629 [DB 169, 184]。

28 耶羅尼穆斯・科內里斯的陳述，JFP 24 Sep 1629；對羅希爾・戴克的司法裁定，JFP 12 Nov 1629 [DB 169, 231–232]。關於動手日期，日誌裡有七月二十五日和八月十日這兩種說法。戴克拿刀刺揚斯時，揚斯被綁住，不可能有多大反抗。對耶羅尼穆斯・科內里斯的司法裁定，JFP 28 Sep 1629 [DB 175]。

29 對揚・亨德里克松的司法裁定，JFP 28 Sep 1629；對揚・佩爾赫歐姆的司法裁定，JFP 28 Sep 1629；對安德里斯・利班特的司法裁定，JFP 30 Nov 1629 [DB 184, 210, 244]。動手殺他的日期，有七月二十八日、三十日兩種說法。

30 耶羅尼穆斯・科內里斯的供狀，JFP 23 Sep 1629；揚・佩爾赫歐姆的訊問記錄，JFP 23 Sep 1629；馬蒂斯・貝爾的訊問記錄，JFP 26 Sep 1629；對馬蒂斯・貝爾的司法裁定，JFP 28 Sep 1629, [DB 169, 190–191, 195, 208–211]。佩爾薩特寫下他對佩爾赫歐姆的訊問內容時，把此事講了兩遍，而且用語幾乎一模一樣。我引用的文字係從這兩份記述拼湊成。在佩爾薩特有關馬蒂斯・貝爾的記錄裡，又出現別的大同小異的說法。佩爾薩特在四個地方都說阿爾德斯被貝爾一刀砍下頭，但在日誌裡另一個

地方，只說這個士兵「使出幾乎足以把他頭砍斷的一擊」。

31 對耶羅尼穆斯・科內里斯的司法裁定，JFP 28 Sep 1629 [DB 174]；魯特赫・佛雷德里克斯罪行概述，JFP 28 Sep 1629 [DB 156]；對魯特赫・佛雷德里克斯的司法裁定，JFP 28 Sep 1629 [DB 207]；萊內爾特・范歐斯的訊問記錄，JFP 23 Sep 1629 [DB 186–187]。克蕾謝和德夫里斯有交情之說，以及德夫里斯被視為對總司令構成特殊威脅之說，這兩者源於德夫里斯（而非全體叛變者）發誓如果他曾和她講話，他的命任人處置。

32 瓦烏特・洛斯的供狀，JFP 27 Oct 1629；對漢斯・雅各布・海爾威克的司法裁定，30 Nov 1629 [DB 226, 241]。

33 此事發生於「高島」（整個叛變期間只有揚斯一人死在該地），就在科內里斯帶著他的主要助手和韋布・海耶斯談判之時。科內里斯留了一批自己人在後面，以便需要時前來助陣，並要他們在等其他人回來時除掉佛朗斯。當時科內里斯顯然已對海耶斯和他的手下心存戒心，而這想必有助於使他堅信這個船醫已然變節。對漢斯・雅各布・海爾威克的司法裁定，30 Nov 1629 [DB 241]。

34 這是佩爾薩特對尤金袋鼠的形容。他是第一個觀察並描述有袋動物的西方人，他的日誌因此既有歷史價值，也有科學價值。JFP 15 Nov 1629 [DB 235–6]。

35 據某位「防守者」所述，這些水源「有五十、六十、乃至一百瓦登深，水質甜美」（瓦登／vadem，複數 vademen，即英尋，一英尋合六英呎）。一六二九年十二月十一日的信，收錄於 *Leyds Veer-Schuyts Praetjen, Tuschen een Koopman ende Borger van Leyden, Varende van Haarlem nae Leyden* (np [Amsterdam: Willem Jansz], 1630), pp. 15–18 [R 231]。佩爾薩特提及發現這兩個水源之事，JFP 20 Sep 1629 [DB 149]。不然，也可見 *The ANCODS Colloquium*, p. 99; Jeremy Green and Myra Stanbury, "Even More Light on a Confusing Geographical Puzzle, Part 1: Wells, Cairns and Stone Structures on West Wallabi Island," *Underwater Explorers' Club News* (January 1982): p. 2; Hugh Edwards, *Islands of Angry Ghosts* (New York: William Morrow & Co., 1966), pp. 174–175。Edwards 說海耶斯的手下花了將近三個星期才找到較大的地下水池，叫他難以置信；這是一個未解之謎。無論如何，據說水質非常好；嚐來「非常甜美，如奶汁。」LGB。

36 一六二九年十二月十一日的信，收錄於 *Leyds Veer-Schuyts Praetjen, Tuschen een Koopman ende Borger van Leyden, Varende van Haarlem nae Leyden*, pp. 15–18 [R 231]。有殼的水生動物在這些島上也能大量捕捉到，但十七世紀的荷蘭人認為牠們是最劣質的食物，不屑一吃，萬不得已才吃牡蠣和貽貝。在此島上待了幾星期的海斯伯特，巴斯蒂安斯，論及此島物產的豐饒時，用語非常類似：「真是神奇，上帝讓這些好人……享有水、禽、魚、其他野獸、一籃又一籃的蛋；還有他們稱之為貓的某些動物，滋味是我所嘗過最好的。」LGB。尤金袋鼠（Thylogale eugenii houtmani）直立時高兩英呎，沒有袋鼠那種極度發達的後肢。

37 關於從巴達維亞號之墓逃出的人，見 JFP 17 Sep 1629 [DB 143]。

38 一六二九年十二月十一日的信 [R 232]；LGB（有提到「槍」）；Edwards, pp. 52–54。
39 對沿海掩蔽設施和內陸類似設施的完整探討，見第十章。
40 根據OV，他是下士，非軍官候補生。此說似乎較不可能，因為不管海耶斯能力高低，有經驗的下士可能會被指望統領登陸隊，但對年輕的軍官候補生應該不會有此指望。
41 對耶羅尼穆斯・科內里斯的裁定，JFP 28 Sep 1629 [DB 175]；佩爾薩特「就副商務員耶羅尼穆斯・科內利森決意……殺害這所有人的起因、理由、意圖……發出的簡短聲明」，JFP nd [DB 252]。
42 從這角度來看，有件事頗有意思，那就是八月二十日叛變者簽署第二份誓約，誓約中有一條載明：「而且，我們這些跑船的人不會再被稱作水手，而會被依據同樣基礎視為士兵，屬同一公司。」八月二十日誓約 [DB 148]。
43 七月二十三日寫給韋布・海耶斯之島上的法籍士兵的信 [DB 148-149]。叛變落幕時，此信由海耶斯交給佩爾薩特，被抄寫進佩爾薩特的日誌裡，連同叛變者的誓約，共同構成不利於科內里斯和其手下的部分證據。
44 見 *The ANCODS Colloquium*, pp. 93, 100 裡的探討。
45 對達尼爾・科內利森的司法裁定，JFP 30 Nov 1629 [DB 240]。
46 關於交手的次數和日期，佩爾薩特交待得不清楚。Drake-Brockman, op. cit., pp. 115–117，提出了最可能的日期和事件的發生順序。關於資料來源，見佩爾薩特的「簡短聲明」[DB 252–3]；對耶羅尼穆斯・科內里斯的司法裁定，JFP 28 Sep 1629 [DB 175]。佩爾薩特對這些事件的更早期記述(JFP 17 Sep 1629 [DB 159]) 並不完整，因為那是以科內里斯給他的最早說詞為本，因此強調澤凡克和范赫伊森的角色，同時把科內里斯本人的角色盡可能輕描淡寫。第二次進攻與殺害佛朗斯・揚斯正巧發生於統一時間，據此，可推測叛變集團似乎把他們的人馬分成兩部，而且出於未明的原因，決定把至少五個他們最會打的人留在「高島」。
47 JFP 17 Sep 1629 [DB 159]；對安德里斯・利班特的司法裁定，JFP 30 Nov 1629 [DB 244]。
48 佩爾薩特，「簡短聲明」[DB 253]。
49 LGB。「防守者」自製了一些這樣的鞋子，巴斯蒂安斯來到此島時（見下文），他們給了他一雙。此舉令他非常感動，他寫到他至死都會留著這雙鞋。
50 JFP 17 Sep 1629 [DB 142]。
51 此事發生在九月一日偵察期間。科內里斯也在場，而且據牧師的說法，「我們的商務員主動向他們表示願意止戰，但（存心）騙他們。」科內里斯似乎打算攻擊他們一個措手不及，但奉命在「防守者」到海灘之時將其斃掉的兩名滑膛槍手，發現他們的武器老是不發火，海耶斯再度完好無傷現身。Ibid。
52「簡短聲明」[DB 253]。
53 一六二九年十二月十一日的信 [R233]。
54 LGB。談判似乎透過充當中間人的海斯伯特・巴斯蒂安斯進行。JFP 17 Sep 1629 [DB

142]。

55 LGB。

56 JFP 17 Sep 1629 [DB 159]；「簡短聲明」[DB 253]；LGB。

57 Harderwijk MS [R28]。

58 對瓦烏特・洛斯的司法裁決，JFP 13 Nov 1629 [DB 226-227]；「簡短聲明」[DB 253]。

59 瓦烏特・洛斯的訊問記錄，JFP 24 Sep 1629 [DB 225]。

60 LGB。

61 巴斯蒂安斯，ibid.，提到在此島上成立「新政府」。

62 佛朗西斯科・佩爾薩特訊問洛斯時說，「他們以想控制水為藉口」發動此進攻，但值得注意的，他又說，「其實他們每次想要水都未遭拒絕。」對瓦烏特・洛斯的司法裁定，JFP 13 Nov 1629 [DB 228]。

63 我會把瓦烏特・洛斯、揚・亨德里克松、「鑿石工」彼得斯、萊內爾特・范歐斯、馬蒂斯・貝爾、安德里斯・尤納斯、漢斯・雅各布・海爾威克、盧卡斯・黑利斯，或許還有（常生病的）漢斯・佛雷德里克，算入士兵行列，把魯特赫・佛雷德里克斯、揚・威廉斯・塞林斯、阿萊特・揚森、安德里斯・利班特、科內利斯・揚森，算入水手行列。就少年來說，揚・佩爾赫歐姆、羅希爾・戴克、亞伯拉罕・黑赫茨、克拉斯・哈爾曼斯・霍普洛珀，可能打得了仗，於是叛變集團的兵力最多達十人。如果自簽署科內里斯八月二十日的第二份誓約以來，叛變集團的人數一直沒變，那就還有十五人也簽了洛斯的誓約，這些人未參與先前的攻擊或殺人行動，儘管其中有四或五個士兵和類似數目的水手。有兩人，包括奧利維爾・范韋爾德倫，身體不佳，無法打仗，但其他人顯然都不想殺人。

64「簡短聲明」JFP [DB 253]。這兩把武器並非立即就發揮威力；據揚・亨德里克松的說法，「如果我們當初立即朝他們（海耶斯的手下）開槍，肯定已撂倒他們，但火藥池上的火藥燒掉三至四次。」後來，他們都成了階下囚時，有人把此事告訴科內里斯，他聽了之後責怪亨德里克松，說「如果你們當時用點腦筋，在水上時就會把一切準備就緒，然後我們就隨時可開槍。」JFP 19 Sep 1629 [DB 160]。

65 JFP 17 Sept–13 Nov 1629 [DB 142, 222, 227–228]; LGB。關於這次進攻如何結束，佩爾薩特和巴斯蒂安斯的說法相牴觸；這個牧師寫道，洛斯在救援船出現之前就下令撤退，但佩爾薩特暗示，薩爾丹號進入視野時，進攻還未結束：「若非天意要我們在這同時，也就是在（這些叛變者）他們正在打仗的那一刻，駕著這艘雅赫特抵達，粉碎他們的所有意圖，他們看來會製造更多苦難。」對瓦烏特・洛斯的司法裁定，JFP 13 Nov 1629 [DB 227]。揚・亨德里克松證實此說法，指出「就在他們正與另一方交手時，突然看見那艘船。」揚・亨德里克松的供狀，JFP 17 Nov 1629 [DB 178]。

CHAPTER 8 ——判刑

佩爾薩特的巴達維亞號日誌含有所有叛變要角受訊問過程的扼要記錄，以及加諸他

們的判決。這些資料，加上亨莉埃塔・德雷克－布羅克曼（Henrietta Drake-Brockman）的《航向災難》和魯伯（V. D. Roeper）的《一六二九年巴達維亞號失事》（*De Schipbreuk van de Batavia, 1629*, Zutphen: Walburg Pers, 1994），都是本章的主要資料來源。

1 JFP 17 Sep 1629 [DB 141–142].
2 Hugh Edwards, "Where Is Batavia's Graveyard?," in *The ANCODS Colloquium*, pp. 91–93; Jeremy Green, "The Batavia Incident: The Sites," in ibid., p. 100.
3 巴斯蒂安斯寫道，「這些虔信者高興得跳了起來，立即上了小船，以便到雅赫特艇去向他們示警。」LGB。
4 對揚・佩爾赫歐姆的司法裁定，JFP 28 Sep 1629 [DB 209–210]。
5 Edwards, "Where Is Batavia's Graveyard?" p. 93 主張，這是海耶斯為何（如在佩爾薩特的日誌裡所提到的）出現在「北角附近」最可能的解釋，而且他這說法很有說服力。
6 H. Edwards, *Islands of Angry Ghosts* (New York: William Morrow & Co., 1966), p. 174.
7 JFP 19 Sep 1629 [DB 146] 列出此船上十一人的名字：「鑿石工」彼得斯、揚・亨德里克松、魯特赫・佛雷德里克斯、漢斯・雅各布・海爾威克、盧卡斯・黑利斯、漢斯・佛雷德里克、揚・威廉斯・塞林斯、亨德里克・雅斯伯斯・克魯特、漢斯・哈登斯、雅克・皮爾曼、黑赫特・哈斯。值得注意的，最後那四人在叛變集團裡是無足輕重的小角色，未犯下具體罪行，未因涉入叛變受罰。這時候，那些簽了科內里斯之誓約的人，大概都以為自己因簽了該約而難逃一死。
8 Drake-Brockman, *Voyage to Disaster*, p. 153n.
9 JFP 17–28 Sep 1629 [DB 142–3, 152].
10 Philippe Godard, *The First and Last Voyage of the Batavia* (Perth: Abrolhos Publishing, nd, c. 1993), p. 174n。有一點應該指出，即雙方似乎都不知道有別人想搶先一步；雙方都只是想盡快和佩爾薩特接頭，划到這艘雅赫特艇旁。
11 這是架在樞軸上的小加農炮，一般來講填裝霰彈、釘子或其他殺傷物，裝在艉樓欄杆上以阻止他人強行登船。佩爾薩特在 JFP 17 Sep 1629 [DB 143] 說他和他的手下已「作好擒住這些惡棍的萬全準備」時，肯定在表示他已讓迴轉炮裝好彈藥、準備開火；至少，那個匿名的「防守者」寫道佩爾薩特「把他的炮指向」這小船上那些人時，未明言的意思亦是如此。一六二九年十二月十一日的信，收錄於 *Leyds Veer-Schuyts Praetjen, Tuschen een Koopman ende Borger van Leyden, Varende van Haarlem nae Leyden* (np [Amsterdam: Willem Jansz], 1630), pp. 15–18 [R 321]。
12 JFP 17 Sep 1629 [DB 143].
13 JFP 28 Sep 1629 [DB 152].
14 JFP 28 Sep 1629 [DB 152].
15 JFP 17 Sep 1629 [DB 144].
16 JFP 18 Sep 1629 [DB 144–145].

17 Ibid. [DB 145].

18 Ibid.

19 Roeper, *De Schipbreuk van de Batavia, 1629*, pp. 30–32.

20 Drake-Brockman, in *Voyage to Disaster*, p. 157n，推測他是水手，但未有有力證據。我認為他是薩爾丹號的糾察長，或者，由於此船船員數不多，我猜測他只是被派去充當此角色，但此猜測更符合船上評議會的組成方式。他肯定不識字，在數份訊問記錄上全以某符號代替簽名。

21 Roeper, op. cit., pp. 31–32.

22 Ibid., p. 32; Drake-Brockman, op. cit., pp. 101–102; Giles Milton, *Nathaniel's Nutmeg: How One Man's Courage Changed the Course of History* (London: Hodder & Stoughton, 1999), pp. 328–329.

23 John Keay引用於 *The Honourable Company: A History of the English East India Company* (London: Harper Collins, 1993), p. 49.

24 耶羅尼穆斯・科內里斯的訊問記錄，JFP 19 Sep 1629 [DB 160–170]。

25 耶羅尼穆斯・科內里斯的訊問記錄，JFP 28 Sep 1629 [DB 170]。

26 Ibid.

27 Ibid.

28 Ibid。揚森和亨德里克松憤慨否認他們總司令的說法，大聲說他們「會因說謊而丟掉性命，為了拯救他們的靈魂，至目前為止所供認的事全都屬實。」

29 Ibid.

30 Ibid.

31 揚・亨德里克松的訊問記錄，JFP 17 Sep 1629 [DB 177]。

32 魯特赫・佛雷德里克斯的訊問記錄，JFP 20 Sep 1629 [DB 205–206]；萊內爾特・范歐斯的訊問記錄，JFP 23 Sep 1629 [DB 168–169]；羅希爾・戴克的訊問記錄，JFP 24 Sep 1629 [DB 169]；馬蒂斯・貝爾的訊問記錄，JFP 23 Sep 1629 [DB 189–190]。

33 安德里斯・尤納斯的訊問記錄，JFP 27 Sep 1629 [DB 202]。

34 對耶羅尼穆斯・科內里斯的判決，JFP 28 Sep 1629 [DB 172–177]。

35 JFP 28 Sep 1629 [DB 154–156].

36 JFP 28 Sep 1629 [DB 156–157]；八月二十日叛變者名單，JFP 19 Sep 1629 [DB 166–167]。

37 JFP 28 Sep 1629 [DB 157].

38 下士加布里爾・雅各布松已死，準下士彼得斯則在獄中。

39 韋布・海耶斯之島上的主要水源已開始枯竭，經過細心搜尋，才終於在「高島」上找到新的淡水水源。

40 JFP 25 Sep 1629 [DB 150].

41 JFP 28 Sep 1629 [DB 151].

42 這是佩爾薩特當下唯一能想到的日子，因為二十八日宣判時想必已幾乎天黑。後來他說（JFP 28 Sep, 1629 [DB 211]）行刑日會「延」到十月一日。九月三十日星期日把他們押出來不妥。

43 Ibid.

44 Ibid.

45 JFP 29 Sep 1629 [DB 211–212].

46 Ibid.

47 JFP 29 Sep 1629 [DB 171].

48 日誌這時其實提到「Jacop Jacopsz Holloch」一名，但這顯然有誤，因為在日誌其他地方完全未提到叫這名字的人。德雷克—布羅克曼認為這名字很可能指的是薩爾丹號船長「雅各布．雅各布斯．豪滕曼」；但「Jacop Jacopsz Holloch」一名似乎較近似於跟著佩爾薩特回到阿布羅留斯群島的巴達維亞號副舵手雅各布．揚斯．霍萊特；而且這個人作為這些信的收信人，可能性似乎大了許多，因為他真的認識科內里斯。鑑於據說阿里安．雅各布斯曾說（耶羅尼穆斯．科內里斯的訊問記錄，JFP 19 Sep 1629, DB 164），他對克拉斯．黑赫茨和「副舵手，我的姻親」都不信任，這番解讀就暗示希利斯．佛朗斯．哈爾夫瓦克（Gillis Fransz Halffwaack）是這個船長的親戚，但也暗示佛朗斯的同事雅各布．揚斯較支持叛變者，至少在科內里斯眼中是如此。但在把霍萊特定性為「秘密支持叛變者」之前，不妨回想一下，這故事到了這階段，這個副商務員已把他在巴達維亞號船尾區認識的人剷除到只剩寥寥幾人；與他同身分地位的那批人裡，還活著且人在此群島上的，只剩佩爾薩特、克拉斯．黑赫茨、巴斯蒂安斯、克蕾謝。黑赫茨似乎一直為評議會和失事船的事忙得分不開身，而且牧師和克蕾謝都不可能願意充當傳信人，因此，霍萊特可能只是無計可施的情況下最後的希望所寄。關於更陰謀論的觀點，見Philip Tyler, “The BataviaMutineers: Evidence of an Anabaptist ‘Fifth Column’ within 17th Century Dutch Colonialism?” *Westerly* (December 1970): 36–37.

49 另一個可能情況是這毒藥取自薩爾丹號之藥劑師的藥箱。佛朗斯．揚斯的藥箱顯然已跟著巴達維亞號一起消失，後人在失事地點打撈出該藥箱的部分藥品就是明證。Jeremy Green, *The Loss of the Verenigde Oostindische Compagnie Retourschip Batavia, Western Australia 1629: An Excavation Report and Catalogue of Artefacts* (Oxford: British Archaeological Reports, 1989), pp. 95–96, 99–101。該書的人造物目錄列出兩組油膏罐；從海底打撈出超過二十四罐，也就是藥箱原內容物的約八分之一。但其他藥罐被叛變者尋回亦有此可能。

50 JFP 29 Sep 1629 [DB 211–212].

51 JFP 30 Sep 1629 [DB 212].

52 對安德里斯．尤納斯的司法裁定，JFP 28 Sep 1629 [DB 203].

53 Ibid.

54 佩爾薩特給阿姆斯特丹十七紳士的報告，12 Dec 1629, ARA VOC 1630 [DB259]。

55 JFP 30 Sep 1629 [DB 212].

56 Edwards, op. cit., p. 177.

57 韋布・海耶斯、克拉斯・揚斯・霍夫特等人的證詞，2 Oct 1629, OV, pp. 59–60 [G pt. 2, p. 37]。誠如德雷克—布羅克曼所指出的(op. cit., pp. 67–69)，這份證詞未出現在JFP裡，而且在佩爾薩特的日誌裡，若曾有哪個段落被人刻意拿掉，必然會顯得突兀。它首度出現是出現在揚・揚斯的一六四七年巴達維亞號小冊子裡。德雷克—布羅克曼還說，它或許是（一）添加於既有之記錄的真實文件，小冊子作家不知怎麼地入手這份證詞（與JFP不同的，它用第一人稱，而非第三人稱，但其內容與聯合東印度公司未發表的檔案一致，因而不可能是偽造），或者（二）是假文件，係想要替克蕾謝・揚斯洗刷她自願委身科內里斯此污名者所捏造。當今兩位佩爾薩特日誌的編纂者——德雷克—布羅克曼和魯伯(op. cit., p. 210) ——都傾向於認為它非偽造。

58 JFP 2 Oct 1629 [DB 213].

59 OV [G pt. 2, p. 37]。此刑罰是否完整執行有待商榷，因為在LGB，巴斯蒂安斯提到只砍斷科內里斯右手。我傾向於認為這是因為這位牧師在非官方記錄裡用語不夠精確的原因。

60 JFP 2 Oct 1629 [DB 213]

61 LGB.

CHAPTER 9——「打斷骨頭再架在車輪上」

亨莉埃塔・德雷克—布羅克曼在一九五〇、六〇年代對巴達維亞號叛變事件結束後的後續發展，做了非常寶貴的研究，她的《航向災難》（*Voyage to Disaster*）雖然在某些小地方失實，卻納入了關於佩爾薩特、海斯伯特・巴斯蒂安斯和其女兒、阿里安・雅各布斯、克蕾謝・揚斯的幾乎所有已知的資訊。我個人的研究只是替德雷克—布羅克曼所探明的成果增加了些許新發現。多德雷赫特、哈倫、阿姆斯特丹的檔案的確提供了一些新的資訊，而眾多講述東印度群島歷史的早期荷蘭文著作也的確讓我裨益良多，尤以莫愛（J. Mooij）的《尼德蘭東印度群島新教教會史基礎材料》（*Bouwstoffen voor de Geschiedenis der Protestantsche Kerk in Nederlands-Indië.* Weltevreden: Landsdrukkerij, 1927)的第一冊為然。關於牧師巴斯蒂安斯和其女兒後來的遭遇，此書提供了別的細節。

1 John Laurence, *A History of Capital Punishment* (New York: Citadel Press, 1960), pp. 41–45.

2 JFP 2 Oct 1629 [DB 213].

3 一六二九年十二月，巴達維亞號倖存者的匿名信，收錄於作者不詳的*Leyds Veer-Schuyts Praetjen, Tuschen een Koopman ende Borger van Leyden, Varende van Haarlem nae Leyden* (np [Amsterdam: Willem Jansz], 1630), pp. 19–20 [R 236]。關於此信作者

的身分，見注釋開頭的通論。

4 JFP 2 Oct 1629 [DB 213].

5 William Brereton, *Travels in Holland, the United Provinces etc. . . . 1634–1635* (London: Chetham Society, 1844), p. 49.

6 JFP 25–26 Sep, 3 Oct–14 Nov 1629 [DB 150–151, 213–222]。佩爾薩特指出只有一箱錢未搶救上來，其他作者也這麼認為。但錢幣學家S. J. Wilson在*Doits to Ducatoons: The Coins of the Dutch East India Company Ship Batavia, Lost on the Western Australian Coast 1629* (Perth: Western Australian Museum, 1989), p. 9表示，一九六三年起進行的打撈，撈出許多錢（超過一萬枚錢幣），因此這些錢似乎原裝在兩個箱子而非一個箱子裡。

7 JFP 12 Oct 1629 [DB 215].

8 巴達維亞號本身耗資約十萬荷蘭盾，另外，失蹤錢箱裡的錢共計四萬五千荷蘭盾。此船各式商品，尤其是佩爾薩特的一部分白銀，總值想必至少五千荷蘭盾。Wilson, op. cit., p. 9。

9 JFP 12–13 Oct, 15 Nov 1629 [DB 215–16, 234]。德雷克—布羅克曼的譯文在這裡有點讓人困惑。她的譯文說薩爾丹號與這艘小艇相距「two miles」，似乎意指相距兩英哩，但原手稿寫的是2 mijlen，而mijl是十七世紀荷蘭的距離單位，意為「荷哩」，mijlen則是mijl的複數形，一荷哩合約四．六法定英哩。

10 阿萊特．揚森在前往絞刑架途中提醒佩爾薩特，「在船上要小心提防，因為許多叛徒還活著，他們會抓住機會執行他們原打算做的事；他未指名道姓，說他不想死後被人稱作告密者。」JFP 28 Sep–2 Oct 1629 [DB 157, 213]。

11 佩爾薩特在此案表現出的寬大作風，如今看來仍很不簡單。直到十月底尤蒂克．海斯伯茨德終於站出來作出不利於洛斯的證詞，這個叛變集團最後一位領袖才被人就其在巴達維亞號之墓上的作為嚴加訊問，經一再用刑，他終於招認他先前否認的殺人案，但佩爾薩特從未說要加重他的刑罰。尤蒂克．海斯伯茨德的證詞，27 Oct 1629 [DB 225–226]。

12 對達尼爾．科內利森、漢斯．雅各布．海爾威克、科內利斯．揚森、讓．蒂里翁、安德里斯．利班特、漢斯．佛雷德里克、奧利維爾．范韋爾德倫、揚．勒瑙、伊斯布蘭特、伊斯布蘭茨的判決，JFP 24 Sep–20 Nov 1629; [DB 240-246]。

13 佩爾薩特給十七紳士的報告，一六二九年十二月十二日，ARA VOC 1630 [DB 259–261]。倖存者的人名未有記載，但佩爾薩特似乎確定只有七個女人熬過這場災難。其中兩人，史萬琪．亨德里克斯和她的同伴，搭大艇到了巴達維亞，因此安娜肯．博斯席特斯和馬雷特希．勞伊斯（留供「公用」的女人之二）似乎已死在島上。史料提到的那些死於科內里斯之手者，卻未見到她們兩人的名字，兩人都捱過船難和船難後沒有食物和水的頭幾日，因此大概是傷重不治或病死。

14 FP 15 Nov–5 Dec [DB 234–239, 247].

15 這兩名叛變者究竟在哪裡被送上岸仍有爭論。亨莉埃塔・德雷克－布羅克曼認為是哈特河（Hutt River）河口。大部分現代作者認為是雷德崖（Red Bluff）北邊的小海灣。雷德崖就位在威特卡拉溪谷（Wittecara Gully）一端，德雷克－布羅克曼所較中意之地點的北邊數英哩處。如今有個小紀念碑標示此地點。JFP 16 Nov 1629 [DB 237]; Phillip Playford, *Carpet of Silver: The Wreck of the Zuytdorp* (Nedlands, WA: University of Western Australia Press, 1996), pp. 237–242。

16 由於失去雅各布・雅各布斯，評議會成員這時只有五人。主要成員是佩爾薩特、克拉斯・黑赫茨、賽門・尤普宗、揚・威廉斯・維斯。出於某個原因，審判叛變者時，海斯伯特・巴斯蒂安斯和雅各布・揚斯未坐上審判席；可能因病不克出席。但值得注意的，是薩洛蒙・德尚雖然兩個星期前才被判處涮過船底之刑和鞭刑，仍保有其位置。還是一樣，唯一可能的原因是船上只有他具有做下必要之記錄所需的文書技能。

17 Ibid. [DB 239]。

18 JFP 30 Nov 1629 [DB 239–247]。達尼爾・科內利森被判兩百下鞭刑，比德尚和其他在阿布羅留斯群島被判刑的次要叛變者被判的鞭刑次數多了一倍。科內利斯・揚森挨了一百五十下鞭刑和十八個月工資的罰鍰（罰鍰金額較大，或許只表示得為聯合東印度公司效力更久），漢斯・雅各布・海爾威克被判一百下鞭刑和損失六個月工資。受鞭刑最輕者是伊斯布蘭特・伊斯布蘭茨，只挨了五十下鞭刑。

19 誠如先前已提過的，不幸的茱西被逼去和揚・亨德里克松上床，亨德里克松，連同馬蒂斯・貝爾和揚・佩爾赫歐姆，把她當妾兩個月（對揚・亨德里克松的判決，28 Sep 1629 [DB 184]；對馬蒂斯・貝爾的判決，28 Sep 1629 [DB 193]；揚・佩爾赫歐姆的訊問記錄，26 Sep 1629 [DB209]）。因此，這一指控如果屬實，在阿布羅留斯群島與她上過床的男人至少六個。

20 Bernard Vlekke, *The Story of the Dutch East Indies* (Cambridge, MA: Harvard University Press, 1946), pp. 93–94; Drake-Brockman op. cit., pp. 71–72; R. Spruit, *Jan Pietersz Coen: Daden en Dagen in Dienst van de VOC* (Houten: De Haan, 1987), pp. 103–107.

21 Spruit, op. cit., pp. 106–110; F. W. Stapel (ed.), *Beschryvinge van de Oostindische Compagnie*, vol. 3 (The Hague: Martinus Nijhoff, 1939), p. 456.

22 斯北科思拖到一六二九年一月二十五日才離開荷蘭共和國，那時佩爾薩特出航已兩個月。他被選為總督只是一時的安排，因為作出此人事決定者是東印度群島評議會，而非十七紳士，但後來他從代理總督變成真的總督，擔任此職三年。F. W. Stapel, *De Gouveneurs-Generaal van Nederlandsch-Indië in Beeld en Woord* (The Hague: Van Stockum, 1941), p. 19。

23 德雷克－布羅克曼要人特別注意「十一月三十日」這個日期，他據認受了涮過船底之刑和鞭刑兩個星期之後，已回薩爾丹號評議會任職一事——似乎因為她覺得他不大可能在受懲處後這麼快復原。海斯伯特・巴斯蒂安斯，即唯一親身經歷此叛變且

將所見所聞記錄下來者，只說「至於其他人，有些人在此船上受了懲罰，另有些人被帶到巴達維亞。」他口中被帶到巴達維亞的人，或許只是在指雅各普・彼得斯，但他用的詞是「另有些人」，而非「另一個人」，因此我認為更可能的情況是針對薩爾丹號九名叛變犯所宣布的刑罰，在從裁定有罪到此船抵達巴達維亞這五天期間，其實並未執行。若說五名先前被判刑的囚犯受了懲處，的確有其道理，因為佩爾薩特在作概括說明時明確表示會在「明天」執行懲處，亦即十一月十三日。德尚到了十一月底已復原到足以再擔任佩爾薩特的文書，的確不無可能；這主要會取決於他所受鞭刑的嚴厲程度。受了鞭刑之後何時回自己崗位幹活？就水手來說，這中間的休養期肯定比那要還短。對薩洛蒙・德尚、羅希爾・戴克、亞伯拉罕・黑赫茨、克拉斯・哈爾曼斯的判決，JFP 12 Nov 1629 [DB 231–234]; LGB; Drake-Brockman, op. cit., p. 247n。

24 「對已在薩爾丹號上訊問且宣判之人的最後判決」，ARA VOC 1011 [DB 270–271]。

25 巴達維亞號日誌沒有彼得斯受訊問的詳細記錄，從而特別難以確定他在此叛變裡的角色。但關於彼得斯於叛徒島上殺人行動裡扮演的角色，見揚・亨德里克松的供狀。

26 Philippe Godard, *The First and Last Voyage of the Batavia* (Perth: Abrolhos Publishing, nd, c. 1993), p. 215; Laurence, op. cit., pp. 224–225。一般來講，劊子手每每如此處死一名人犯可拿到三荷蘭盾的報酬。

27 關於搭上巴達維亞號者的遭遇，佛朗西斯科・佩爾薩特留下以下記錄（ARA VOC 1098, fol. 582r [R 220]; Godard, op. cit., pp. 205–208）：

聯合東印度公司職員和士兵	
出航前以跑過沙丘的方式開溜的無足輕重之人	6
出航前夕被轉移到加利阿斯號（Galiasse）和薩爾丹號這兩艘隨航船隻的人	3
航行期間死於疾病者，尤其是死於壞血病者	10
失事期間想游上岸而溺斃者	40
死在巴達維亞號失事所在之島上者，包括病死者和喝海水而死者	20
搭巴達維亞號的大艇抵達東印度群島者	45
遭耶羅尼穆斯以溺死、勒死、砍頭或用斧頭砍死的方式殺害者	96
進攻貓島上韋布・海耶斯的陣地時被擒，而後被他處決者	4
在海獅島上遭判處死刑並吊死者	7
遭判處死刑、然後獲緩刑、被丟棄在大陸上者	2
搭薩爾丹號回巴達維亞期間死於意外者	2
搭薩爾丹號安然抵達巴達維亞者	68
總數	303

男女乘客

在巴達維亞號之墓上病死或渴死者	9小孩、1女人
遭叛變者殺害者	7小孩、12女人
搭薩爾丹號安然無恙抵達巴達維亞者	2小孩、7女人
總數	38

要上船者總共三百四十一人，出航時似乎三百二十九人在船上。據瞭解至少有兩個嬰兒在船上出生，在獅子山撿回一個叫亞伯拉罕・黑赫茨的少年，另有十人在航行期間病死。因此，巴達維亞號上共有三百三十二人，失事時則減少為三百二十二人。其中至少一百一十人死於科內里斯的手下之手（佩爾薩特在其日誌裡說「超過一百二十人」，在某個段落說是「一百二十四人」），八十二人死於意外和疾病、十三人遭處決或放逐到渺無人煙的海灘、其餘的人保住性命而得以搭巴達維亞號的大艇或薩爾丹號抵達巴達維亞。但至少揚・埃佛茨直接死於巴達維亞號叛變，阿里安・雅各布斯和史萬琪・亨德里克斯很可能也是，此外，另有五名叛變者在抵達巴達維亞後遭處決，因此，與這場叛變和船隻失事有關的死亡人數多達兩百一十人。這數據還是可能有差錯，因為在東印度群島寫下的記述，間接表明大艇載了四十八人，而非佩爾薩特所提的四十五人。但以佩爾薩特本人的估計數目為準的話，巴達維亞號上的真正乘員，有三十六・七%的人保住性命，如果不把埃佛茨和在東印度群島遭處決的五名次要叛變者計入倖存者名單裡，並且把阿里安・雅各布斯和其情婦納入倖存者之列（因兩人最後的遭遇仍然不明），倖存比例就更低：總乘員三百三十二人，一百一十六人倖存，倖存比例為三十四・九%。

或許值得一提的，未有明確的鐵達尼號乘客、船員名單，但最可靠的估計表明船上人員為一千兩百八十四名乘客和八百八十四名船員，共兩千一百六十八人。歷來所編的倖存者名單，人數從七百零三人（英國貿易委員會）到八百零三人（綜合名單）。經我個人計算，我認為大部分研究人員所青睞的綜合名單屬實，於是這艘定期航輪之乘客的倖存比例是三十七%。

28 Jeremy Green, *The Loss of the Verenigde Oostindische Compagnie Retourschip Batavia, Western Australia 1629: An Excavation Report and Catalogue of Artefacts* (Oxford: British Archaeological Reports, 1989), p. 1; Malcolm Uren, *Sailormen's Ghosts: The Abrolhos Islands in Three Hundred Years of Romance, History and Adventure* (Melbourne: Robertson & Mullens, 1944), pp. 218–219。倖存者裡有三人（佩爾薩特、黑赫茨、霍洛赫）先是搭大艇逃離阿布羅留斯群島，然後又搭薩爾丹號回該群島，這一點可說明為何范迪門說共有七十四人倖存，佩爾薩特卻說七十七人。

29 Van Diemen to Pieter de Carpentier, 10 December 16298, ARA VOC 1009，被Henrietta Drake-Brockman引用於 *Voyage to Disaster* (Nedlands, WA: University of Western Australia Press, 1995), pp. 49–50。

30 「跟著薩爾丹號一起帶到巴達維亞的救回之金錢與物品通知函」，ARA VOC 1098, fol.

529r–529v, [R 218]。在某附件中，范迪門列出從失事船救回的所有物品，臚列之詳細，定然令聯合東印度公司滿意。realen 是西班牙銀圓，每一枚之價值超過兩荷蘭盾，rijksdaalder 是當時聯省共和國發行的銀幣，值二．五荷蘭盾：

「九箱西班牙銀圓，其中編號三十三那箱，有九袋銀幣和四十一袋的二史多佛幣（stuivers）、一史多佛幣。有些史多佛幣掉出箱子而不見蹤影。

有個在此島上找到並從船員那裡取回的箱子，救回時箱子已破掉，沒有蓋子，錢因生鏽而黏在一塊，總共是二十七袋五千四百枚 rijksdaalder 銀幣、兩小袋四百枚 rijksdaalder 銀幣。

有個小珠寶箱，內有四個歸聯合東印度公司所有的小盒，共值五萬八千六百七十一荷蘭盾十五史多佛幣，其中有個值七十荷蘭盾九史多佛幣的小項鍊失蹤。總共是五萬八千六百零一荷蘭盾六史多佛幣。

在該箱子裡有件珠寶為卡斯帕爾．鮑丹所有，聯合東印度公司准許他將該物運到印度銷售。

有個小箱子內有七十五個馬肯銀幣（marcken），包含四個摩爾式果盤、兩個小食盤、一個摩爾式洗濯盆、一些破掉的銀質餐具。此箱裡還有一些銀、金鑲邊，但大部分已損壞。

三個裝有胭脂蟲紅的小桶，其中一桶已濕透，每桶重五十二個布拉班特鎊。

兩個裝有數種亞麻布的容器，其中許多亞麻布已損壞。

有個裝有數種亞麻布的箱子，其中大部分亞麻布已損壞。

有個裝有亞麻布的小容器。

由古吉拉特籍潛水伕救回的各式 rijksdaalder 銀幣。

兩個裝有薄銅片的小容器，每個容器裡有一些更小的容器，但大部分已黑掉。

兩門火炮，一重三千三百一十磅，另一個為鐵炮，重三千三百鎊。

一些鐵製品。

兩小桶西班牙葡萄酒。

一個裝滿油的小桶。

一個裝滿醋的小桶。

兩桶啤酒。

一包舊亞麻布。

31 A. Bredius, *Johannes Torrentius* (The Hague: Martinus Nijhoff, 1909), pp. 54–69; A. J. Rehorst, *Torrentius* (Rotterdam: WL & J Brusse NV, 1939), pp. 65–66; Govert Snoek, *De Rosenkruizers in Nederland, Voornamelijk in de Eerste Helft van de 17de Eeuw. Een Inventarisatie* (Ph.D. thesis, University of Utrecht, 1997), pp. 75–76.

32 此畫與針對一六二八年為查理一世買進的一幅畫的描述相吻合，而且在其背面發

現此國王的符號，因而被認定是查理所有。Rehorst, op. cit., pp. 73–78。Zbigniew Herbert在其 *Still Life With a Bridle: Essays and Apocryphas* (London: Jonathan Cape, 1993) 裡描述的作品，就是這幅畫。

33 Stapel, *De Gouverneurs-Generaal*, p. 19; M. A. van Rhede van der Kloot, *De Gouverneurs-Generaal en Commissarissen-Generaal van Nederlandsch-Indië, 1610–1888* (The Hague: Van Stockum, 1891), pp. 41; W. Ph. Coolhaas, "Aanvullingen en Verbeteringen op Van Rhede van der Kloot's De Gouveneurs-Generall en Commissarissen-Generaal van Nederlandsch-Indiï (1610-1888)," *De Nederlandsche Leeuw* 73 (1956): 341; J. R. Bruijn et al., *Dutch-Asiatic Shipping in the 17th and 18th Centuries* (The Hague: Martinus Nijhoff, 1987), I, p. 88.

34 斯北科思事件發生後她的遭遇，見C. Gerretson, *Coen's Eerherstel* (Amsterdam: Van Kampen, 1944), pp. 58–70; Coolhaas, op. cit., p. 342; Van Rhede van der Kloot, op. cit., p. 41.

35 南寧斯、黑赫茨、揚．揚斯．普爾梅爾後來的遭遇，出自我個人的揣測。他們再怎麼說都是遊手好閒之徒，而且很可能積極參與謀反，但他們的名字未出現在佩爾薩特返回阿布羅留斯群島後在科內里斯的帳篷裡找到的名單裡。他們之中一人或更多人在發動叛變前就溺死在沉沒的巴達維亞號上或渴死於巴達維亞號之墓，的確有其可能；但這三人都是有經驗的水手，我認為他們與阿里安．雅各布斯一同搭上大艇，可能性更大許多。

里克特．瓦烏特斯後來的遭遇，在日記裡完全未提及，但他可能在七月十二日時已死，那一天，他的名字未出現在向科內里斯宣誓效忠的第一份誓約名單上。Hugh Edwards首度提出他遭同夥殺害之說，看來很有道理，儘管如果在訊問記錄裡找到他的名字並不意外。Edwards, *Islands of Angry Ghosts* (New York: William Morrow & Co., 1966), p. 37。

36 JFP 28 Sep 1629 [DB 157]；對馬蒂斯．貝爾的判決，JFP 28 Sep 1629 [DB 193]；瓦烏特．洛斯的供狀，27 Oct 1629 [DB 226]。

37 Mooji, p. 330; Kolff and van Santen, op. cit., p. 33.

38 斯北科思和佩爾薩特似乎都不知道佩爾薩特已被任命為評議會的「特命評議員」，也就是編制外的評議員，月薪兩百荷蘭盾。指出這一人事案的信，一六二九年八月底寫於尼德蘭，當時佩爾薩特仍在薩爾丹號上尋找阿布羅留斯群島，此信會在一六三〇年春才送到巴達維亞。那時，佩爾薩特已被派到蘇門答臘，沒有記錄顯示他曾入評議會議事，甚至知悉自己已獲此殊榮。Drake-Brockman, op. cit., pp.36-37。佩爾薩特的新月薪，在十七紳士寫給東印度群島總督揚．顧恩的信中提及，被引用於ibid。

39 今特拉奈普拉（Telanaipura），位在此島北部，從哈里河（River Hari）往上游超過五十英哩處。佩爾薩特所參與的這支荷蘭遠征軍兵力甚大，因而它一出現，葡萄牙人即逃走，不發一槍一彈就解了圍。

40 舊疾復發大概在佩爾薩特寫下其遺囑的六月十四日之前不久。Drake-Brockman, pp. 52–60, 259–261; Roeper, op. cit., pp. 39–41; D. H. A. Kolff and H. W. van Santen (eds.), *De Geschriften van Francisco Pelsaert over Mughal Indiï, 1627: Kroniek en Remonstrantie* (The Hague: Martinus Nijhoff, 1979), p. 41。

41 佩爾薩特寫給阿姆斯特丹十七紳士的信，一六二九年十二月十二日，ARA VOC 1630 [DB 258–260]。這似乎是目前所知佩爾薩特唯一尚存的親筆信。它是附於日誌的信件，含有他對這場災難的記述。

42 A. N. Zadoks-Josephus Jitta, "De lotgevallen van den grooten camee in het Koninklijk Penningkabinet," *Oud-Holland* 66 (1951): 191, 200–204; Roeper, op. cit., pp. 40–41; Kolff and Van Santen, op. cit., p. 42.

43 Roeper, op. cit., pp. 41, 59; Drake-Brockman, op. cit., pp. 56–59.

44 Roeper, op. cit., pp. 41, 59; Kolff and Van Santen, op. cit., p. 42。Roeper指出，支付補償費一事，不管補償金額多寡，即間接表明了公司無法證明其指控他私下作買賣一事屬實，若查明屬實，必然全部沒收這筆錢。

45 Drake-Brockman, op. cit., pp. 270–271; Roeper, op. cit., pp. 38, 59.

46 誠如前面已指出的，只有此城的司法檔案（位於赫歐尼恩省立檔案館）還存有從此時期起的記錄，而從中找不到韋布·海耶斯的簽名——甚至在婚姻契約裡也找不到。從溫斯霍滕的公證檔案亦找不到。

47 在東印度群島任職的軍人，死亡率達兩成五至三成三；C. R. Boxer, "The Dutch East-Indiamen: Their Sailors, Their Navigators and Life on Board, 1602–1795," *The Mariner's Mirror* 49 (1963): 85.

48 LGB; Mooij, op. cit., pp. 328, 331–332, 339–342, 344–345, 347, 359, 366–368, 380–381, 446, 456; Drake-Brockman, op. cit., pp. 79–80.

49 L. Blussé, "The Caryatids of Batavia: Reproduction, Religion and Acculturation under the VOC," *Itinerario* 7 (1983): 64, 引用十八世紀荷蘭歷史學家瓦倫坦（Valentijn）的話。

50 這筆六百荷蘭盾的錢，包含她身為該公司牧師的遺孀所理應得到的三百荷蘭盾和公司為體恤她在阿布羅留斯群島受到的苦難，難得好意撥付的三百多荷蘭盾。尤蒂克·海斯伯茨德的遺囑，ONAD 58, fol. 817v–819; CAL van Troostenburg de Bruijn, *Biographisch Woordenboek van Oost-Indische Predikanten* (Nijmegen: np, 1893), pp. 176–177; Drake-Brockman, op. cit., pp. 80–81。

51 Drake-Brockman, op. cit., pp. 63–71. 研究過萊頓市現存的檔案，似乎證實德雷克—布羅克曼推斷克蕾謝和其丈夫搬去此城住的說法站不住腳。在這些檔案裡找不到他們的下葬記錄，而且除了他們兩次在此城擔任教父教母，他們未在萊頓的教堂或律師的檔案裡留下任何痕跡。此外，市民名冊（poorterbook）列出該城每個正式市民的名字，但寇克的名字未出現在其中。最後，一對不算窮的夫妻——而且我們知道克蕾謝相當有錢——在一城市裡住了超過五年，卻從未找律師服務，這叫人難以置信。

簡而言之，他們若住在萊頓，肯定會留下更多記錄。

52 寇克是鰥夫，前妻是赫歐尼恩省的卡塔莉娜・伯納迪（Catharina Bernardi）。根據阿姆斯特丹孤兒事務法院的檔案，德雷克—布羅克曼指出克蕾謝可能在這兩任丈夫之間另有過一次婚姻，嫁給一個叫約翰內斯・希爾克斯（Johannes Hilkes）的人，但我們對此人的生平就只知道這點。沒有其他檔案能證明此說真假，但巴達維亞城的教會檔案記載，克蕾謝嫁給寇克時，係以鮑德溫・范德爾邁倫的遺孀身分，而非以約翰內斯・希爾克斯的遺孀身分，嫁給他。因此，孤兒事務法院的文件或許有誤。如果希克爾克斯真的娶了克蕾謝，他想必是在她抵達巴達維亞後不久就娶了她，然後或許和尤蒂克的彼得・范德胡文一樣，很快就離世。即使真是如此，克蕾謝也不可能在為鮑德溫或約翰內斯服完應服的喪期後嫁給雅各布・范寇克。Drake-Brockman, op. cit., pp. 64n, 71。

53 第一次，一六三七年九月四日，克蕾謝獨自一人當雙生子威廉、迪爾克的教父母；第二次，一六四一年十二月三日，她和丈夫成為另一對雙胞胎的教父母，這次的雙胞胎是一男一女，取名威廉和內爾耶（Neeltje）；第一對雙胞胎裡的威廉大概死於她兩次當教母之間。幾年後，在巴達維亞，克蕾謝也當了在該地荷蘭教會受洗的另兩個嬰兒的教母。Ibid., pp. 70n-71n。

有件事似乎也值得指出，那就是克蕾謝姊姊莎拉的第一任丈夫叫雅各布・寇克（Jacob Kuik，ibid., p. 67）。因此，揚斯家、寇克家、迪爾克斯家之間的關係，可能比乍看之下還要錯綜複雜。

54 GAA，下葬登記簿，1069，fol. 38。

55 Drake-Brockman, op. cit., pp. 46, 62–63。誠如前面已提過的，許多與阿里安・雅各布斯案有關的文件佚失於巴達維亞城與聯合東印度公司檔案室之間，因此如今無法確定這證詞對這個船長有利或不利到何種程度。

56 斯北科思寫給十七紳士的信，一六二九年十二月十五日，ARA VOC 1009，被Drake-Brockman引用於op. cit., p. 63。

57 范迪門寫給十七紳士的信，一六三一年六月五日，ibid., p. 58。

58 ONAH 132, fol. 157v; GAH, rood 215，一六二八至一六三二年市長的決定，fol. 94v；關於市長之備忘錄的重要性，見Gabrielle Dorren, "Burgers en hun besognes. Burgemeestersmemorialen en hun Bruikbaarheid als bron voor Zeventiende-Eeuws Haarlem," *Jaarboeck Haarlem*(1995): 53–55；關於科內利斯巷的社會地位，見Dorren, *Het Soet Vergaren: Haarlems Buurtleven in de Zeventiende Eeuw* (Haarlem: Arcadia, 1998), p. 17；關於巴達維亞號叛變消息傳到荷蘭共和國的日期，見Roeper, op. cit., pp. 42, 47, 61。

59 考古挖掘已揭露許多巴達維亞號死難者的遺體局部埋在一大團又密又黑的物質裡。分析該物質發現它幾乎全由腐爛的植物根所組成，並含有百分之一的人脂。這現象的形成似乎源於植物汲取屍體腐爛所釋出的養份；此島上的食物非常稀少，對這

類資源的競爭想必非常激烈。二〇〇〇年六月十二日，作者在西澳海事博物館與Juliïtte Pasveer與Marit van Huystee的訪談錄。

結語：南方大陸的海岸上

流落西澳洲海岸的荷蘭倖存者，其後來的遭遇無從確知。讓沉船南村號重見天日的菲利浦・普雷福德（Phillip Playford），寫了*Carpet of Silver: the Wreck of the Zuytdorp*（Nedlands, WA: University of Western Australia Press, 1996），該書扼要總結了最重要的原始資料（考古資料），大概是歷來出版探討此主題的著作裡，最有趣且研究最透徹者。魯伯特・黑赫琛（Rupert Gerritsen）在*And Their Ghosts May Be Heard . . .* (South Fremantle, WA: Fremantle Arts Centre Press, 1994)一書中，提出了他們會活下的理由，儘管許多最重要的論點後來遭駁斥。關於巴達維亞號罹難者骨骸的考古挖掘，我主要借助於Myra Stanbury所編的*Abrolhos Islands Archaeological Sites: Interim Report* (Fremantle: Australian National Centre of Excellence for Maritime Archaeology, 2000), Juliïtte Pasveer, Alanah Buck, and Marit van Huystee, "Victims of the Batavia Mutiny: Physical Anthropological and Forensic Studies of the Beacon Island Skeletons," *Bulletin of the Australian Institute for Maritime Archaeology* 22 (1998), and Bernandine Hunneybun, *Skullduggery on Beacon Island* (BSc Hons dissertation, University of Western Australia, 1995).

1 「范博默爾給瓦烏特・洛斯和揚・佩爾赫歐姆・德比耶的指示」，JFP 16 Nov 1629 [DB 229–230]; J. A. Heeres, *The Part Borne by the Dutch in the Discovery of Australia 1606–1765* (London: Luzac, 1899), pp. 64–67; Henrietta Drake-Brockman, *Voyage to Disaster* (Nedlands, WA: University of Western Australia Press, 1995), pp. 81–83; Gerrilsen, pp. 64–68, 224–232; Playford, pp. 237–242。

2 晚至一九六七年，此泉仍保有其原來的狀態，但由於附近一個供牲畜飲水的水塘被抽取地下水，一九九六年時已乾涸。Phillip Playford, *Voyage of Discovery to Terra Australis by Willem de Vlamingh in 1696–97* (Perth: Western Australian Museum, 1998), p. 47。

3 誠如德雷克—布羅克曼所指出的（op. cit., pp. 123n, 229n），整部佩爾薩特日誌，只在此處用了champan這個字眼。他在日誌裡提到一般大船所附載的小船時，一律稱作boot——大艇或船載小艇——或稱作schuijt——船載小工作艇或小划艇。他不可能會把聯合東印度公司的小船給這兩名叛變者，尤其是因為那樣一來，他和薩爾丹號上的人會沒有小船可用，而且他回到巴達維亞時，勢必得說明此船的去處。

4 誰是最早發現第五塊大陸的西方人，仍未有定論。著有《發現澳洲》（*The Discovery of Australia: a Critical, Documentary and Historical Investigation Concerning the Priority of Discovery in Australasia Before the Arrival of Lieut. James Cook in the Endeavour in the Year 1770* , Sydney: Hayes Brothers, 1895）的George Collingridge，以及著有《偷偷發現澳洲》（*The Secret Discovery of Australia: Portuguese Ventures 200 Years Before Cap-*

tain Cook , Medindie, South Australia: Souvenir Press, 1977）的Kenneth McIntyre，都主張是葡萄牙人在十六世紀先發現。這不無可能，但這兩位作者所提出的某些具體證據——早期地圖，尤其是在西北岸附近海域發現「葡萄牙」加農炮一事——自那之後就一直招來質疑。此外，在南澳洲海岸，相傳有艘所謂的桃花心木船（大部分人認為是西班牙船），擱淺在維多利亞省瓦南布爾（Warrnambool）附近的海灘上，一八三六至一八四一年間被人發現。即使真的曾有這艘船，這艘船據認已在後來消失於沙下，未再被人發現。見 "Notes on Proceedings of the First Australian Symposium on the Mahogany Ship: Relic or Legend?," *Regional Journal of Social Issues*, monograph series, no.1（西澳海事博物館的圖書館有此文）。Miriam Estensen, *Discovery: the Quest for the Great South Land* (Sydney: Allen & Unwin, 1998), pp. 47–50, 52–81，針對此爭議提出了持平且受到多數人肯定的看法。該書也提到一九〇四年左右，據稱從紐西蘭的威靈頓港打撈出一件據斷定為一五八〇年左右之物的「西班牙頭盔」之事(p. 97)。

5 James Henderson, *Sent Forth a Dove: Discovery of the Duyfken* (Nedlands, WA: University of Western Australia Press, 1999), pp. 32–42, 212n; Heeres, op. cit., pp. 4–6, 22–25; Günter Schilder, *Australia Unveiled: The Share of Dutch Navigators in the Discovery of Australia* (Amsterdam: Theatrum Orbis Terrarum, 1976), pp. 43–53, 80–98; J. P. Sigmond and L. H. Zuiderbaan, *Dutch Discoveries of Australia: Shipwrecks, Treasures and Early Voyages off the West Coast* (Adelaide: Rigby, 1979), pp. 20–21, 47–49。但小野鴿號的航行記錄太不完整，無法確認其船員究竟在澳洲海岸上遇害，還是新幾內亞海岸上，但大部分權威人士主張至少有一人死於約克角半島的某處河岸上。

6 "Aboriginal-Dutch Relations in North Queensland, 1606–1756," in Jeremy Green, Myra Stanbury, and Femme Gaastra (eds.), *The ANCODS Colloquium: Papers Presented at the Australia-Netherlands Colloquium on Maritime Archaeology and Maritime History* (Fremantle: Australian National Centre of Excellence for Maritime Archaeology, 1999), pp. 8–13.

7 「范博默爾給瓦烏特·洛斯和揚·佩爾赫歐姆·德比耶的指示」，JFP 16 Nov 1629 [DB 229–230]。

8 Heeres, op. cit., p. 66; Schilder, op. cit., pp. 129–137.

9 塔斯曼所收到的指示裡與此相關的部分如下：「……繼續沿著恩德拉赫特之地航行，直到豪特曼的阿布羅留斯群島，在該處找個最便於下錨的地方停泊，以著手將一六二九年由於半截黃銅炮倒下壓著、而跟著沉船巴達維亞號一起沉沒、內有八千荷蘭rijksdaalder銀幣的箱子從海底打撈上來，……於是把這箱子，連同上述的銅炮，一起救上來。對公司來說，這會是大功一件，因此你一定要全力以赴辦成此事。你也要到大陸上尋找，以確認在同一期間被剝奪生存權利而被指揮官佛朗西斯科·佩爾薩特在此送上岸的那兩個尼德蘭人是否還活著，如果還活著，你要找他們問有關此

地的資訊，如果他們想上船，就允許他們和你一起前往這裡。」Drake-Brockman, op. cit., pp. 81–82; Schilder, op. cit., pp. 139–194.

10 一六四二至一六四三年，塔斯曼其實從模里西斯往南航，往東穿過咆哮西風帶，直到碰到塔斯馬尼亞島，再度往東到紐西蘭，然後往北穿過玻里尼西亞群島，經新幾內亞北海岸抵達東印度群島。他整個航行期間未看到澳洲大陸。一六四四年，他探索澳洲北海岸，沿著西海岸往南航，抵達南緯約二十三．五度處。煙火島（巴達維亞號之墓）位在更往南約三百五十英哩，南緯二十八度二十八分處。參照 Schilder, op. cit., p. 154; Sigmond and Zuiderbaan, op. cit., pp. 72–85。

11 德佛拉敏赫的登陸隊共找到五間小屋，但這是被認為唯一值得予以描述的小屋——間接表示它被營造過、設計上大概明顯優於其他四間。Gerritsen, op. cit., p. 227; Playford, *Voyage of Discovery*, pp. 46–47。Gerritsen 不認為這間小屋與那兩名叛變者有關係，深信他們兩人被放逐到更南邊的哈特河（Hutt River），傾向於認為這間小屋是一六二九年十月十二日似乎在阿布羅留斯群島遇難的薩爾丹號船長雅各布．雅各布斯和其船員所建。無論如何，沒有理由認為它不是南達人所建。

12 J. R. Bruijn et al., *Dutch-Asiatic Shipping in the 17th and 18th Centuries* (The Hague: Martinus Nijhoff, 3 vols., 1979–1987), I, pp. 75, 91.

13 James Henderson, Marooned (Perth: St. George Books, 1982), pp. 42–155。一九六三年 Graeme Henderson 重新發現此船殘骸所在地，當時他是出海捕魚的學童，如今是西澳海事博物館的館長。

14 R. H. Major, *Early Voyages to Terra Australis, Now Called Australia* (Adelaide: Australian Heritage Press, 1963), p. 58。實際失蹤人數可能不止——在這三人之後，又有八名被派去的水手也消失無蹤；他們的小船被人在一海灘上發現，已裂成數塊，這群人有沒有上岸仍未有定論。兩年後，又一次試圖救人和救回船貨，結果讓聯合東印度公司差點第三度損失一小船的人。來自佛萊特船「示位浮標號」（Waeckende Boey）的十四人，由舵手亞伯拉罕．萊曼（Abraham Leeman）帶領上岸後遭遺棄，不得不駕著他們的小船回東印度群島。其中大部分人熬過這段航行，但登陸於離巴達維亞好幾哩的爪哇島南岸。只有萊曼和其他三人最終活著抵達該城。Henderson, *Marooned*, pp. 95–155。

15 Ibid., p. 96; Gerritsen, op. cit., pp. 48–63.

16 在這之前，可能有另兩艘船，荷蘭騎士精神號（Ridderschap van Holland, 1694）、和諧號（Concordia, 1708），葬身於澳洲海岸。C. Halls, "The Loss of the Ridderschap van Holland," *The Annual Dog Watch* 22 (1965): 36–43; Playford, *Voyage of Discovery*, pp. 4, 71n; Femme Gaastra, "The Dutch East India Company: A Reluctant Discoverer," *The Great Circle* 19 (1997): 118–120。Hall 認為荷蘭騎士精神號用壞了船桅，於是艱難緩慢的北航至馬達加斯加島，在該島南岸的多芬堡（Fort Dauphin）落入海盜頭子亞伯拉罕．撒繆爾（Abraham Samuel）之手。此說不可能成立，撒繆爾在一六九七

年七月後才來到該港。的確有傳言說他捕獲一艘荷蘭船，殺掉所有船員，但當時的文獻認為此事發生於一六九九年一月；遇劫的船大概是小型奴隸販運船。但在馬達加斯加島北海岸，有許多以聖母馬利亞島（St Mary's）為大本營的海盜船，或許能讓一艘來回船受損。Jan Rogozinski, *Honour Among Thieves: Captain Kidd, Henry Every and the Story of Pirate Island* (London: Conway Maritime Press, 2000), pp. 67–68。

17 他們沒有小船——南村號的雙槳艇想必已被激浪打成碎片——得救的希望只能寄託在有別的荷蘭船經過這段海岸時被該船的人注意到。海崖提供了理想的瞭望點，而且他們觸礁的地點離聯合東印度公司船平常在澳洲的登陸地點很近，但倖存水手裡，凡是有經驗的老手都會知道，儘管航行在這段海岸的船常看見陸地上的火，卻通常將那視為當地原住民所升起而不予理會。想必因為這原因，南村號的船員特地將用於艉樓迴轉炮的八個青銅炮閂拉上岸。在適當情況下，這些炮可裝上彈丸，用來向行經的船隻示意。但叫這些倖存者大為洩氣的，這些炮還未能拖出船尾，船尾就解體漂走。炮閂於是給棄置在海崖腳下，最終，於兩百多年後，被人重新發現。

但那裡有許多漂流木，倖存者顯然的確撿拾了不少，在船隻失事地點正上方的海崖上，升起了至少一個大篝火。接下來兩個月期間，大概會有最多達七艘的「東印度人」大貨船沿這段海岸航行，其中第一艘會是科肯厄號（Kockenge）。科肯厄號似乎在南村號倖存者上岸後才一星期，就經過他們所在的位置，而在失事地點旁所發現似乎是用來示意之火堆的殘餘——一層夾雜著燒熔的絞鏈、桶箍、夾子的木炭——讓人覺得至少其中一艘船駛近到這些倖存水手看得到的地方，然後南村號倖存者急忙升火，把他們所擁有的東西都丟進火裡——除了漂流木，還有水手櫃、木桶——急切希望對方能注意到。今人在這段海崖旁發現的另一批東西，則讓人覺得他們白忙了一場：許多遭砸碎的舊荷蘭酒瓶殘骸。酒瓶裡原裝滿葡萄酒或烈酒，似乎被決意把自己喝到醉茫茫的人喝光。

這艘船在南半球初冬時觸礁，那附近大概有足以讓一小群倖存者撐上數個月的淡水。這些人可能從海崖旁採拾到大量有殼水生動物，如果他們能從南村號上搶救出火器，就有可能獵殺袋鼠。在這樣的情況下，他們懷著爪哇當局注意到他們未如期抵達後會派船前來解救的希望，盡可能久待在失事地點附近，似乎有其可能。但到了九月或十月，雨會不再下，屆時任何倖存的人都會得進入內陸找水。附近數英哩方圓裡能找到的水源，就只有原住民的水窪（soak）。這類水窪是雨季時有水流經、積聚的低地區，當地的馬爾加納人（Malgana）把水窪挖深，用石頭蓋住，以免野生動物靠近並防止水份蒸發。

南村號的倖存者會需要馬爾加納人幫助，才找得到這些稀有的水源，但有證據顯示的確有荷蘭水手得到當地原住民幫助。馬爾加納人肯定知道這起船難；此船難令他們大為震撼，因而一百二十年後，開拓殖民地的不列顛人來到此區域時，馬爾加納人仍在談此事，口吻就像不久前才發生似的。原住民的傳說讓人覺得這些倖存者住在海崖旁用木頭和帆布搭建的兩大間、三小間「房子」裡，拿矛和盾牌跟原住民換

取食物。Playford, *Carpet of Silver*, pp. 68–77, 78–82, 115, 200–204; *The ANCODS Colloquium*, p. 49; Fiona Weaver, *Report of the Excavation of Previously Undisturbed Land Sites Associated with the VOC ShipZuytdorp, Wrecked 1712, Zuytdorp Cliffs, Western Australia* (Fremantle: Western Australian Maritime Museum, 1994); Mike McCarthy, "Zuytdorp Far from Home," *Bulletin of the Australian Institute for Maritime Archaeology* 22 (1998): 52。順帶一提，南村號就是在往東印度群島途中於幾內亞灣失去許多船員的那艘船；見第三章。

18 Playford, *Carpet of Silver*, pp. 214–215; McCarthy, op. cit., p. 53。也有人主張這個蓋子可能在更晚近時被一個原住民農場工人從南村號失事地點帶到威爾井；這個謎題不可能找到確切的答案。

19 另外兩艘來回船——命運號（Fortuyn，一七二四年）、阿赫特克爾克號（Aagtekerke），都是首次出航出事，前者來自阿姆斯特丹，後者是澤蘭會所的船——就在澤威克號遇難之前不久消失於巴達維亞、好望角之間海域，倖存者可能流落澳洲海岸。C. Halls, "The Loss of the Dutch East Indiaman Aagtekerke," *The Annual Dog Watch* 23 (1966): 101–107; Graeme Henderson, "The Mysterious Fate of the Dutch East Indiaman Aagtekerke," *Westerly* (June 1978): 71–78; Playford, *Carpet of Silver*, pp. 28–29。

20 Hugh Edwards, *The Wreck on the Half-Moon Reef* (New York: Charles Scribner's Sons, 1970).

21 David Levell, "China Syndrome," *Fortean Times* 123 (June 1999): 28–31。這些囚犯認為這兩地相距約一百五十英哩（其實從雪梨到北京約五千五百六十五英哩）。據記載，最早嘗試這麼做的是一七九一年十一月的二十個男人和一個孕婦；最後一次是在一八二七年左右。

22 Gerritsen, op. cit., pp. 70–81; Playford, *Carpet of Silver*, pp. 217–232。格雷戈里的憶述或許不盡可靠，因為他記載此事時已是一八八五年。Gerritsen所提出的其他許多證據，例如原住民語裡似乎是借用自荷蘭語的詞彙，已受到專家不少批評。

歐洲人的到來給澳洲西海岸的原住民帶來浩劫，第一批歐洲人帶著槍、疾病、現代農業方法來到之後不久，這些原住民就死去大半，而黛西·貝茨和與她同時代的人所提供的那一類證據，都只是軼事。此外，南村號倖存者和巴達維亞號叛變者上岸的那個區域為何出現淺膚色人一事，的確可以用當地人與行經的海豹獵人或最早的白人移民有性關係，或用基因突變之說，來予以解釋。只有遺傳性證據才是具有說服力的證據；而由於在西澳，古老的原住民骨骸有時會因風吹、水沖而露出地面，這類證據最終或許會找到。

荷蘭人與原住民的確曾通婚的線索已經浮現。一九八八年，有個女人找上菲利浦·普雷福德，他是澳洲研究南村號的主要專家之一。她具有部分原住民血統的丈夫似乎得了異位型紫質症（porphyria variegate）。這種病症能造成皮膚起疹子、水疱、敏感，屬遺傳性疾病，能傳給下一代（不分性別）。這也是相對較罕見的病，只有在南

非的白人族群例外，據估計該族群有三萬人帶有引發此病症的基因。

主要在南非伊莉莎白港活動的不列顛醫生傑佛里．迪恩（Geoffrey Dean），一九四九年開始察覺到該地區紫質症發生率高得異常，花了數年研究他所治療之患者的家譜圖。他說所有已知的此病患者都是一對荷蘭夫婦的後代。這對夫婦叫黑赫特．揚斯．范德文特（Gerrit Jansz van Deventer）和雅各布斯耶．范登伯赫（Ariaantje van den Berg），一六八八年在荷蘭開普（Cape）殖民地結婚。范德文特於一六八五年定居於該地，他的新娘子是三年後被派去那裡給早期的市民當老婆的八個孤兒之一。這對夫婦生了八個小孩，而迪恩探明其中四人想必帶有引發紫質症的基因。迪恩和普雷福德表示，此病可能被一個南非白人帶進澳洲。這個白人在開普殖民地簽約受雇於南村號，以填補該船從尼德蘭至開普途中損失的大量船員，然後此人經歷船難而大難不死，而且活得夠久，得以成為原住民社群一員。

此病出現於澳洲，是否真的源於十七、十八世紀荷蘭水手來到西澳洲海岸，仍有許多地方待查證。但此病在更晚許久之時才被帶進澳洲，仍然有其可能，它在澳洲出現一事，不能作為洛斯、佩爾赫歐姆和他們的同胞在澳洲活了很久的確證。但聯合東印度公司水手和原住民互動的證據，仍偶爾出現，哪天確立兩者間明確的關係也不無可能。二〇〇〇年六月二十六日在鹿特丹的伊拉斯謨斯大學與F. W. M. de Rooij博士的訪談錄。De Rooij在南非的研究，已證實迪恩的大部分南非紫質症患者的病因可溯至他們與雅各布斯耶．范德伯赫有親緣關係一說不假。Playford, *Carpet of Silver,* pp. 227–32; Geoffrey Dean, *The Porphyrias: A Story of Inheritance and Environment* (London: Pitman Medical, 1971), pp. 114–130; *The ANCODS Colloquium*, pp. 50–1; "First Europeans in Australia," *History Today* (June 1999): 3–4。第二種病症——導致小孩一生下來就短肢、手指或腳趾數多於常人、心臟缺陷的埃利偉式症候群（Ellis van Creveld syndrome）——存在於西澳洲原住民群體裡，也已被初步認為與船難倖存的荷蘭人來到澳洲有關連。有人算過約四十分之一的澳洲原住民帶有隱性埃利偉基因——原住民族群的此病發生率在世上任何族群裡居第二高。而最高發生率，頗耐人尋味地，就出現在美國賓州的艾美許人（Amish）族群裡。艾美許人是門諾派的一支，其祖先於一六八三年移出尼德蘭。

23 時至今日，關於荷蘭籍倖存者的後代存在於澳洲的猜測仍未完全止息。最晚近的一樁有關於此的發現，其實也是非常離奇的發現。此發現與報紙對澳洲內陸一次考察活動的報導有關。考察隊從北領地科堡半島（Coburg Peninsula）末端的萊佛士灣（Raffles Bay）出發，時間是一八三四年前（不列顛於一八一八年在萊佛士灣建立一軍事基地，一八二九年棄置，此事或許可更精確斷定此考察活動的年代）。考察隊裡有個叫尼克森中尉（Lieutenant Nixon）的人，報紙即以他的私人日誌為依據，報導說，在內陸似乎有個純白人的殖民地之事。

尼克森和他的隊友似乎探索北領地內陸兩個月。有天，令他們大呼驚奇的，是他們來到一個與他們所走過的原始荒野大不相同的地方：「一個地勢低平的地方，如平原

般展開，有排列筆直的樹。」尼克森更深入探索，碰到「一個臉部很白皙、衣服素白的人，我一時嚇得幾乎站不穩，以為自己看到幽靈。」

這個「幽靈」講一口破爛的荷語，而——值得注意的——尼克森聽得懂，因為他年輕時在尼德蘭待過。後來弄清楚，當地人相信自己是一艘荷蘭船倖存者（八十個男人、十個女人）的後代，那艘船於多年前在澳洲海岸失事。這批倖存者受迫於饑餓而往內陸走，在內陸建立殖民地，靠玉米和來自附近一條河的魚維生。這時，他們的首領是自稱為荷蘭人范巴爾勒（Van Baerle）後裔的男人，他們「沒有書或紙，也沒有學校；他們結婚不舉行儀式，安息日那天所有人不勞動、舉行某種帶迷信性質的儀式，從而仍在某種程度上守安息日。」他們顯然不與當地原住民往來。

這故事可能是十九世紀的惡作劇，不該在沒有證據支持的情況下就予以採信。但鑽研東印度公司歷史的著名荷蘭學者費默．加斯特拉（Femme Gaastra）研究發現，有一百三十人跟著「和諧號」一起消失於印度洋，其中有一個助理，叫孔斯當坦．范巴爾勒（Constantijn van Baerle）。在尼德蘭，范巴爾勒不是常見的姓；這一發現不無可能證明尼克森中尉的原始報告為真。Femme Gaastra, "The Dutch East India Company: A Reluctant Discoverer," *The Great Circle* 19 (1997): 117–120，引用一八三四年一月二十五日《里茲信使報》第七頁a專欄。這次考察的贊助者和目的仍是個謎。其隊員據報導搭商船回新加坡，此事或許間接表示此活動非海軍所發起。檢視地圖後發現，科堡半島（位於巴達維亞號東邊七百英哩處）和阿納姆地（Arnhem Land），一般來講似乎不是尋找從爪哇西航、看來在模里西斯附近最後留下蹤影之船的倖存者時，頭一個會找的地方。

24 約翰．洛特．史托克斯一八二六年進入皇家海軍，在南美洲海域服役，以海軍候補上尉的身分加入達爾文所搭的小獵犬號，後來升任此船船長，任期一八四一至一八四三年（這時達爾文已離開此船）。除了在阿布羅留斯群島工作，史托克斯還執行了自庫克以來對紐西蘭的第一次測量，寫了《一八三七至一八四三年澳洲境內發現》（*Discoveries in Australia 1837–1843*）。他一輩子從事水道測量，但一八六三年上級物色海軍水道測量員的人選時卻捨他而就海軍上校喬治．理察茲（George Richards）。理察茲後來升上海軍中將，是海洋學先驅。見G. S. Ritchie, *The Admiralty Chart: British Naval Hydrography in the Nineteenth Century* (London: Hollis & Carter, 1967), pp. 180, 190, 307, 313。

25 Malcolm Uren, *Sailormen's Ghosts: the Abrolhos Islands in Three Hundred Years of Romance, History and Adventure* (Melbourne: Robertson & Mullens, 1944), pp. 238–243; Drake-Brockman, op. cit., pp. 278–279。他奉指揮官John Wickham之命執行此次測量。

26 此文刊於一八九七年聖誕節版的伯斯《西方郵報》（*Western Mail*）。譯文出自Willem Siebenhaar之手；後來Philippe Godard予以重印，作為其*The First and Last Voyage of the Batavia* (Perth: Abrolhos Publishing, nd, c. 1993)的一部分。

27 Uren, op. cit., pp. 244–245.

28 澤威克號船員說這殘骸明顯很舊，而阿赫特克爾克號在前一年才失蹤，命運號則是三年前消失。把這殘骸視為一六九四年沉沒之荷蘭騎士精神號的殘餘一說，似乎因此不無可能。也見Graeme Henderson, *Maritime Archaeology in Australia* (Nedlands, WA: University of Western Australia Press, 1986), pp. 26–27。

29 Hugh Edwards, *Islands of Angry Ghosts* (New York: William Morrow & Co., 1966), pp. 93–95; *The ANCODS Colloquium*, pp. 106–107; Drake-Brockman, pp. xxi–xxii; 279n。布羅德赫斯特收藏品現藏於佛里曼特爾的西澳海事博物館。亨莉埃塔・德雷克－布羅克曼著有歷史小說*The Wicked and the Fair* (Sydney: Angus & Roberston, 1957)，一九六八年去世，享年六十五歲左右。該小說以巴達維亞號的故事為本，認為今日的戈斯島（Goss Island）就是巴達維亞號之墓。

30 Henrietta Drake-Brockman, "The Wreck of the Batavia," *Walkabout Magazine* 21, no. 1 (1955).

31 Edwards, *Islands of Angry Ghosts*, pp. 98–101; *The ANCODS Colloquium*, pp. 107–108.

32 Edwards, *Islands of Angry Ghosts*, pp. 111–112, 116–117.

33 Ibid., pp. 134–135.

34 Jeremy Green, *The Loss of the Verenigde Oostindische Compagnie Retourschip Batavia, Western Australia 1629: An Excavation Report and Catalogue of Artefacts* (Oxford: British Archaeological Reports, 1989), pp. 37, 45, 55–60, 83, 90–91, 95–96, 99–101, 178, 183–185, 197–200; Edwards, Islands of Angry Ghosts, pp. 149–151。這個研缽表面刻有叫人覺得反諷的一行字AMOR VINCIT OMNIA：「愛征服一切」。

35 Robert Bevacqua, "Archaeological Survey of Sites Relating to the Batavia Shipwreck," *Early Days Journal* 7 (1974): 64–69; Jeremy Green and Myra Stanbury, "Even More Light on a Confusing Geographical Puzzle, Part 1: Wells, Cairns and Stone Structures on West Wallabi Island," *Underwater Explorers' Club News* (January 1982): 1–6; *The ANCODS Colloquium*, p. 10。這些結構物是否還是它們數百年前的原貌，頗叫人懷疑。除了被全面「整理」過，尤其是拍攝一六二九年事件重現活動的劇組人員對其所做的「整理」，還有出於個人陳述的證詞說它們經大範圍重建過。

36 這艘船可見於阿姆斯特丹東邊萊利斯塔德（Lelystad）的巴達維亞船塢（Bataviawerf）。Philippe Godard, *The First and Last Voyage of the Batavia* (Perth: Abrolhos Publishing, nd, c. 1993), pp. 246–273; J. R. Bruijn et al., *Dutch-Asiatic Shipping in the 17th and 18th Centuries* (The Hague: Martinus Nijhoff, 3 vols., 1979–87), I, pp. 37–40, 42–44。

37 Hunneybun, pp. 1.4a, 3.14, 4.2–4.13, 5.2–5.7; Myra Stanbury (ed.), *Abrolhos Islands Archaeological Sites: Interim Report* (Fremantle: Australian National Centre of Excellence for Maritime Archaeology, 2000), pp. 5–10; *The ANCODS Colloquium*, pp. 159–161;

Juliïtte Pasveer, Alanah Buck, and Marit van Huystee, "Victims of the Batavia Mutiny: Physical Anthropological and Forensic Studies of the Beacon Island skeletons," *Bulletin of the Australian Institute for Maritime Archaeology* 22 (1998): 45–50; Edwards, op. cit., pp. 3–7, 165–166；二〇〇〇年六月十二至十三日，作者與Juliïtte Pasveer, Alanah Buck, and Stephen Knott的訪談錄。墓坑裡的七具遺體為五具不全的骸骨和兩組牙。就一九六三年被麥克斯．克蘭默挖出的「揚．迪爾克斯」來說，滑膛槍彈丸已被拿出身體，如今擺在傑拉爾頓汽車旅館Batavia Motor Inn motel的餐廳，作為展示品的一部分。如果這具遺體真是迪爾克斯，迪爾克斯就患有佝僂病，身體發育極不成熟，因而想必是個不夠格的軍人。他的遺體（編號BAT A15508）沒有頭顱，但有個同樣受大自然摧殘而變色的顱骨（BAT A15831），或許就是他的頭。這兩具遺骸分別被斷定為十六～十八歲、十八～二十三歲年紀，我因此估計這具遺體的年齡為十八歲。

38 對揚．亨德里克松的判決，JFP 28 Sep 1629 [DB 183]。早期某些探討此主題的作者說這具骸骨有肩膀骨折的痕跡，但巴克重新檢查這具遺體，未發現此痕。

39 佩爾薩特給阿姆斯特丹十七紳士的報告，一六二九年十二月十二日，ARA VOC 1630II [DB 259]；「搭上巴達維亞號之諸人遭遇小記」，ARA VOC 1098, fol. 582r [R 220]。佩爾薩特筆下的「小孩」指的是多大年紀的孩子，難以確知。巴達維亞號的少年服務生想必被算在九十六名「聯合東印度公司職員」之中，但算上彼得．揚斯、克勞汀．帕圖瓦、漢斯．哈登斯與安娜肯．哈登斯、邁肯．卡爾杜斯諸人的子女，加上牧師的六個小孩，確定在此群島遇害的小孩總數就增加為至少十個。反之，如果把「小孩」界定為，比如，十歲以下者，把巴斯蒂安斯的三個女兒算作「女人」，那麼，遇害小孩的數目就變成佩爾薩特所給的人數；遇害女性不可能少於十四人。Bernandine Hunneybun在*Skullduggery on Beacon Island* (BSc Hons dissertation, University of Western Australia, 1995) 第5-5節，提出在此群島共一百三十七人喪命的說法，包括死在海獅島和韋布．海耶斯之島的十一名叛變者。

40 佩爾薩特，「簡短聲明」，JFP nd [DN 248]。

41 一個是小孩子，為逃去投奔韋布．海耶斯的諸人之一，另一個是給人抱在懷裡的嬰兒，搭大艇到了巴達維亞。

42 巴達維亞號上二十個女人，七個女人倖存：克蕾謝．揚斯、史萬琪．亨德里克斯、尤蒂克．巴斯蒂安斯、茱西、特琳特辛．佛雷德里克斯、安娜肯．博斯席特斯與馬雷特希．勞伊斯這兩人的其中一人、搭上大艇的一個不知名姓的母親。

43「簡短聲明」，op. cit.；也見Drake-Brockman, op. cit., p. 61。

44 JFP 30 Sep 1629 [DB 212]（在此處，Torrentian這個詞照發音拼寫為torrentiœnschen，正可見此詞的罕用）。

45 Ibid.；對安德里斯．尤納斯的司法裁定，JFP 28 Sep 1629 [DB 203]。

46 Van Diemen to Pieter de Carpentier, 10 Dec 1629, ARA VOC 1009 [DB 50].

47 一六二九年十二月的信，發表於*Leyds Veer-Schuyts Praetjen, Tuschen een Koopman*

ende Borger van Leyden, Varende van Haarlem nae Leyden (np [Amsterdam: Willem Jansz], 1630), pp. 19–20 [R 235]。有人認為寫此信者是副舵手克拉斯·黑赫茨，而不管此人是誰，從他信裡的細節研判，這人似有搭薩爾丹號回阿布羅留斯群島。

48 Govert Snoek, *De Rosenkruizers in Nederland, Voornamelijk in de Eerste Helft van de 17de Eeuw. Een Inventarisatie* (Ph.D. thesis, University of Utrecht, 1997), pp. 80–87.

49 於是，或許有人會問佩爾薩特的日誌裡怎會出現Torrentian這個詞。托倫齊厄斯受審一事轟動一時，這個正商務員肯定有可能利用Torrentian一詞來指稱他所幾乎完全不懂的事物。但范德爾貝克遭傳訊時，佩爾薩特不在荷蘭省，而且沒有跡象顯示他熟悉范德爾貝克遭指控之事的細節或受審的詳情。整個來看，提出這個畫家的名字者，似乎比較可能是科內里斯。

即使如此，科內里斯為何想到要提他，仍不清楚。坦承認識這麼一個臭名遠播的離經叛道者，不可能有助於他脫罪，他或許是在嚴刑逼供下不得已說出范德爾貝克的名字。但或許更為可能的，科內里斯主動爽快說出這人，或許打算以此減輕自己罪責——把自己說成受了這畫家愚弄之人。這麼做與他先前試圖將所有謀殺罪推到他已死的評議會成員身上，作風一致，而且這個副商務員若將托倫齊厄斯的一些信念納為自己偏執之世界觀的一部分，同時無視與他的先入之見扞格不合的任何信念，同樣不讓人意外。

50「簡短聲明」，op. cit。

51 Theodore Milton, Erik Simonsen, Morton Birek-Smith, and Roger Davis (eds.), *Psychopathy: Antisocial, Criminal and Violent Behaviour* (New York: Guildford Press, 1998), pp. 34–36, 161–169; Robert Hare, *Without Conscience: The Disturbing World of the Psychopaths Among Us* (New York: Guildford Press, 1999), pp. 12–14, 18, 34–35, 38, 40, 44, 46, 52, 135–136, 158, 166–170, 195–200; Hare, *Psychopathy: Theory and Research* (New York: John Wiley & Sons, 1970), pp. 95–109.

52 Hare, *Without Conscience*, p. 22.

53 被引用於ibid., p. 81。一九四四年，Lindner針對精神變態罪犯寫下大受好評的專題論著《沒來由地反叛》(*Rebel Without a Cause*)，後來此書——經大幅修改——成為著名的同名電影（中文片名《養子不教誰之過》）。

54 Hare, *Without Conscience*, p. 38.

55 Ibid., p. 52.

56 Ibid., pp. 195–7.

章首引言出處

開頭引言——JFP 17 Sep 1629—Resolution of Francisco Pelsaert, JFP28 Sep 1629 (DB 144, 153)

序————來自一六二九年十二月十二日佛朗西斯科・佩爾薩特寫給阿姆斯特丹十七紳士的最後一封信，12 Dec 1629, ARA 1098, fol. 583–4 [DB 259–61]

第一章——JFP 17 Sep 1629 [DB 158]

第二章——John Keay, *The Honourable Company: A History of the English EastIndia Company* (London: HarperCollins, 1993), p. 34.

第三章——雅克・斯北科思寫給十七紳士的信，ARA VOC 1009 [DB77]

第四章——JFP 19 Sep 1629 [DB 164]

第五章——JFP 17 Sep 1629 [DB 158]

第六章——匿名水手寫的信，發表於*Leyds Veer-schuyts* ... [R235]

第七章——JFP 19 Sep 1629 [DB 146]

第八章——LGB

第九章——JFP 2 Oct 1629 [DB 213]

後記———JFP 13–16 Nov 1629 [DB 222–237]

參考書目

1. Archival material

[a] Amsterdam
Gemeente Archief [Municipal Archive]
Bannregisteren [Registers of banns of marriage]; Baptismal registers; Marriage registers; Burial registers; Records of the Classis of Amsterdam

[b] Dokkum
Streekarchivariaat Nordoost Friesland [Regional Archive of North-East Frisia]
Burgerboek Dokkum [Dokkum citizens book]

[c] Dordrecht
Gemeente Archief [Municipal Archive]
Baptismal registers; Marriage registers; Burial registers; Family Archive Balen; Records of the Church Council of Dordrecht; Transportregisters [Registers of transfers of ownership]

Oud-Notarieel Archief [Old Solicitor's Archive]
Solicitors' Acts

[d] The Hague
Algemeen RijksArchief [General State Archive]
General correspondence, letters and resolutions of the VOC

Centraal Bureau voor Genealogie
Van Welderen Collection; Anonymous MS entitled *Geschiedenis van het Geslacht Vaassen*, vol. 8 (nd, early twentieth century)

[e] Haarlem
Gemeente Archief [Municipal Archive]
Burial registers; Memorialen [Burgomasters' records]

Oud-Notarieel Archief [Old Solicitors' Archive]
Solicitors' acts

[f] Hoorn
Streekarchief Westfriesland [Regional archive of West Friesland]
Hoorn marriage registers

[g] Leeuwarden
Gemeente Archief [Municipal Archive]
Authorisation books; Burgerboek [Citizens book]; Certificate books; Mortgage books

RyksArgyf Fryslan [State Archive of Frisia]
Hypotheekboeken Tietjerksteradeel [Tietjerksteradeel mortgage books]; Ondertrouwregister Gerecht Dokkum [Register of banns of marriage, Dokkum district]

2. *Unpublished dissertations, theses, and typescripts*

Boranga, Sofia. *The Identification of Social Organisation on Gun Island* (Post Graduate Diploma in Archaeology dissertation, University of Western Australia, 1998).
Hunneybun, Bernandine. *Skullduggery on Beacon Island* (BSc Hons dissertation, University of Western Australia, 1995).
Huystee, Marit van. *The Lost Gateway of Jakarta* (Fremantle: Western Australian Maritime Museum, 1994).
Snoek, Govert. *De Rosenkruizers in Nederland, Voornamelijk in de Eerste Helft van de 17de Eeuw. Een Inventarisatie* (PhD thesis, University of Utrecht, 1997).
Zuiderbaan, Louis. 'Translation of a journal by an unknown person from the Dutch East Indiaman *Zeewijk,* foundered on Half Moon Reef in the Southern Abrolhos, on 9 June, 1727' (typescript, nd, copy in Western Australian Maritime Museum).

3. Published material

Ablaing van Giessenburg, W. J. d'. *De Ridderschap van het Kwartier van Nijmegen* (The Hague: Van Stockum, 1899).

———. *De Ridderschap van de Veluwe* (The Hague: Martinus Nijhoff, 1859).

Acda, G. M. W. *Voor en Achter de Mast: Het Leven van de Zeeman in de 17de en 18de Eeuw* (Bussum: De Boer Maritiem, 1976).

Aerts, R., and H. te Velde (eds.). *De Stijl van de Burger: Over Nederlandse Burgerlijke Cultuur vanaf de Middeleeuwen* (Kampen: Kok Agora, 1998).

Alie, Joe. *A New History of Sierra Leone* (London: Macmillan, 1990).

Anon. *Droevighe Tijdinghe van de Aldergrouwelykste Moordery, Geschiet door Eenighe Matrosen op 't Schip* Batavia (Rotterdam: Cornelis Fransz, 1630).

———. *Leyds Veer-Schuyts Praetjen, Tuschen een Koopman ende Borger van Leyden, Varende van Haarlem nae Leyden* (np [Amsterdam: Willem Jansz], 1630).

———. *Wonderlijck Verhael van het Leven en Gevoelen van Jan Symensz Torrentius* (Haarlem: Louwerens Jansz, 1630).

Anon. [Isaac Commelin] *Ongeluckige Voyagie, Van 't Schip* Batavia, *Nae de Oost-Indien. Gebleven op de Abrolhos van Frederick Houtman, op de Hooghte van 28 ⅓ Graet, by-Zuden de Linie Æquinoctiael. Uytgevaren Onder den E. Francoys Pelsaert…* (Amsterdam: Jan Jansz, 1647; expanded edn., Amsterdam: De Vries, 1649; third edn., Utrecht: Lucas de Vries, 1652).

Barend-van Haeften, M. *Op Reis met de VOC: De Openhartige Dagboeken van de Zusters Lammens en Swellengrebel* (Zutphen: Walburg Pers, 1996).

Barend-van Haeften, M., and A. J. Gelderblom (eds.). *Buyten Gaets: Twee Burleske Reisbrieven van Aernout van Overbeke* (Hilversum: Verloren, 1998).

Bevacqua, Robert. 'Archaeological Survey of Sites Relating to the *Batavia* Shipwreck.' *Early Days Journal* 7 (1974).

Blussé, L. 'The Caryatids of Batavia: Reproduction, Religion and Acculturation under the VOC.' *Itinerario* 7 (1983).

Boucher, M. 'The Cape Passage: Some Observations on Health Hazards Aboard Dutch East Indiamen Outward-bound.' *Historia* 26 (1981).

Boxer, C. R. 'The Dutch East-Indiamen: Their Sailors, Their Navigators and Life on Board, 1602–1795.' *The Mariner's Mirror* 49 (1963).

———. *The Dutch Seaborne Empire 1600–1800* (London: Hutchinson, 1963).
———. *Dutch Merchants and Mariners in Asia 1602–1795* (London: Variorum Reprints, 1988).
Bredius, Abraham. *Johannes Torrentius* (The Hague: Martinus Nijhoff, 1909).
Brereton, William. *Travels in Holland, the United Provinces etc ... 1634–1635* (London: Chetham Society, 1844).
Breuker, P. H., and A. Janse (eds.). *Negen Eeuwen Friesland-Holland: Geschiedenis van een Haat-Liefdeverhouding* (Zutphen: Walburg Pers, 1997).
Brockliss, Laurence, and Colin Jones. *The Medical World of Early Modern France* (Oxford: Clarendon Press, 1997).
Bruijn, Iris. 'The Health Care Organisation of the Dutch East India Company at Home.' *Social History of Medicine* 7 (1994).
Bruijn, Jaap. 'Between Batavia and the Cape: Shipping Patterns of the Dutch East India Company.' *Journal of Southeast Asian Studies* 11 (1980).
———. *The Dutch Navy in the 17th and 18th Centuries* (Columbia, SC: University of South Carolina Press, 1993).
Bruijn, Jaap, and E. S. van Eyck van Heslinga. *Muiterij, Oproer en Berechting op de Schepen van de VOC* (Haarlem: De Boer Maritiem, 1980).
———. 'Seamen's Employment in the Netherlands, 1600–1800.' *The Mariner's Mirror* 70 (1984).
Bruijn, Jaap, and Femme S. Gaastra (eds.). *Ships, Sailors and Spices: East India Companies and Their Shipping in the 16th, 17th and 18th Centuries* (Amsterdam: NEHA, 1993).
Bruijn, Jaap, F. S. Gaastra, and I. Schöffer. *Dutch-Asiatic Shipping in the 17th and 18th Centuries* (The Hague: Martinus Nijhoff, 3 vols., 1979–1987).
Bruyns, W. F. J. 'Navigation of Dutch East India Company Ships Around the 1740s.' *The Mariner's Mirror* 78 (1992).
Buist, M. G., et al. (eds.). *Historisch Bewogen: Opstellen over de Radicale Reformatie in de 16e en 17e Eeuw* (Groningen: Wolters-Noordhoff, 1984).
Cohn, Norman. *The Pursuit of the Millennium: Revolutionary Millenarians and Mystical Anarchists of the Middle Ages* (Oxford: Oxford University Press, 1970).
Collingridge, George. *The Discovery of Australia: a Critical, Documentary and Historical Investigation Concerning the Priority of Discovery in Australasia Before the Arrival of Lieut. James Cook in the* Endeavour *in the Year 1770* (Sydney: Hayes Brothers, 1895).

Cook, Harold. *The Decline of the Old Medical Regime in Stuart London* (Ithaca, NY: Cornell University Press, 1986).
Coolhaas, W. Ph. 'Aanvullingen en Verbeteringen op Van Rhede van der Kloot's "De Gouverneurs-Generaal en Commissarissen-Generaal van Nederlandsch-Indië (1610-1888)."' *De Nederlandsche Leeuw* 73 (1956).
——— (ed.). *Pieter van den Broecke in Azië* (The Hague: Martinus Nijhoff, 1962).
Cotterell, Geoffrey. *Amsterdam: The Life of a City* (Farnborough: DC Heath, 1973).
Dam, P van. *Beschryvinge van de Oostindische Compagnie,* vol. 3 (The Hague: Martinus Nijhoff, 1943).
Davies, Ralph. *The Rise of the English Shipping Industry in the Seventeenth and Eighteenth Centuries* (Newton Abbot: David & Charles, 1971).
Dean, Geoffrey. *The Porphyrias: a Story of Inheritance and Environment* (London: Pitman Medical, 1971).
Deursen, A. T. van. *Plain Lives in a Golden Age: Popular Culture, Religion and Society in Seventeenth Century Holland* (Cambridge: Cambridge University Press, 1991).
Dorren, Gabrielle. 'Burgers en Hun Besognes. Burgemeestersmemorialen en Hun Bruikbaarheid als Bron Voor Zeventiende-Eeuws Haarlem.' *Jaarboeck Haarlem* (1995).
———. *Het Soet Vergaren: Haarlems Buurtleven in de Zeventiende Eeuw* (Haarlem: Arcadia, 1998).
———. 'Communities Within the Community: Aspects of Neighbourhood in Seventeenth Century Haarlem.' *Urban History* 25 (1998).
———. *Eenheid en Verscheidenheid: De Burgers van Haarlem in de Gouden Eeuw* (Amsterdam: Prometheus/Bert Bakker, 2001).
Drake-Brockman, Henrietta. *Voyage to Disaster* (Nedlands, WA: University of Western Australia Press, 1995).
Edwards, Hugh. *Islands of Angry Ghosts* (New York: William Morrow, 1966).
———. *The Wreck on the Half-Moon Reef* (New York: Charles Scribner's Sons, 1970).
Eisenberg, A. F. Plotke, and A. Baker. 'Asexual Syphilis in Children.' *Journal of Venereal Diseases Information* 30 (1949).
Estensen, Miriam. *Discovery: The Quest for the Great South Land* (Sydney: Allen & Unwin, 1998).
Estep, William. *The Anabaptist Story: An Introduction to Sixteenth-Century Anabaptism* (Grand Rapids, MI: William B. Eerdmans, 1996).
Gaastra, Femme. 'The Dutch East India Company: A Reluctant Discoverer.' *The Great Circle* 19 (1997).

Gelder, R. van. *Het Oost-Indisch Avontuur: Duitsers in Dienst van de VOC, 1600–1800* (Nijmegen: SUN, 1997).

Gerretson, C. *Coen's Eerherstel* (Amsterdam: Van Kampen, 1944).

Gerritsen, Rupert. *And Their Ghosts May Be Heard…* (South Fremantle, WA: Fremantle Arts Centre Press, 1994).

Glamann, Kristoff. *Dutch-Asiatic Trade 1620–1740* (Copenhagen: Danish Science Press, 1958).

Godard, Philippe. *The First and Last Voyage of the* Batavia (Perth: Abrolhos Publishing, nd, c. 1993).

Green, Jeremy. *Australia's Oldest Shipwreck: The Loss of the* Trial, *1622* (Oxford: British Archaeological Reports, 1977).

———. *The Loss of the Verenigde Oostindische Compagnie Retourschip* Batavia, *Western Australia 1629: An Excavation Report and Catalogue of Artefacts* (Oxford: British Archaeological Reports, 1989).

Green, Jeremy, and Myra Stanbury. 'Even More Light on a Confusing Geographical Puzzle, Part 1: Wells, Cairns and Stone Structures on West Wallabi Island.' *Underwater Explorers' Club News* (January 1982).

Green, Jeremy, Myra Stanbury, and Femme Gaastra (eds.). *The ANCODS Colloquium: Papers Presented at the Australia-Netherlands Colloquium on Maritime Archaeology and Maritime History* (Fremantle: Australian National Centre of Excellence for Maritime Archaeology, 1999).

Halls, C. 'The Loss of the *Ridderschap van Holland*.' *The Annual Dog Watch* 22 (1965).

———. 'The Loss of the Dutch East Indiaman *Aagtekerke*.' *The Annual Dog Watch* 23 (1966).

Hare, Robert. *Psychopathy: Theory and Research* (New York: John Wiley & Sons, 1970).

———. *Without Conscience: The Disturbing World of the Psychopaths Among Us* (New York: The Guildford Press, 1999).

Heeres, J. A. *The Part Borne by the Dutch in the Discovery of Australia 1606–1765* (London: Luzac, 1899).

Henderson, Graeme. *Maritime Archaeology in Australia* (Nedlands, WA: University of Western Australia Press, 1986).

———. 'The Mysterious Fate of the Dutch East Indiaman *Aagtekerke*.' *Westerly* (June 1978).

Henderson, J. A. *Marooned* (Perth: St. George Books, 1982).

———. *Phantoms of the* Tryall (Perth: St. George Books, 1993).

———. *Sent Forth a Dove: Discovery of the* Duyfken (Nedlands, WA: University of Western Australia Press, 1999).

Henderson, S., and T. Bostock. 'Coping Behaviour after Shipwreck.' *British Journal of Psychiatry* 131 (1977).

Herbert, Zbigniew. *Still Life With a Bridle: Essays and Apocryphas* (London: Jonathan Cape 1993).

Israel, Jonathan. *Dutch Primacy in World Trade, 1585–1740* (Oxford: Clarendon Press, 1989).

———. *The Dutch Republic: Its Rise, Greatness and Fall, 1477–1806* (Oxford: Oxford University Press, 1998).

Jansma, L. G. *Melchiorieten, Münstersen en Batenburgers: Een Sociologische Analyse van een Millennistische Beweging uit de 16e Eeuw* (Buitenpost: np, 1977).

Jones, Adam (ed.). *West Africa in the Mid-Seventeenth Century: An Anonymous Dutch Manuscript* (London: African Studies Association, 1994).

Kamer, H. N. *Het VOC-Retourschip: Een Panorama van de 17de- en 18de-Eeuwse Scheepsbouw* (Amsterdam: De Bataafsche Leeuw, 1995).

Keay, John. *The Honourable Company: A History of the English East India Company* (London: HarperCollins, 1993).

Keevil, J. J., C. S. Lloyd, and J. L. S. Coulter. *Medicine and the Navy, 1200–1900* (4 vols., Edinburgh, 1957–1963).

Kindleberger, Charles. 'The Economic Crisis of 1619 to 1623.' *Journal of Economic History* 51 (1991).

Kolff, D. H. A., and H. W. van Santen (eds.). *De Geschriften van Francisco Pelsaert over Mughal Indië, 1627: Kroniek en Remonstrantie* (The Hague: Martinus Nijhoff, 1979).

Krahn, Cornelis. *Dutch Anabaptism: Origin, Spread, Life and Thought, 1450–1600* (The Hague: Martinus Nijhoff, 1968).

Laurence, John. *A History of Capital Punishment* (New York: Citadel Press, 1960).

LaWall, Charles. *Four Thousand Years of Pharmacy: An Outline History of Pharmacy and the Allied Sciences* (Philadelphia: JB Lippincott, 1927).

Leslie, Edward. *Desperate Journeys, Abandoned Souls: True Stories of Castaways and Other Survivors* (London: Papermac, 1991).

Luger, A. 'Non-Venereally Transmitted "Endemic" Syphilis in Vienna.' *British Journal of Venereal Diseases* 48 (1972).

McCarthy, Mike. '*Zuytdorp* far from home.' *Bulletin of the Australian Institute for Maritime Archaeology* 22 (1998).

McIntosh, Christopher. *The Rosy Cross Unveiled: The History, Mythology and Rituals of an Occult Order* (Wellingborough: The Aquarian Press, 1980).

McIntyre, Kenneth. *The Secret Discovery of Australia: Portuguese Ventures 200 Years Before Captain Cook* (Medindie, South Australia: Souvenir Press, 1977).

Macco, H. F. *Geschichte und Genealogie der Familie Peltzer* (Aachen: np, 1901).

Major, R. H. *Early Voyages to Terra Australis, Now Called Australia* (Adelaide: Australian Heritage Press, 1963).
Meerema, L. 'De geneeskundige situatie in Dokkum van de 16e tot de 20e eeuw: Apothekers.' *De Sneuper* 15 (2001)
Milton, Giles. *Nathaniel's Nutmeg: How One Man's Courage Changed the Course of History* (London: Hodder & Stoughton, 1999).
Milton, Theodore, Erik Simonsen, Morton Birek-Smith, and Roger Davis (eds.). *Psychopathy: Antisocial, Criminal and Violent Behaviour* (New York: Guildford Press, 1998).
Mooij, J. *Bouwstoffen voor de Geschiedenis der Protestantsche Kerk in Nederlands-Indië* (Weltevreden: Landsdrukkerij, 3 vols., 1927–31).
Mout, M. E. H. N. 'Spiritualisten in de Nederlandse Reformatie van de Zestiende Eeuw.' *Bijdragen en Mededelingen Betreffende de Geschiedenis der Nederlanden* 111 (1996).
Mundy, Peter. *The Travels of Peter Mundy* (London: Hakluyt Society, 4 vols., 1907–24).
O'Malley, C. D. (ed.). *The History of Medical Education* (Berkeley, CA: University of California Press, 1970).
Parr, Charles McKew. *Jan van Linschoten: The Dutch Marco Polo* (New York: Thomas Y. Cromwell, 1964).
Parthesius, R. (ed.). Batavia *Cahier 2: De Herbouw van een Oostindiëvaarder* (Lelystad: np, 1990).
———. Batavia *Cahier 3: De Herbouw van een Oostindiëvaarder* (Lelystad: np, 1990).
Pasveer, Juliëtte, Alanah Buck, and Marit van Huystee. 'Victims of the *Batavia* Mutiny: Physical Anthropological and Forensic Studies of the Beacon Island Skeletons.' *Bulletin of the Australian Institute for Maritime Archaeology* 22 (1998).
Pérez-Mallaína, Pablo. *Spain's Men of the Sea: Daily Life on the Indies Fleets in the Sixteenth Century* (Baltimore: Johns Hopkins University Press, 1998).
Philbrick, Nathaniel. *In the Heart of the Sea: The Epic True Story That Inspired Moby Dick* (London: HarperCollins, 2000).
Playford, Phillip. *Carpet of Silver: The Wreck of the Zuytdorp* (Nedlands, WA: University of Western Australia Press, 1996).
———. *Voyage of Discovery to Terra Australis by Willem de Vlamingh in 1696–97* (Perth: Western Australian Museum, 1999).
Ratelband, K. (ed.). *Reizen naar West-Africa van Pieter van den Broecke, 1605–1614* (The Hague: Martinus Nijhoff, 1950).
Rathblum, K. 'Congenital syphilis.' *Sexually Transmitted Diseases* 10 (1983).
Raven-Hart, R. *Before Van Riebeeck: Callers at South Africa from 1488–1652* (Cape Town: C. Struik, 1967).

Rehorst, A. J. *Torrentius* (Rotterdam: WL & J Brusse NV, 1939).
Rhede van der Kloot, M. A. van. *De Gouverneurs-Generaal en Commissarissen-Generaal van Nederlandsch-Indië, 1610–1888* (The Hague: Van Stockum, 1891).
Ritchie, G. S. *The Admiralty Chart: British Naval Hydrography in the Nineteenth Century* (London: Hollis & Carter, 1967).
Rodger, N. A. M. *The Wooden World* (London: Fontana, 1988).
———. *The Safeguard of the Sea* (London: HarperCollins, 1997).
Roeper, V. D. (ed.). *De Schipbreuk van de* Batavia, *1629* (Zutphen: Walburg Pers, 1994).
Rogozinski, Jan. *Honour Among Thieves: Captain Kidd, Henry Every and the Story of Pirate Island* (London: Conway Maritime Press, 2000).
Ross, Marvin Chauncey. 'The Rubens Vase: Its History and Date.' *Journal of the Walters Art Gallery* 6 (1943).
Schama, Simon. *The Embarrassment of Riches: An Interpretation of Dutch Culture in the Golden Age* (London: Fontana, 1987).
Schilder, Günter. *Australia Unveiled: The Share of Dutch Navigators in the Discovery of Australia* (Amsterdam: Theatrum Orbis Terrarum, 1976).
Schilfgaarde, A. P. van. *Register op de Leenen van het Huis Bergh* (Arnhem: Gouda Quint, 1929).
Shephard, Sue. *Pickled, Potted and Canned: The Story of Food Preserving* (London: Headline, 2000).
Sigmond, J. P., and L. H. Zuiderbaan. *Dutch Discoveries of Australia: Shipwrecks, Treasures and Early Voyages off the West Coast* (Adelaide: Rigby, 1979).
Sprengard, Karl, and Roderich Ptak (eds.). *Maritime Asia: Profit Maximisation, Ethics and Trade Structure c. 1300–1800* (Wiesbaden: Harrassowitz, 1994).
Spruit, R. *Jan Pietersz Coen: Daden en Dagen in Dienst van de VOC* (Houten: De Haan, 1987).
Stanbury, Myra (ed.). *Abrolhos Islands Archaeological Sites: Interim Report* (Fremantle: Australian National Centre of Excellence for Maritime Archaeology, 2000).
Stapel, F. W. (ed.). *Beschryvinge van de Oostindische Compagnie* vol. 3 (The Hague: Martinus Nijhoff, 1939).
———. *De Gouverneurs-Generaal van Nederlandsch-Indië in Beeld en Woord* (The Hague: Van Stockum, 1941).
Stayer, James. *Anabaptists and the Sword* (Lawrence, KA: Coronado Press, 1972).
Steendijk-Kuypers, J. *Volksgezondheidszorg in de 16e en 17e eeuw te Hoorn. Een bijdrage tot de beeldvorming van sociaal-geneeskundige structuren in een stedelijke samenleving* (Rotterdam: Erasmus Publishing, 1994)

Taylor, Jean Gelman. *The Social World of Batavia: European and Eurasian in Dutch Asia* (Madison, WI: University of Wisconsin Press, 1983).
Tickner, F. J., and V. C. Medvei. 'Scurvy and the Health of European Crews in the Indian Ocean in the Seventeenth Century.' *Medical History* 2 (1958).
Toohey, John. *Captain Bligh's Portable Nightmare* (London: Fourth Estate, 1999).
Troostenburg de Bruijn, C. A. L. van. *Biographisch Woordenboek van Oost-Indische Predikanten* (Nijmegen, np, 1893).
Tyler, Philip. 'The *Batavia* Mutineers: Evidence of an Anabaptist "Fifth Column" Within 17th Century Dutch Colonialism?' *Westerly* (December 1970).
Uren, Malcolm. *Sailormen's Ghosts: The Abrolhos Islands in Three Hundred Years of Romance, History and Adventure* (Melbourne: Robertson & Mullens, 1944).
Vlekke, Bernard. *The Story of the Dutch East Indies* (Cambridge, MA: Harvard University Press, 1946).
Vos, Willem. Batavia *Cahier 1: De Herbouw van een Oostindiëvaarder: Bestek en Beschrijving van een Retourschip* (Lelystad: np, 1990).
———. Batavia *Cahier 4: Een Rondleiding door een Oostindiëvaarder* (Lelystad: np, 1993).
Watson, Gilbert. *Theriac and Mithridatium: A Study in Therapeutics* (London: The Wellcome Historical Medical Library, 1966).
Weaver, Fiona. *Report of the Excavation of Previously Undisturbed Land Sites Associated with the VOC Ship* Zuytdorp, *Wrecked 1712, Zuytdorp Cliffs, Western Australia* (Fremantle: Western Australian Maritime Museum, 1990).
Wilson, Stan. *Doits to Ducatoons: The Coins of the Dutch East India Company Ship* Batavia, *Lost on the Western Australian Coast 1629* (Perth: Western Australian Museum, 1989).
Wittop Koning, D. A. *Compendium voor de Geschiedenis van de Pharmacie in Nederland* (Lochem: De Tijdstroom, 1986).
Zadoks-Josephus Jitta, A. N. 'De Lotgevallen van den Grooten Camee in het Koninklijk Penningkabinet.' *Oud-Holland* 6 (1951).
Zijlstra, Hans. 'Was de onderkoopman van het VOC schip *Batavia*, Jeronimus Cornelisz, een Fries?' *De Sneuper* 16 (2002)
Zumthor, Paul. *Daily Life in Rembrandt's Holland* (London: Weidenfeld & Nicolson, 1962).

荷語發音指南

名	發音	對應的英文名
Belijtgen	bel-LIGHT-ren	Mabel
Coenraat	CORN-rat	Conrad
Cornelis	cor-NAY-lee-us	Cornelius
Hilletgie	HILL-et-treen	Gilberta
Gijsbert/Gÿsbert	GUYZ-bert	Gilbert
Gillis	HILL-is	Giles
Jan	YANN	John
Janneken	YONN-a-kun	Jane
Jeurian	YOOR-ee-an	George
Mayken	MY-ken	Mary, Maria
Mattys	MATT-ayz	Matthew
Marretgie	MARR-et-heuh	Margaret
Roelant	ROO-lant	Roland
Teunis	TERN-is	Anthony
Tryntgien	TRENT-ee-en	Catherine
Wiebbe	webb-UH	（佛里西亞人名）
Willemijntgie	will-em-EEN-tee-ah	Wilhelmina
Wouter	VOW-ter	Walter
Wybrecht	VY-brecht	「耀眼的爭鬥」
Zwaantie	SVAAN-tee-ah	「小天鵝」

注意："ken" and "ie"是荷蘭語的昵稱，意為「小」

姓

Cardoes	kar-DOOS
Cornelisz	cor-NAY-lee-us (-zoon)
Loos	LOW-se

地名		
Hoorn	horn	
Houtman's Abrolhos	HOWT-man's ab-ROL-hoss	
Leeuwarden	loo-WAH-den	
Monnickendam	MON-ik-an-dam	
Texel	TESS-el	

聯合東印度公司船	發音	意思
Aagtekerke	AHG-te-kerk-eh	以澤蘭省某村村名取名
Batavia	BAT-ah-fee-uh	因聯合東印度公司在東印度群島的主要基地而得名
Duyfken	DYFE-ken	小野鴿
Fortuyn	FOR-town	命運
's Gravenhage	SCHRAR-vun-har-chen	海牙
Meeuwtje	MAY-oot-chee-ah	小海鷗
Ridderschap van Holland	RIDD-er-schap	荷蘭騎士精神
Vergulde Draeck	fer-HOOL-duh DRAAK	金龍
Zeewijk	ZAY-vayk	以澤蘭省某村村名取名
Zuytdorp	ZOWT-dorp	以澤蘭省某村村名取名

左岸歷史 316

巴達維亞號之死

禍不單行的荷蘭東印度公司，以及航向亞洲的代價

BATAVIA'S GRAVEYARD

The True Story of the Mad Heretic Who Led History's Bloodiest Mutiny

作　　者　麥克・戴許 Mike Dash
譯　　者　黃中憲
總 編 輯　黃秀如
責任編輯　林巧玲
行銷企劃　蔡竣宇
封面設計　莊謹銘

社　　長　郭重興
發行人暨出版總監　曾大福
出　　版　左岸文化／遠足文化事業股份有限公司
發　　行　遠足文化事業股份有限公司
231新北市新店區民權路108-2號9樓
電　　話　(02) 2218-1417
傳　　真　(02) 2218-8057
客服專線　0800-221-029
E-Mail　rivegauche2002@gmail.com
左岸臉書　facebook.com/RiveGauchePublishingHouse
法律顧問　華洋法律事務所　蘇文生律師
印　　刷　呈靖彩藝有限公司
初版一刷　2020年11月
初版二刷　2021年5月
定　　價　580元
I S B N　978-986-99444-7-2
歡迎團體訂購，另有優惠，請洽業務部，(02) 2218-1417分機1124、1135

巴達維亞號之死：禍不單行的荷蘭東印度公司，
以及航向亞洲的代價／麥克・戴許（Mike Dash）著；黃中憲譯.
－初版.－新北市：左岸文化出版：遠足文化發行，2020.11
面；　公分.－(左岸歷史；316)
譯自：Batavia's graveyard : the true story of the mad heretic
who led history's bloodiest mutiny
ISBN 978-986-99444-7-2（平裝）
1.巴達維亞號 2.海難
557.491　　109015252